TARP and other Bank Bailouts and
Bail-Ins around the World:

全球不良资产处置与
银行救助纾困：

连接华尔街、实体经济与金融系统

Connecting Wall Street, Main Street,
and the Financial System

【美】艾伦·N.伯杰（Allen N. Berger）
【美】阮卢卡·A.罗曼（Raluca A. Roman） ◎ 著

范小云 刘澜飚 李欣明 张靖佳 ◎ 译

中国金融出版社

责任编辑：赵晨子
责任校对：孙　蕊
责任印制：丁淮宾

图书在版编目（CIP）数据

全球不良资产处置与银行救助纾困：连接华尔街、实体经济与金融系统/（美）艾伦·N. 伯杰，（美）阮卢卡·A. 罗曼著；范小云等译 . —北京：中国金融出版社，2023.2

ISBN 978 - 7 - 5220 - 1366 - 4

Ⅰ.①全…　Ⅱ.①艾…②阮…③范…　Ⅲ.①不良资产—资产管理—研究
Ⅳ.①F20

中国国家版本馆 CIP 数据核字（2023）第 035423 号

全球不良资产处置与银行救助纾困：连接华尔街、实体经济与金融系统
QUANQIU BULIANG ZICHAN CHUZHI YU YINHANG JIUZHU SHUKUN：LIANJIE
HUAERJIE, SHITI JINGJI YU JINRONG XITONG

出版
发行　中国金融出版社

社址　北京市丰台区益泽路2号
市场开发部　（010）66024766，63805472，63439533（传真）
网上书店　www.cfph.cn
　　　　　（010）66024766，63372837（传真）
读者服务部　（010）66070833，62568380
邮编　100071
经销　新华书店
印刷　保利达印务有限公司
尺寸　185 毫米 ×260 毫米
印张　23.5
字数　475 千
版次　2023 年 2 月第 1 版
印次　2023 年 2 月第 1 次印刷
定价　98.00 元
ISBN 978 - 7 - 5220 - 1366 - 4
如出现印装错误本社负责调换　联系电话（010）63263947

北京版权合同登记图字 01 – 2020 – 5836

全球不良资产处置与银行救助纾困：连接华尔街、实体经济与金融系统（范小云　刘澜飚　李欣明
张靖佳　译）
ISBN 978 – 7 – 5220 – 1366 – 4

注意

本书涉及领域的知识和实践标准在不断变化。新的研究和经验拓展我们的理解，因此须对研究方法、专业实践或医疗方法作出调整。从业者和研究人员必须始终依靠自身经验和知识来评估和使用本书中提到的所有信息、方法、化合物或本书中描述的实验。在使用这些信息或方法时，他们应注意自身和他人的安全，包括注意他们负有专业责任的当事人的安全。在法律允许的最大范围内，爱思唯尔、译文的原文作者、原文编辑及原文内容提供者均不对因产品责任、疏忽或其他人身或财产伤害及/或损失承担责任，亦不对由于使用或操作文中提到的方法、产品、说明或思想而导致的人身或财产伤害及/或损失承担责任。

感谢东北亚金融合作研究中心的出版支持

中文版序

我们很高兴向中国的读者介绍这本书，我们欢迎中国政府官员和货币当局的读者进行阅读，他们在银行救助、纾困以及其他有关中国银行体系的审慎管理和货币政策选择方面作出了重要决策。这本书总结和解释了大量的理论和实证研究，包括 500 多篇相关研究文献，并评估了各种政策选择的短期和长期社会成本和收益。我们希望为这些官员和货币当局的选择提供有利的信息。世界上资产排名前五位的银行都是中国的机构，因此中国银行的金融健康状况、信贷、存款和其他流动性创造以及金融服务的能力对于中国和世界其他地区的金融体系、经济体系乃至公民福祉都至关重要。

本书的政策覆盖面相当广泛，几乎对中国银行业政策制定者可能涉及的每一个关键政策领域都进行了分析。我们分析了银行救助、纾困和面对其他金融困境银行机构的解决方案，包括破产、生前遗嘱和暂缓。我们还评估了其他政策选择，以防需要这些解决方案。这些选择包括帮助单个银行摆脱财务困境的"第一道防线"，如资本要求、流动性要求、压力测试、监管活动限制、审慎监管、存款保险和政府银行直接所有权。我们还涵盖了旨在从总体上减少金融危机发生率的政策，包括反周期的审慎管理、监管以及货币政策，这些政策有助于抑制信贷繁荣，缓解银行流动性总量过大的问题，否则可能会增加金融危机的可能性和严重性。

我们欢迎中国的研究学者（包括大学教授、学生和政府经济学家）在本国和世界各地对银行业进行研究。鉴于中国银行业的规模和重要性，特别需要对中国银行业进行更多高质量的理论和实证研究。我们对大型复杂银行机构存在的财务困境和潜在破产等危及金融体系和实体经济的问题提供了一些具有共性的建议。我们还系统地回顾了现有研究中的救助、纾困以及其他的一些解决方法、涉及了"第一道防线"以及即将进行的研究将要解决的反周期审慎和货币政策问题。我们也提出了一些重要的开放性研究问题，以供将来的研究参考。

我们欢迎来自中国金融机构管理层的读者。我们相信，有见地的银行经理会为他们的机构作出更好的决定。虽然这些管理者不控制政府政策，但他们仍然可以从我们的分析中学到如何更好地运用自己的"第一道防线"，在各种金融状况下保持其机构的安全。我们为健康银行的管理者提供不同于稳定和动荡的金融系统状况的建议，以及在这两种情况下管理困境银行的最佳实践。

　　最后，我们要特别感谢南开大学的四位研究人员——范小云、刘澜飚、李欣明和张靖佳。我们知道将研究成果翻译成另一种语言是一项有挑战的任务，需要高水平的研究技能和语言能力。我们非常感谢他们的帮助，没有他们，这本书则无法充分推广到中国的银行政策制定者、研究人员和管理者当中。

目　　录

第一部分　导论

第二部分　不良资产救助计划的实证研究

第三部分　经验数据：除 TARP 外的不良资产外部救助、内部纾困和其他的解决方法

第四部分　避免外部救助、内部纾困和其他解决方案的"第一道防线"

第五部分　展望未来

第一部分 导 论

本书回顾并批判性地评估了有关美国不良资产救助计划（Troubled Asset Relief Program, TARP）以及美国和世界各地其他银行外部救助和内部纾困的理论和实证研究证据。银行外部救助通常涉及将纳税人的资金置于拯救银行的风险之中，而内部纾困要求私营部门的代理人提供资本。我们评估这些计划的重要成本和收益，并为未来可能的外部救助和内部纾困提出潜在的政策启示。

在这本书中，我们采取的是一种整体性的方法，其目标远比仅仅评估外部救助和内部纾困要广泛得多，它们并不是唯一的政策选择。我们还考虑其他解决方案，包括破产/倒闭，其中拥有银行的银行控股公司（Bank Holding Companies，BHC）破产，银行倒闭；生前遗嘱（Living wilis），其中银行通过重组和/或出售 BHC 不太重要的子公司而得以保全；宽容，银行以很少或无资本继续经营，并将大型复杂的机构拆分为小型银行或独立的商业银行和投资银行。

我们首先评估了政策制定者帮助防止需要外部救助（bailouts）、内部纾困（bailins）或其他解决方法的其他选择。我们把一套这样的政策称为"第一道防线"（first line of defense），这有助于通过使银行免予个人财务困境来避免银行解决问题的需要。我们在书中讨论并评估了七项此类政策的研究，包括资本要求、流动性要求、压力测试、审慎监管活动限制、审慎监管、存款保险和政府直接接管银行（direct government bank ownership）。

我们在书中还描述了第二套政策的研究，旨在从总体上减少财务危机的发生。这包括通过逆周期的审慎监管行动来降低金融危机的可能性和严重性，这些措施有利于防止贷款激增和银行总流动性过度创造。此外，逆周期的常规货币政策也有助于减少金融和经济过度，否则可能增加金融危机的可能性和强度。

最后，我们评估了这 16 种不同政策工具的社会成本和效益，得出政策启示，并为未来的研究提供建议，以帮助理解外部救助、内部纾困和其他解决方法、"第一道防线"以及逆周期审慎和货币政策。

本书有五个部分，每个部分都有不同的章节。对于这五个部分中的每一个，我们都提供了一个介绍，简要描述了这一部分并形成一个虚拟的知识树。树的叶子显示了书中这一部分章节的主题，以及知识的成果，这是在这些章节中提供知识的关键参考文献。如果没有书中引用的诸多作者提供的这些成果，就没有该书所涵盖的主题知识体系，也就没有该书本身。我们感谢这些作者的贡献。

第一部分是导论，共分四章。第一章介绍了银行外部救助、内部纾困和书中涉及的相关主题。它还简要总结了第二、第三、第四和第五部分，并包括本书五部分各章的简要总结。第二章讨论了使用银行外部救助、内部纾困和其他解决手段出现的一般情况。这些情况通常涉及金融危机和/或某些银行的财务困境，这些银行被认为对经济和/或金融体系太重要以至于不能破产。本章还综述了金融危机的深层次原因以及这些重要银行困境的一些研究。第三章介绍了美国和其他各国的TARP、外部救助和内部纾困措施以及其他银行处置措施。第四章对银行外部救助、内部纾困和其他解决方法进行了理论背景介绍。至此，导论部分结束。

第二部分讨论了目前比较庞大的TARP实证研究文献，可以作为关于TARP外部救助的入门或阅读材料。第二部分中的十一章从多个不同方面描述了这项研究，其中大部分集中在该项目的特定结果上。第三部分分为三章，分别对不良资产外部救助、内部纾困和其他解决方法以外的银行外部救助措施进行了实证研究。第四部分介绍了避免外部救助、内部纾困和其他解决方案的"第一道防线"。第四部分的第二十三章对世界各国的审慎银行政策进行了较为全面的回顾，也可以作为有关这一主题的入门或阅读材料，供感兴趣的读者阅读。第五部分展望未来，最后三章分别讨论了各种解决方案的净社会成本和收益、研究的防线和逆周期政策含义、来自研究的政策含义，以及仍然悬而未决的研究问题。

1.银行外部救助和内部纾困以及书中涉及的相关主题的介绍

Atkinson, Luttrell, and Rosenblum, 2013; Avgouleas, Goodhart, and Schoenmaker, 2018; Bernanke,1983; Claessens, Herring, Schoenmaker, and Summe, 2010; Friedman and Schwartz, 1963; Garcia, 2015; U.S. Government Accountability Office Report, 2013.

2.引发外部救助和内部纾困的情况

Acharya, 2009; Acharya and Naqvi, 2012; Acharya and Yorulmazer, 2007, 2008; Acharya, Mehran, and Thakor, 2016; Admati, DeMarzo, Hellwig, and Pfleiderer, 2013; Assaf, Berger, Roman, and Tsonias, 2019; Barth and Wihlborg, 2015; Beltratti and Stulz, 2012; Berger and Bouwman, 2009, 2013, 2016, 2017; Berger and Udell, 2004; Berger, Imbierowicz, and Rauch, 2016; Boot and Thakor, 1993; Brown and Dinc, 2011; Brunnermeier, Gorton, and Krishnamurthy, 2011; Cai, 2019; Calomiris and Carlson, 2017; Calomiris and Mason, 1997, 2003; Cetorelli and Traina, 2018; Choi, 2014; Cole and Fenn, 2008; Cole and Gunther, 1995, 1998; Cole and White, 2012; Dell'Ariccia, Igan, and Laeven, 2012; Demirguc-Kunt and Detragiache, 1998; DeYoung and Torna, 2013; Elsinger, Lehar, and Summer, 2006; Fahlenbrach and Stulz, 2011; Farhi and Tirole, 2012; Federal Deposit Insurance Corporation, 1997; Greenspan, 2001; Kane, 1989, 1991; Knaup and Wagner, 2012; Laeven and Valencia, 2018; Lane, Looney, and Wansley, 1986; Lui, Quiet, and Roth, 2015; Mishkin, 2006; Pagano and Sedunov, 2016; Rajan, 1994; Reinhart and Rogoff, 2009; Schaeck, 2008; Stern and Feldman, 2004; Thakor, 2005, 2015a,b, 2016; Von Hagen and Ho, 2007; Wheelock and Wilson, 1995, 2000.

4.外部救助、内部纾困和其他方法的理论介绍

Acharya and Yorulmazer, 2007, 2008; Acharya, Mehran, and Thakor, 2016; Acharya and Thakor, 2016; Admati, DeMarzo, Hellwig, and Pfleiderer, 2013; Allen, Carletti, Goldstein, and Leonello, 2018; Allen and Tang, 2016; Ammann, Blickle, and Ehmann, 2017; Avdjiev, Bogdanova, Bolron, Jiang, and Kartasheva, 2017; Avgouleas and Goodhart, 2015; Berger, 2018; Berger and Bouwman, 2013; Berger, Himmelberg, Roman, and Tsyplakov, 2019; Berger, Makaew, and Roman, 2019; Berger and Roman, 2015, 2017; Berger, Roman, and Sedunov, 2020; Besanko and Kanatas, 1996; Bindal, Bouwman, Hu, and Johnson, 2020; Black and Hazelwood, 2013; Bleich, 2014; Bouwman, Hu, and Johnson, 2018; Brown and Dinc, 2011; Calem and Rob, 1999; Calomiris and Herring, 2011, 2013; Carmassi and Herring, 2015; Cetorelli and Traina, 2018; Chan and Van Wijnbergen, 2014; Choi, 2014; Clayton and Schaab, 2019; Cordella and Yeyati, 2003; De Spiegeleer, Höcht and Schoutens, 2015; Dewatripont, 2014; Dewatripont and Tirole, 2018; Duchin and Soiyura, 2014; Farhi and Tirole, 2012; Flannery, 2017; Fudenberg and Tirole, 1986; Grauwe, 2013; Gropp, Hakenes, and Schnabel, 2011; Hadjiemmanuil, 2016; Hart and Zingales, 2015; Hicks, 1935; Himmelberg and Tsyplakov, 2017; Hoshi and Kashyap, 2010; Huser, Halaj, Kok, Perales, and Van der Kraaij, 2018; Kane, 2003; Kashyap, Rajan, and Stein, 2008; Keeley, 1990; Keister and Mitkov, 2017; Keister and Narasiman, 2016; Kim and Santomero, 1988; Klimek, Poledna, Farmer, and Thurner, 2015; Koehn and Santomero, 1980; Kormendi, Bernard, Pirrong, and Snyder, 1989; Leanza, Sbuelz, and Tarelli, 2019; Li, 2013; Lupo-Pasini and Buckley, 2015; Merton and Thakor, 2019; Mitts, 2015; Nosal and Ordonez, 2016; Pandolfi, 2018; Persaud, 2014; Philippon and Schnabl, 2013; Roman, 2020; Telser, 1966; Walther and White, 2018; Zenios, 2016; Zombirt, 2015.

3.TARP的介绍, 外部救助、内部纾困以及其他银行处置办法

Anderson, Barth, Choi, 2018; Barofski, 2013; Bayazitova and Shivdasani, 2011; Berger and Bouwman, 2016; Berger, Black, Bouwman, and Dlugosz, 2017; Berger, Bouwman, Kick, and Schaeck, 2016; Bernanke, 2017; Brunner, Decressin, Hardy, and Kudela, 2004; Bush, 2008; Calomiris and Herring, 2011, 2013; Cetorelli and Traina, 2018; Congressional Oversight Panel, 2009, 2010; Cortés and Milington, 2014; Dam and Koetter, 2012; Duchin and Sosyura, 2011; Federal Reserve Bank of Minneapolis Plan, 2017; Federal Reserve Board of Governors, 2013; Flannery, 2014; Flannery and Bliss, 2019; Gropp and Tonzer, 2016; Hendrickson, 2014; Hinsenrath, Solomon, and Paletta, 2008; Hoenig, Morris, and Spong, 2009; Issac, 2010; Jackson, 2009, 2015; Leijonhufvud, 2010; Macey and Miller, 1992; Massad, 2011; Mukherjee and Pana, 2018; Ongena and Nistor-Mutu, 2019; Paulson, 2013; Pisani-Ferry and Sapir, 2010; Salter, Veetil, and White, 2017; Solomon and Enrich, 2008; Zingales, 2011.

PART I:
导论

第一章 银行外部救助、内部纾困和 书中涉及的相关主题介绍

银行外部救助出现在当政府、中央银行或其他政府支持的国家或国际公共组织〔如国际货币基金组织（IMF）、欧盟委员会以及欧洲稳定机制（ESM）〕在金融危机期间向银行提供超出正常情况下所提供支持的援助时。这些援助可能在金融危机期间广泛使用，或在其他时候专门侧重处于严重财务困境或有倒闭危险的银行。正如下文所详述的，这些外部救助可能采取许多不同的形式。银行内部纾困与外部救助的不同之处在于，前者是由私人机构代理人（如股东、债权人或其他银行组织）提供援助。提供这种内部纾困援助的代理人大多同意提前提供支持，而外部救助往往是在提供支持前不久临时安排的。

许多外部救助和内部纾困措施，包括本书中着重探讨的不良资产救助计划（TARP），主要是针对拥有银行的银行控股公司（BHCs），而不是银行本身。为了便于说明，除非会造成混淆或歪曲事实的情况下，我们通常使用"银行"一词来指银行或BHC。重要的是，这本书只是关于外部救助、内部纾困和银行的其他决议，而不是关于最近金融危机（如全球金融危机和欧洲主权债务危机）期间发生的其他金融机构和市场的救助方法。

1.1 本书的重点

有许多不同类型的银行外部救助和内部纾困。为了本书的目的，我们尽可能广泛地看待什么构成了外部救助或内部纾困，以确保介绍的全面性。外部救助可能采取与TARP案例一样的注资形式，还有流动性条款、银行负债担保、政府接管银行或其他与银行有关联的机构、资产救助计划（如购买银行拥有大量库存的证券），以及对银行安全的公开认证。如下文所示，所有这些类型的银行外部救助都发生在美国，以应对全球金融危机及其后果。为了应对金融危机从美国蔓延到其他国家，以及随之而来的欧洲主权债务危机，欧洲和世界其他地方也进行了许多此类外部救助。

银行内部纾困通常采取将一种或多种不同的债务工具转换为股权的形式，这些工具包括但不限于次级债务（subordinated debt）、优先无担保债务（senior unsecured debt）、或有可转换债券（Contigent Convertible bonds，CoCos）和未保险存款（uninsured deposits）。其他形式的内部纾困包括要求股东提供额外资本（如双重责任），将陷入困境或

即将倒闭的银行全部或部分出售给另一家机构以提供资本，以及由其他非政府组织提供资本。内部纾困措施还可能包括好银行和坏银行分离。这些措施会包括建立一个过渡机构，暂时持有陷入困境组织的"好"或相对安全的资产直到出售以恢复价值，同时将"坏"或相对有风险的资产隔离或转移到资产管理工具，以便有序地清盘。

在 20 世纪末和 21 世纪初的金融危机期间和之后，美国和欧洲实施了许多此类银行内部纾困措施，其中有两种非常广泛的内部纾困机制值得特别关注。在美国，根据 2010 年《多德—弗兰克法案》（*Dodd – Frank Act*），有序清算局（Orderly Liquidation Authoriry，OLA）的内部纾困机制对美国一些大型银行机构生效。OLA 在这些机构中的一个或多个面临困境和即将倒闭的情况下，将次级债务和可能的一些其他未保险信贷转换为股本。欧盟（EU）于 2014 年推出并于 2016 年正式实施银行恢复和处置指令（Bank Recovery and Resolution Dirative，BRRD）和单一处置机制（SRM）。根据 BRRD，股东和一些未投保的债权人必须遭受损失并为银行的资本重组作出贡献，类似于 OLA。其他一些处置工具（如出售业务工具）也已到位，以应对倒闭机构的处置[①]。全面实施 BRRD 后，第一个执行的决议是 2017 年 6 月的大众银行（Banco Popular），该决议包括减记该机构的自有资金、次级债务持有人的内部纾困，以及将该机构出售给桑坦德银行（Banco Santander）[②]。不过，在全面实施甚至引入 BRRD 内部纾困条款之前，欧盟确实发生了一些内部纾困案例，包括 2013 年两家塞浦路斯大型银行的决议，以及 2014 年四家希腊银行和 2015 年四家意大利小型银行的决议。这些案例的简要摘要如表 1.5 所示。

本书讨论了所有这些类型的外部救助和内部纾困，并提供了现实世界中的例子。银行外部救助和内部纾困通常但并非总是为了应对金融危机，或是为了防止特殊事件演变成此类危机。针对金融危机的外部救助和内部纾困旨在暂时稳定金融体系，并减轻这些系统性问题的实际经济后果，包括可能因银行普遍陷入困境和倒闭而引发的衰退。在某些情况下，在非金融危机时期，外部救助和内部纾困也用于被视为大而不能倒（Too – big – to – fail，TBTF）或相互关联而不能倒（Too – interlonnetted – to – fail，TITF）的陷入困境的银行，或被视为太多而不能倒（Too – many – to – fail，TMTF）的类似情况的银行集团。后一系列外部救助和内部纾困的目标是防止金融危机的出现及其后果，和/或避免这些银行倒闭带来的巨大经济损失。

1.1.1 外部救助说明

在全球金融危机和欧洲主权债务危机之前和期间，银行外部救助是各国政府对金融危机以及 TBTF、TITF 或 TMTF 问题的最为常见的反应。表 1.1 和表 1.2 分别列出了

---

① 根据 BRRD 第 2（1）（57）条，内部纾困定义为"处置机构行使与被处置机构债务相关的减记和转换权力的机制"。
② 与 OLA 不同的是，BRRD 下的内部纾困条款允许在减记和转换股份后获得外部财务支持，合格负债至少占银行总负债的8%。

美国和欧洲金融危机期间的银行外部救助清单。我们无法讨论在全球金融危机期间所采取的行动，这场危机始于本书即将出版之际。

表 1.1　全球金融危机期间美国为银行机构选定的外部救助计划

外部救助计划	时间段	金额	目的
TARP 资本购买计划（Capital Purchase Program，CPP），美国财政部不良资产外部救助计划的主要组成部分	2008 年 10 月 28 日至 2009 年 12 月 29 日	709 家存款机构 2049 亿美元	美国财政部不良资产外部救助计划中规模最大的一项计划，通过购买优先股和在某些情况下还包括次级债务，向符合条件的存款机构提供资金
TARP 目标投资计划（Targeteel Investment Program，TIP）对美国银行和花旗集团的援助	2008 年 12 月	额外资本 400 亿美元（每家机构 200 亿美元）	注资以及与监管机构达成协议，保护机构免受资产组合超过预期的损失
TARP 社区发展资本倡议（Community Development Capital Initiative，CDCI）援助	2010 年 2 月 3 日至 9 月	投入 84 家机构 5.7 亿美元	帮助经认证的社区发展机构及其服务不足的社区应对金融危机
定期贴现窗口计划（Term Discount Window Program，TDW）	2007 年 8 月 17 日至 2010 年 3 月 18 日	计划期间的美元借款额没有公开	TDW 提供的贴现窗口资金的期限超过隔夜，资金最初可供使用 30 天，后来延长至 90 天
联邦储备系统定期拍卖工具（Term Auction Facilities，TAF）	2007 年 12 月 12 日至 2010 年 3 月 8 日	在该计划的鼎盛时期为 4930 亿美元，在此期间总计约为 38180 亿美元	拍卖 1 个月和 3 个月的贴现窗口贷款给存款机构，以解决定期银行间贷款市场的短缺压力
FDIC 临时流动性担保计划（Temporary Liquidity Guranantee Program，TLGP） • 临时债务担保计划（Temporary Debt Guarantee Program，TDGP） • 交易账户担保计划（Transaltion Account Guarantee Program，TAGP）	TDGP 2008 年 10 月 14 日至 2012 年 12 月 31 日，TAGP 2008 年 10 月 14 日至 2010 年 12 月 31 日	约 3460 亿美元的债务和约 8350 亿美元的存款	TDGP 为合格机构的某些新发行无担保优先债务提供担保，以改善定期融资市场的流动性 TAGP 暂时将无限额存款担保扩展至参与保险存款机构的国内非利息交易账户，以限制这些存款的进一步流出
美国财政部小企业贷款基金（Small Business Lending Fund，SBLF）	根据 2010 年小企业就业法案成立	332 家机构超过 40 亿美元	SBLF 向合格的社区银行（资产小于 100 亿美元）提供优先注资，以鼓励小企业贷款
联邦住房贷款银行（Federal flome Loan Bank，FHLB）系统	在金融危机之前、期间和之后生效	大约 80% 的美国贷款机构依赖 FHLB 银行	FHLB 系统向成员银行提供贷款，以支持抵押贷款和相关的社区投资
财政部和联邦储备系统对美国国际集团（AIG）的贷款和股权注入	2008 年 9 月 16 日	美国财政部和联邦储备银行（FRB-NY）的 1820 亿美元最高承诺额	美国国际集团的贷款和股票投资组合

续表

外部救助计划	时间段	金额	目的
量化宽松（Quantitative Easig，QE）计划	联邦储备委员会在2008—2014年推行的政策。QE1：2008年11月公布，2008年12月至2010年6月实施。QE2于2009年11月至2011年6月实施。扭转操作，类似于QE2，发生在2011年9月至2012年12月期间，目的是通过购买长期票据和加大购买MBS的力度来支持低迷的房地产市场。QE3在很大程度上出乎意料，发生在2012年9月至12月。最后，QE4发生在2013年1月至2014年10月。2017年6月14日，联邦公开市场委员会宣布开始努力减持量化宽松政策	QE1：8000亿美元来自成员银行的银行债务、MBS和国债。它购买了1750亿美元由房利美和房地美以及联邦住房贷款银行发起的MBS，还购买了抵押贷款巨头担保的1.25万亿美元MBS和3000亿美元长期国债 QE2：6000亿美元的国债 扭转操作：4000亿美元的长期国债和新的MBS QE3：400亿美元的MBS，并继续扭转操作 QE4：850亿美元的MBS和长期国债，结束了扭转操作	在QE1、QE3、QE4和扭转操作中，美联储购买了MBS和国债。在QE2中，它主要购买了国债

注：计划的美元金额来源于GAO报告（2013），GAO - 14 - 18可得于：https：//www. GAO. gov/assets/660/659004. pdf。

美国财政部网站 https：//www. Treasury. gov/resource - center/sb - programs/Pages/Small - Business - Lending - Fund. aspx，以及其他来源 https：//www. thebalance. com/what - is - quantitative - easing - definition - and - explanation - 3305881；https：//www. thebalance. com/federal - reserve - s - operation - twist - 3305529。

表1.2 欧盟范围内的银行外部救助计划（28个成员国）

欧盟范围内的银行外部救助（10亿欧元）									
欧盟委员会援助工具（批准的）	2008年	2009年	2010年	2011年	2012年	2013年	2014年	2015年	2016年	总计或最大值
1. 资本重组	269.9	110.0	184.0	37.5	150.8	29.6	20.3	18.8	8.5	829.4
2. 减值资产计量	4.8	338.5	78.0	6.3	157.5	14.7	3.5	1.0	0.0	604.3
3. 担保	3097.3	87.6	54.8	179.7	266.8	37.9	0.4	156.4	303.3	3381.6

欧盟范围内的银行外部救助（10 亿欧元）									
欧盟委员会援助工具（批准的）	2008 年	2009 年	2010 年	2011 年	2012 年	2013 年	2014 年	2015 年	2016 年	总计或最大值
4. 其他流动性措施	85.5	5.5	66.8	50.2	37.5	9.7	1.7	0.0	0.0	229.7
总计	3457.5	541.6	383.6	273.7	612.6	91.8	26.0	176.2	311.8	5045.0
欧盟委员会援助工具（使用的）	2008 年	2009 年	2010 年	2011 年	2012 年	2013 年	2014 年	2015 年	2016 年	总计或最大值
1. 资本重组	115.2	90.7	93.5	35.0	90.8	20.5	7.6	11.3	0.0	464.6
2. 减值资产计量	9.8	79.5	54.0	0.0	35.4	9.5	0.3	0.3	0.5	189.2
3. 担保	400.4	835.8	799.5	589.0	492.1	352.3	204.5	167.8	121.9	1188.1
4. 其他流动性措施	22.2	70.1	62.6	60.6	44.3	34.6	31.6	4.6	1.4	105.0
总计	547.6	1076.2	1009.9	684.5	662.6	416.9	244.0	183.9	123.7	1946.9

资料来源：根据欧盟委员会的数据编制。

　　如表 1.1 所示，在全球金融危机期间和之后，在美国，有许多大型项目援助银行。许多人认为资本购买计划（CPP）是美国的银行外部救助计划（TARP）的一部分。在 CPP 中，美国财政部以优先股的形式向 709 家银行机构注入了 2049 亿美元。另外 400 亿美元通过目标投资计划（TIP）分配给两个大型银行机构，5.7 亿美元分配给 TARP 的社区发展资本倡议（CDCI）下的 84 家机构。TARP 最初的计划是购买"有毒"的抵押担保证券（MBS），但这一角色后来纳入了如下所述的美联储的量化宽松（QE）计划中。如表 1.1 所示，美联储大幅扩大了其贴现窗口计划以提供隔夜到期的资金，我们称为期限贴现窗口计划（TDW）。美联储还设立了短期拍卖工具（TAF），以解决过去通过贴现窗口向最后贷款人借款可能带来的声誉损失，鼓励银行参与，并向银行提供额外流动性。联邦存款保险公司（FDIC）制订了临时流动性担保计划（TLGP），通过交易账户担保计划（TAGP）和债务担保计划（DGP）为一些未投保的银行债权人提供担保，防止银行可能出现的流动性短缺。联邦住房贷款银行（FHLB）系统向当地银行提供低成本资金以支持抵押贷款。

　　此外，美联储还采取了非常规货币政策，包括大规模购买 MBS，远远超过最初计划用于 TARP 的 7000 亿美元，以及在 QE 计划下增加数万亿美元的长期国债。QE 分四个阶段实现，即 QE1、QE2、QE3 和 QE4，中间有停顿。美国政府还通过贷款和注资相结合的方式对一家保险公司——美国国际集团（AIG）实施了外部救助。虽然 AIG 不是一家银行，但我们认为这也是一种银行外部救助，因为该公司在许多大型银行有高额贷款，救助 AIG 有助于避免这些银行的巨额亏损。

　　读者在从这本书获取一些资料的同时，不必同意我们将所有这些美国政府、美联储和其他代理机构的行为定性为银行外部救助。无论读者认为 TARP 或 CPP 是"美国银行外部救助"，还是同意上述所有行动都是外部救助，或是介于两者之间，本书都会为读者提供足够的信息。

欧洲的外部救助最初是由个别国家政府或政府小团体发起的，因为这些国家的大银行都受到了金融危机的影响。例如，2008年8月，英格兰银行（Bank of England）对北岩银行（Northern Rock Bank）进行外部救助，随后将其国有化。此后不久，富通（Fortis）和后来的德克夏（Dexia），都在多个国家运作，得到了比利时、卢森堡和荷兰政府的外部救助。爱尔兰政府宣布决定为6家爱尔兰银行及其所有海外子公司的所有存款和债务提供担保。其他欧盟国家有许多其他银行受到本国政府的外部救助或国有化。

随着金融危机的加剧，人们普遍认为欧盟层面的外部救助措施是应对这种局面的必要手段，如表1.2所示。2008—2016年，欧盟委员会共批准向28个欧盟国家提供约5万亿欧元的国家援助，其中约1.9万亿欧元的援助得到有效实施①。实施总额约占2016年欧盟国内生产总值（GDP）的13.1%，各国差异较大。有四种不同类型的外部救助支持：银行负债担保（占总支持的61%）、注资或资本重组（占总支持的24%）、资产救助干预（占总支持的10%）和其他流动性措施（占总支持的5%）（见图1.1）。总之，欧盟国家广泛利用各种形式的政府支持来稳定银行业。相比注资来讲，担保是最常用的外部救助手段。

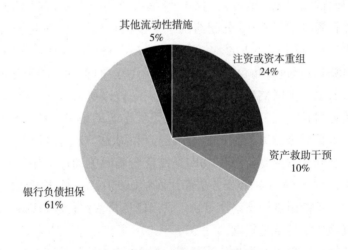

图1.1　欧盟不同的政府援助措施

（资料来源：根据欧盟委员会的数据编制）

1.1.2　外部救助的后果

对政府官员来说，外部救助往往非常有吸引力，因为这些救助措施可以迅速进行组合，不像内部纾困那样需要私营部门代理人的事先合作。外部救助有助于避免或缓

---

① 见欧盟委员会网站 http：//ec. europa. eu/competition/state _ aid/scoreboard/index _ en. html。

解短期金融系统问题，增加稳定性，降低系统性风险，降低衰退的可能性和严重性，而衰退往往是银行财务困境和倒闭产生的后果。正如后面几章所讨论的，外部救助通常也可以通过增加就业、减少企业和消费者破产来增加信贷供应和改善经济状况。

　　然而，外部救助也伴随着社会成本。它们可能为银行承担过度风险创造长期的道德风险激励，因为外部救助可能会提高人们对未来外部救助的预期，从而削弱市场约束。外部救助还可能给纳税人带来成本，即可能无法充分补偿纳税人所承担的风险。救助某些银行而不救助其他银行也可能造成银行竞争的扭曲。此外，外部救助可能会扭曲资金分配，使部分救助资金按照银行的政治和监管关系进行分配。因此，外部救助有多种效果，正如下文进一步讨论的那样，该理论并没有在事前就外部救助的净效果是否有益提供明确的答案。

　　全球金融危机和欧洲主权债务危机期间的银行外部救助在很大程度上并不受欢迎。图 1.2 显示了美国的一些不赞成，这表明，2009—2015 年，美国受访者对接受外部救助的银行最不信任。同样，盖洛普（Gallup）选择了一些欧盟区域内接受外部救助的银行进行银行信心调查，发现对这些银行的信心恢复到危机前水平的速度非常缓慢①。这种不受欢迎背后的一些主要原因是，人们认为外部救助富裕银行是不公平的，而且对政府和纳税人来说，外部救助往往相当昂贵，有时还会导致主权债务问题（如西班牙）。

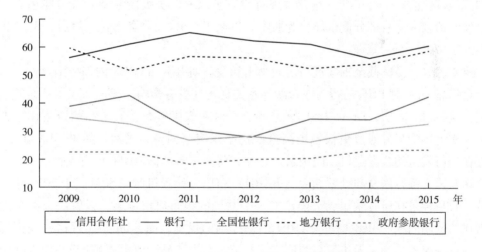

图 1.2　芝加哥布思/凯洛格商学院金融信任调查

［资料来源：金融信任指数，第 24 次调查（芝加哥大学布思商学院/西北大学凯洛格管理学院）］

1.1.3　内部纾困说明

　　正是由于人们普遍对全球金融危机和欧洲主权债务危机期间实施的外部救助措施

① https：//news. gallup. com/poll/175700/confidence - banks - slow - return - bailout - countries. aspx.

不满，各国政府才建立了内部纾困机制，私人利益相关者在其中提供大部分资本、流动性、担保或其他支持。表1.3和表1.4分别显示了金融危机后美国和欧盟的内部纾困计划。目前，美国和欧盟的大型银行分别通过有序清算机构（OLA）和银行恢复和处置指令（BRRD）接受内部纾困。

表1.3　美国的内部纾困计划

紧急计划	时期	目的
有序清算机构（OLA）	2010年第三季度《多德—弗兰克法案》实施后生效	内部纾困适用于处于违约或违约风险中的大型系统性重要机构，这些机构的破产将对金融体系和实体经济产生不利影响

表1.4　欧盟的内部纾困计划

紧急计划	时期	目的
银行恢复和处置指令（BRRD）和单一处置机制（SRM）	于2016年1月1日成为强制性规定	在任何国家援助被用于陷入困境的机构前，内部纾困适用于银行8%的债务和自有资金

OLA是根据2010年的《多德—弗兰克法案》成立的。当一家非常大的银行控股公司（BHC）违约或有违约的风险时，将触发OLA事件，其倒闭将产生严重的不利金融稳定后果。联邦存款保险公司（FDIC）暂时接管BHC并解雇其管理层，而其拥有的银行和其他控股公司子公司继续运营。现有股东被消灭，次级债务持有人可能还有其他未投保的债权人，将部分债权转化为股本，以至于BHC充分资本化。然后，BHC将回归私人手中进行新的管理。

重要的是，虽然截至本文撰写之时尚未触发任何BHC的OLA内部纾困事件，但这并不意味着OLA对BHC的行为或金融体系的稳定性没有影响。我们回顾了下面的一些研究，这些研究表明，OLA创造的激励措施已经对鼓励银行持有更高的资本比率方面产生了重大影响，并通过更快地提高这些比率来应对困境。当然，如果OLA在未来、可能在即将发生的金融危机期间被触发，那么将有更多证据表明它的有效性。

在欧盟，银行恢复和处置指令（BRRD）和单一处置机制（SRM）于2016年1月生效。其目标是在所有欧盟成员国建立一个共同的银行决议框架，以解决大型金融机构潜在的倒闭问题。BRRD是一组用于内部纾困的规则，而SRM是实现这些规则的组织。一旦一家机构到了无法生存的地步，并被宣布为"破产或可能破产"，内部纾困工具允许监管机构在违约前通过注销或将负债转换为股本，并要求债权人根据某一特定的等级制度承担损失，来对陷入困境的机构进行快速的资本重组。特别是BRRD建立了等级制度，使得内部纾困首先影响到股东，其次是次级债务持有人、高级无担保债务持有人和未投保存款人，这是为了最小化纳税人和实体经济的成本。如表1.5中的欧盟各国内部纾困实例所示，对这些内部纾困制度有一些经验和研究。与OLA类似，如果在未来的金融危机中对该系统进行更彻底的测试，则将披露更多有关BRRD有效性的证据。

表 1.5　欧盟的内部纾困案例

选定的国家级银行内部纾困			
国家	外部救助	年份	细节
塞浦路斯	塞浦路斯银行（最大银行）和塞浦路斯大众银行（又称莱基银行，第二大银行）	2013	未投保的储户失去了在塞浦路斯大众银行的一切权益，而约48%的未投保储户在塞浦路斯银行遭受损失
希腊	Panellinia 银行、伯罗奔尼撒合作银行、希腊国家银行和比雷埃夫斯银行	2015	Panellinia 银行通过招标程序将选定的资产和负债转移给比雷埃夫斯银行，从而解决了这一问题。普通股和优先股仍在清算中的实体中，并被内部纾困。伯罗奔尼撒合作银行被列入决议，存款在招标程序后转移到希腊国家银行，而所有其他资产和剩余负债以及股东都得到了内部纾困。希腊四大银行中的两家（希腊国家银行和比雷埃夫斯银行）进行了部分资本重组，但大多数债券持有人和股东都获得了内部纾困，并确实蒙受了损失
意大利	4 家小银行（Banca Marche、Banca Popolare dell'Etruria、Cassa di Risparmio di Ferrara 和 Cassa di Risparmio della Provincia di Chieti）和 3 家大银行［Banca Monte dei Paschi di Siena SpA（BMPS）（第四大）、Vicenza（第十大）和 Veneto Banca（第十一大）］	2015	4 家意大利小银行（Banca Marche、Banca Popolare dell'Etruria、Cassa di Risparmio di Ferrara 和 Cassa di Risparmio della Provincia di Chieti，总资产 470 亿欧元）接受了内部纾困，所有资产和负债都转移给了过渡银行，高级债券持有人得以幸免，但权益持有人和次级债券持有人遭受了损失。欧洲中央银行（ECB）宣布两家银行 Banca Popolare di Vicenza（第十大）and Veneto Banca（第十一大）"破产或可能破产"，它们的好资产以 1 欧元的价格出售给意大利第二大银行圣保罗银行，它们的不良资产被放入"坏银行"。意大利第四大银行 Monte dei Paschi di Siena SpA 银行（BMPS）面临着预防性资本重组和内部纾困。意大利政府获得欧盟批准外部救助该行，向该行注资 54 亿欧元（使其拥有 70% 的股份），而该行股东和次级债权人则先承担损失，估计损失 43 亿欧元，以尽量减少政府的账单
葡萄牙	圣灵银行（BES）和丰沙尔国际银行（BANIF，第七大银行）	2014—2015	圣灵银行（BES）通过内部纾困获得了解决。葡萄牙当局利用过渡银行战略，将该行良好的资产和负债与葡萄牙处置基金的股权注资放在一起。权益持有人和次级债务持有人被留在遗留银行，面临严重损失。丰沙尔国际银行（BANIF，第七大银行）采用相同的好银行/坏银行分割法解决，在国家援助的帮助下，将好资产出售给桑坦德银行，同时创建另一个实体存放部分坏资产。权益持有人和次级债券持有人被留在遗留银行，造成损失

选定的国家级银行内部纾困			
国家	外部救助	年份	细节
西班牙	大众银行（第六大银行）	2017	欧洲中央银行宣布该行"破产或可能破产"，紧接着桑坦德银行（西班牙最大的银行）宣布，将以1欧元名义收购大众银行，并进行70亿欧元的增资，以支付提高大众银行财务状况所需的资本和准备金。该交易导致股东和一些债券持有人（包括转为股本的或有可转债的所有者）被消灭

如表1.6所示和下文所述，在更好地保护纳税人资金和减少外部救助可能向受援助银行提供不公平竞争优势方面，内部纾困制度可能比外部救助制度更具有优势。它们还可能使银行采取更为谨慎的管理行为，即优先持有充足资本以避免内部纾困。此外，在减少银行允许资本过低或转向风险更高资产的长期道德风险诱因方面，内部纾困为市场参与者提供的市场约束可能比监管机构提供的监管约束更有弹性。

表1.6　外部救助和内部纾困的利弊

	优点	缺点
外部救助	容易组合起来使银行资本化	增加纳税人的成本
	短期内增加金融稳定/降低系统性风险	为银行提供隐性的外部救助保护：增强人们对银行可能太大而不能倒闭（TBTF）、太重要而不能倒闭（TITF）或太多而不能倒闭（TMTF）的认识
	增加信贷供给	加大银行道德风险激励力度
	可以改善经济条件	市场约束的不确定性影响
	提高被处理银行及其关联客户的市场回报	造成竞争扭曲
		降低银行效率
		选择可能基于非经济或政治关系，而不是价值
内部纾困	降低纳税人的成本	缓慢而昂贵地重建市场对接受内部纾困机构的信心
	降低银行道德风险激励	可能增加债权人对关联实体/子公司的传染效应并导致挤兑
	加强市场约束	可能恶化关联借款人的信贷供应
	有效解决特殊破产	可能恶化关联借款人的经济状况
	降低TBTF的竞争优势	对解决系统性倒闭没有那么有效
	完善银行资本结构激励机制	在某些情况下，所需的国际合作水平是前所未有的
		会给没有经验的债权人带来严重的社会成本
		将风险转移到金融体系中可能同样脆弱的其他部分

　　内部纾困也有一些潜在的缺点。这些问题包括：与外部救助相比，实施过程中可能出现更多延误和高昂的财务成本；政府可能对银行进行外部救助而带来信誉问题；在处理包括许多大型机构同时陷入困境的系统性事件时可能遇到困难；债权人的蔓延和流失；可能将风险转移给不了解这些风险的私营部门代理人；将金融问题转移给金融系统的其他部门，这些部门可能与银行同样脆弱。最重要的是，与外部救助相比，内部纾困还可能导致被纾困机构的关联借款人在信贷供应和经济状况方面出现更糟糕的结果。我们请读者参阅第二十七章，以更深入地分析外部救助、内部纾困和其他处理重要金融机构财务困境的方法的收益和成本。

　　正如下文所讨论的，一些理论研究发现，外部救助和内部纾困的社会福利价值类似，是由受援银行的预期价值减去其违约对社会造成的预期外部成本来衡量的。然而，这项研究也显示了内部纾困相对于外部救助的一个关键优势，即内部纾困为银行在金融危机期间优先重建资本提供了更有效的事前激励，实证分析证实了这一优势。在降低银行转向风险更高投资组合的道德风险激励方面，内部纾困可能也优于外部救助。

1.1.4　除外部救助和内部纾困外的银行处置方法说明

1.1.4.1　破产/倒闭

　　对于金融危机和/或 TBTF、TITF 或 TMTF 银行的困境，我们称为破产/倒闭。在这种情况下，我们必须区分银行和银行控股公司（BHC）。我们所说的破产/倒闭，是指 BHC 宣布破产和其所拥有的一家或多家银行获准倒闭。

　　这种方法在减少长期道德风险激励和改善市场约束方面可能具有社会优势。也就是说，对政府干预的期望降低，可能会鼓励银行和 BHC 持有更高的资本比率，以保护自己免受这一结果的影响，也可能会强化持债人监测和应对风险的动机以保持其债权的价值。如下文所述，一些理论研究支持破产/倒闭将使资本比率更高的观点。

　　然而，破产/倒闭也可能给金融体系和实体经济带来非常巨大的短期风险。BHC 破产将导致其股票市值蒸发，其所有债权金融机构蒙受损失，这可能对金融体系造成极大危害。这些债权机构可能反过来陷入困境，进一步削弱金融体系并可能导致公众信贷减少，也会损害实体经济。银行自身的倒闭导致其所有借款人的信贷中断，这也可能产生损害实体经济的一阶效应。

　　这些对金融体系和实体经济的威胁可能因两个因素而加剧。首先，在金融危机期间，这些金融和经济问题可能会加剧，届时许多 BHC 可能破产，许多银行可能倒闭。其次，处理破产程序的司法系统在解决复杂金融机构问题所需的金融专门知识和处理速度方面可能有困难，特别是在金融危机期间。

　　下面讨论的理论研究表明，至少在某些假设下，从社会福利和股东的私人福利两个方面来看，破产/倒闭严格由外部救助和内部纾困所主导。在鼓励银行进行资本重组以避免金融危机方面，内部纾困措施占主导地位。

在全球金融危机期间，很少允许大型金融机构倒闭。在美国，一家相互关联度极高的大型投资银行雷曼兄弟（Lehman Brothers）以及两家关联度极低的大型储蓄机构华盛顿互惠银行（Washington Mutual）和印地麦克银行（IndyMac Bank）倒闭。事实上，尽管很难确定这场上万亿美元的危机对美国经济造成的成本中，有多少可以归因于这几家机构倒闭的影响，但人们一致认为，雷曼兄弟的倒闭对金融体系和实体经济都造成了重大损害。

自"大萧条"以来，发达经济体尚未广泛实施允许金融危机期间大量破产或允许TBTF、TITF 或 TMTF 银行倒闭等策略。伯南克（1983）指出，"大萧条"时期银行的普遍倒闭减少了放贷，这使得经济更加糟糕。弗里德曼和施瓦茨（1963）发现，这些银行倒闭导致的货币供应量减少也严重损害了经济。

尽管如此，破产/倒闭的广泛实施仍然很重要，因为这种措施在未来仍具有实施的可能性。美国众议院 2017 年通过的金融选择法（*Financial CHOICE Act*）对此进行了倡导，尽管该法尚未颁布。该法案将通过废除 OLA 和建立新的美国破产法（第十四章）来解决金融机构的破产相关事宜，从而扩大大型银行组织破产角色的作用，并允许大型银行倒闭。决议将在破产法院的主持下进行，不包括监管干预。

1.1.4.2 利用生前遗嘱重组大型复杂银行机构

解决大型复杂银行机构的困境和即将倒闭问题的另一种可选方法是，使用生前遗嘱或根据这些机构预先设计的解决方案重组它们，以恢复财务实力和生存能力。在美国，《多德—弗兰克法案》第 165（d）节要求总资产在 500 亿美元或以上的银行机构每年向美联储和 FDIC 报告其计划，以便在出现重大困难或倒闭时，根据美国破产法迅速有序地解决问题。G20 成员国还要求 24 家全球顶级银行和 6 家保险公司出具生前遗嘱（Claessens、Herring 和 Schoenmaker，2010）。例如，根据生前遗嘱，银行可能会设定一些情景，在这些情景下某些不太重要的部分可以出售，或进行清算，而系统重要的部分则可以进行救助（例如，Avgouleas、Goodhart 和 Schoenmaker，2013）。第四章详细介绍了这些决议工具，提供了美国 BHC 发布的两份实际生前遗嘱的摘录，并讨论了这些计划对复杂的国内和国际组织的启示。

从理论上讲，生前遗嘱与上文讨论的破产/倒闭选择非常相似，只是生前遗嘱的目的是更有序地保存组织中更多财务上可行的部分。同样值得注意的是，在美国，OLA 的内部纾困解决方法和生前遗嘱都是《多德—弗兰克法案》的产物，尽管它们似乎是替代性解决方法，可能不会在同一银行机构同时执行。

1.1.4.3 监管宽容

另一种应对银行财务困境的方法，即所谓的"监管宽容"或"资本宽容"，是允许资本比率非常低或为负的银行在没有重大监管干预或倒闭的情况下继续经营。这种方法有时被用来节省关闭成本，推迟处理问题，直到另一个监管机构负责，或者希望困境能够自行扭转。然而，从长远来看，这可能会造成更多的损失。

如本书第三部分所讨论的，20 世纪 80 年代，允许大量有问题的金融机构搁置处置的做法被广泛应用于储贷机构（S&Ls），也偶尔应用于银行。许多 S&Ls 遭受了巨大的利率风险损失，这些损失摧毁了它们的股本，因为它们所有的抵押贷款都要求固定利率，而短期利率则由于极为紧缩的货币政策而上升。它们在短期内以高利率借款，而在长期却只能以低利率放贷，因此，它们失去了大部分甚至全部的市场价值。

监管者基本上让这些低资本或负资本的"僵尸储蓄银行"保持开放，国会实际上在 1980 年的存款机构放松管制和货币控制法（Depository Institutions Deregulation and Monetary Control Act，DIDMCA）和 1982 年的《加恩—圣日耳曼法》（*Garn – St. Germain Act*）中扩大了他们的投资权力。在某些情况下，由于缺乏资本而产生的道德风险激励导致了额外的信用风险和其他问题。从长远来看，这些问题给纳税人带来了巨大的损失，直到 1989 年通过金融机构改革、复苏和执行法（Financial Institutions Reform, Recovery, and Enforcement Act，FIRREA）才在一定程度上解决了这一问题。

1.2 其他介绍性材料

1.2.1 通常导致外部救助、内部纾困和其决议措施的情况

第二章讨论典型导致外部救助、内部纾困和其他决议的情况。这些情况通常是金融危机和/或 TBTF、TITF 或 TMTF 银行的困境。我们还讨论了一些关于什么会导致金融危机和银行困境的研究。特别是，我们将重点放在过度放贷热潮和流动性积累上，将其视为金融危机的决定因素。我们还回顾了有关银行绩效和倒闭的文献来启发读者什么导致了 TBTF、TITF 和 TMTF 银行的困境和潜在的倒闭。

1.2.2 美国和世界各地的 TARP 计划以及其他银行外部救助和内部纾困的说明

第三章介绍了全球范围内的外部救助和内部纾困，以及破产/倒闭、生前遗嘱、监管宽容和根据规模或行为拆分大型复杂银行机构等替代方案。在全球金融危机和欧洲主权债务危机期间，我们特别关注 TARP 和其他外部救助措施。我们还将重点放在 OLA 和 BRRD 以及在这些危机之后实施的其他内部纾困计划上。

1.2.3 银行外部救助、内部纾困和其他决议措施的理论背景

第四章回顾了银行外部救助、内部纾困和其他决议措施的理论，包括破产/倒闭、利用生前遗嘱重组和监管宽容。在此过程中，我们讨论了不同决议措施的优缺点。

本章大部分遵循的理论路径是，外部救助和内部纾困是否会实现降低系统性风险和改善实体经济等最终目标或结果。为了成功实现这些最终目标，外部救助和内部纾

困首先必须通过影响银行、市场和利益相关者的行为来实现某些中间的金融和经济目标。这些中间结果可能会影响系统性风险和实体经济的最终结果。最后，必须考虑到系统性风险与实体经济之间的相互作用。因此，追溯外部救助和内部纾困对系统性风险和实体经济的影响是通过影响中间金融和经济结果来对这些最终结果和它们交互产生影响的直接渠道来获得的。

本章还回顾了有关外部救助、内部纾困和其他解决方法的进一步理论研究，以及这些方法之间的比较。

1.3 TARP 的实证研究

第二部分包括 11 章，回顾了全球金融危机期间美国 TARP 外部救助的影响因素和效果的实证研究。TARP 的主要目的是降低金融体系因危机而面临的风险，并改善实体经济在不进行外部救助情况下的状况。

如上所述，对 TARP 的研究比任何外部救助或内部纾困计划都要多。值得注意的是，在大多数 TARP 研究中采用的经验方法是相当有效的，因为 TARP 在研究文献中可能被认为是一个罕见的准自然实验，它是合理外生的，因为它在很大程度上是出乎意料的。大多数研究使用双重差分（Difference – in – differencer，DID）方法和相对清洁（clean）的工具变量进行识别。

这种对 TARP 的额外强调有几个原因。第一，TARP 是应对现代最大金融危机的关键措施。据估计，就产出损失和对金融资产的破坏而言，仅全球金融危机对美国经济造成的损失就达 12 万亿 ~ 22 万亿美元（例如，Atkinson，Luttrell 和 Rosenblum，2013；美国政府问责局报告，2013；Garcia，2015）。

第二，TARP 是一个非常庞大和广泛的外部救助计划。美国财政部在相对较短的时间内向 700 多家银行和其他存款金融机构注入了 2000 多亿美元的优先股资本。

第三，到目前为止，TARP 受到了公众和媒体的极大关注，它可能促使当局实施了次贷危机之后的许多监管改革，包括《多德—弗兰克法案》，该法案在很大程度上加强了银行监管，并创建了上述 OLA 内部纾困机制。如上所述，媒体通常认为这是所谓的"银行外部救助"，而对其他外部救助方案的认可度要低得多，甚至不认为上述所讨论的流动性注入、担保和其他行动都是银行外部救助。目前，对于 TARP 的短期和长期有效性存在很大分歧，尽管有接下来将讨论的对 TARP 的实质性研究，但该计划的大多数最初倡导者和反对者仍坚持其原来的立场。

第四，对 TARP 的研究比对任何其他银行外部救助或内部纾困计划的研究都要多。学者们研究了银行受到外部救助并提前偿还资金的决定因素；TARP 对受到外部救助银行市场估值的影响；其对银行市场约束、杠杆风险、竞争、信贷供应和投资组合风险的影响，以及该计划对银行信贷客户的影响。重要的是，还有一些研究考察了 TARP 在实现提振实体经济和降低系统性风险这两个主要目标方面是否有效。

本书的第二部分有专门讨论这些主题的章节。我们在第二部分中承认，这些主题是高度相关的，尽管个别的研究论文不一定会得出 TARP 的所有启示。例如，关注 TARP 对银行信贷供给直接影响的文献并不总是能充分揭示这类信贷对银行投资组合风险、信贷客户福利、实体经济和系统性风险的间接影响。尽我们所能，我们试图将这些论文在看似不同的 TARP 研究主题上的结果联系在一起。为了保持可控性和避免重复，我们只在关于这个主题的章节中讨论每一个直接的研究结果，将间接影响留给后面的章节。

1.3.1　大多数 TARP 实证研究中使用的方法

第五章讨论了 TARP 实证研究中采用的主要方法，以帮助理解研究。本章描述了双重差分（DID）、工具变量（IV）、倾向得分匹配（Propensity Score matchiy，PSM）、Heckman 样本选择模型和安慰剂试验。

1.3.2　申请和接受 TARP 资金以及提前退出计划的决定因素

第六章讨论了哪些银行接受了 TARP 注资以及提前退出 TARP 计划的决定因素。如前所述，规模更大、更健康的银行更有可能获得资金并提前偿还。政治和监管影响也对部分银行的资金配置起到了重要作用。受到经理薪酬限制约束的银行往往选择提前退出。

1.3.3　TARP 对接受救助银行估值的影响

第七章阐述了 TARP 对接受救助银行估值影响的研究。研究似乎表明，根据所分析的事件，TARP 对银行估值的影响不同。在 TARP 计划公布前后，银行估值普遍上升，但针对每次注资前后的银行估值大多不显著或显著为负，这源于对救助计划或银行状况的各种担忧。针对偿还情况的银行估值结果一致为正，这是因为人们可以识别出偿还 TARP 的银行是健康和可存续的，还有另一些原因，包括取消与外部救助相关的赔偿限制等。

1.3.4　TARP 对市场约束的影响

第八章讨论了 TARP 对银行股东、非储户债权人和储户市场约束影响的研究。从理论上讲，TARP 等外部救助措施可能会减少或增加这些市场参与者对承担更多风险的银行采取行动的意愿。例如，一方面，TARP 可能意味着未来对已获得外部救助银行进行进一步救助的可能性增加，从而降低市场约束；另一方面，TARP 可能预示着银行疲弱，从而强化市场约束。不同市场利益相关者群体应对约束的实证研究不尽相同。

1.3.5　TARP 对银行杠杆风险的影响

第九章描述了 TARP 对杠杆风险的影响的研究。如上所述，TARP 注资以优先股的形式进行，优先股计入基于一级资本的资本比率。尽管发现一级资本相对于 TARP 银行的资产有所上升，但即使 TARP 银行或市场参与者没有采取进一步行动，这类比率也会通过机械效应受到 TARP 计划的影响。TARP 对基于会计或市场的标准杠杆比率（基于普通股，使用会计或市场数据衡量）没有机械效应影响。

正如第九章中讨论的细节那样，可以通过 TARP 优先股权注入来降低或增加使用会计或市场数据衡量的杠杆风险。例如，由于对银行的信心增强，普通股可能会增加，这可能会使普通股更容易筹集或增加现有股票的市值。相反，在某种程度上，TARP 使银行声誉受损，负面的影响可能会发生。

从这一主题来说，相对较少的实证研究表明杠杆风险降低。有论文发现，普通股与资产的会计比率增加，意味着基于会计的杠杆率下降；也有论文发现，市场杠杆率也下降。

1.3.6　TARP 对银行竞争的影响

第十章讨论了 TARP 竞争效应的研究。使用 DID 方法的两项实证研究表明，TARP 银行相对于非 TARP 银行而言，其市场份额和市场力量都显著增加，并且对产生上述结果的作用渠道进行了识别。对 TARP 竞争效应的第三项实证研究也发现，没有接受外部救助资金的健全非 TARP 银行存在竞争扭曲。

最后一项研究的结果表明，前两项研究所隐含的竞争扭曲可能被低估了。前两项研究的 DID 方法只测量相对于非 TARP 银行来说，TARP 计划对 TARP 银行的影响，而第三项研究表明，其中一些非 TARP 银行也通过 TARP 计划获得了更强的市场力量，因此 TARP 造成的竞争扭曲可能非常大。这些结论需要进一步的研究来阐明。

1.3.7　TARP 对银行信贷供应的影响

第十一章总结了关于该计划对接受银行相对其他银行信贷供应影响的研究结果，通常使用 DID 框架。大多数研究（但并非所有的研究）发现，相对于非 TARP 银行，TARP 银行的信贷供应在扩展边际上增长，贷款和贷款承诺金额更多。也有证据表明，大型企业的信贷供应在集约边际（intensive margin）上有所改善——息差更低、金额更大、期限更长、抵押品的频率更低、限制性条款更少。

重要的是，正如第十一章所讨论的，这一证据并不能完全确定 TARP 是否增加了银行信贷供应总量，因为 DID 框架只衡量 TARP 银行相对于非 TARP 银行信贷供应的变化。贷款总额的变化将包括 TARP 对非 TARP 银行贷款的影响，这些银行也可能受到该计划的影响。如第十一章所述，非 TARP 银行可能由于 TARP 计划而减少或增加了信贷供应。

1.3.8　TARP 对接受银行投资组合风险的影响

第十二章回顾了 TARP 对个别接受银行投资组合风险的影响研究。有文献表明，TARP 银行似乎至少在三个方面增加了 TARP 银行的投资组合风险：转移到风险更高的资产，放宽已发放贷款的条款，以及对风险更高的借款人相对放宽这些条款。第十一章的结果表明，贷款增加也有助于增加投资组合风险。

与上述关于贷款的论点类似，这一关于投资组合风险增加的证据，对于 TARP 对金融系统风险的影响并不是决定性的。DID 框架仅测量 TARP 银行相对于非 TARP 银行的投资组合风险变化，不包括 TARP 对非 TARP 银行风险的影响，它还忽略了影响系统性风险的其他因素，包括个别银行的资本或杠杆风险，以及银行之间的相互联系，这些因素也会影响系统性风险。

1.3.9　TARP 对接受银行的信贷客户的影响

第十章中 TARP 对银行竞争的影响研究以及第十一章中对银行信贷供给的研究表明，TARP 对银行借款人也有影响。正如第十三章所讨论的，TARP 银行更大的市场力量可能帮助或伤害其信贷客户，这取决于这些借款人是否主要使用交易和关系贷款策略，以及哪种理论占据主导地位。TARP 银行信贷供应的增加（在不被非 TARP 银行贷款减少所抵消的范围内）通常会使借款人受益。

第十三章讨论的附加研究是关于净效应的测量。两项关于 TARP 对 TARP 银行关系企业借款人的市场价值影响的研究结果截然相反，但第三项研究发现 TARP 银行的企业借款人增加了他们的贸易信贷供应，而非 TARP 银行则没有。因此，大多数有限的证据表明，企业借款人的境况更好。

我们不知道任何未上市小企业借款人的直接证据，但在第十四章中关于 TARP 的实际经济影响所总结的一些证据表明，小企业可能得到了 TARP 的帮助。这一证据表明，TARP 增加了净就业创造和净招聘机构，并减少了企业和个人破产。鉴于大多数就业创造、招聘机构和破产都与小企业有关，小企业似乎受到了积极影响。

1.3.10　TARP 对实体经济的影响

第十四章主要研究了 TARP 对实体经济的影响。第十一章的研究结果显示 TARP 可能增加信贷供应，而第十三章的研究结果显示 TARP 的实施使得企业借款人的境况可能更好，这些说明了 TARP 对实体经济有好处。

然而，这些发现并不完全是结论性的，因为它们没有最终表明贷款增加或借款人的利益对实体经济产生了有益的影响。贷款的任何增加都可能不会导致借款人增加支出（如投资、雇佣或购买住房或其他消费品），从而提振实体经济。可能的结果是，借入的资金可能已经被储存或取代了其他资金来源。因此，确定对实体经济的影响需要研究实际影响。

我们只能找到两项关于实际经济效应的研究。第一项研究表明，在有更多接受TARP救助的企业的州，TARP在增加净就业创造、增加净招聘机构、减少企业和个人破产方面具有显著的积极实际经济效益。第二项研究考察了银行倒闭对企业组建和净就业创造的地方层面的负面影响，发现TARP在减少这些负面影响方面是有效的。重要的是，这些研究中的益处可能被低估了，因为它们排除了TARP潜在地将金融体系从更大的崩溃中拯救出来的有利影响。为了全面了解，我们还需要了解TARP对系统性风险的影响。如果TARP拯救了金融体系，即使只是部分拯救，那么实际的经济影响可能远大于衡量的国家层面的影响。换句话说，TARP可能对接受TARP救助和没有接受TARP救助银行都有帮助，因此它们之间的差异可能低估了对实体经济的总体影响。

1.3.11　TARP 对系统性风险的影响

第十五章通过检验 TARP 对系统风险影响的直接测量研究结果，完成了对 TARP 实证效应的研究。我们了解的关于这一主题的一篇研究论文将 DID 方法应用于系统性风险贡献的最新指标。研究发现，接受 TARP 的资金后，银行对系统性风险的贡献显著低于没有接受 TARP 救助的银行。这看起来几乎仅仅是通过股价上涨、降低市场杠杆测度 LVG 来提高 TARP 银行的普通股价值的。如上所述，鉴于普通股价值与美国财政部根据 TARP 注入的优先股明显不同，这不是机械效应。

与上述论点类似，DID 框架只测度了与没有接受 TARP 救助的银行相比，接受 TARP 救助的银行对系统性风险降低的贡献。这可能低估了系统性风险的整体降低，因为几乎可以肯定，没有接受 TARP 救助的银行也变得更加安全。

重要的是，降低对系统性风险的贡献无疑对实体经济产生了强大但难以衡量的积极影响，因为它将保持企业和消费者信心，并使银行信贷高于以往水平。从历史上看，金融危机危及实体经济，因为实体投资和招聘的融资被撤回，而往往导致衰退。因此，如果 TARP 对系统性风险的贡献不降低，全球金融危机可能会更糟，更大的衰退可能会随之而来。

1.4　除 TARP、内部纾困和其他决议方法外的银行外部救助实证研究

本书第三部分共分三章进行实证研究。第一个是关于 TARP 以外的银行外部救助，其中一些被总结在表 1.1 中，第二个是讨论内部纾困，其中一些被总结在表 1.3 至表 1.5 中，第三个是关于破产/倒闭、利用生前遗嘱重组、监管宽容和将大型复杂金融机构拆分为系统重要性较低的小型机构或从事不同活动的机构等其他决议方法，这被总

结在表 1.7 中。

1.4.1　TARP 以外银行外部救助的实证研究

第十六章重点讨论了 TARP 以外的外部救助，主要是全球金融危机和欧洲主权债务危机期间和之后美国和欧洲的外部救助。如前所述，如表 1.1 所示，在全球金融危机期间，除 TARP 外的外部救助包括上述美联储、FDIC、财政部和联邦住房贷款银行（FHLB）系统采取的其他行动。

欧洲的外部救助包括一些国家层面的外部救助和一些国家在全球金融危机初期的集体应对。其中包括比荷卢联盟国、比利时、荷兰和卢森堡对富通和德克夏银行的外部救助，爱尔兰六家大型银行的外部救助，英国政府对北岩银行的外部救助等。

后来一致认为，经济形势相当严峻，因此欧盟委员会在欧盟层面上采取了协调一致的应对措施，授权各国政府以从银行债务担保到注资和从资产外部救助干预到银行流动性支持等多种形式向金融机构提供国家援助和担保，如表 1.2 所示。包括希腊、葡萄牙、爱尔兰、西班牙和塞浦路斯在内的一些欧盟国家提高了政府债务显著比率，这反过来导致了主权危机，需要其他欧盟国家、ECB 和 IMF 的援助。关于欧洲危机的更多细节见第二章，关于援助措施的更多信息见第三章。

第十六章涵盖对美国以外国家的外部救助研究，讨论了政治决定因素，以及这些外部救助对竞争、信贷供应、银行风险、实体经济和系统性风险的影响。

虽然第十六章总结了大量的研究论文，但本章关于非 TARP 外部救助的实证研究远不如第二部分第十一章所讨论的 TARP 的实证研究全面。对这些其他外部救助方案的研究与 TARP 的研究有许多共同的结果，包括大多数外部救助似乎增加了银行贷款，增加了银行投资组合风险以应对道德风险激励，扭曲了银行竞争，有利于获得外部救助的银行。一些调查结果还表明对受援国银行的污名效应，以及基于政治关系授予的外部救助。在改善实体经济和降低系统性风险这两个外部救助最终目标方面的研究结果远不如 TARP 的研究结果有利。对于非 TARP 的美国外部救助计划，对这些问题的研究很少，系统性风险的结果好坏参半。根据一些研究，对于欧洲的外部救助计划，对实体经济和金融体系的长期影响可能是负面的。在某些情况下，增加的贷款是社会非生产性的负净现值"僵尸"信贷。在某些情况下，银行外部救助令各国政府背负重担，导致主权债务陷入困境。

表 1.7　备选决议方法

序号	"第一道防线"	说明
1	破产/倒闭	根据美国银行控股公司破产法允许机构破产和/或由联邦或州商业银行监管代理机构关闭
2	生前遗嘱（重组大型银行机构）	由组织预先设计的处置计划，以在出现重大困难和倒闭时恢复财务实力和生存能力

序号	"第一道防线"	说明
3	监管宽容	允许资本不足的银行在没有重大监管干预或破产的情况下继续经营
4	拆分 TBTF 银行组织	将大型机构拆分为规模较小的非系统重要性机构，当它们构成"严重"的系统性威胁时，这些机构更容易管理
5	拆分活动类型	拆分不同类型的银行活动，或废除 1999 年的《格雷姆—里奇—比利雷法案》，并回到《格拉斯—斯蒂格尔法案》对商业银行和投资银行合并的限制

1.4.2　内部纾困后果的实证研究

第十七章总结了关于内部纾困的实证研究结果，包括美国的 OLA 和欧洲的 BRRD。我们还详细阐述了对或有可转换债券（CoCos）的研究，这是一种在一些欧洲国家使用的内部纾困形式。本章还简要讨论了其他历史上类似于内部纾困的工具或事件，如"大萧条"前监管机构使用的对股东的双重债务。这导致破产机构的股东失去了最初的投资，并要求他们拿出额外的股本来补偿存款人。

我们还简要讨论了美国政府与一家陷入困境的大型金融机构打交道的一个早期重要事件。1998 年对冲基金长期资本管理（LTCM）的案例是一个外部救助和内部纾困的结合体，纽约联邦储备银行帮助安排了一批私营金融机构的融资。

与外部救助文献相比，内部纾困研究明显不够丰富，因为大多数内部纾困计划、事件和工具都是相对较新的，很少有观察结果可供研究。尽管如此，研究表明，内部纾困似乎促进了利益相关者（包括存款人、债券持有人、股东和 CDS 持有人）的市场约束。内部纾困制度也可能为银行提供比外部救助更好的激励措施。这项研究并未就内部纾困对个人机构风险或系统性风险的影响有效性得出强有力的结论，而且对于内部纾困对实体经济的影响，研究结果也相当有限。

1.4.3　其他决议方法后果的实证研究

第十八章回顾了除外部救助和内部纾困以外的几种解决方法的实证研究结果：（1）破产/倒闭（BHC 破产和具有系统重要性的银行倒闭）；（2）根据《多德—弗兰克法案》（Dodd – Frank Act）的指示，使用生前遗嘱进行重组；（3）监管宽容（使银行在资本很少或没有资本的情况下运营）；（4）在小型机构中拆分大型复杂金融机构；（5）将银行业务拆分为专门商业银行和投资银行。

第十八章中回顾的研究并没有为这些替代外部救助和内部纾困的方案提供重要支持。研究结果表明，破产/倒闭、监管宽容和大型机构的解体往往会造成弊大于利的结果。破产/倒闭可能拖累其他金融机构，加剧系统性风险。监管宽容可能会加剧银行承担过度风险的道德风险动机。把大银行拆分成更小的机构会造成银行效率低下，从而增加财务困境和未来危机中的倒闭。将投资银行与商业银行分开，可能会造成一些机构无法轻易地在严重的流动性危机中生存下来。现有的研究结果对生前遗嘱更有利，但研究太少，无法得出有力的结论。

1.5 有助于避免外部救助、内部纾困和其他决议方法的"第一道防线"

第四部分包括8章内容，可以称为"第一道防线"，这是除外部救助、内部纾困或其他解决方法之外，政府用来帮助降低银行陷入财务困境的可能性的工具。第十九章解释了"第一道防线"可以通过三种机制运作：审慎机制、认证机制和补贴机制。第二十章至第二十六章介绍了七道个体的"第一道防线"：资本要求（第二十章）、流动性要求（第二十一章）、压力测试（第二十二章）、监管活动限制（第二十三章）、审慎监管（第二十四章）、存款保险（第二十五章）和银行的政府所有权（第二十六章）。这些章节中的每一章都详细说明了各自的"第一道防线"是通过三种机制的哪一种运作的，"第一道防线"是如何在不同国家实施的，并讨论通过这些机制如何运作的实证研究。表1.8显示了七种"第一道防线"中的每一种。正如在这些章节中所讨论的，理论往往对通过这三种机制建立的"第一道防线"是否有效提供了相互矛盾的预测，但实证研究往往更清楚它们的效力。

表1.8　"第一道防线"

	"第一道防线"	说明
1	资本要求	资本要求规定了银行或其他金融机构根据其金融监管机构的要求必须持有的资本额。巴塞尔协议最低资本要求是确保许多国家银行恢复能力的关键监管工具
2	流动性要求	流动性要求是巴塞尔协议Ⅲ的一部分，旨在确保银行保持足够的高质量流动资产水平，以满足其流动性需求。流动性覆盖率（LCR）旨在提高银行抵御流动性冲击的短期弹性，而净稳定融资率（NSFR）则要求银行在一年的期限内以最低稳定负债为非流动资产提供资金
3	压力测试	应用于银行组织的压力测试估计它们在模拟未来可能发生的金融危机或困难时期的不利情景下能够提供贷款和履行其他正常银行职能的程度。压力测试本质上是前瞻性的资本要求，要求大型银行在假设的未来不利情景下持有足够的资本
4	审慎监管活动限制	监管活动限制包括限制银行可能从事的某些活动的数量，例如，对单一交易对手的信贷敞口的贷款限制，以及2010年《多德—弗兰克法案》对银行控股公司投资私人股本和对冲基金的沃尔克规则限制，对一些被认为对银行来说风险太大的活动完全禁止，如沃尔克规则下的自营交易，以及禁止商业银行的投资银行和非金融活动
5	审慎监管	审慎监管措施旨在确保银行的安全和稳健，包括监督检查、识别银行风险和管理问题，而这些检查的结果所产生的非正式和正式的行动试图在导致财务困境之前下压一些风险和管理问题

续表

	"第一道防线"	说明
6	存款保险	政府支持的存款保险为一部分存款人的银行破产索赔提供保护，如果银行不能支付存款，则政府替银行向存款人支付
7	政府银行直接所有制	政府直接所有制可以被视为最终的存款保险，因为政府的雄厚财力可以支撑银行损失

1.5.1 "第一道防线"运行的三种机制

如第十九章所述，审慎机制涉及减轻主要由银行控制的风险，如杠杆风险、信贷风险或流动性风险。因此，银行不太可能遭遇财务困境。通过审慎机制运作的"第一道防线"例子是资本要求，其直接降低杠杆风险，并可能通过降低承担过度风险的道德风险激励来降低其他类型的风险。正如第二十章所讨论的，虽然一些理论得出了相反的预测，但实证研究与资本要求的审慎机制非常一致。

认证机制向公众保证它们在银行的投资安全。这降低了银行因储户或其他负债持有人挤兑而产生的风险，这些挤兑可能造成流动性问题或使银行难以筹集资金。安全保证还可能降低股东迅速出售或其他人卖空的可能性，这些可能降低银行的市值和/或使银行在困境中难以筹集股本。举例来说，通过认证机制运作的"第一道防线"是压力测试——压力测试的及格分数可能会提高公众对银行安全的看法，而不及格的分数可能会产生相反的影响。

补贴机制包括向银行提供补贴，这些补贴可能会支撑银行，增加银行资本，降低银行的杠杆风险，从而降低银行遭遇财务困境的可能性。通过补贴机制运作的"第一道防线"是存款保险，由于政府的保护，存款保险允许银行以接近无风险利率进行借款，从而使银行富足。

1.5.2 以资本要求为"第一道防线"

第二十章讨论了资本要求，这被全世界的监管机构用来防止因银行陷入财务困境而引发的银行外部救助、内部纾困或其他决议。本章介绍了这些要求背后的概念和理论，以及这些要求如何通过避免银行财务困境的三种机制发挥作用。解释了国际和美国的资本要求，并回顾了这些机制的经验证据。虽然该理论对审慎和认证机制的解释模棱两可，但实证证据绝大多数表明，通过这些机制，资本要求是有效的。补贴机制与资本要求无关。本章还回顾了有关资本要求对银行流动性创造和盈利能力影响争议性问题的证据，提出了流动性创造的混合结果，但主要是对盈利能力的积极影响。

1.5.3 以流动性要求为"第一道防线"

第二十一章回顾了流动性要求，这是降低流动性风险的"第一道防线"，以避免银行陷入困境，降低外部救助、内部纾困或其他银行决议的可能性。解释了流动性要求，并分析了其运作机制。本章还介绍了国际和国家的具体流动性要求，并总结了有关机制的经验证据。关于流动性要求是否通过审慎和认证机制起作用，相关理论好坏参半。大多数经验证据都支持流动性要求通常是通过审慎机制运作的，尽管存在一定的空间改善。就我们所知的流动性要求的认证机制而言，尚没有经验证据。补贴机制不适用于这条防线。

在第二十一章中，我们还讨论了当中央银行的最后贷款人（LOLR）功能可以替代性地处理大规模总流动性冲击时，是否有适当的流动性要求来防范大规模总流动性冲击的问题。第十六章讨论的研究表明，在全球金融危机期间，美联储扩大 LOLR 的使用在促进银行放贷方面非常成功。

1.5.4　以压力测试为"第一道防线"

第二十二章讨论了压力测试，自全球金融危机以来，监管机构一直在使用压力测试，以使大型银行机构抵御未来危机和其他问题情况。它们基本上是前瞻性的资本要求，要求这些组织持有足够的资本，以便在未来假设的不利情况下（如金融危机）继续经营和放贷。与第四部分其他章节的案例一样，对理论、实践和实证研究结果进行了回顾和分析。与资本要求类似，该理论对压力测试的审慎性和认证机制并不明确，但经验证据表明，压力测试通过这两种机制都是有效的。补贴机制不适用于压力测试。本章还讨论了压力测试的潜在缺点。它们可能会赋予那些受到压力测试的银行大而不能倒地位，并似乎减少了它们对大企业和小企业的信贷供应。

1.5.5　将审慎政策规制作为"第一道防线"

第二十三章提供了有关审慎政策规制（prudential regulatory activity restrictions）的信息和研究结果。这些都是对被认为有风险的银行活动的限制或彻底禁止，是由监管者实施的，目的是降低财务困境的发生率，降低需要外部救助、内部纾困或其他措施的可能性。本章阐述了美国和欧盟实施的几项重要的审慎政策规制。与其他明确旨在限制银行风险承担的"第一道防线"类似，该理论对于这些限制措施是否通过审慎和认证机制来实施，也存在模棱两可的问题。关于这两种机制，经验证据也不清楚。补贴机制不适用于审慎政策规制。

1.5.6　以审慎监管为"第一道防线"

第二十四章介绍了背景资料，回顾了有关审慎监管的理论和实证研究结果。这"第一道防线"旨在控制和降低银行和系统层面的风险，分别称为微观审慎监管和宏观审慎监管。审慎监管机构检查银行是否遵守安全和稳健的规章制度，监督银行过度风险承担，并对不遵守规则条例或被发现风险过高的银行采取行动，在可能的情况下防止外部救助、内部纾困或其他措施。与其他旨在降低银行风险的政策一样，对于审慎监管是否通过审慎监管和认证机制使银行更安全还是有更大风险，理论上并不明确。然而，经验证据与通过这两种机制运作的监督是一致的。对审慎监管而言，补贴机制是相反的，因为监管者对银行施加成本，并从银行收取资金，这更像是一种税收，而不是补贴。

1.5.7　以存款保险为"第一道防线"

第二十五章介绍了存款保险，讨论了世界范围内该"第一道防线"的理论和实践，并通过预防和/或阻止财务困境和预防措施的三种机制来评估存款保险的运作情况。重要的是，有些存款保险计划是明确的或法律上的，有些是隐性的或事实上的，而且大多数国家都是两者兼而有之。事实上的保险通常在金融危机期间广泛保护储户，也包括 TBTF、TITF 或其他时候被视为 TMTF 的银行，可以被视为一种先发的外部救助。理论和实证研究都表明存款保险通过认证和补贴机制使银行更加安全。保险阻止了储户和其他负债持有人的挤兑（认证机制），并通过允许他们以接近无风险利率进行借款来支持银行资本，因为有政府的保护（补贴机制）。该理论认为，存款保险产生的道德风险激励通过审慎机制使单个银行的风险更大，而不是更安全。然而，这些银行在经济衰退期间（通常与金融危机同时发生）提供的持续贷款和其他服务，可能在这些时期支持实体经济，并降低系统性的风险。对于存款保险的审慎机制，实证文献的结果喜忧参半。

1.5.8　以政府直接所有制为"第一道防线"

第二十六章介绍了背景资料，回顾了银行的政府直接所有权理论和实证研究结果。这是世界上许多国家的普遍做法，包括美国以外的一些发达国家。这种所有权有几个动机，包括金融体系的安全。本章考察了该"第一道防线"通过三种机制在多大程度上实现了这一目标。从理论上讲，银行的直接所有权通过这些机制运作，其方式与存款保险非常相似。据预测，这种所有权所产生的激励机制将使各个机构在几乎任何时候都表现出相对较差的效率和绩效。然而，它们在经济衰退期间（通常与金融危机同时发生）继续为实体经济提供贷款和支持，可能会降低系统性风险，并在压力重重的时期增进金融稳定。实证文献发现分裂结果基本上遵循了审慎机制的理论预测。数据的研究结果表明，政府直接所有制可能会使单个银行风险更大，但使金融体系更安全。实证研究还表明，政府所有权通过认证和补贴机制使银行更安全。

1.6　展望未来

本书的最后一部分，即第五部分，内容是展望未来，包括社会成本和效益、政策启示和开放研究问题三章。

1.6.1 社会成本和效益

第二十七章衡量了外部救助、内部纾困、其他决议方法、"第一道防线"和逆周期政策的净社会成本和效益。本章还回顾了一些有关 TARP 和逆周期审慎和货币政策的额外研究，这些研究与得出的结论有关，但并不完全符合前几章的主题。关于社会效益和社会成本谁占主导地位的任何结论都取决于财务状况以及评估的短期和长期导向。因此，本章讨论了不同金融稳定条件下（严重金融危机和 TMTF 与其他金融状况）的结论以及短期与长期导向的影响。表 19.1 显示了在这些不同情况下，本书分析的所有 16 项应对金融机构财务困境和潜在破产的政策结论。

1.6.2 对银行决策者和银行管理者的启示

第二十八章提供了书中研究结果对银行决策者和银行管理者的逻辑启示，这些建议反映了短期和长期的导向，并根据金融稳定状况进行了系统调整。我们也会根据银行的个别财务状况，为银行管理者提供建议。对于一些政策，研究的启示是相当清楚的。在严重金融危机和 TMTF 情况的艰难金融环境下，外部救助可能是比内部纾困更好的政策选择，至少在短期内是这样，因为内部纾困可能会在错误的时间让其他金融机构垮台。然而，在更为平静的金融环境下，内部纾困可能比外部救助更为可取，因为内部纾困具有更高的激励作用。在任何情况下，研究都不支持其他一些决议，如破产/倒闭和监管宽容。其他政策，如审慎监管、存款保险和逆周期审慎政策被普遍看好，而是否严格执行其他政策，如资本要求和压力测试，则取决于金融状况。

1.6.3 开放性研究问题

第二十九章总结了这本书，指出了最需要关注的未经研究和研究不足的重要问题，并建议未来的研究人员如何解决这些问题。本章对未来的研究提出了五点总体建议，以帮助维护金融体系和实体经济的安全。这些措施包括：（1）注重降低金融危机的可能性和严重性；（2）在同一研究中比较多种政策工具；（3）衡量政策对未经处理银行的间接影响；（4）比较长期和短期项目成果；（5）调查发展中国家和发达国家的政策工具。本章还向研究人员指出了有关应对银行业财务困境的每种政策的关键未回答的问题，如外部救助、内部纾困和其他决议办法，"第一道防线"以及逆周期政策。

参考文献

[1] Atkinson, T., Luttrell, D., & Rosenblum, H. (2013). How bad was it? The costs and consequences of the 2007－2009 financial crisis. Staff Papers, (Jul).

［2］Avgouleas, E., Goodhart, C., & Schoenmaker, D. (2013). Bank resolution plans as a catalyst for global financial reform. Journal of Financial Stability, 9 (2), 210 – 18.

［3］Bernanke, B. S. (1983). Non – monetary effects of the financial crisis in the propagation of the Great Depression. National Bureau of Economic Research.

［4］Claessens, S., Herring, R., Schoenmaker, D., & Summe, K. A. (2010). A safer world financial system: Improving the resolution of systemic institutions. Geneva Reports on the World Economy.

［5］Friedman, M., & Schwartz, A. J. (1963). A monetary history of the US 1867e1960. Princeton: Princeton University Press.

［6］Garcia, G. G. H. (2015). The U. S. financial crisis and the Great Recession: Counting the costs. World scientific – NOW publishers series.

［7］U. S. Government Accountability Office Report. (January 16, 2013). Financial crisis losses and potential impacts of the Dodd – Frank Act. report to congressional requesters. Available atwww. gao. gov/products/GAO – 13 – 180.

第二章　导致银行外部救助、内部纾困和其他解决手段出现的一般情况

在这一章中，我们讨论会导致外部救助、内部纾困和其他类型的银行处置方案出现的典型状况。正如在上一章中指出的那样，尽管外部救助和内部纾困经常是由金融危机引发的，但是当具有大而不倒（too‐big‐to‐fail，TBTF）、联而不倒（too‐interconnected‐to‐fail，TITF）和多而不倒（too‐many‐to‐fail，TMTF）特点的银行陷入困境时，这些措施也可能会在正常时期被采用。

概括地说，本章的第一节描述了最近的两次金融危机，即全球金融危机和欧洲主权债务危机，以及它们之间的联系，并向读者推荐了涉及其他金融危机的一些参考文献。在各次金融危机之中，这两次最近发生的金融危机与本书有着最为紧密的联系，因为正是它们促进了全书涉及的大多数外部救助手段和内部纾困机制的诞生。顺便说一下，我们并不会详细讨论当前由扩散至全球的新型冠状病毒引起的金融危机，因为它的发生恰逢本书付梓。本章的第二节回顾了学界对借款潮和流动性累积所做的一些研究，这些现象的发生都很容易成为金融危机的导火索；第三节从理论上讨论了TBTF、TITF和TMTF银行陷入的困境会如何同样引发外部救助和内部纾困。第四节则考察了对导致TBTF、TITF和/或TMTF银行陷入困境或倒闭的因素所做的实证研究。

注意，在后面第五部分的章节中，我们还将会讨论反周期的、审慎的和传统的货币政策，这些政策有可能会降低金融危机的发生概率和严重程度，而如前所述，正是金融危机加速了对大多数的外部救助、内部纾困以及其他处置手段的需要。此外，在本书中，我们也单独使用一个部分，即第四部分，来讨论如何设置"第一道防线"，它有助于避免银行陷入困境，有助于减少所有类型的银行在金融危机发生时（以及TBTF、TITF和/或TMTF银行在正常时期）对于处置措施的需要。

2.1　金融危机

2.1.1　最近的金融危机之间的联系

如前所述，在本节中，我们将重点放在离我们最近的两次金融危机——全球金融危机和欧洲主权债务危机上，正是它们导致了本书讨论的大多数外部救助和内部纾困手段的出现。而由于这两次危机不可分割地联系在一起，因此任何对于它们的单独讨

论都不会令人完全满意。肇始于美国次贷危机的全球金融危机，通过各种渠道扩散至欧洲和世界其他地区，因此它是欧洲债务危机的一个不可或缺的组成部分。而在欧洲债务危机中，陷入"泥潭"的银行与政府之间有着不可避免的联系：在某些情况下，银行的困境对经济造成的破坏和对银行进行外部救助付出的巨大成本使得政府遭遇了巨大的财政压力；在另一些情况下，主权债务问题使银行更快陷入困境，因为主权债务，特别是自己国家的主权债务，是这些银行投资中的重要组成部分。不过，尽管存在上面的这些联系，我们还是先分别简短地描述一下这两次不同的危机。

2.1.2　全球金融危机

2007 年第三季度，美国次贷金融危机的爆发标志着全球金融危机的开始。当时，由次级抵押贷款支持的美国抵押支持债券（Mortgage – Backed Securities，MBS）产生的损失，开始扩展到包括银团贷款市场（syndicated loan market）、银行间借款市场和商业票据市场在内的其他市场，并使这些市场都至少在某种程度上丧失了活力：许多银行都遭受了巨大的资本损失，并选择从这些市场中撤退出去——至少是部分地撤退出去。一些大型金融机构，特别是其业务严重依赖于借出次级贷款的储贷机构（如美国国家金融服务公司、华盛顿互惠和印地麦克银行）、从事次级 MBS 购买和/或包装业务的投资银行（如贝尔斯登、美林和雷曼兄弟），以及一家出售了大量以次级 MBS 为目标资产的信用违约互换产品（credit default swaps，CDSs）的大型保险公司［美国国际集团（American International Group，AIG）］，都遭遇了资本、流动性和公众信心方面的问题，并且要么倒闭，要么被接管，要么获得了外部救助。

随着这场危机传播至许多商业银行，TARP 计划应运而生，这包括贴现窗口延长以及定期拍卖工具（Term Auction Facilities，TAFs）还有其他在第一章和第三章详细介绍过的银行外部救助手段。与此同时，在这场危机中，银行和储贷机构的失败十分广泛，以至于 FDIC 的存款保险基金陷入了亏损的境地，并不得不提前向其成员银行征收未来三年的存款保险费。美国的股票市场价值也大幅下跌，道琼斯工业平均指数更是下跌了超过 50%。

作为这些金融问题造成的结果，美国经济也遭受了自"大萧条"以来最严重的一次衰退。这次衰退促使美国政府开展了一系列项目来振兴经济，包括大规模的政府支出刺激计划，以及美联储采用的扩张性的传统和非传统的货币政策。

然而，正如我们在第一章中提到的，尽管有这些针对金融机构的外部救助和政府的刺激项目，但是美国在这场危机中的经济损失还是高达数十万亿美元。按照官方的说法，美国的这次经济衰退结束于 2009 年的中期，但经济增长在此后的许多年都十分缓慢。而金融危机在美国告一段落，差不多是在 2010 年初。当时，投资在金融机构之中的许多 TARP 资金都被偿还，秩序得以在大多数的金融市场中重新建立，而美联储也在之后不久着手减缓对贴现窗口期限的延长，以及停止继续运用定期拍卖工具（TAF）

（Berger 和 Bouwman，2016）。

但是，在其他国家，金融问题仍在继续。当金融市场的损失借助金融世界的相互联系而传播到其他国家时，美国次贷危机也演变成了全球金融危机。金融世界的相互联系，有太多可以拿来讨论，不过我们在这里只提一个：在最早被欧洲采用的巴塞尔协议 II 的资本要求中，美国次级抵押支持债券的 AAA 级部分被给予了过低的风险权重，从而鼓励了欧洲的银行去购买它们，并最终导致这些债券产生的问题传播到了大西洋的彼岸。

2.1.3 欧洲主权债务危机

2008 年，随着冰岛银行系统的崩溃，欧洲主权债务危机正式爆发，并在此后传播至希腊、意大利、爱尔兰、葡萄牙和西班牙这五个国家（GIIPS）。这场危机在 2012 年最为显著，而一些人则认为它的影响直到现在也未消除：如今，一些欧洲政府的债务摇摇欲坠，像欧洲中央银行（European Central Bank，ECB）这样的权威机构仍在刺激经济，而个别国家的利率则降到了零以下。正如之前所说，在很大的程度上，是全球金融危机促成了这场危机，而后者又将相互关联的政府和银行一同卷进来（Pagano 和 Sedunov，2016）。这场危机的帮凶，还包括袭击了许多国家的经济衰退、发生在个别国家的房地产市场危机和资产泡沫，以及一些国家采用的财政政策。

危机发生后的 2009 年，希腊揭露了它的上一届政府过低地报告了其财政赤字的规模，而这种违反欧盟政策的行为通过政治和金融上的传染迅速引发了人们对于欧元区崩溃的恐惧。2010 年，伴随着人们对于过度主权债务的恐惧不断增长，放款人向本来就被高债务和高赤字缠身的欧元区国家要求更高的利率，从而使这些国家的财政问题进一步恶化。为了抵御这场危机，一些受影响的国家提高了税收，并削减了支出，但是这却加剧了社会动荡和民众对于自己政府的不信任。在这场危机之中，包括希腊、葡萄牙和爱尔兰在内的一些国家的主权债务被国际信用评级机构降级为"垃圾"债务，从而加剧了投资者心中的恐惧情绪。

没有来自像 ECB、国际货币基金组织（International Monetary Fund，IMF）和欧洲金融稳定机构（European Financial Stability Facility，EFSF）这样的第三方机构的帮助，希腊、西班牙、爱尔兰、葡萄牙和塞浦路斯是没有能力偿还它们的政府债务，或是为其实施再融资，或是对它们苦苦挣扎的银行施与外部救助的。2010 年，17 个欧元区国家投票通过了欧洲金融稳定基金（EFSF）的设立，专门用来解决欧洲主权债务危机。这些国家之所以这么做，一部分原因是它们希望欧元区和/或欧盟能够存续下去，另一部分原因则是这些在财政状况上相对健康的国家，对本国银行向财政恶化的国家购买了大量主权债务的事实感到担心。正如之前所述，这些银行向这些高风险债务进行投资的原因之一，便是巴塞尔协议 II 的资本要求降低了给予主权债务的风险权重。

2.1.4 为最近的金融危机追责

一些机构被人们诟病，认为是它们创造了全球金融危机以及随后发生的欧洲主权债务危机，或扩大了这两次危机产生的不良影响。然而，从某种程度上来看，这种责怪并不能称得上是完全恰当的——这或者是因为诟病的理由不成立，或者是因为在危机发生之前，人们是无法理性把握某些行为会在之后产生什么样后果的。

美联储和它的领导者们由于以下几种情况而受到责难：（1）在危机之前，维持低利率的时间过长，从而鼓励了风险借贷；（2）没有认识到在房地产市场的借贷之中累积起来的相互关联的风险会导致什么样的危险；（3）没有向它们的金融稳定任务投入足够多的资源，以辨别出哪些因素会对控制未来的金融稳定性和系统性风险构成威胁；（4）推进了巴塞尔协议 II 中资本标准的实施，这些标准降低了对大型的、具有系统重要性的银行机构的要求，并赋予以次级抵押贷款和高风险的国家主权债务为支持资产的 MBS 的 AAA 级部分更低的风险权重，以此鼓励了欧洲的银行进行风险投资；（5）没有对复杂和机制不透明的新型金融工具进行管制——这些金融工具建立在错误的模型之上，并低估了房价下跌的概率；（6）没有对所有的金融中介机构都采用一致的，有利于安全性、稳定性和消费者保护的规章制度，这导致了利用监管漏洞现象的发生；（7）没有对放款人的掠夺性贷款行为予以追究。

此外，像房利美和房地美这种政府支持企业（Government Sponsored Enterprises，GSEs）也经常成为被责备的对象，它们很少分散自己的投资，使用较少的资本来维持运营，并得以在隐性的政府担保之下以较低的成本去借款。这最后一点揭露的事实，也在金融危机中得到了体现。在美国总统乔治·W. 布什和美国国会的支持下，GSEs 在危机发生之前，开始对次级 MBS 进行投资，从而鼓励了放款人去发放更多这样的贷款。

另外，证券交易委员会（Securities and Exchange Commission，SEC）也受到了抨击，原因是尽管包装并持有不透明的 MBS 会导致很高的资产组合风险，它还是允许投资银行以很低的资本比例运营。当然，投资银行也需要承担参与到高风险活动之中的责任。还有，评级机构也受人责难，这是因为人们认为它们为与抵押贷款相关的债券进行了错误的评级，也就是将 AAA 评级赋予了风险更高和机制更加复杂的部分（Tranches）；由于对机制复杂的 MBS 作出了与实际不符的价值评估，会计师事务所也受到了批评；从事抵押贷款业务的银行家和承销者则被指控忽视了不利的信用信息，甚至非法地编造出错误的有利信息。

最终，由于允许了商业银行与投资银行在 1999 年的《金融服务现代化法案》，又名《格雷姆—里奇—比利雷法案》（Gramm - Leach - Bliley Act）下合并，前一任的美国总统和国会也受到了谴责。就该项谴责而言，我们认为它并不具有说服力，因为创造出金融危机的主要金融机构并不是合并后的商业银行与投资银行。相反，解决金融危机的一个方案，恰恰是要鼓励这种合并，因为在危机中，业务单一的投资银行遭遇到了显著的流动性问题。

2.1.5 关于其他金融危机的文献资料

为简便起见，许多其他的金融危机都不在第一节的讨论范围之内。我们推荐读者去阅读对这些危机作出详细讨论的参考文献：关于美国的金融危机，可参考 Berger 和 Bouwman（2013，2016，2017）；关于世界范围内的金融危机，可参考 Demirgüç – Kuntand 和 Detragiache（1998），Von Hagen 和 Ho（2007），Reinhart 和 Rogoff（2009），以及 Laeven 和 Valencia（2018）。

2.2 关于容易导致金融危机的借款潮和流动性累积的研究

有多少次金融危机，就有多少个危机爆发的原因，且每一次的原因都各不相同（Reinhart 和 Rogoff，2009）。因此，想要回顾所有导致金融危机的原因，实在是令人望而生畏。为简便起见，我们在这里重点关注两个在各次金融危机中都经常出现的原因，即借款潮和流动性累积。不过，它们不是完全彼此独立而存在的，因为银行信贷也会为经济创造流动性。人们经常认为，不寻常的高额银行借款和贷款承诺（Loan Commitments）可能助长了金融危机的发生。贷款是银行用来创造流动性的一种表内形式，而贷款承诺则是用来创造流动性的一种表外形式（Berger 和 Bouwman，2009）。不论是哪种形式，它们释放出的过度信贷都可能会导致资产价格泡沫的破灭，从而引发金融危机（Rajan，1994；Acharya 和 Naqvi，2012）。Brunnermeier，Gorton 和 Krishnamurthy（2011）也认为，金融部门的流动性累积会带来系统性风险。

由于银行的机构记忆问题，在借款和流动性迅速增长的期间，所发行的信贷质量可能会显著恶化。年龄稍长的贷款专员可能很难记得起来该如何处理问题贷款，因为距离他们上一次处理严重问题已经过去了很长时间，而员工的更新换代则导致新来的贷款专员需要面对这种他们之前从来没有面对过的问题（Berger 和 Udell，2004）。Thakor（2015a，2016a）从理论上表明，在金融形势较好的时期，银行的风险管理会变得松懈，并且从事后来看，导致了对风险的"过低定价"（underpricing）。这是因为，持续的利润增长会使银行从业者和监管者产生一种错误的安全感，认为银行能够承受显著的冲击（Thakor，2015b）。在经济繁荣期，当银行在这种繁荣之中出于对它自身声誉的考虑而避开执行贷款承诺中的重大不利变更（Material Adverse Change，MAC）条款①时，过度的

---

① 在借款者的实际情况与在对他/她所做的尽职调查中获得的信息出现较大的差距，或者由于借款者的财务状况和资产发生了某些无法预见的"重大"变化，从而影响到他/她偿还贷款的能力时，MAC 条款起到了保护放款者的作用。如果这种变化被认为足够重大的，那么放款者可以修改合同条款，或者终止与借款者签订的合约。

风险承担也可能发生在表外（Thakor，2005）。与这些观点相一致，前任美联储主席艾伦·格林斯潘宣称"最差的贷款都在经济周期的高峰发放"（Alan Greenspan, Chicago Bank Structure Conference, May 10, 2001）。在美国，过度信贷和低质量信贷的现象都非常明显，它们成了金融危机发生的基础。大量的次级抵押贷款给予了杠杆率过高的消费者。在某些情况下，这些抵押贷款的发行建立在乐观的假设基础上，即认为房价将会持续上涨，而为了能够偿还欠款，许多次级抵押贷款的借款人除了在未来利用价值更高的住房进行再融资之外别无他法。此外，房利美和房地美在2005年左右降低了购买次级抵押贷款的信用标准，因而进一步鼓励银行去发放这些贷款。最后，导致银行倒闭和陷入财务危机的另一个原因，是对监管职业生涯方面的考虑可能会导致银行监管者追求自身利益，并推迟对于金融机构的披露——直到事情变得不能更糟的时候（如 Boot 和 Thakor，1993）。

为简便起见，我们只来看一篇关于借款潮和一篇关于流动性累积的实证论文，它们都采用了美国的数据。Dell'Ariccia, Igan 和 Laeven（2012）研究了在全球金融危机发生之前，哪些因素与美国抵押市场的迅猛扩张有关。通过使用一套关于贷款申请的大型数据，他们发现，在那些经历更快的信贷需求增长的地区，贷款申请被拒绝的概率会更低，且在控制了其他经济方面的基础因素之后，这些高增长地区的放款人对申请者的贷款—收入比给予了更少的考量。

另一篇研究明确研究了过度的表内和表外的流动性创造是否会增加未来金融危机发生的可能性。Berger 和 Bouwman（2017）采用了美国五次金融危机的数据。他们主要使用实证模型来预测第五次危机（次贷危机）何时会发生，并控制了那些可能会引起金融危机的总体层面上的其他因素。他们发现，滞后并去趋势化的总体流动性创造对于未来发生金融危机的概率存在统计和经济上的显著正效应，从而支持了本节一开始讨论的理论。他们还发现，这种正效应大部分是由表外流动性创造引起的，而产生表外流动性的主要原因则是贷款承诺。

2.3 关于大而不倒（TBTF）、相互关联而不倒（TITF）和多而不倒（TMTF）银行的理论

正如之前提到的，TBTF、TITF 和 TMTF 银行的困境有可能也会在金融危机以外的时期引发外部救助或内部纾困。在1984年对伊利诺伊大陆国家银行和信托公司的外部救助行动中，TBTF 这一名词首次被提出来。当时，该银行宣告破产，但是并没有被立即关闭。在随后的几年，它在政府外部救助的支持下继续运营，并最终被美国银行买下。拥有大约400亿美元（FDIC，1997）资产的芝加哥银行，曾经是美国的第七大银

行，它的倒闭在当时也是美国历史上最大的一次银行破产①。在伊利诺伊大陆银行（Continental Illionois National Bank and Trust Company）事件后，投资者有理由相信，大型银行的债权人们很可能会受到保护。另外，在此事件之后的国会听证会上，国有银行的首席监督者、货币监理官 C. Todd Conover 明确地表示，监管者不可能会允许国家最大的 11 家银行倒闭②。国会议员 Steward McKinney 回应道："不必再争论了。我们已经'创造'出了一种新型银行，它叫作大而不倒银行，即 TBTF 银行，并且它是一种很棒的银行。"这是政府官员首次确认存在这样一种政府政策。

　　TBTF 理论描述了监管者对 TBTF 银行实行外部救助的动机，以及对外部救助的期待会对银行和它们的利益相关方产生什么样的激励效应。监管者作出外部救助的决定，很可能是出于这样一种动机，那就是希望能够降低金融系统和实体经济受到的损害。大型银行的倒闭，使风险可能会传导到其他的金融机构，并提高未来金融危机发生的可能性。作为支持证据，Acharya（2009）发现银行的有限责任和一家银行的倒闭对其他银行的健康产生的负外部性会导致系统性的风险转移激励，使得所有银行都采用互相关联的投资，从而增加了整个经济的总风险。一家大银行丧失掉信贷和其他的银行服务，也会造成显著的经济损失。此外，监管者对大型银行给予外部救助，可能也是为了避免银行在自己监管时倒闭产生的个人尴尬，或者是为了根据自己的偏好来分配信贷（如 Kane，1989，1991；Stern 和 Feldman，2004；Mishkin，2006）。无论是对于陷入财务危机还是财务健康状况良好的大型银行来说，人们预期最大的银行可以在陷入困境时通过 TBTF 政策获得外部救助，本身就是一种补贴，因为倒闭可能性降低会允许大型银行以更加低廉的成本去筹集股权和债务资本。这激励着银行扩大自己的规模，能够更便宜地募集资本，也激励股东、债权人和其他银行与它们进行交易（如 Cetorelli 和 Traina，2018）。

　　表 2.1 提供了一些数据，来表明自从 1984 年引入 TBTF 政策以来，大型银行取得了怎样的增长。截至 2019 年第一季度末，被 FDIC 保险的银行数量下降了约 70%，然而资产总额不少于 100 亿美元的银行数量增加了大约 340%，其资产规模在全行业中所占的比例也翻了不止两番。当然，通货膨胀和银行的真实增长都在这些数字的变化背后扮演了角色，但是看起来 TBTF 很可能要对大型银行的一部分增长负有责任。

　　TITF 和 TMTF 银行背后的各种理论上的动机，在很大程度上与 TBTF 银行相同。它们同样包括监管者想要避开对金融系统和经济造成的风险，想要避免银行破产对自己

---

① https://www.federalreservehistory.org/essays/failure_of_continental_illinois.
② 尽管 Conover 没有提到这些银行的名字，但是借助从《华尔街日报》《银行家》、美联储和米尔肯研究院收集到的信息，Barth 和 Wihlborg（2015）确定了 1983 年 11 家最大的银行的名字和它们各自的控股公司，这些银行是花旗银行、美国银行、大通曼哈顿银行、摩根信用担保公司、汉华实业信托、华友银行、伊利诺伊大陆国家银行和信托公司、平安太平洋国家银行、第一芝加哥国家银行、纽约银行家信托和富国银行。通过追踪这些银行在时间上的变化，作者注意到它们之中的许多都被合并入更大的机构；同时，只有两家银行的控股公司未曾改变，而所有银行的规模都在过去的 30 年间变得更大。

造成的尴尬，和/或想要维持自己分配信贷的能力，以及银行和它们的利益相关方采取行动来获得基于外部救助的期望给予它们的补贴。TITF 与 TBTF 理论的不同，在于它将高度彼此关联的银行间网络考虑进来，而不是考虑这些机构的规模大小。银行可以以直接或间接的形式互相关联。直接关联产生于银行间的双边交易或关系，比如银行间的存款、贷款，或者衍生品（如利率互换）。如果负债或者位于衍生品合同价外的银行在财务上陷入困境或是倒闭了，那么与它具有直接关联的银行将由于拥有索取权而遭受相应的价值损失，并在银行倒闭的情况下失去全部相应价值。间接关联——也就是说陷入财务困境或者倒闭的银行会将损失扩散给与之没有直接的双边来往关系的银行——有许多潜在的来源。它们包括在相似的资产、保证金追加上采取的盯住市场策略带来的损失，和/或由其他银行的低价售卖引起的抵押品估值折扣的增大，或是由其他银行的信息溢出导致的银行挤兑（如 Lui，Quiet 和 Roth，2015）。在 TITF 理论下，关联程度较高的银行陷入财政困境或倒闭，会比关联程度较低的机构出现问题对金融系统造成的伤害更大。因此，监管者更有可能对关联程度较高的银行给予外部救助，而银行也更倾向于与其他银行建立更加紧密的关联，以提高自己受到这种外部救助的可能性。Choi（2014）的理论论证表明，外部救助应该被分配给关联程度更强的银行，因为它们能比关联程度弱的银行更好地减少系统性风险。

TMTF 理论则展示了一种囊括许多银行的更加动态的观点。在一段时间内，如果保持银行的总数量不变，那么当倒闭的银行数量增加而存活的银行数量减少时，虽然存活下来的金融机构的投资机会增多了，但是投资总量却减少了（Acharya 和 Yorulmazer，2007）。为了避免广泛的损失，对于监管者来说，最佳的选择就是当倒闭的银行数量很大时进行外部救助。对于这种广泛的外部救助的期望可能会鼓励银行参与到"羊群行为"之中，它会导致银行的资产组合高度相关，以便它们能够从未来的外部救助中获益（如 Acharya 和 Yorulmazer，2007，2008；Brown 和 Dinc，2011；Farhi 和 Tirole，2012；Acharya，Mehran 和 Thakor，2016）。或许，令人感到惊讶的是，一些实证研究表明 TMTF 理论导致的资产相似性也许实际上可以降低系统性风险，因为在金融危机中，市场期待着具有更高相似性的银行能够存活（Cai，2019）。

表 2.1　按规模大小分类的美国银行数量和资产集中度：
1984 年第四季度与 2019 年第一季度

报告期	1984 年第四季度				2019 年第一季度			
	数量		资产		数量		资产	
银行规模分类	数量（家）	占总数的百分比（%）	总资产（亿美元）	占总数的百分比（%）	数量（家）	占总数的百分比（%）	总资产（亿美元）	占总数的百分比（%）
资产≥100 亿美元	32	0.2	1004.6	27.5	141	2.6	15208.2	84.1
资产介于 10 亿美元与 100 亿美元之间	468	2.6	1231.1	33.7	648	12.1	1718.5	9.5

续表

报告期	1984 年第四季度				2019 年第一季度			
	数量		资产		数量		资产	
银行规模分类	数量（家）	占总数的百分比（%）	总资产（亿美元）	占总数的百分比（%）	数量（家）	占总数的百分比（%）	总资产（亿美元）	占总数的百分比（%）
资产介于 1 亿美元与 10 亿美元之间	3594	20.1	934.8	25.6	3306	61.7	1096.3	6.1
资产 <1 亿美元	13807	77.1	484.0	13.3	1267	23.6	76.0	0.4
所有被 FDIC 保险的商业银行	17901		3653.1		5362		18090.0	

注：该表展示了按照规模大小分类的美国所有被 FDIC 保险的商业银行的数量和资产集中度。

数据来源：FDIC 银行季度报告，https://www.fdic.gov/bank/analytical/qbp/。

2.4 对令 TBTF、TITF 和/或 TMTF 银行陷入困境或倒闭的因素的实证研究

在这一节中，我们关注什么会使 TBTF、TITF 和/或 TMTF 银行陷入财务困境或有倒闭的潜在可能性，从而导致外部救助或内部纾困手段的出现。大多数关于使银行出现问题因素的研究将目光集中在银行倒闭，而不是财务困境上，因此我们考察关于银行倒闭的文献。可以假设的是，鉴于银行经常在倒闭之前会经历一段时间的财务困境，造成财政困境和倒闭的因素在很大程度上是相同的。

大多数关于银行倒闭的文献都将注意力放在对会计变量的研究上。几乎所有的这些研究都发现，较低的资本比率会提高银行倒闭的概率。此外，其他表现较差的会计指标，例如低利润率和低的贷款质量，以及某些行为，比如商业房地产信贷，特别是建筑和开发贷款，和非传统活动（如 Lane，Looney 和 Wansley，1986；Cole 和 Gunther，1995，1998；Wheelock 和 Wilson，1995，2000；Calomiris 和 Mason，1997，2003；Elsinger，Lehar 和 Summer，2006；Schaeck，2008；Cole 和 White，2012；Knaup 和 Wagner，2012；Admati，DeMarzo，Hellwig 和 Pfleiderer，2013；Berger 和 Bouwman，2013；DeYoung 和 Torna，2013；Berger，Imbierowicz 和 Rauch，2016），也会提高银行倒闭的概率。

我们从这些研究中挑选几个来进行介绍。Cole 和 Gunther（1995）发现，资本、问题资产和净收入是解释银行倒闭的关键因素。Berger 和 Bouwman（2013）发现，在所有典型的经济状况——银行危机、市场危机和正常时期中，低资本比率都会减少小型银行存活的概率，而低资本额主要在银行危机时期才会伤害到中型和大型银行。Schaeck（2008）发现，债务结构会影响一个银行在何时倒闭。另外，以费用为基础的非传统活动（如证券经纪和保险销售）会减少陷入困境银行倒闭的概率，同时以资产为基础的非传统活动（如风险投资、投资银行和资产证券化）会增加陷入困境银行倒

闭的概率（DeYoung 和 Torna，2013）。一些人还发现，商业房地产贷款，特别是地产建设和开发贷款，在解释银行倒闭上反复扮演着重要的角色（如 Cole 和 Fenn，2008；Cole 和 White，2012）。此外，一些关于银行稳定性或风险的综合度量指标也能够预测银行的倒闭，这包括度量银行稳定性的传统指标——"骆驼"成分指标（Cole 和 White，2012），以及信贷风险指数——一项以市场为基础的、对信贷组合质量和银行表现进行度量的指数（CRI）（Knaup 和 Wagner，2012）。

其他将重点放在公司治理上的研究文献，在银行绩效和银行倒闭的关系上发现了不一致的结果（如 Fahlenbrach 和 Stulz，2011；Beltratti 和 Stulz，2012；Berger 和 Bouwman，2013；Berger，Imbierowicz 和 Rauch，2016；Calomiris 和 Carlson，2016）。一篇研究还发现，作为糟糕的管理能力的信号，银行在正常时期的低效率成本控制，预测了它的绩效问题和在随后的金融危机之中出现的倒闭（Assaf，Berger，Roman 和 Tsonias，2019）。

参考文献

［1］Acharya，V. V.（2009）. A theory of systemic risk and design of prudential bank regulation. Journal of Financial Stability，5（3），224 – 255.

［2］Acharya，V. V.，Mehran，H.，& Thakor，A. V.（2016）. Caught between Scylla and charybdis? Regulating bank leverage when there is rent seeking and risk shifting. The Review of Corporate Finance Studies，5（1），36 – 75.

［3］Acharya，V. V.，& Naqvi，H.（2012）. The seeds of a crisis: A theory of bank liquidity and risk taking over the business cycle. Journal of Financial Economics，106（2），349 – 366.

［4］Acharya，V. V.，& Yorulmazer，T.（2007）. Too many to fail—An analysis of time – inconsistency in bank closure policies. Journal of Financial Intermediation，16（1），1 – 31.

［5］Acharya，V. V.，& Yorulmazer，T.（2008）. Cash – in – the – market pricing and optimal resolution of bank failures. The Review of Financial Studies，21（6），2705 – 2742.

［6］Admati，A. R.，DeMarzo，P. M.，Hellwig，M. F.，& Pfleiderer，P. C.（2013）. Fallacies，irrelevant facts，and myths in the discussion of capital regulation，why bank equity is not socially expensive（Working Paper）.

［7］Assaf，A. G.，Berger，A. N.，Roman，R. A.，& Tsionas，M. G.（2019）. Does efficiency help banks survive and thrive during financial crises? Journal of Banking and Finance，106，445 – 470.

［8］Barth，J. R.，& Wihlborg，C.（2015）. Too big to fail and too big to save: Dilemmas for banking reform. National Institute Economic Review, 235 (1), R27 – R39.

[9] Beltratti, A., & Stulz, R. M. (2012). The credit crisis around the globe: Why did some banks perform better? Journal of Financial Economics, 105 (1), 1 – 17.

[10] Berger, A. N., & Bouwman, C. H. S. (2009). Bank liquidity creation. The Review of Financial Studies, 22 (9), 3779 – 3837.

[11] Berger, A. N., & Bouwman, C. H. S. (2013). How does capital affect bank performance during financial crises? Journal of Financial Economics, 109 (1), 146 – 176.

[12] Berger, A. N., & Bouwman, C. H. S. (2016). Bank liquidity creation and financial crises. North Holland: Elsevier.

[13] Berger, A. N., & Bouwman, C. H. S. (2017). Bank liquidity creation, monetary policy, and financial crises. Journal of Financial Stability, 30, 139 – 155.

[14] Berger, A. N., Imbierowicz, B., & Rauch, C. (2016). The roles of corporate governance in bank failures during the recent financial crisis. Journal of Money, Credit, and Banking, 48 (4), 729 – 770.

[15] Berger, A. N., & Udell, G. F. (2004). The institutional memory hypothesis and the procyclicality of bank lending behavior. Journal of Financial Intermediation, 13 (4), 458 – 495.

[16] Boot, A. W., & Thakor, A. V. (1993). Self – interested bank regulation. The American Economic Review, 83 (2), 206 – 212.

[17] Brown, C. O., & Dinc, I. S. (2011). Too many to fail? Evidence of regulatory forbearance when the banking sector is weak. The Review of Financial Studies, 24 (4), 1378 – 1405.

[18] Brunnermeier, M. K., Gorton, G., & Krishnamurthy, A. (2011). Risk topography. InD. Acemoglu, & M. Woodford (Eds.), Vol. 26. NBER Macroeconomics Annual 2011.

[19] Cai, J. (2019). Bank herding and systemic risk (Working Paper).

[20] Calomiris, C. W., & Carlson, M. (2016). Corporate governance and risk management at unprotected banks, national banks in the 1890s. Journal of Financial Economics, 119 (3), 512 – 532.

[21] Calomiris, C. W., & Mason, J. R. (1997). Contagion and bank failures during the great depression: The June 1932 Chicago banking panic. The American Economic Review, 87, 863 – 883.

[22] Calomiris, C. W., & Mason, J. R. (2003). Fundamentals, panics, and bank distress during the depression. The American Economic Review, 93 (5), 1615 – 1647.

[23] Cetorelli, N., & Traina, J. (2018). Resolving "too big to fail" (Working Pa-

per）．

[24] Choi, D. B. （2014）. Heterogeneity and stability: Bolster the strong, not the weak. The Review of Financial Studies, 27 （6）, 1830 – 1867.

[25] Cole, R. A., & Fenn, G. W. （2008）. The role of commercial real estate investments in the banking crisis of 1985 – 1992 （Working Paper）.

[26] Cole, R. A., & Gunther, J. W. （1995）. Separating the likelihood and timing of bank failure. Journal of Banking and Finance, 19 （6）, 1073 – 1089.

[27] Cole, R. A., & Gunther, J. W. （1998）. Predicting bank failures: A comparison of on – and off – site monitoring systems. Journal of Financial Services Research, 13 （2）, 103 – 117.

[28] Cole, R. A., & White, L. J. （2012）. Déjà vu all over again: The causes of US commercial bank failures this time around. Journal of Financial Services Research, 42 （1 – 2）, 5 – 29.

[29] Dell'Ariccia, G., Igan, D., & Laeven, L. U. C. （2012）. Credit booms and lending standards: Evidence from the subprime mortgage market. Journal of Money, Credit, and Banking, 44 （2 – 3）, 367 – 384.

[30] Demirgüç – Kunt, A., & Detragiache, E. （1998）. The determinants of banking crises in developing and developed countries. Staff Papers, 45 （1）, 81 – 109.

[31] DeYoung, R., & Torna, G. （2013）. Nontraditional banking activities and bank failures during the financial crisis. Journal of Financial Intermediation, 22 （3）, 397 – 421.

[32] Elsinger, H., Lehar, A., & Summer, M. （2006）. Risk assessment for banking systems. Management Science, 52 （9）, 1301 – 1314.

[33] Fahlenbrach, R., & Stulz, R. M. （2011）. Bank CEO incentives and the credit crisis. Journal of Financial Economics, 99 （1）, 11 – 26.

[34] Farhi, E., & Tirole, J. （2012）. Collective moral hazard, maturity mismatch, and systemic bailouts. The American Economic Review, 102 （1）, 60 – 93.

[35] Federal Deposit Insurance Corporation. （1997）. History of the eighties, lessons for the future （Vol. 1） （Washington, D. C）.

[36] Greenspan, A. （2001）. The financial safety net. In Speech at the 37th annual conference on bank structure and competition of the Federal Reserve Bank of Chicago, Chicago, Illinois. May 10, 2001. Available at https: //www. federalreserve. gov/boarddocs/speeches/2001/20010510/default. htm.

[37] Kane, E. J. （1989）. The S and L insurance mess, how did it happen? The Urban Insitute.

[38] Kane, E. J. （1991）. Principal – Agent Problems in S&L Salvage. Journal of Fi-

nance, 45 （3）, 755 - 764.

[39] Knaup, M. , & Wagner, W. （2012）. A market - based measure of credit portfo-lio quality and banks' performance during the subprime crisis. Management Science, 58 （8）, 1423 - 1437.

[40] Laeven, L. , & Valencia, F. （2018）. Systemic banking crises revisited. Interna-tional Monetary Fund.

[41] Lane, W. R. , Looney, S. W. , & Wansley, J. W. （1986）. An application of the cox proportional hazards model to bank failure. Journal of Banking and Finance, 10 （4）, 511 - 531.

[42] Liu, Z. , Quiet, S. , & Roth, B. （2015）. Banking sector interconnectedness, what is it, how can we measure it and why does it matter? Bank of England Quarterly Bulletin, Q2.

[43] Mishkin, F. S. , & Eakins, S. G. （2006）. Financial markets and institutions. Pearson Education India.

[44] Pagano, M. S. , & Sedunov, J. （2016）. A comprehensive approach to measur-ing the relation between systemic risk exposure and sovereign debt. Journal of Financial Stabili-ty, 23, 62 - 78.

[45] Rajan, R. G. （1994）. Why bank credit policies fluctuate: A theory and some evidence. The Quarterly Journal of Economics, 109 （2）, 399 - 441.

[46] Reinhart, C. M. , & Rogoff, K. S. （2009）. This time is different: Eight centu-ries of financial folly. Princeton University Press.

[47] Schaeck, K. （2008）. Bank liability structure, FDIC loss, and time to failure, a quantile regression approach. Journal of Financial Services Research, 33 （3）, 163 - 179.

[48] Stern, G. H. , & Feldman, R. J. （2004）. Too big to fail, the hazards of bank bailouts. Brookings Institution Press.

[49] Thakor, A. V. （2005）. Do loan commitments cause overlending? Journal of Money, Credit, and Banking, 37, 1067 - 1099.

[50] Thakor, A. V. （2015a）. The financial crisis of 2007e2009: Why did it happen and what did we learn? The Review of Corporate Finance Studies, 4 （2）, 155 - 205.

[51] Thakor, A. V. （2015b）. Lending booms, smart bankers, and financial crises. American Economic Review, 105 （5）, 305 - 309.

[52] Thakor, A. V. （2016）. The highs and the lows: A theory of credit risk assess-ment and pricing through the business cycle. Journal of Financial Intermediation, 25, 1 - 29.

[53] Von Hagen, J. V. , & Ho, T. - kuang （2007）. Money market pressure and the determinants of banking crises. Journal of Money, Credit, and Banking, 39 （5）,

1037 - 1066.

[54] Wheelock, D. C. , & Wilson, P. W. (1995). Explaining bank failures, deposit insurance, regulation, and efficiency. The Review of Economics and Statistics, 689 - 700.

[55] Wheelock, D. C. , & Wilson, P. W. (2000). Why do banks disappear? Thedeterminants of US bank failures and acquisitions. The Review of Economics and Statistics, 82 (1), 127 - 138.

第三章　对美国和世界各地的 TARP、外部救助、内部纾困和其他银行处置措施的描述

本章描述了全球的银行外部救助和内部纾困手段，以及其他应对银行破产/倒闭（如银行持股公司破产、系统性重要银行倒闭）的替代方案，这些方案包括：利用事前指示对银行持股公司进行重组，容忍协议，让银行以很少的资本或零资本继续运作，将大型的、系统性重要机构按照规模大小分解成为更小的机构，或是按照业务类型的不同拆分成为商业银行和投资银行。

在这一章中，首先，我们把注意力重点放在美国的不良资产处置计划（Troubled Asset Relief Program，TARP）和其他在全球金融危机和欧洲主权债务危机期间被使用的外部救助手段上。其次，我们将关注美国的有序清算组织（Orderly Liquidation Authority，OLA）、欧盟的银行复兴与解决指令（Bank Recovery and Resolution Directive，BRRD），以及分别在两次危机之后实施的其他内部纾困手段。再次，我们将对银行的破产/倒闭程序进行讨论，特别是由美国国会通过的金融 CHOICE 法案对相关内容的描述。另外，我们将讨论由《多德—弗兰克法案》引入的事前指示，它是用来应对大型机构的财务困境和潜在倒闭的另一种替代方案。此外，以美国次贷危机为侧重点，我们还将讨论监管上的容忍政策，也就是允许金融机构在其自身问题尚未得到解决的情况下继续运作。最后，我们讨论额外的两种银行危机应对手段，即将系统性重要银行按照规模大小或是金融业务的不同进行拆分。

3.1　美国的不良资产处置计划（TARP）

本节讨论与 TARP 的诞生相关的法律程序，以及美国财政部对它的实施。

3.1.1　TARP 的原始意图及实施之后发生的改变

在全球金融危机期间，为了应对美国银行系统和金融市场中的危机和剧烈波动，美国财政部、联邦监管机构，以及美国国会采取了广泛的援助行动和一些有史以来最为激进的财政和货币政策。2008 年 10 月，当经济稳定紧急法案（Emergency Economic Stabilization Act，EESA）生效时，TARP 也作为它的一部分正式问世。

EESA 的原始版本，最初是一项由美国财政部长亨利·保尔森提出的旨在对美国银

行系统实施再资本化的计划，该计划想要通过购买巨额的由金融机构和它们的持股公司发行的问题资产（抵押贷款、抵押贷款证券，以及其他金融工具），来减少人们对这些资产价值产生的不确定性，并恢复市场信心。人们本来打算将 EESA 计划囊括进 H. R. 3997 号提案的一项修正案中来提出，不过这一提案在 2008 年 9 月 29 日以 205 票支持、228 票反对的结果被众议院否决。否决的原因，包括实施该项计划的成本过高，且太过匆忙，还包括只有少部分公众支持对华尔街的银行实施"外部救助"，以及人们也需要时间考虑是否还存在其他更为可行的方案。同一天，伴随着道琼斯工业平均（DJIA）指数下跌了 777 点，美国的股票市场对这场失利表现出了显著的悲观态度①。

几天后，在美国众议员帕特里克·J. 肯尼迪（Partrick J. Kennedy）的支持下，参议院决定对 H. R. 1424 号提案进行修正，该修正案将 EESA 计划添加了进去。2008 年 10 月 1 日，整个被修正后的关于经济援救计划的法案，被参议院以 74 票比 25 票的结果批准通过，并提请众议院对其进行表决。2008 年 10 月 3 日，该提案也被众议院以 263 票比 171 票的结果接受。在国会允许将该提案写入法律之后，美国总统乔治·W. 布什最终签署了立法令（Public Law 110 - 343，122 Stat. 3765），而这也标志着被称为"银行救助包"的 7000 亿美元的 TARP 在 EESA 计划（A 部分）下诞生。TARP 的首要目的，是通过"授予联邦政府向金融机构购买某些不良资产和为其保险的权力"来遏制金融危机。

然而实际上，美国财政部并没有在二级市场上购买任何的"不良资产"。相反，美国财政部在 2008 年 10 月 13 日宣布，它将直接对金融机构的优先股权进行投资，以稳定它们的资本比率。2008 年 10 月 14 日，资本购买项目（Capital Purchase Program，CPP）宣布实施，该项目分配 2500 亿美元给美国财政部，用于从 709 家项目参与机构中购买银行优先股权或债券以及股本权证。为了保护某些机构免受在资产组合上遭受超出预期的巨大损失，通过 TARP 的目标投资项目（Taregted Investment Program，TIP），另有 400 亿美元被分配给美国银行和花旗集团。最后，为了帮助社区发展机构和它们的那些状况堪忧的社区应对金融危机，在 TARP 的社区发展资本计划（Community Development Capital Initiative，CDCI）下，又有 5.7 亿美元被发放给 84 家相关机构。

表 3.1 展示了一幅完整的时间线，描述了围绕着 TARP 发生的一系列事件。正如在序章中提到的，我们在本书中一般用 TARP 来指代 CPP——尽管后者才是媒体和学术界广泛使用的对象。

3.1.2 大型金融机构是怎样被"强制"接受外部救助的

2008 年 10 月 28 日，八家大型的银行持股公司在未采取任何正式的评估程序的情况下，收到了总额达 1250 亿美元的资本注入。美国财政部向美国银行（包括不久之后

---

① 参见 https：//www.cnbc.com/id/26945972/及 https：//nypost.com/2008/09/29/dowdrops - record - 777 - points/。

将被收购的美林证券）、摩根大通、花旗集团和富国银行集团各自购买了价值 250 亿美元的优先股，又分别从高盛集团和摩根士丹利购买了价值 100 亿美元的优先股，还从纽约梅隆银行和道富集团分别购买了价值 30 亿美元和 20 亿美元的优先股①。TARP 的剩余资金，则分配给了申请该计划的其他银行机构。许多篇媒体报道都称，对于第一批收到资金的这八家机构来说并没有将财务状况或是其他的相关考虑纳入衡量它们能否获得补助的因素之中：仅仅是因为作为对金融系统的稳定具有关键影响的大而不倒银行，这些机构才收到了资金。一些发表在《华尔街日报》上的短文和学术领域的研究性论文也宣称，虽然参与 TARP 计划是自愿的，但是美国财政部有可能"强迫"了八家主要的银行持股公司同意从联邦政府的手上接收资本，以在 TARP 刚刚开始的时候向市场传递信心，并很可能以此来遮盖住哪些银行才是真正地陷入了糟糕的财务状况之中（参见 Solomon 和 Enrich，2008；Hilsenrath，Solomon 和 Paletta，2008；Duchin 和 Sosyura，2012）。表 3.2 展示了从公司的对外披露和 10 - K 以及 8 - K 公司年报中摘取的片段，它们表现了非自愿参与 TARP 的银行对该计划的看法。

3.1.3 其他超过 700 家银行申请并接收 TARP 资金的方法

除最开始的那些非自愿参与者之外，所有有意参与 TARP 的银行都必须在 2008 年 11 月 15 日之前向美国财政部提交申请②。一般来说，有资格参加 TARP 的金融机构包括国内银行、银行持股公司、储蓄协会，以及存款和贷款持股公司。然而，对于所有银行和被一个银行持股公司控制的储蓄协会来说，TARP 的投资都是在银行持股公司的层面上完成的。申请该项目的机构不得不经历一个正式且严谨的审批程序，用来分析这些机构的财务健康状况和参加该项目的前景。而能否批准对银行发放 TARP 资金，要考虑它们的财务健康水平：财务状况良好和前景好的机构更有可能获得资本。表 3.4 给出了一张 TARP 资金的空白申请表，表 3.2 则是对公司对外披露和 10 - K 及 8 - K 财务报表的一些摘录，涉及财政部对于 TARP 申请的批准和其他决定。

表 3.1　TARP 相关事件的时间表

2008 年 9 月 15 日	在与联邦储蓄银行和潜在买家的讨论失败后，雷曼兄弟（美国第四大投资银行，持有 6390 亿美元的总资产和 6190 亿美元的债务）申请破产，这在当时成为美国有史以来最大规模的一次银行破产。此次破产，导致雷曼兄弟超过 460 亿美元的市值被蒸发掉，并引发了大型的全球性恐慌。此外，就在同一天，美国银行宣布，它将以 500 亿美元的价格收购苦苦挣扎于危机之中的美林证券

---

① https：//www. wsj. com/articles/SB122398468353632299.
② 参见 https：//www. fdic. gov/news/news/inactivefinancial/2008/fil08109. Html 和 https：//www. fdic. gov/news/inactivefinancial/2008/fil08109. pdf 以及 http：//www. mondaq. com/unitedstates/x/68778/Credit Crisis Emergency Economic Stabilization Act/Update On The TARP Capital Purchase Program Action Due By November 14 2008.

2008 年 9 月 16 日	AIG（在当时为数万亿美元的抵押贷款提供了保险）向美联储请求紧急资金。出于对一场扩展至全球的金融危机的担忧，美联储决定向 AIG 提供 850 亿美元的外部救助，并由政府接管该保险巨头。同样是在这一天，由于雷曼兄弟在前一天破产带来的巨大损失，投资者纷纷选择从货币市场共同基金之中逃离出去。此外，在这一天，储备首要基金"跌破 1 美元"，因为它手上没有足够的流动性来支付当时所有的赎回要求
2008 年 9 月 17 日	与平时一周只撤出 70 亿美元相比，在这一天，投资者们创纪录地从货币市场账户中撤出了 1445 亿美元，导致恐慌情绪在市场上迅速蔓延。如果这种情况持续下去，那么企业甚至将缺乏用来维持日常运营的资金——美国经济面临着彻底崩溃
2008 年 9 月 18 日	保尔森和伯南克与国会的领导者们会面，共同商讨该如何应对这场危机。共和党和民主党的领导者们都对当前的黑暗处境和危险的预示感到惊讶，并认为信贷市场很可能在几天之内就会崩盘。在场的人们决心共同面对这个问题，为其找到一个解决方案
2008 年 9 月 19 日	美联储宣布它将借款给那些急需资金来维持运作的银行和企业，这样它们就不需要将放在货币市场基金中的现金取出来。美联储还建立了资产支持商业票据货币市场基金流动性机构，来为货币市场账户提供保险
2008 年 9 月 20 日	美国财政部向国会提交了一份文件，请求后者同意批准 7000 亿美元的外部救助。财政部宣称这些资金将被用来购买处于违约边缘的 MBS，使银行和其他金融中介机构能够在账面上摆脱它们
2008 年 9 月 21 日	华尔街的两家大型投资银行高盛和摩根士丹利，申请成为常规的银行持股公司，以此来从美联储的保护之中获益，并巩固它们的资本和流动性状况
2008 年 9 月 26 日	伴随着储户在 10 天之内撤出了 167 亿美元，华盛顿互惠银行宣布破产。之后，联邦存款保险公司将其接管，并将其以 19 亿美元的价格卖给了 J. P. 摩根
2008 年 9 月 29 日	对华尔街进行外部救助，是需要以牺牲纳税人的利益为代价的。在这一天，道琼斯工业平均指数下跌了 770 点，这是该指数有史以来在一个交易日内下跌最多的一次。全球市场也都随之陷入恐慌之中，例如，摩根士丹利资本国际世界指数在一天内下跌了 6%，是该指数自 1970 年诞生以来经历的最大幅度的一次下跌
2008 年 10 月 3 日	美国总统布什签署了相关文件，将成立了 7000 亿美元 TARP 计划的 EESA 项目写入法律。EESA 项目允许美国财政部通过帮助财务紧张的银行、AIG 和汽车公司，将资本迅速地注入金融系统
2008 年 10 月 14 日	美国财政部宣布实行 CPP 项目，该项目允许美国的金融机构向财政部申请优先股资本注入。九家最大的银行控股公司宣布，它们将向 TARP 申请共计 1250 亿美元。在同一天，FDIC 成立了 TLGP，为所有被 FDIC 保险的机构提供存款和优先级债务的担保，直到 2009 年 6 月 30 日
2008 年 11 月 14 日	这一天是公开交易的金融机构向美国财政部申请 CPP 优先股投资的最后期限

2009 年 2 月 4 日	美国财政部修改了对 TARP 参与者的高管薪酬的限制。对于每一位高管来说，年薪的上限是 500000 美元（不包括长期的限制股奖励）。同时，禁止公司与薪酬水平排在公司前十位的高管签订"金降落伞"协议，也禁止薪酬水平排在第 11 位到第 35 位的高管接受金额高于一年遣散费的"金降落伞"补偿。此外，奖金夺回条款（Claw - Back Provisions）也由适用于薪酬水平排在前五位的高管，扩展到排在前三十位的高管
2009 年 2 月 10 日	在这一天，美国财政部部长蒂莫西·盖特纳宣布了如下内容：（1）开展金融稳定计划（Financial Stability Plan），该计划包括一项监管资本评估项目（Supervisory Capital Assessment Program，SCAP），它将以前瞻性（Forward - Looking）的压力测试对 19 家最大的美国银行组织（资产大于 1000 亿美元）进行损失评估；（2）成立一项投资基金，用来向金融机构购买不良贷款和资产；（3）开展一些旨在追踪住宅抵押贷款的提前偿还以及有利于小型企业获得银行贷款的项目
2009 年 2 月 17 日	美国总统奥巴马使 2009 年美国复苏与再投资法案（ARRA）正式通过了立法程序，该法案的内容：利用支出手段和削减税收来刺激经济复苏；重申了 2009 年 2 月 4 日宣布的大多数对 TARP 参与者高管薪酬的限制；对高管薪酬的限制加入了一些新的内容，例如，对奖金的限制、对留任奖励的限制，以及对激励性薪酬（长期的限制股奖励除外）不得超过三分之一年薪的规定
2009 年 2 月 23 日	美国财政部和联邦储备银行下的监管机构联合发表了一篇声明。该声明重申，如果银行未通过 SCAP 压力测试，那么 TARP 计划将通过对强制的可转换优先股进行投资来提供资金；并且，之前通过其他形式发放的 TARP 资金，也允许财政部用当时的投资对象来交换这些优先股份
2009 年 2 月 24 日	美联储主席本·伯南克向国会澄清，银行的压力测试并不等于将推行银行国有化
2009 年 2 月 25 日	美国财政部发布了 SCAP 压力测试项目的相关细则
2009 年 3 月 19 日	在不到 24 小时之内，美国国会提出并以压倒性的结果通过了 H. R. 1586 号提案，该提案计划对某些机构自 2009 年 1 月 1 日起为自己雇员发放的奖金征收 90% 的惩罚性税金（注：这些机构都在 TARP 中收到了 50 亿美元或更多的资本注入）
2009 年 3 月 31 日	马林银行（Marin Bancorp）、伊比利亚银行控股公司（IberiaBank Corporation）、老国民银行（Old National Bancorp）和 Signature Bank 这四家银行控股公司宣布，它们赎回了在 TARP 中出售给美国财政部的所有优先股
2009 年 4 月 24 日	联邦储备委员会发布了美联储的监管人员采用的用于 19 家大型金融机构的前瞻性的 SCAP 压力测试的相关步骤和方法的细节
2009 年 5 月 6 日	《华尔街日报》报告了个别银行的 SCAP 压力测试结果，该结果被泄露给了媒体。报告称，美国运通、纽约梅隆公司、第一资本、高盛、大都会人寿保险和摩根大通不需要筹集额外的资本，而美国银行需要 340 亿美元的额外资本，富国集团需要 150 亿美元，GMAC 需要 115 亿美元。报告还称，花旗银行、道富集团、摩根士丹利和地区金融公司也需要资本补充

续表

2009 年 5 月 7 日	美联储公布了 19 家美国最大的银行控股公司的 SCAP 结果。该结果发现，10 家公司需要筹集共计 1850 亿美元的资产，不过自 2008 年第四季度以来的交易和收入使该资本空缺减少到了 750 亿美元。需要筹集资本的 BHC，被要求在 30 天之内向它们的首要监管者提供详细的计划，并在 2009 年 11 月结束之前完成对额外资本的筹集
2009 年 6 月 10 日	在 ARRA 的基础上，美国财政部发布了关于限制在 TARP 中接受资本注入的公司高管和其他雇员的薪酬的详细规则。关于这些薪酬规则，美国财政部部长蒂莫西·盖特纳也发表了一篇公开报告
2009 年 12 月 31 日	美国财政部在 EESA 计划下可以在 TARP 中向金融机构购买优先资本的权力宣告终结

3.1.4 附加条件以及为什么许多银行都想尽早偿还资金

资本注入伴随着对股利、回购和高管薪酬的限制，这些限制在 2009 年 2 月 17 日被进一步重新定义。在财政部拥有优先股或是权证的最初三年，参与 TARP 的银行不能提高普通股的股利，也不能回购普通股或是级别更低的优先股。除此之外，项目参与机构的高管薪酬也受到了限制。银行被限制进行"金降落伞"支付，高管的年酬上限被定为 500000 美元，且会对银行价值带来"不必要和过度风险"的激励性薪酬也受到了限制。另外，之前付给高管的激励性薪酬也可以被追回。

花旗集团在 10 - K 年报中提到："为了遵循 TARP 的各项相关规定，花旗集团同意，自 2009 年开始，在没有得到美国财政部、FDIC 和美联储纽约银行同意的情况下，它将不会在三年之内发放每股每季度超过 0.01 美元的股利。"在关于薪酬限制上，花旗集团提到："2009 年的美国复兴与再投资法案对我们支付留任奖励和其他激励性薪酬的能力提出了一系列新的限制。只要我们不得不履行与 TARP 资助相对应的相关义务，这些限制就对我们有约束力。另外，这些限制条款之中的许多都不仅针对我们的高管，还覆盖到了其他能够对公司的收入和表现作出显著贡献的员工。这些限制可能会对我们雇用和留住关键员工的能力产生不利影响，特别是我们还要与不受相同限制束缚的美国和非美国机构在保有管理人才方面一较高下。"

富国集团也在它们的 10 - K 年报中提到："在 2009 年第四季度，我们全额偿还了美国财政部的不良资产处置计划（TARP）/资本购买项目（CPP）的价值 250 亿美元的优先股投资，也偿还了相关的优先股股利……在 2009 年，董事会批准了以扣除掉税金和其他款项的普通股的形式来为一些高管加薪。2009 年，大约 245000 份股份被发行，用于提高薪酬。不再有任何限制加诸这些股份，因为我们于 2009 年 12 月偿还了财政部对富国银行集团的投资。"

3.1.5 项目目标

TARP 有几个主要目标，而且这些目标并不是独立于彼此而存在的。它们包括恢复美国金融系统的信心和总体上的稳定性，和阻止美国经济的动荡，还包括通过鼓励参加该项目的金融机构提高对彼此和客户的资金供给，改善一般美国人的实际经济状况，以及最终保护美国纳税人。

3.1.6　关于 TARP 的争议和意见

尽管已经过去了超过十年的时间，但是关于它有没有成功地实现自己的目标，以及它在当时是否是一个值得开展的项目，TARP 仍然存在诸多争议辩论。对于它是否取得了成功，表 3.3 给出了一些重要人物和公众在该问题上的分歧观点。一些人反对 TARP，或者对它取得的成功持悲观态度。这些人包括 TARP 特别监察官尼尔·巴罗夫斯基，他在自己 2013 年出版的书中表示，"美国政府放弃了主街却选择了挽救华尔街"，这使得"认为 TARP 是一项成功，是在篡改历史……TARP 本来被期望能够恢复借贷市场，可这最终并没有发生"。同样，比尔·伊萨克也在他出版于 2010 年的书籍《没有感觉的恐慌：美国政府如何辜负了这个国家》中说道："任何的客观分析都能够得出这样一个结论，那就是 TARP 对于稳定金融系统没有起到任何作用。实际上，该项目造成的负面影响要远超它可能带来的任何好处。"

表 3.2　公司 SEC 8 - K 和 10 - K 公开报告中关于 TARP 项目的摘录

A. 非自愿参与者
例1：花旗集团（救助金额：250 亿美元）
10/30/2008 8 - K
"2008 年 10 月 26 日，作为首批加入美国财政部在之前宣布的 TARP 资本购买项目的九家机构之中的一员，花旗集团签署了相关协议，同意向财政部出售价值 250 亿美元的永续优先股票和购买普通股票的权证。此次交易将于 2008 年 10 月 28 日正式交割。"
12/31/2008 10 - K
"委员会已经建立了与 TARP 项目的目标和精神相一致的相关准则。为了遵守这些准则，花旗集团将不会把 TARP 资金用于委员会未明确批准的用途上。TARP 资金不会用于薪酬和奖金、股利支付，以及与政治游说或改善政府关系相关的活动上，也不会被用在任何与市场营销、广告和公司赞助相关的活动上，而只能用于扩大自己的资产，而不是支出。"
2009 年 2 月 3 日，花旗集团在 https：//www.citigroup.com/上发表了一篇公开报告，概括了它 2008 年第四季度的 TARP 支出计划。报告指出，委员会授权了以 TARP 资金作为支撑的 365 亿美元给这项支出计划，该计划覆盖了以下五个主要方面：
● 美国住宅抵押贷款——257 亿美元（花旗集团直接向购房者出售抵押贷款，并以在二级市场上购买优先级住宅抵押贷款和抵押支持债券的方式来支持房地产市场）
● 个人和商业贷款——25 亿美元（这包括 15 亿美元的消费者借款以及向面临流动性问题的个人和企业提供的 10 亿美元的定制贷款）
● 学生贷款——10 亿美元（花旗集团通过联邦家庭教育贷款项目（Federal Family Education Loan Program）发放学生贷款）
● 信用卡借贷——58 亿美元（花旗集团提供一系列特殊的信用卡项目，包括为信用卡合并服务降低门槛、为目标人群提高信用额度，以及为目标人群开立新的账户）

续表

- 公司贷款——15 亿美元（花旗集团向商业贷款证券化投资了 15 亿美元，这将为美国公司贷款市场注入流动性）

除了在 TARP 项目的支持下开展的计划，该报告还描述了花旗集团在帮助屋主保住自己的房子、协助陷入困境的借款人，以及支持美国的消费者和商业等方面做出的努力。

例 2：富国银行集团（Wells Fargo Corporation，项目金额：250 亿美元）

12/11/2008——关于招股书和通讯的 SEC 425 号规定：由富国银行集团在 2008 年 12 月 10 日所做的一次投资者见面会的记录。

"Richard Ramsden—高盛—分析师：

你们可以用几分钟来谈谈资金，特别是 TARP 项目的资金吗？对此，我猜，人们经常问到的问题是，TARP 资金能否和现有的其他资金互相替代使用。我猜，你是否在担心，将 TARP 资金作为他用会导致政治介入，并要求你对此做出令人满意的解释？另外，你是否把这视为成本低廉的资本？你是否想尽快地偿还它？

John Stumpf – 富国银行集团 – 总裁和 CEO：

那么，让我先来回答一下你提出的关于尽快偿还 TARP 资金的问题，然后再把话语权交给这里另一个人，他不仅了解很多关于资金的事，还可以说出所有州的首府名字来（译者注：capital 在英语里既有资金的意思，也有首府的意思）。好啦，我们并不会讨论各州的首府，否则我今天也不需要把霍华德带到这里来了。他说我已经把这些首府的名字都记住了。

关于这份五年合约，由于对于这 250 亿美元，我们需要支付 5% 的优先股股利和 5% 的债券利息，因此，我们显然不能在头三年就把这笔款项还回去，除非我们有足够的资金。不过，在第三年到第五年之间，我也想不出有什么理由进行偿还，因为利息会降到 5% 或者更低的水平。在那段时间里，资本真的很便宜，然而从第六年的第一天起，利息就增加到了 9%，不过你需要承担的成本从第一天起就是规定好的。所以，除非你……确实没有任何在三年到五年之间进行偿还的理由。

不过，问题的关键将在于市场利率水平、各种需要，还有时间。但是这都是未来才要考虑的事情。此时，资本就在我们手里，而我们将要使用它们。我们一直在对外借出资金。我们将要利用这笔资金做一些它们应该被用来去做的事情，而不是一些蠢事。我们从来没有这样做过，但是它允许……它提供了更多的力量。我认为这样做对于整个系统来说是一件好事，而且我们也是系统的一分子。作为一分子，我们可以从系统中受益，而这便是我们参加这个项目的原因。

Howard Atkins—富国银行集团—CFO：

我认为，我们和这个国家大多数其他的大银行之间的主要不同，就是在过去的一年半里，我们从来没有停止过借出资金。因此，在过去的一年半时间里，当其他所有人都在面临着下滑态势时，只有我们的公司在增长。去年，我们的资产总额增长了 15%。因此，我们把 TARP 资金仅仅看作是可任意取用的资本库中的一部分，而这将允许我们继续去做我们在过去的一年半里一直在做的事情。我们对企业表示欢迎，我们在做消费者贷款，我们也在做商业贷款。他们都是好顾客，并能为我们提供可观的利息。事实上，今天的利息比一年前还要可观。这便是我们将继续去做的事情。"

马克·卡尔维，旧金山商业时报，2012 年 6 月 13 日，"前富国银行集团 CEO 迪克·科瓦西维奇批评 TARP：一次'彻彻底底的灾难'"。

"前富国银行集团主席和 CEO 迪克·科瓦西维奇表示，在金融危机的深渊之中，联邦政府对于银行的外部救助是一次'彻彻底底的灾难'，并认为无效的监管者应该对此次金融危机的爆发负有大部分责任。"

在一次举办于斯坦福研究院经济政策中心的周二晚间活动中，科瓦西维奇对前来参加的约 100 人说，美国财政部和联邦储备银行在 2008 年 10 月做出的让银行接受 TARP 资金（即使它们不想要或者不需要这笔资金）是美国有史以来做出的最糟糕的经济决策。

"TARP导致了尚未完全恢复的市场出现了不必要的恐慌……为了使'所有船只都能避免下沉',政府的银行外部救助计划向美国最大的银行注入数十亿美元,而不论这些银行是否需要这些资金。"科瓦西维奇说,"富国银行集团得到了远超它目标的250亿美元,然后一被允许就马上将它偿还了回去……将资本给予所有的银行,甚至是那些不想要它们的财务状况稳固的银行,将被视为这样一个信号,那就是即使是财务水平健康的银行都陷入了麻烦,因而信心水平将会下滑。所有的船只都将下沉。"

5/11/2009—8–K

"最近的经济刺激法案对薪酬水平提出了新的限制,这些限制有可能会对我们雇用和留住关键员工的能力产生负面影响——美国的2009年复兴与再投资法案,对我们支付留任奖励、一般奖金和其他激励性薪酬的能力提出了一系列新的限制,因为我们需要履行伴随着TARP金融援助的相应义务。另外,许多限制都不仅仅针对我们的高管,还涉及其他可以对公司收入及公司表现作出显著贡献的员工。这些限制可能会对我们雇用和留住这些关键员工产生不利的影响,特别是我们需要与那些不受相同限制束缚的美国及美国以外的机构在管理才能上进行竞争。更多的信息,请参见我们2008年的10–K年报'管制与监督'一节。"

例3:道富集团(项目金额:20亿美元)

10/15/2008 8–K

罗纳德·E. 洛格,道富集团的主席和首席执行官,说:"能够被由美国财政部开展的TARP资本购买项目,一项旨在解决金融动荡和恢复市场信心的项目选为首批参与者之一,我们深感高兴,因为它认可了我们是能够对全球金融市场的基础设施产生关键影响的九家金融机构的一员。我们的入选,表明了道富集团在客户和全球市场中占据的重要地位,也反映出了我们的核心金融力量。虽然我们一直维持着较为充足的资本,但是此项目为我们注入了额外的资本,并给予我们额外的灵活性来在当前市场的挑战与机遇面前继续扮演领导者的角色。我相信,能够在这次动荡中挺过去的公司,都是像道富集团这样拥有合理的营业领域混合比例、聚焦客户服务,以及有一套审慎计划来在这种环境下生存下去的机构。作为TARP项目的一部分,道富集团将向美国财政部发行价值20亿美元的高级优先股,以及在发行时购买市场总值达3亿美元的普通股的权证。我们预测,这仅会在最小的程度上稀释我们股东手中的股份。"

1/16/2009 8–K

"对美国财政部的TARP资本购买项目的参与限制了我们提高普通股股利、开展股票回购项目,以及为我们的关键雇员支付薪酬的能力。2008年10月,通过TARP资本购买项目,美国财政部向道富集团投资了20亿美元。TARP资本购买项目的条约要求我们向财政部支付优先股的累积股利,并限制了我们增加普通股股利、无条件赎回财政部的投资、实施股票回购项目以及为公司高管支付薪酬的能力。之后,财政部或国会可能还会对我们施加新的限制,而且这些限制有可能会是具有回溯效力的,并可能会对我们的运营、收入、财务状况,以及我们吸引和保留人才的能力产生实质性的不利影响。"

例4:高盛(项目金额:100亿美元)

10/17/2008 8–K

"2008年10月13日,高盛集团同意加入美国财政部的TARP资本购买项目。依据资本购买项目的相关条约,高盛集团同意以总计100亿美元的价格向美国财政部出售优先股份,以及购买高盛集团普通股的权证。"

"2008年秋,高盛集团向联邦政府申请并收到了100亿美元的TARP贷款,以确保自己能够存活下去。由于像高盛这样的公司在收到TARP资金后既需要被联邦政府监督,又在支付高额薪酬的能力上受到限制,还需要在决定薪酬政策时将建议性投票权(所谓的'用嘴决定薪资')授予股东,因此,对该项目持不满态度的人表明了公司一有能力就将立刻偿还TARP贷款的意向。"

B. 其他参与者和申请者
例1：第一资本

2/26/2009 10 - K

"在 EESA 计划下，我们将受到更多的国会审查，这包括参与国会听证会及调查，以及向财政部、政府问责署（Government Accountability Office，GAO）和其他由 EESA 计划建立的提供额外监督的机构提交报告。对于指导 EESA 计划下的项目和资金使用，国会已经表现出了强烈的兴趣。为此，众议院以法律程序通过了许多 EESA 计划的条款，并安排了一系列的听证会。最近，国会通过了美国复兴与再投资法案（American Recovery and Reinvestment Act，ARRA），并由总统同意将其写入法律。该法案提出了对 EESA 计划下的项目参与者的更多限制，包括对于雇用持有 H1 - B 签证的员工的限制，还包括必须遵循美国财政部制定的 TARP 机构高管薪酬的新标准。"

"对于新的和现存法律和管制的遵守，有可能会增加我们的成本，限制我们追求商业机会的能力，以及提高这种遵守的难度。

在最近的几个月，针对金融服务行业的立法和管制持续加强，我们预计，对我们公司的监督，无论是在广度还是在深度上都会扩大。一系列关于银行、消费者借贷和存款的法律，几乎应用到我们公司的方方面面。如果我们没能成功地遵循这些法律和管制，我们将会受到金融机构和公司运营方面的惩罚，包括被政府接管。然而，建立遵守这些法律和管制的系统与程序，会使我们的成本提高，和/或限制我们追求某些商业机会的能力。

我们在 TARP 资本购买项目（'CPP'）中的参与，使我们在 2008 年经济紧急稳定法案（'EESA'）下受到了来自财政部、监管者和国会的更多监督。国会可能会采用进一步的立法手段来重新定义 EESA 计划，以及改变那些被立法者认为导致了当前经济处境的借贷规则。这些进一步的立法，会增加政府对我们公司的监督，或限制我们的借贷和管理方式，或两者都有，而不管是哪种情况，它都会对我们的收入产生负面影响。"

例2：United Bancsahres（被批准获得 TARP 资金，但该公司拒绝了这笔资金）

2/26/2009 10 - K

"2009 年 1 月 27 日，United Bancshares 宣布说，它决定不参加美国财政部的 TARP 资本购买项目，尽管它已经得到了对 TARP 资本购买项目的 1972.8 亿美元资本注入的批准。在经过仔细的考虑之后，United Bancshares 的管理层和董事会相信，参加此次项目不符合公司股东的最佳利益，因为蕴含在该项目对于潜在的未来股利增长的限制，对收益的稀释，和此项目未来要求的不确定性之中的潜在成本，要大于联合银行从参加此次项目中获得的收益。"

例3：Cardinal Financial Corp（被批准获得 TARP 资金，但该公司拒绝了这笔资金）

3/16/2009 10 - K

"2008 年 12 月 12 日，公司宣布，它向 CPP 项目申请的 412 亿美元资金得到了美国财政部的初步批准。在得到批准后，我们的董事会进行了认真的分析，并最终决定拒绝参加 CPP 项目，因为该项目的显著支出以及需要审慎地利用该资金生产利润所带来的挑战，与我们的长期发展目标不相一致，而且参加 CPP 项目不符合公司股东的最佳利益。"

例4：American Bancorp（被批准获得 TARP 资金，但该公司拒绝了这笔资金）

3/30/2009 10 - K

"基于如下原因，我们的董事会决定不参与资本购买项目，尽管我们已经得到了初步批准。首先，我们预计，我们有足够的资本以应对可预见的未来。此外，经评估，我们认为 TARP 的资本购买项目提出的限制要求可能会对我们成功经营的能力产生不利影响。"

例5：First National Bancshares（申请获得 TARP 资金，但没有获得财政部批准）
5/1/2009 10 - K "我们对于参加 TARP 资本购买项目的申请没有被接受。因此，我们撤回了申请，并在积极地通过各种其他方法来筹集资本。然而现在，为银行提供新资本的市场十分受限，且充满了不确定性。因此，我们不能确定自己是否有能力筹集到足以满足在资本比例上的目标的资本的能力。就算我们能够筹集到额外的资本，这也很可能会以对普通股股东产生显著的稀释效应为代价。"
例6：First California Financial Group（申请获得 TARP 资金，被财政部批准，并接受了这笔资金）
12/02/2008—First California Financial Group 的媒体披露 "2008 年 12 月，First California Financial Group 宣布，它已经收到了参加美国财政部的资本购买项目（TARP）的批准。同时，财政部初步承诺，它将购买 First California Financial Group 价值 2500 万美元的优先股权。" 12/19/2008 8 - K "2008 年 12 月 19 日（'交易结束日'），First California Financial Group（后面用'公司'指代）将公司的固定利率累积永续股票 B 系列的 25000 份股份（后面用'优先股'指代）出售给美国财政部（后面用'财政部'指代）……"

表3.3　对 TARP 外部救助的意见

A. 杰出的经济和政治人物			
姓名	照片	相关材料	细节
尼尔·巴罗夫斯基，TARP 特别监察官		《华盛顿是怎样一边抛弃主街，一边拯救华尔街的》，2013 年	"认为 TARP 是一项成功，是在篡改历史……TARP 本来被期望着能够恢复借贷市场，可这最终并没有发生。"
比尔·伊萨克，前 FDIC 主席（1981—1985 年在任，当时美国总统为罗纳德·里根）		《没有感觉的恐慌：美国政府如何辜负了这个国家》，2010 年	"任何的客观分析都能够得出这样一个结论，那就是 TARP 对于稳定金融系统没有起到任何作用。正相反，该项目在实际上造成的负面影响要远超于它可能带来的任何益处。"
本·伯南克，前美联储主席（2006—2014 年在任）	 https://www.federalreservehistory.org/people/ben_s_bernanke	《行动的勇气：一本关于危机及其余波的回忆录》，2015 年	"TARP 与采取的所有其他措施一起，阻止了一场'金融崩盘'的发生，而这场崩盘本来会将整个经济拖入无比严重和长时间的衰退，甚至是萧条之中。"

姓名	照片	相关材料	细节
亨利·保尔森，前美国财政部部长（于 2006 年 7 月 10 日至 2009 年 1 月 20 日在任）	 https：//georgewbush – whitehouse. archives. gov/government/ paulson – bio. html	《趁还来得及，阻止全球金融系统的崩溃》，2013 年	"我从来没能说服美国人相信 TARP 项目不是为了银行，而是为了他们自己，为了拯救一座座城市，为了将我们的经济从灾难中挽救出来。"
蒂莫西·G. 马萨德，前美国财政部助理部长（负责金融稳定方向）	 https：//www.cftc. gov/sites/ default/files/reports/ presbudget/2017/index. htm	2011 年在参议院银行，住房与城市委员会面前发表的证词	"……我们可以安全地说，以任何一种客观标准衡量，该项目都是无比有效的"，而且，"我们仅用预计成本的一部分就将稳定性带给了金融系统。"马萨德还补充说，TARP 是经济复兴的内在组成部分，且由于 TARP 项目，银行获得了更加充足的资本，公众也不再那么害怕主要的金融机构会失败
路易吉·津加莱斯，在芝加哥大学布斯商学院担任金融学教授		2011 年在国会监督委员会（Congressional Oversight Panel）面前的演说	"在对不良资产处置计划（TARP）对金融部门和美国经济造成的影响发表意见时，重要的一点，便是要意识到'反事实'会是什么，也就是说，如果没有该项目的存在，将会发生什么。伯南克主席和财政部长保尔森都多次强调，他们当时是在 TARP 与整个金融系统的崩溃之间做出了选择。如果选择之中的一个确实使我们会坠入深渊，那么 TARP 项目显然是一次毋庸置疑的成功，因为它让我们避免了坠入深渊。即使我们并不会百分之百地坠入深渊，我们也必须承认，TARP 是一项成功。而它的成本，不论有多么巨大，都丝毫不能和陷入第二次大萧条带来的结果相提并论。"

续表

姓名	照片	相关材料	细节
伊丽莎白·华伦，国会监督委员会主席，针对华尔街和外部救助的猛烈批判者	 https：//www.congress.gov/member/elizabeth－warren/W000817？searchResultViewType＝expanded&KWICView＝false	"拿走股票：不良资产处置计划取得了哪些成就"，国会监督委员会，2009年；"在TARP终止的前夜对其评估"，2010年	以伊丽莎白·华伦为主席的国会监督团体，表示TARP在大部分情况下有效，并且是政府用来稳定金融系统的关键策略。"在我们看来，当与美联储、财政部、FDIC和市场本身的行为一同被公正地考量时，TARP——金融领域的医院急救室——对在2008年的最后一个季度恢复金融稳定性是有用的。"
乔治·W.布什，前美国总统	 https：//georgewbush－whitehouse.archives.gov/news/releases/2008/10/20081003－11.html	2008年，布什总统讨论了2008经济紧急稳定法案	"我明白，一些美国同胞对这项立法心存顾虑，特别是在政府的角色和它会带来的成本方面。作为自由企业的强烈支持者，我始终相信政府的干预只在必要的时候才会发生，而在当前这种情况下，我们显然有必要行动起来。此外，该项目的最终成本——给纳税人带来的最终成本，将远远小于一开始的投入。目前，政府正准备购买不良资产，而当市场复苏后，许多这些资产的价值很可能会升高。美国人可以期待，随着时间的推移，大部分（如果不是全部）用作项目投资的税收都将被返还。"

B. 美国公众对于TARP外部救助的看法（数据来源：Ballotpedia）			
关于TARP的公共调查问卷，2008年			
调查来源	调查问题	支持率	反对率
Pew Research Center	"正如我们所知，政府有可能正在进行数十亿美元的投资，以尽力保证金融机构和市场的安全。你认为政府这样做是正确的还是错误的？"	57%	30%
Bloomberg	"病入膏肓的私人金融公司的崩溃可能会对经济和市场造成不利的影响。你认为政府应该使用纳税人的钱来拯救这些公司吗，还是你认为用纳税人的钱来对私人公司实施外部救助不是政府的责任？"	31%	55%

调查来源	调查问题	支持率	反对率
USA Today/Gallup	"你可能已经知道，布什政府已经提出了一项计划，该计划将允许财政部向金融公司购买并再出售达7000亿美元的不良资产。你希望国会如何对待此事？"	22%	67%
ABC	"对于美联储和财政部在尝试处理当前涉及针对股票市场和主要金融机构的情况所采取的步骤上，你是支持还是反对？"	44%	42%

来自《2008经济紧急稳定法案》，https://ballotpedia.org/Emergency _ Economic _ Stabilization _ Act _ of _ 2008。

表3.4　TARP 申请表

TARP 资本购买项目（CPP）申请表

请完成对下面相关信息的填写，并按照联邦银行机构网站上的要求提交申请表。另外，请提供对当前处于未决或是谈判阶段的合并、收购以及其他资本筹集活动的描述，以及这些活动的预计完成日期（不超过一页纸）。

若在申请时尚未获得该项目的投资协议，申请者须在拿到投资协议之后再次提交申请作为补充，并重新回答申请表中那些需要参考该投资协议的问题。

申请机构名称：_____

申请机构地址：_____

主要联系人：_____

主要联系人的电话号码：_____

主要联系人的传真号码：_____

主要联系人的邮件地址：_____

第二联系人：_____

第二联系人的电话号码：_____

第二联系人的传真号码：_____

第二联系人的邮件地址：_____

相关的 RSSD 编号、控股公司移交编号以及/或者 FDIC 凭证编号：_____

优先股数量：_____

申请机构可供购买的已授权发行但尚未发行的优先股数量：_____

申请机构已授权发行但尚未发行的普通股数量：_____

申请机构或其控股公司最近的 FR－Y9、美国商业银行季度监管报表或 TFR 报告的风险加权资产总额：_____

申请机构已经看过了该项目的投资协议和财政部网站上的相关文件（是/否）：_____

描述申请机构认为自己无法在 2008 年 11 月 14 日之前履行的投资协议和相关文件中的任何条件，包括任何证明或是任何担保[1]：_____

公司类型[2]：_____

首席执行官的签字（或授权签字）：_____

签字日期：_____

注：1　可以以附件的形式提供，但内容长度不得超过一页纸。

　　2　公开交易的股份公司；非公开交易的股份公司；其他（请具体说明）。

　　然而，其他一些人则带着更加友善的目光来看待这一项目，并且/或者认为它是一项成功。这些人包括本·伯南克，他在自己 2015 年出版的《行动的勇气：一本关于危机及其余波的回忆录》中写道："TARP 与采取的所有其他措施一起，阻止了一场'金融崩盘'的发生，而这场崩盘本来会将整个经济拖入无比严重和长时间的衰退，甚至是萧条之中。"2011 年，在面对国会监督委员会所做的演说中，路易吉·津加莱斯同样表达了支持："在对不良资产处置计划（TARP）对金融部门和美国经济造成的影响发表意见时，重要的一点，便是要意识到'反事实'会是什么，也就是说，如果没有TARP 项目的存在，将会发生什么。伯南克主席和财政部部长保尔森都多次强调，他们当时是在 TARP 与整个金融系统的崩溃之间做出了选择。如果选择之中的一个确实使我们会坠入深渊，那么 TARP 项目显然是一次毋庸置疑的成功，因为它让我们避免坠入深渊。即使我们并不会百分之百地坠入深渊，我们也必须承认，TARP 是一项成功。而它的成本，不论有多么巨大，都丝毫不能和陷入第二次大萧条带来的结果相提并论。"（Zingales，2011，Testimony before the Congressional Oversight Panel）。前总统乔治·W. 布什也对 TARP 表达了如下的积极看法："我明白，一些美国同胞对这项立法心存顾虑，特别是在政府的角色和它会带来的成本方面。作为自由企业的强烈支持者，我始终相信政府的干预只在必要的时候才会发生，而在当前的这种情况下，我们显然有必要行动起来。而且，该项目给纳税人带来的最终成本将远远小于一开始的投入。目前，政府正准备购买不良资产，而当市场复苏后，这些资产的价值都很可能会升高。美国人可以期待，随着时间的推移，大部分（如果不是全部）用作项目投资的税收都将被返还。"另外，享利·保尔森、蒂莫西·G. 马萨德和伊丽莎白·华伦也都对该项目表达了支持，他们的观点也被记录在了表 3.3 中。最后，于 2008 年展开的针对 TARP 的公共调查，同样体现出了观点的分歧。在彭博（Bloomberg）和美国今日/盖洛普（USA Today/Gallup）发起的调查中，分别有 55% 和 67% 的反馈者表达了对 TARP 的反对，而在由皮尤研究中心（Pew Research Center）和美国广播公司（ABC）展开的调查中，支持该项目的反馈者比例分别达到了 57% 和 44%。想要获知更多的细节，请见表 3.3。

3.1.7　TARP 的相关数据

　　据美国财政部报告显示，通过 TARP，银行机构（公营及私营银行）接收了共 2049 亿美元的资本注入，另有 406 亿美元通过 TIP 和 CDCI 被分配出去。总的来说，这些项目为银行提供了总计 2451 亿美元的资金支持（见图 3.1）。借由通过 TARP 对银行的投资，纳税人们已经赚得了约 12% 的收益。该项目自身收到的资金，包括银行的偿付、股利、利息、权证收入、拍卖以及其他收入。

　　TARP 注入的资本，一般来说，是公司风险加权资产价值的 1%~3% 与 250 亿美元之间较小的那个金额。许多的银行控股公司在收到了以出售优先股得到的 TARP 资金之后，都将该资金的一部分分配给了下游的商业银行（Mukherjee 和 Pana，2018）。美国

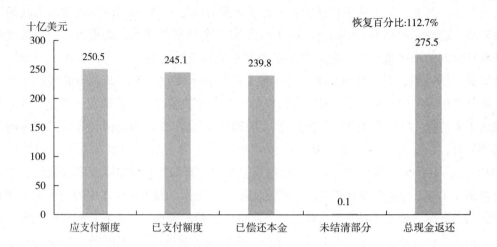

图 3.1 TARP 向银行注入的资本

（资料来源：美国财政部）

（https：//www. treasury. gov/initiatives/financial – stability/reports/Pages/TARP – Tracker. aspx#Bank）

财政部购买了无投票权的优先股，也从一些私营机构的手中购买了它们的次级债务。其中，这些优先股会在最初的五年每三个月支付 5% 的股利，而在之后将支付 9% 的季度股利。除了这些优先股和次级债务以外，美国财政部还收到了银行另外 5% 股份的权证，或是次级债务权证。

正如表 3.5 揭示的那样，在将美国财政部报告中的机构名称与它们的复制服务器系统数据库（Replication Server System Database）编号（RSSDID）相匹配之后，我们的分析发现，BHC 构成了 TARP 资金接受者的大部分（572 家，占接受者总数的 81%），而商业银行（87 家，占接受者总数的 12%），储贷机构及储蓄贷款社（S&Ls）（50 家，占接受者总数的 7%）则只占到了一小部分。表 3.6 指出了按照规模大小和年龄分别排在最前面和最末尾的十家参与者，表 3.7 给出了所有 TARP 项目参与者的详细名单，而表 3.8 则是偿付资金不晚于 2010 年第四季度的参与者的相关信息。

另外，我们还从美国商业银行季度监管报表中获取了 BHC 层面的财务和地理信息，并借助金融调查权威商业智能服务（SNL Financial）填补了没有被季度监管报表覆盖机构的相关数据。我们发现，TARP 资金流入了各种规模大小的机构，包括占所有机构总数 14% 的 102 家大型银行 ［总资产（gross total assets，GTA）超过 30 亿美元］，占总数 17% 的 119 家中型银行（GTA 在 10 亿美元至 30 亿美元之间），以及占总数 69% 的 488 家小型银行（GTA 不超过 10 亿美元）。

表 3.5 TARP 外部救助——按照机构类型分类

分类标准	机构数量（家）	占所有机构总数的百分比（%）
机构类型		
BHC	572	81

分类标准	机构数量（家）	占所有机构总数的百分比（%）
商业银行	87	12
储蓄贷款社（S&L）和储贷机构	50	7
规模		
大型	102	14
中型	119	17
小型	488	69
年龄（按照中位数分成两组）		
年长	354	50
年轻	355	50
支付		
在早期偿还	140	20
未在早期偿还	569	80
至少一次未进行股利支付	99	14
从未错过股利支付	610	86

数据来源：作者根据美国商业银行季度监管报表和 SNL Financial 以及国家信息中心数据整理合并而来。

我们还按照年龄对 TARP 资金的接受者进行了区分。根据接受者组织结构中最老银行的年龄，我们发现，以中位数 39 年作为分界线，TARP 资金流入了 355 家（50%）较老的银行和 354 家（50%）较年轻的银行。①

我们接下来分析对 TARP 资金的偿还。我们发现，包括所有的非自愿接受者在内，140 家（20%）最初的接受者都选择在 2010 年底之前尽快偿还了所有资金，569 家（80%）机构则没有尽早偿还。此外，总共有 99 家（14%）机构至少有一次未进行股利支付，610 家（86%）机构则从未错过股利支付。

3.1.7.1 接受救助金额最多和最少的十家公司（按规模大小和年龄高低分类）

如上述标题所示，表 3.6 的 A—J 部分给出了这些银行在美国财政部报告中的名字、所在城市及所在州、在接受的救助金额上的排名，及其在 2008 年第四季度，也就是 TARP 开始实施时的一系列财务指标。与表 3.5 相同，表 3.6 涉及的财务信息也都主要从美国商业银行季度监管报表披露的控股公司层面的数据获得，那些没有被该报表覆盖的机构数据则来自金融调查权威商业智能服务（SNL Financial）。

A—J 部分揭示出，不仅流入特征各异的参与机构的救助金额是有区别的，而且，就是否尽早地偿还了资金（以 2010 年第四季度为界）和是否发生过未支付股利的情况而言，在接受了救助后，这些机构也呈现出不同的表现。另外，尽管规模和年龄较大的机构更有可能获得更多的外部救助金额，不过，我们必须将注入的金额与银行的股权价值相比较，才能决定它对于该机构来说是否有意义。在几乎所有的情况之中，包

---

① 我们无法获得两家银行机构的年龄，因此没有把它们纳入分析之中。

括那些小型银行，我们都应该这样相对来看。在不同的参与机构中间，那些用来衡量财务实力的数值，诸如资本额、风险加权资本额、流动性水平、贷款资产比、存款资产比、不良贷款额、冲销值、损失准备贷款比、利润率以及开销比率也各有高低，而很少具有一致的特征。

为简便起见，接下来，我们只深入地讨论一下表 3.6 的 A、B 两个部分，它们列出了大型银行中得到最多救助金额的十家银行，以及得到最少金额的十家银行。至于该表剩余的部分，我们邀请读者根据自己的兴趣去进行详细考察。

A 部分显示了外部救助金额排在前十位的大型机构。正如我们预期的那样，在它们之中，有六家是 TARP 计划的非自愿参与者。对这十家银行分别注入的金额，以美国银行、花旗集团、摩根大通和富国银行集团各自收到的 2500 亿美元为最高，以给予第一资本的 36 亿美元为最低。不过，与它们各自的总股权价值相比，这些钱都代表了一笔数额巨大的资本注入。[①] 在 A 部分中，我们还发现，十家银行中的八家都在 2010 年结束之前就较早地偿还了资金，且没有一个银行出现过未发放股利的情况。就 2008 年第四季度的财务状况来说，这些机构的资本看上去都比较充足，它们的股权比率在 8.42% ~ 15.59% 间不等。此外，它们的贷款资产比在 2.62% ~ 70.80%，存款资产比在 27.62% ~ 79.98%。另外，这些银行在风险、流动性和利润率方面也表现出了显著的差异：风险加权资产比率在 44.75% ~ 92.94%，不良贷款比率在 0 ~ 3.79%，冲销比率在 0 ~ 3.08%，损失准备与贷款之间的比率在 0.05% ~ 4.92%，而流动性比率的范围则从 3.03% 跨越到了 51.81%。有一些银行比其他银行的利润水平更高，也有两家银行的 ROA 为负，不过大多数银行还是具有正的利润水平。最后，这十家机构的开销比率在 0.68% ~ 7.31% 不等。这一比率，经常作为衡量管理质量的指标，其数值越低，则意味着更加有效的成本管理手段和更高的管理质量。

表 3.6 的 B 部分，则是外部救助金额排在最后十位的大型机构，这些机构最多的接受了 7800 万美元（Independent Bank Corporation），最少的接受了 5200 万美元（WS-FS Financial Corporation）。不过，尽管这十家银行相比于 A 部分中的大型机构收到的资金要少得多，但是就它们各自的总股权价值而言，这些资本注入仍然是不可忽视的，它们分别占到了前者 4.13% ~ 28.06% 的比例。在这十家银行中，只有五家在 2011 年到来之前较早地偿还了资金，而没有一家曾经出现过未支付股利的情况。它们的股权资本比率在 5.90% ~ 13.80% 间不等，因此有些银行要比另一些拥有更加充足的资本。与 A 部分中的十家接受最多金额的银行一样，这些机构在风险、流动性和利润水平方面也存在着明显的异质性。几家银行具有很高的不良贷款率，有一家甚至高达 7.75%。此外，三家银行的 ROA 为负，尽管其余的几家都表现出了低风险、高流动比率和相对较高的利润水平。最后，这十家机构的开销比率在 1.14% ~ 5.42%。

---

① 注意，有些比率之所以看上去很大，可能是因为计算它们所需的股权价值主要采用的是美国商业银行季度监管报表中的对应数据，而该数据为银行控股公司旗下所有商业银行股权价值的总和。

表3.6 按照规模和年龄分别排在最前面和最末尾的十家 TARP 参与者

A. 大型银行——接受最多外部救助金额的十家银行

排名	参与机构名称	城市	州	(1) 救助金额（千美元）	(2) 救助金额/股权价值	(3) 是否在早期偿还	(4) 是否曾错过股利发放	(5) Log（总资产）	(6) 股权价值/资产	(7) RWA 比率
1	Bank of America Corporation	Charlotte	NC	25000000	13.01%	是	否	9.24	11.05%	69.72%
2	Citigroup Inc.	New York	NY	25000000	16.84%	否	否	9.25	8.42%	44.75%
3	JPMorgan Chase & Co.	New York	NY	25000000	9.45%	是	否	9.38	10.90%	52.29%
4	Wells Fargo & Company	San Francisco	CA	25000000	23.42%	是	否	9.09	8.61%	81.60%
5	Morgan Stanley	New York	NY	10000000	172.11%	是	否	7.76	10.00%	77.31%
6	The Goldman Sachs Group Inc.	New York	NY	10000000	73.21%	是	否	8.21	8.37%	92.94%
7	The PNC Financial Services Group Inc.	Pittsburgh	PA	7579200	30.01%	是	否	8.46	8.71%	84.46%
8	U. S. Bancorp	Minneapolis	MN	6599000	28.62%	是	否	8.43	8.59%	84.40%
9	SunTrust Banks Inc.	Atlanta	GA	4850000	24.87%	否	否	8.27	10.54%	86.14%
10	Capital One Financial Corporation	McLean	VA	3555199	14.62%	是	否	8.19	15.59%	71.85%

排名	参与机构名称	城市	州	(8) 流动比率	(9) 贷款/资产	(10) 存款/资产	(11) NPL比率	(12) 冲销比率	(13) 准备/贷款	(14) ROA	(15) 日常性成本/资产
1	Bank of America Corporation	Charlotte	NC	3.28%	52.10%	55.51%	3.19%	1.79%	2.89%	0.52%	3.98%
2	Citigroup Inc.	New York	NY	10.29%	43.06%	55.46%	3.41%	1.83%	4.07%	0.16%	5.90%
3	JPMorgan Chase & Co.	New York	NY	7.19%	30.74%	47.10%	3.33%	1.32%	2.84%	0.99%	3.74%
4	Wells Fargo & Company	San Francisco	CA	5.37%	64.04%	64.05%	2.93%	0.86%	1.72%	0.29%	2.22%
5	Morgan Stanley	New York	NY	51.81%	25.57%	79.98%	2.32%	0.25%	0.35%	-0.92%	1.62%
6	The Goldman Sachs Group Inc.	New York	NY	7.53%	2.62%	27.62%	0.00%	0.00%	0.05%	-0.15%	0.68%
7	The PNC Financial Services Group Inc.	Pittsburgh	PA	6.54%	62.17%	69.38%	2.80%	0.30%	0.76%	0.17%	2.10%
8	U. S. Bancorp	Minneapolis	MN	3.28%	70.14%	64.10%	2.57%	0.97%	1.68%	1.28%	4.50%
9	SunTrust Banks Inc.	Atlanta	GA	3.03%	70.80%	64.89%	3.79%	1.19%	1.89%	0.53%	4.70%
10	Capital One Financial Corporation	McLean	VA	5.63%	59.86%	75.21%	1.67%	3.08%	4.92%	0.10%	7.31%

B. 大型银行——接受最少外部救助金额的十家银行

排名	参与机构名称	城市	州	(1) 救助金额（千美元）	(2) 救助金额/股权价值	(3) 是否在早期偿还	(4) 是否曾借过股利发放	(5) Log（总资产）	(6) 股权价值/资产	(7) RWA比率
1	WSFS Financial Corporation	Wilmington	DE	52625	19.14%	否	否	6.54	8.01%	80.65%
2	First Financial Holdings Inc.	Charleston	SC	65000	36.60%	否	否	6.48	5.90%	74.75%
3	First Bancorp	San Juan	PR	65000	4.13%	否	否	7.27	8.52%	70.84%
4	First Place Financial Corp.	Warren	OH	72927	28.06%	否	否	6.52	7.85%	73.41%
5	Bank of Ozarls Inc.	Little Rock	AR	75000	20.43%	是	否	6.51	11.37%	79.69%
6	WesBanco Inc.	Wheeling	WV	75000	10.46%	是	否	6.72	13.80%	73.34%
7	Texas Capital Bancshares Inc.	Dallas	TX	75000	16.09%	是	否	6.71	9.08%	95.16%
8	TowneBank	Portsmouth	VA	76458	18.22%	否	否	6.50	13.39%	85.22%
9	Columbia Banking System Inc.	Tacoma	WA	76898	21.23%	是	否	6.49	11.72%	82.96%
10	Independent Bank Corp.	Rockland	MA	78158	21.05%	是	否	6.56	10.22%	75.57%

排名	参与机构名称	城市	州	(8) 流动比率	(9) 贷款/资产	(10) 存款/资产	(11) NPL比率	(12) 冲销比率	(13) 准备/贷款	(14) ROA	(15) 日常性成本/资产
1	WSFS Financial Corporation	Wilmington	DE	7.24%	72.06%	61.92%	1.38%	0.12%	0.59%	-0.09%	1.14%
2	First Financial Holdings Inc.	Charleston	SC	2.00%	79.10%	66.93%	1.69%	0.12%	0.95%	-0.17%	1.27%
3	First BanCorp	San Juan	PR	1.88%	66.03%	67.91%	7.75%	1.17%	1.44%	0.70%	4.87%
4	First Place Financial Corp.	Warren	OH	3.33%	81.58%	77.86%	3.95%	0.26%	0.34%	-2.61%	3.84%
5	Bank of the Ozarks Inc.	Little Rock	AR	1.27%	62.44%	72.83%	0.76%	0.45%	0.94%	1.18%	4.11%
6	WesBanco Inc.	Wheeling	WV	2.75%	69.51%	67.43%	1.40%	0.55%	0.90%	0.83%	4.86%
7	Texas Capital Bancshares Inc.	Dallas	TX	1.52%	88.18%	66.42%	1.14%	0.28%	0.59%	0.60%	3.85%
8	TowneBank	Portsmouth	VA	2.23%	75.83%	71.66%	0.15%	0.04%	0.30%	0.76%	5.42%
9	Columbia Banking System Inc.	Tacoma	WA	2.74%	72.26%	79.41%	4.75%	1.12%	1.84%	0.25%	4.59%
10	Independent Bank Corp.	Rockland	MA	1.38%	73.18%	71.08%	0.99%	0.23%	0.41%	0.74%	4.61%

C. 中型银行——接受最多外部救助金额的十家银行

排名	参与机构名称	城市	州	(1) 救助金额（千美元）	(2) 救助金额/股权价值	(3) 是否存在早期偿还	(4) 是否曾借过股利发放	(5) Log（总资产）	(6) 股权价值/资产	(7) RWA比率
1	Metropolitan Bank Group Inc.	Chicago	IL	74706	26.94%	否	是	6.44	10.06%	80.96%
2	Independent Bank Corporation	Ionia	MI	74426	28.71%	否	否	6.47	8.78%	79.91%
3	Old Second Bancorp Inc.	Aurora	IL	73000	23.27%	否	是	6.47	10.52%	81.97%
4	Green Bankshares Inc.	Greeneville	TN	72278	15.75%	否	否	6.47	15.62%	78.53%
5	Virginia Commerce Bancorp	Arlington	VA	71000	22.46%	否	否	6.43	11.65%	88.71%
6	Alpine Banks of Colorado	Glenwood Springs	CO	70000	26.25%	否	否	6.43	9.94%	87.28%
7	Southwest Bancorp Inc.	Stillwater	OK	70000	21.64%	否	否	6.45	11.39%	97.99%
8	Nara Bancorp Inc.	Los Angeles	CA	67000	20.78%	否	否	6.43	12.08%	85.00%
9	First Bancorp	Troy	NC	65000	22.78%	否	否	6.44	10.36%	79.31%
10	SCBT Financial Corporation	Columbia	SC	64779	22.87%	是	否	6.44	10.25%	80.10%

排名	参与机构名称	城市	州	(8) 流动比率	(9) 贷款/资产	(10) 存款/资产	(11) NPL比率	(12) 冲销比率	(13) 准备/贷款	(14) ROA	(15) 日常性成本/资产
1	Metropolitan Bank Group Inc.	Chicago	IL	2.65%	74.99%	84.60%	4.94%	0.38%	0.39%	1.16%	5.16%
2	Independent Bank Corporation	Ionia	MI	1.94%	84.30%	71.05%	5.03%	2.39%	2.90%	-2.77%	8.00%
3	Old Second Bancorp Inc.	Aurora	IL	2.24%	76.95%	80.07%	4.73%	0.39%	1.32%	0.60%	4.65%
4	Green Bankshares Inc.	Greeneville	TN	6.57%	75.67%	74.83%	1.41%	1.71%	2.37%	-0.05%	5.06%
5	Virginia Commerce Bancorp	Arlington	VA	1.24%	85.34%	80.06%	5.07%	0.48%	1.10%	0.57%	4.38%
6	Alpine Banks of Colorado	Glenwood Springs	CO	2.37%	78.48%	87.61%	1.60%	0.07%	0.40%	1.30%	4.62%
7	Southwest Bancorp Inc.	Stillwater	OK	0.94%	88.01%	76.14%	2.54%	0.35%	0.75%	0.63%	4.49%
8	Nara Bancorp Inc.	Los Angeles	CA	1.13%	78.99%	72.70%	1.78%	1.21%	2.32%	0.20%	4.62%
9	First Bancorp	Troy	NC	5.48%	80.35%	75.49%	1.20%	0.21%	0.45%	0.90%	4.35%
10	SCBT Financial Corporation	Columbia	SC	1.75%	84.39%	78.02%	0.64%	0.25%	0.46%	0.64%	4.93%

D. 中型银行——接受最少外部救助金额的十家银行

排名	参与机构名称	城市	州	(1) 救助金额（千美元）	(2) 救助金额/股权价值	(3) 是否在早期偿还	(4) 是否曾借过股利发放	(5) Log（总资产）	(6) 股权价值/资产	(7) RWA比率
1	Center Bancorp Inc.	Union	NJ	10000	11.73%	否	否	6.01	8.33%	74.97%
2	The Landrum Company	Columbia	MO	15000	14.54%	否	否	6.12	7.74%	81.14%
3	Centra Financial Holdings Inc.	Morgantown	WV	15000	13.37%	是	否	6.08	9.25%	79.62%
4	MidWestOne Financial Group Inc.	Iowa City	IA	16000	12.46%	否	否	6.17	8.59%	84.72%
5	Community Bankers Trust Corporation	Glen Allen	VA	17680	16.37%	否	否	6.01	10.49%	58.95%
6	Peoples Bancorp	Lynden	WA	18000	21.43%	否	否	6.02	8.07%	91.28%
7	Community First Bancshares Inc.	Union City	TN	20000	19.81%	否	否	6.13	7.50%	81.44%
8	First Financial Service Corporation	Elizabethtown	KY	20000	22.39%	否	是	6.01	8.81%	88.08%
9	The ANB Corporation	Terrell	TX	20000	11.52%	否	否	6.31	8.57%	68.78%
10	Mercantile Bank Corporation	Grand Rapids	MI	21000	10.34%	否	否	6.34	9.22%	94.93%

排名	参与机构名称	城市	州	(8) 流动比率	(9) 贷款/资产	(10) 存款/资产	(11) NPL比率	(12) 冲销比率	(13) 准备/贷款	(14) ROA	(15) 日常性成本/资产
1	Center Bancorp Inc.	Union	NJ	1.47%	66.12%	64.58%	0.10%	0.07%	0.23%	0.64%	4.19%
2	The Landrum Company	Columbia	MO	3.45%	81.20%	86.47%	0.87%	0.47%	0.63%	0.65%	6.38%
3	Centra Financial Holdings Inc.	Morgantown	WV	1.67%	84.70%	83.65%	0.66%	0.23%	0.50%	0.59%	5.03%
4	MidWestOne Financial Group Inc.	Iowa City	IA	2.16%	74.16%	76.05%	4.55%	0.57%	0.60%	-1.53%	6.28%
5	Community Bankers Trust Corporation	Glen Allen	VA	11.50%	50.77%	83.91%	0.94%	0.37%	0.79%	-0.35%	3.91%
6	Peoples Bancorp	Lynden	WA	3.25%	92.44%	89.83%	0.80%	0.10%	0.37%	0.66%	5.38%
7	Community First Bancshares Inc.	Union City	TN	1.81%	77.79%	83.27%	1.49%	0.78%	1.52%	-0.01%	5.82%
8	First Financial Service Corporation	Elizabethtown	KY	2.04%	90.03%	76.54%	1.71%	0.07%	0.65%	0.59%	5.09%
9	The ANB Corporation	Terrell	TX	6.75%	62.69%	81.64%	1.15%	0.39%	0.51%	0.55%	5.73%
10	Mercantile Bank Corporation	Grand Rapids	MI	0.76%	84.26%	72.60%	2.66%	1.07%	1.14%	-0.09%	5.05%

E. 小型银行——接受最多外部救助金额的十家银行

排名	参与机构名称	城市	州	(1) 救助金额（千美元）	(2) 救助金额/股权价值	(3) 是否在早期偿还	(4) 是否曾错过股利发放	(5) Log（总资产）	(6) 股权价值/资产	(7) RWA比率
1	Berkshire Hills Bancorp Inc.	Pittsfield	MA	40000	60.78%	是	否	5.96	7.14%	70.35%
2	Washington Banking Company	Oak Harbor	WA	26380	25.31%	否	否	5.95	11.60%	97.67%
3	Patriot Bancshares Inc.	Houston	TX	26038	23.19%	否	否	5.98	11.65%	93.47%
4	Peoples Bancorp of North Carolina Inc.	Newton	NC	25054	28.22%	否	否	5.98	9.19%	87.24%
5	Crescent Financial Corporation	Cary	NC	24900	23.81%	否	否	5.99	10.80%	86.18%
6	Heritage Financial Corporation	Olympia	WA	24000	25.72%	是	否	5.98	9.87%	84.17%
7	Bridge Capital Holdings	San Jose	CA	23864	22.07%	否	否	5.98	11.40%	85.63%
8	Severn Bancorp Inc.	Annapolis	MD	23393	17.60%	否	否	5.99	13.52%	79.78%
9	Park Bancorporation Inc.	Madison	WI	23200	33.37%	否	否	5.91	8.53%	94.65%
10	Central Bancorp Inc.	Somerville	MA	22500	51.84%	否	否	5.74	7.87%	67.97%

排名	参与机构名称	城市	州	(8) 流动比率	(9) 贷款/资产	(10) 存款/资产	(11) NPL比率	(12) 冲销比率	(13) 准备金/贷款	(14) ROA	(15) 日常性成本/资产
1	Berkshire Hills Bancorp Inc.	Pittsfield	MA	6.94%	50.65%	79.09%	0.03%	-0.01%	0.85%	0.41%	1.12%
2	Washington Banking Company	Oak Harbor	WA	1.57%	91.97%	83.30%	0.23%	0.48%	0.61%	1.10%	5.10%
3	Patriot Bancshares Inc.	Houston	TX	2.57%	93.26%	69.11%	0.30%	0.25%	0.69%	0.06%	5.41%
4	Peoples Bancorp of North Carolina Inc.	Newton	NC	2.19%	80.88%	77.82%	1.58%	0.37%	0.61%	0.74%	5.33%
5	Crescent Financial Corporation	Cary	NC	1.05%	81.13%	73.92%	1.67%	0.28%	0.83%	0.25%	4.99%
6	Heritage Financial Corporation	Olympia	WA	6.44%	85.57%	89.57%	0.57%	0.29%	0.92%	0.79%	4.87%
7	Bridge Capital Holdings	San Jose	CA	2.71%	73.62%	84.23%	2.34%	3.09%	4.36%	-0.60%	5.25%
8	Severn Bancorp Inc.	Annapolis	MD	1.46%	91.75%	70.71%	6.41%	0.00%	0.32%	0.00%	1.22%
9	Park Bancorporation Inc.	Madison	WI	4.69%	88.65%	73.95%	0.62%	0.74%	1.03%	0.47%	5.01%
10	Central Bancorp Inc.	Somerville	MA	5.07%	82.71%	64.08%	2.15%	0.02%	0.29%	-0.85%	5.37%

F. 小型银行——接受最少外部救助金额的十家银行

排名	参与机构名称	城市	州	(1) 救助金额（千美元）	(2) 救助金额/股权价值	(3) 是否在早期偿还	(4) 是否曾错过股利发放	(5) Log (总资产)	(6) 股权价值/资产	(7) RWA 比率
1	The Freeport State Bank	Harper	KS	301	27.82%	否	否	4.28	5.63%	54.27%
2	Haviland Bancshares Inc.	Haviland	KS	425	12.93%	是	否	4.44	11.84%	70.92%
3	Farmers & Merchants Financial Corporation	Argonia	KS	442	25.48%	否	否	4.35	7.67%	64.42%
4	Kirksville Bancorp Inc.	Kirksville	MO	470	19.08%	否	否	4.34	11.31%	74.61%
5	Community Bancshares of Kansas Inc.	Goff	KS	500	16.20%	否	否	4.42	11.75%	72.44%
6	The Victory Bancorp Inc. (The Victory Bank)	Limerick	PA	541	7.21%	否	否	4.36	32.41%	89.14%
7	Colonial American Bank	West Conshohocken	PA	574	20.49%	否	否	4.46	9.68%	66.09%
8	Butler Point Inc.	Catlin	IL	607	16.60%	否	否	4.61	8.98%	49.71%
9	Corning Savings and Loan Association	Corning	AR	638	17.34%	否	否	4.51	11.42%	67.37%
10	Green City Bancshares Inc.	Green City	MO	651	21.01%	是	否	4.49	10.12%	71.81%

排名	参与机构名称	城市	州	(8) 流动比率	(9) 贷款/资产	(10) 存款/资产	(11) NPL 比率	(12) 冲销比率	(13) 准备/贷款	(14) ROA	(15) 日常性成本/资产
1	The Freeport State Bank	Harper	KS	2.43%	48.22%	93.68%	1.54%	0.00%	0.70%	0.29%	5.07%
2	Haviland Bancshares Inc.	Haviland	KS	9.49%	63.48%	83.60%	0.17%	-0.01%	0.00%	1.43%	4.70%
3	Farmers & Merchants Financial Corporation	Argonia	KS	6.88%	72.72%	86.95%	0.01%	0.23%	0.68%	0.20%	7.62%
4	Kirksville Bancorp Inc.	Kirksville	MO	5.38%	76.80%	85.19%	0.01%	0.01%	0.07%	-0.81%	7.12%
5	Community Bancshares of Kansas Inc.	Goff	KS	16.65%	74.34%	78.69%	0.01%	0.01%	1.23%	-0.85%	3.76%
6	The Victory Bancorp Inc. (The Victory Bank)	Limerick	PA	4.20%	77.99%	67.02%	0.00%	0.00%	1.10%	-12.38%	15.01%
7	Colonial American Bank	West Conshohocken	PA	0.96%	67.17%	86.32%	0.58%	0.00%	0.64%	-6.13%	12.93%
8	Butler Point Inc.	Catlin	IL	4.22%	46.96%	85.54%	4.95%	0.26%	0.38%	0.09%	6.38%
9	Corning Savings and Loan Association	Corning	AR	19.22%	69.49%	83.99%	2.96%	-0.12%	-0.01%	4.84%	1.54%
10	Green City Bancshares Inc.	Green City	MO	17.90%	40.41%	74.30%	2.96%	0.05%	0.24%	0.31%	5.21%

G. 年长的银行（以机构结构中最大的银行年龄为依照）——接受最多外部救助金额的十家银行

排名	参与机构名称	城市	州	(1) 救助金额（千美元）	(2) 救助金额/股权价值	(3) 是否在早期偿还	(4) 是否曾备过股利发放	(5) Log（总资产）	(6) 股权价值/资产	(7) RWA比率
1	Bank of America Corporation	Charlotte	NC	25000000	13.01%	是	否	75	11.05%	69.72%
2	Citigroup Inc.	New York	NY	25000000	16.84%	否	否	91	8.42%	44.75%
3	JPMorgan Chase & Co.	New York	NY	25000000	9.45%	是	否	84	10.90%	52.29%
4	Wells Fargo & Company	San Francisco	CA	25000000	23.42%	是	否	156	8.61%	81.60%
5	The PNC Financial Services Group Inc.	Pittsburgh	PA	7579200	30.01%	是	否	163	8.71%	84.46%
6	U. S. Bancorp	Minneapolis	MN	6599000	28.62%	是	否	145	8.59%	84.40%
7	SunTrust Banks Inc.	Atlanta	GA	4850000	24.87%	否	否	117	10.54%	86.14%
8	Capital One Financial Corporation	McLean	VA	3555199	14.62%	是	否	75	15.59%	71.85%
9	Regions Financial Corporation	Birmingham	AL	3500000	24.12%	否	否	80	10.19%	80.48%
10	Fifth Third Bancorp	Cincinnati	OH	3408000	24.91%	否	否	155	10.47%	88.80%

排名	参与机构名称	城市	州	(8) 流动比率	(9) 贷款/资产	(10) 存款/资产	(11) NPL比率	(12) 冲销比率	(13) 准备金/贷款	(14) ROA	(15) 日常性成本/资产
1	Bank of America Corporation	Charlotte	NC	3.28%	52.10%	55.51%	3.19%	1.79%	2.89%	0.52%	3.98%
2	Citigroup Inc.	New York	NY	10.29%	43.06%	55.46%	3.41%	1.83%	4.07%	0.16%	5.90%
3	JPMorgan Chase & Co.	New York	NY	7.19%	30.74%	47.10%	3.33%	1.32%	2.84%	0.99%	3.74%
4	Wells Fargo & Company	San Francisco	CA	5.37%	64.04%	64.05%	2.93%	0.86%	1.72%	0.29%	2.22%
5	The PNC Financial Services Group Inc.	Pittsburgh	PA	6.54%	62.17%	69.38%	2.80%	0.30%	0.76%	0.17%	2.10%
6	U. S. Bancorp	Minneapolis	MN	3.28%	70.14%	64.10%	2.57%	0.97%	1.68%	1.28%	4.50%
7	SunTrust Banks Inc.	Atlanta	GA	3.03%	70.80%	64.89%	3.79%	1.19%	1.89%	0.53%	4.70%
8	Capital One Financial Corporation	McLean	VA	5.63%	59.86%	75.21%	1.67%	3.08%	4.92%	0.10%	7.31%
9	Regions Financial Corporation	Birmingham	AL	7.17%	69.33%	67.36%	2.06%	1.57%	2.08%	-3.88%	8.40%
10	Fifth Third Bancorp	Cincinnati	OH	9.08%	65.79%	67.38%	4.03%	3.15%	5.30%	-1.47%	5.42%

H. 年长的银行（以机构结构中最大的银行行龄为依照）——接受最少外部救助金额的十家银行

排名	参与机构名称	城市	州	(1) 救助金额（千美元）	(2) 救助金额/股权价值	(3) 是否在早期偿还	(4) 是否曾错过股利发放	(5) Log（总资产）	(6) 股权价值/资产	(7) RWA比率
1	The Freeport State Bank	Harper	KS	301	27.82%	否	否	49	5.63%	54.27%
2	Haviland Bancshares Inc.	Haviland	KS	425	12.93%	是	否	105	11.84%	70.92%
3	Farmers & Merchants Financial Corporation	Argonia	KS	442	25.48%	否	否	107	7.67%	64.42%
4	Community Bancshares of Kansas Inc.	Goff	KS	500	16.20%	否	否	104	11.75%	72.44%
5	Butler Point Inc.	Catlin	IL	607	16.60%	否	否	104	8.98%	49.71%
6	Green City Bancshares Inc.	Green City	MO	651	21.01%	是	否	65	10.12%	71.81%
7	Midwest Regional Bancorp Inc.	Festus	MO	700	9.33%	是	否	114	18.27%	71.27%
8	Farmers State Bankshares Inc.	Holton	KS	700	16.25%	否	否	108	9.46%	66.50%
9	First State Bank of Mobeetie	Mobeetie	TX	731	15.67%	是	否	102	5.54%	32.50%
10	Banner County Ban Corporation	Harrisburg	NE	795	21.71%	否	否	44	9.10%	73.41%

排名	参与机构名称	城市	州	(8) 流动比率	(9) 贷款/资产	(10) 存款/资产	(11) NPL比率	(12) 冲销比率	(13) 准备金/贷款	(14) ROA	(15) 日常性成本/资产
1	The Freeport State Bank	Harper	KS	2.43%	48.22%	93.68%	1.54%	0.00%	0.70%	0.29%	5.07%
2	Haviland Bancshares Inc.	Haviland	KS	9.49%	63.48%	83.60%	0.17%	-0.01%	0.00%	1.43%	4.70%
3	Farmers & Merchants Financial Corporation	Argonia	KS	6.88%	72.72%	86.95%	0.01%	0.23%	0.68%	0.20%	7.62%
4	Community Bancshares of Kansas Inc.	Goff	KS	16.65%	74.34%	78.69%	0.01%	0.01%	1.23%	-0.85%	3.76%
5	Butler Point Inc.	Catlin	IL	4.22%	46.96%	85.54%	4.95%	0.26%	0.38%	0.09%	6.38%
6	Green City Bancshares Inc.	Green City	MO	17.90%	40.41%	74.30%	2.96%	0.05%	0.24%	0.31%	5.21%
7	Midwest Regional Bancorp Inc.	Festus	MO	17.69%	61.60%	69.18%	1.85%	2.06%	2.06%	-2.05%	5.83%
8	Farmers State Bankshares Inc.	Holton	KS	2.41%	58.57%	82.32%	2.63%	0.93%	0.38%	0.25%	6.20%
9	First State Bank of Mobeetie	Mobeetie	TX	22.05%	18.22%	94.39%	0.63%	0.05%	0.08%	1.00%	2.89%
10	Banner County Ban Corporation	Harrisburg	NE	6.70%	72.74%	89.90%	0.35%	0.02%	0.22%	0.98%	4.66%

I. 年轻的银行（以机构结构中最大的银行年龄为依照）——接受最多外部救助金额的十家银行

排名	参与机构名称	城市	州	(1) 救助金额（千美元）	(2) 救助金额/股权价值	(3) 是否在早期偿还	(4) 是否曾借过股利发放	(5) Log（总资产）	(6) 股权价值/资产	(7) RWA比率
1	Morgan Stanley	New York	NY	10000000	172.11%	是	否	19	10.00%	77.31%
2	The Goldman Sachs Group Inc.	New York	NY	10000000	73.21%	是	否	18	8.37%	92.94%
3	American Express Company	New York	NY	3388890	111.57%	是	否	19	12.36%	100.49%
4	CIT Group Inc.	New York	NY	2330000	436.70%	是	否	8	15.25%	68.63%
5	South Financial Group Inc.	Greenville	SC	347000	21.73%	是	否	22	11.77%	86.49%
6	East West Bancorp	Pasadena	CA	306546	18.18%	是	否	36	13.58%	83.40%
7	Sterling Financial Corporation	Spokane	WA	303000	23.43%	否	否	25	10.11%	77.22%
8	UCBH Holdings Inc.	San Francisco	CA	298737	18.74%	否	否	34	11.83%	73.85%
9	Flagstar Bancorp Inc.	Troy	MI	266657	39.76%	否	是	21	4.74%	61.34%
10	PrivateBancorp Inc.	Chicago	IL	243815	27.98%	否	否	19	8.99%	90.35%

排名	参与机构名称	城市	州	(8) 流动比率	(9) 贷款/资产	(10) 存款/资产	(11) NPL比率	(12) 冲销比率	(13) 准备/贷款	(14) ROA	(15) 日常性成本/资产
1	Morgan Stanley	New York	NY	51.81%	25.57%	79.98%	2.32%	0.25%	0.35%	-0.92%	1.62%
2	The Goldman Sachs Group Inc.	New York	NY	7.53%	2.62%	27.62%	0.00%	0.00%	0.05%	-0.15%	0.68%
3	American Express Company	New York	NY	16.18%	76.57%	29.92%	2.48%	6.54%	7.96%	3.90%	14.74%
4	CIT Group Inc.	New York	NY	23.36%	57.67%	75.05%	0.31%	2.83%	1.84%	0.45%	3.74%
5	South Financial Group Inc.	Greenville	SC	2.15%	75.43%	71.20%	4.04%	2.18%	3.36%	-3.99%	8.28%
6	East West Bancorp	Pasadena	CA	3.01%	66.46%	65.79%	2.60%	1.71%	2.80%	-0.32%	3.91%
7	Sterling Financial Corporation	Spokane	WA	1.11%	71.40%	65.48%	5.48%	2.42%	3.49%	-2.54%	6.81%
8	UCBH Holdings Inc.	San Francisco	CA	4.29%	64.34%	67.21%	6.11%	1.31%	3.03%	-0.40%	4.10%
9	Flagstar Bancorp Inc.	Troy	MI	3.61%	73.75%	55.86%	8.95%	0.11%	1.69%	-1.48%	1.86%
10	PrivateBancorp Inc.	Chicago	IL	2.27%	78.65%	79.30%	1.48%	1.42%	2.23%	-0.49%	3.40%

J. 年轻的银行（以机构结构中最小的银行年龄为依照）——接受最少外部救助金额的十家银行

排名	参与机构名称	城市	州	(1) 救助金额（千美元）	(2) 救助金额/股权账利价值	(3) 是否在早期偿还	(4) 是否曾错过股利发放	(5) Log（总资产）	(6) 股权价值/资产	(7) RWA比率
1	Kirksville Bancorp Inc.	Kirksville	MO	470	19.08%	否	否	3	11.31%	74.61%
2	The Victory Bancorp Inc. (The Victory Bank)	Limerick	PA	541	7.21%	否	否	0	32.41%	89.14%
3	Colonial American Bank	West Conshohocken	PA	574	20.49%	否	否	1	9.68%	66.09%
4	Corning Savings and Loan Association	Corning	AR	638	17.34%	否	否	34	11.42%	67.37%
5	BankGreenville	Greenville	SC	1000	10.47%	否	否	2	11.56%	77.86%
6	Bank Financial Services Inc.	Eden Prarie	MN	1004	25.21%	否	否	4	5.73%	51.04%
7	Community Holding Company of Florida Inc.	Miramar Beach	FL	1050	10.99%	否	否	1	20.72%	74.66%
8	Independence Bank	East Greenwich	RI	1065	20.07%	否	否	5	8.72%	58.36%
9	First Advantage Bancshares Inc.	Coon Rapids	MN	1177	24.83%	否	否	5	10.54%	89.67%
10	Fort Lee Federal Savings Bank	Fort Lee	NJ	1300	32.35%	否	否	8	6.57%	62.71%

排名	参与机构名称	城市	州	(8) 流动比率	(9) 贷款/资产	(10) 存款/资产	(11) NPL比率	(12) 冲销比率	(13) 准备/贷款	(14) ROA	(15) 日常性成本/资产
1	Kirksville Bancorp Inc.	Kirksville	MO	5.38%	76.80%	85.19%	0.01%	0.01%	0.07%	-0.81%	7.12%
2	The Victory Bancorp Inc. (The Victory Bank)	Limerick	PA	4.20%	77.99%	67.02%	0.00%	0.00%	1.10%	-12.38%	15.01%
3	Colonial American Bank	West Conshohocken	PA	0.96%	67.17%	86.32%	0.58%	0.00%	0.64%	-6.13%	12.93%
4	Corning Savings and Loan Association	Corning	AR	19.22%	69.49%	83.99%	2.96%	-0.12%	-0.01%	4.84%	1.54%
5	BankGreenville	Greenville	SC	1.42%	66.16%	70.48%	2.24%	0.00%	0.40%	-0.07%	4.86%
6	Bank Financial Services Inc.	Eden Prarie	MN	0.62%	70.11%	65.22%	2.36%	0.25%	0.31%	-0.59%	1.77%

续表

排名	参与机构名称	城市	州	(8) 流动比率	(9) 贷款/资产	(10) 存款/资产	(11) NPL比率	(12) 冲销比率	(13) 准备/贷款	(14) ROA	(15) 日常性成本/资产
7	Community Holding Company of Florida Inc.	Miramar Beach	FL	18.96%	51.58%	78.87%	1.51%	1.12%	2.06%	-2.87%	7.08%
8	Independence Bank	East Greenwich	RI	23.85%	71.55%	65.29%	2.08%	0.52%	-0.59%	-0.51%	8.35%
9	First Advantage Bancshares Inc.	Coon Rapids	MN	4.25%	88.37%	82.82%	6.51%	0.23%	1.89%	-0.89%	6.08%
10	Fort Lee Federal Savings Bank	Fort Lee	NJ	17.02%	76.13%	93.19%	0.41%	0.14%	0.00%	0.05%	1.43%

注：对于收到 TARP 资本注入的银行，以及分别采用以总资产来衡量的银行规模（大型、中型和小型）及银行在机构结构中的最大年龄作为标准，表 3.6 分别列出了排在前十位和后十位的 TARP 参与者，还给出了这些参与者在 2008 年第四季度，也是 TARP 项目开始时的一系列财务指标。

数据来源：由作者根据美国商业银行季度监管报表和市场研究公司 SNL Financial 以及国家信息中心整理合并而来。

表 3.7　所有收到 TARP 资金的银行

TARP 购买日期	参与机构名称	机构所在城市	机构所在州	TARP 投资描述	TARP 投资金额（美元）
非自愿参与机构					
10/28/2008	Bank of America Corporation	Charlotte	NC	优先股及权证	15000000000
1/9/2009	Bank of America Corporation	Charlotte	NC	优先股及权证	10000000000
10/28/2008	The Bank of New York Mellon Corporation	New York	NY	优先股及权证	3000000000
10/28/2008	Citigroup Inc.	New York	NY	普通股及权证	25000000000
10/28/2008	The Goldman Sachs Group Inc.	New York	NY	优先股及权证	10000000000
10/28/2008	JPMorgan Chase & Co.	New York	NY	优先股及权证	25000000000
10/28/2008	Morgan Stanley	New York	NY	优先股及权证	10000000000
10/28/2008	State Street Corporation	Boston	MA	优先股及权证	2000000000
10/28/2008	Wells Fargo & Company	San Francisco	CA	优先股及权证	25000000000
所有其他参与者					
11/14/2008	Bank of Commerce Holdings	Redding	CA	优先股及权证	17000000
11/14/2008	1st FS Corporation	Hendersonville	NC	优先股及权证	16369000
11/14/2008	UCBH Holdings Inc.	San Francisco	CA	优先股及权证	298737000
11/14/2008	Northern Trust Corporation	Chicago	IL	优先股及权证	1576000000
11/14/2008	SunTrust Banks Inc.	Atlanta	GA	优先股及权证	3500000000
11/14/2008	Broadway Financial Corporation	Los Angeles	CA	优先股	9000000
11/14/2008	Washington Federal Inc.	Seattle	WA	优先股及权证	200000000
11/14/2008	BB&T Corp.	Winston – Salem	NC	优先股及权证	3133640000
11/14/2008	M&T Bank Corporation（Provident Bancshares Corp.）	Baltimore	MD	优先股及权证	151500000
11/14/2008	Umpqua Holdings Corp.	Portland	OR	优先股及权证	214181000
11/14/2008	Comerica Inc.	Dallas	TX	优先股及权证	2250000000
11/14/2008	Regions Financial Corporation	Birmingham	AL	优先股及权证	3500000000
11/14/2008	Capital One Financial Corporation	McLean	VA	优先股及权证	3555199000
11/14/2008	First Horizon National Corporation	Memphis	TN	优先股及权证	866540000
11/14/2008	Huntington Bancshares	Columbus	OH	优先股及权证	1398071000
11/14/2008	KeyCorp	Cleveland	OH	优先股及权证	2500000000
11/14/2008	Valley National Bancorp	Wayne	NJ	优先股及权证	300000000
11/14/2008	Zions Bancorporation	Salt Lake City	UT	优先股及权证	1400000000
11/14/2008	Marshall & Ilsley Corporation	Milwaukee	WI	优先股及权证	1715000000
11/14/2008	U. S. Bancorp	Minneapolis	MN	优先股及权证	6599000000
11/14/2008	TCF Financial Corporation	Wayzata	MN	优先股及权证	361172000

续表

TARP 购买日期	参与机构名称	机构所在城市	机构所在州	TARP 投资描述	TARP 投资金额（美元）
11/21/2008	First Niagara Financial Group	Lockport	NY	优先股及权证	184011000
11/21/2008	HF Financial Corp	Sioux Falls	SD	优先股及权证	25000000
11/21/2008	Centerstate Banks of Florida Inc.	Davenport	FL	优先股及权证	27875000
11/21/2008	City National Corporation	Beverly Hills	CA	优先股及权证	400000000
11/21/2008	First Community Bankshares Inc.	Bluefield	VA	优先股及权证	41500000
11/21/2008	Western Alliance Bancorporation	Las Vegas	NV	优先股及权证	140000000
11/21/2008	Webster Financial Corporation	Waterbury	CT	优先股及权证	400000000
11/21/2008	Pacific Capital Bancorp	Santa Barbara	CA	普通股及权证	195045000
11/21/2008	Heritage Commerce Corp.	San Jose	CA	优先股及权证	40000000
11/21/2008	Ameris Bancorp	Moultrie	GA	优先股及权证	52000000
11/21/2008	Porter Bancorp Inc.	Louisville	KY	优先股及权证	35000000
11/21/2008	Banner Corporation	Walla Walla	WA	优先股及权证	124000000
11/21/2008	Cascade Financial Corporation	Everett	WA	优先股及权证	38970000
11/21/2008	Columbia Banking System Inc.	Tacoma	WA	优先股及权证	76898000
11/21/2008	Heritage Financial Corporation	Olympia	WA	优先股及权证	24000000
11/21/2008	First PacTrust Bancorp Inc.	Chula Vista	CA	优先股及权证	19300000
11/21/2008	Severn Bancorp Inc.	Annapolis	MD	优先股及权证	23393000
11/21/2008	Boston Private Financial Holdings Inc.	Boston	MA	优先股及权证	154000000
11/21/2008	Associated Banc – Corp	Green Bay	WI	优先股及权证	525000000
11/21/2008	Trustmark Corporation	Jackson	MS	优先股及权证	215000000
11/21/2008	First Community Corporation	Lexington	SC	优先股及权证	11350000
11/21/2008	Taylor Capital Group	Rosemont	IL	优先股及权证	104823000
11/21/2008	Nara Bancorp Inc.	Los Angeles	CA	优先股及权证	67000000
12/5/2008	Midwest Banc Holdings Inc.	Melrose Park	IL	必要的可转换优先股及权证	89388000
12/5/2008	MB Financial Inc.	Chicago	IL	优先股及权证	196000000
12/5/2008	First Midwest Bancorp Inc.	Itasca	IL	优先股及权证	193000000
12/5/2008	United Community Banks Inc.	Blairsville	GA	优先股及权证	180000000
12/5/2008	WesBanco Inc.	Wheeling	WV	优先股及权证	75000000
12/5/2008	Encore Bancshares Inc.	Houston	TX	优先股及权证	34000000
12/5/2008	Manhattan Bancorp	El Segundo	CA	优先股及权证	1700000
12/5/2008	Iberiabank Corporation	Lafayette	LA	优先股及权证	90000000
12/5/2008	Eagle Bancorp Inc.	Bethesda	MD	优先股及权证	38235000
12/5/2008	Sandy Spring Bancorp Inc.	Olney	MD	优先股及权证	83094000

TARP 购买日期	参与机构名称	机构所在城市	机构所在州	TARP 投资描述	TARP 投资金额（美元）
12/5/2008	Coastal Banking Company Inc.	Fernandina Beach	FL	优先股及权证	9950000
12/5/2008	East West Bancorp	Pasadena	CA	优先股及权证	306546000
12/5/2008	South Financial Group Inc.	Greenvile	SC	优先股及权证	347000000
12/5/2008	Great Southern Bancorp	Springfield	MO	优先股及权证	58000000
12/5/2008	Cathay General Bancorp	Los Angeles	CA	优先股及权证	258000000
12/5/2008	Southern Community Financial Group	Winston – Salem	NC	优先股及权证	42750000
12/5/2008	CVB Financial Corp.	Ontario	CA	优先股及权证	130000000
12/5/2008	First Defiance Financial Corp.	Defiance	OH	优先股及权证	37000000
12/5/2008	First Financial Holdings Inc.	Charleston	SC	优先股及权证	65000000
12/5/2008	Superior Bancorp Inc.	Birmingham	AL	信托优先证券及权证	69000000
12/5/2008	Southwest Bancorp Inc.	Stillwater	OK	优先股及权证	70000000
12/5/2008	Popular Inc.	San Juan	PR	信托优先证券及权证	935000000
12/5/2008	Blue Valley Ban Corp	Overland Park	KS	优先股及权证	21750000
12/5/2008	Central Federal Corporation	Fairlawn	OH	优先股及权证	7225000
12/5/2008	Bank of Marin Bancorp	Novato	CA	优先股及权证	28000000
12/5/2008	BNC Bancorp	Thomasville	NC	优先股及权证	31260000
12/5/2008	Central Bancorp Inc.	Somerville	MA	优先股及权证	10000000
12/5/2008	Southern Missouri Bancorp Inc.	Poplar Bluff	MO	优先股及权证	9550000
12/5/2008	State Bancorp Inc.	Jericho	NY	优先股及权证	36842000
12/5/2008	TIB Financial Corp.	Naples	FL	优先股及权证	37000000
12/5/2008	Unity Bancorp Inc.	Clinton	NJ	优先股及权证	20649000
12/5/2008	Old Line Bancshares Inc.	Bowie	MD	优先股及权证	7000000
12/5/2008	FPB Bancorp Inc.	Port St. Lucie	FL	优先股及权证	5800000
12/5/2008	Sterling Financial Corporation	Spokane	WA	普通股及权证	303000000
12/5/2008	Oak Valley Bancorp	Oakdale	CA	优先股及权证	13500000
12/12/2008	Old National Bancorp	Evansville	IN	优先股及权证	100000000
12/12/2008	Capital Bank Corporation	Raleigh	NC	优先股及权证	41279000
12/12/2008	Pacific International Bancorp	Seattle	WA	优先股及权证	6500000
12/12/2008	SVB Financial Group	Santa Clara	CA	优先股及权证	235000000
12/12/2008	LNB Bancorp Inc.	Lorain	OH	优先股及权证	25223000
12/12/2008	Wilmington Trust Corporation	Wilmington	DE	优先股及权证	330000000
12/12/2008	Susquehanna Bancshares Inc.	Lititz	PA	优先股及权证	300000000
12/12/2008	Signature Bank	New York	NY	优先股及权证	120000000
12/12/2008	HopFed Bancorp	Hopkinsville	KY	优先股及权证	18400000

TARP 购买日期	参与机构名称	机构所在城市	机构所在州	TARP 投资描述	TARP 投资金额（美元）
12/12/2008	Citizens Republic Bancorp Inc.	Flint	MI	优先股及权证	300000000
12/12/2008	Indiana Community Bancorp	Columbus	IN	优先股及权证	21500000
12/12/2008	Bank of the Ozarks Inc.	Little Rock	AR	优先股及权证	75000000
12/12/2008	Center Financial Corporation	Los Angeles	CA	优先股及权证	55000000
12/12/2008	NewBridge Bancorp	Greensboro	NC	优先股及权证	52372000
12/12/2008	Sterling Bancshares Inc.	Houston	TX	优先股及权证	125198000
12/12/2008	The Bancorp Inc.	Wilmington	DE	优先股及权证	45220000
12/12/2008	TowneBank	Portsmouth	VA	优先股及权证	76458000
12/12/2008	Wilshire Bancorp Inc.	Los Angeles	CA	优先股及权证	62158000
12/12/2008	Valley Financial Corporation	Roanoke	VA	优先股及权证	16019000
12/12/2008	Independent Bank Corporation	Ionia	MI	必要的可转换优先股及权证	74426000
12/12/2008	Pinnacle Financial Partners Inc.	Nashville	TN	优先股及权证	95000000
12/12/2008	First Litchfield Financial Corporation	Litchfield	CT	优先股及权证	10000000
12/12/2008	National Penn Bancshares Inc.	Boyertown	PA	优先股及权证	150000000
12/12/2008	Northeast Bancorp	Lewiston	ME	优先股及权证	4227000
12/12/2008	Citizens South Banking Corporation	Gastonia	NC	优先股及权证	20500000
12/12/2008	Virginia Commerce Bancorp	Arlington	VA	优先股及权证	71000000
12/12/2008	Fidelity Bancorp Inc.	Pittsburgh	PA	优先股及权证	7000000
12/12/2008	LSB Corporation	North Andover	MA	优先股及权证	15000000
12/19/2008	Intermountain Community Bancorp	Sandpoint	ID	优先股及权证	27000000
12/19/2008	Community West Bancshares	Goleta	CA	优先股及权证	15600000
12/19/2008	Synovus Financial Corp.	Columbus	GA	优先股及权证	967870000
12/19/2008	Tennessee Commerce Bancorp Inc.	Franklin	TN	优先股及权证	30000000
12/19/2008	Community Bankers Trust Corporation	Glen Allen	VA	优先股及权证	17680000
12/19/2008	BancTrust Financial Group Inc.	Mobile	AL	优先股及权证	50000000
12/19/2008	Enterprise Financial Services Corp.	St. Louis	MO	优先股及权证	35000000
12/19/2008	Mid Penn Bancorp Inc.	Millersburg	PA	优先股及权证	10000000
12/19/2008	Summit State Bank	Santa Rosa	CA	优先股及权证	8500000
12/19/2008	VIST Financial Corp.	Wyomissing	PA	优先股及权证	25000000
12/19/2008	Wainwright Bank & Trust Company	Boston	MA	优先股及权证	22000000
12/19/2008	Whitney Holding Corporation	New Orleans	LA	优先股及权证	300000000
12/19/2008	The Connecticut Bank and Trust Company	Hartford	CT	优先股及权证	5448000

续表

TARP 购买日期	参与机构名称	机构所在城市	机构所在州	TARP 投资描述	TARP 投资金额（美元）
12/19/2008	CoBiz Financial Inc.	Denver	CO	优先股及权证	64450000
12/19/2008	Santa Lucia Bancorp	Atascadero	CA	优先股及权证	4000000
12/19/2008	Seacoast Banking Corporation of Florida	Stuart	FL	优先股及权证	50000000
12/19/2008	Horizon Bancorp	Michigan City	IN	优先股及权证	25000000
12/19/2008	Fidelity Southern Corporation	Atlanta	GA	优先股及权证	48200000
12/19/2008	Community Financial Corporation	Staunton	VA	优先股及权证	12643000
12/19/2008	Berkshire Hills Bancorp Inc.	Pittsfield	MA	优先股及权证	40000000
12/19/2008	First California Financial Group Inc.	Westlake Village	CA	优先股及权证	25000000
12/19/2008	AmeriServ Financial Inc.	Johnstown	PA	优先股及权证	21000000
12/19/2008	Security Federal Corporation	Aiken	SC	优先股及权证	18000000
12/19/2008	Wintrust Financial Corporation	Lake Forest	IL	优先股及权证	250000000
12/19/2008	Flushing Financial Corporation	Lake Success	NY	优先股及权证	70000000
12/19/2008	Monarch Financial Holdings Inc.	Chesapeake	VA	优先股及权证	14700000
12/19/2008	StellarOne Corporation	Charlottesville	VA	优先股及权证	30000000
12/19/2008	Union First Market Bankshares Corporation	Bowling Green	VA	优先股及权证	59000000
12/19/2008	Tidelands Bancshares Inc.	Mt. Pleasant	SC	优先股及权证	14448000
12/19/2008	Bancorp Rhode Island Inc.	Providence	RI	优先股及权证	30000000
12/19/2008	Hawthorn Bancshares Inc.	Lee's Summit	MO	优先股及权证	30255000
12/19/2008	The Elmira Savings Bank FSB	Elmira	NY	优先股及权证	9090000
12/19/2008	Alliance Financial Corporation	Syracuse	NY	优先股及权证	26918000
12/19/2008	Heartland Financial USA Inc.	Dubuque	IA	优先股及权证	81698000
12/19/2008	Citizens First Corporation	Bowling Green	KY	优先股及权证	8779000
12/19/2008	FFW Corporation	Wabash	IN	优先股及权证	7289000
12/19/2008	Plains Capital Corporation	Dallas	TX	优先股及权证	87631000
12/19/2008	Tri – County Financial Corporation	Waldorf	MD	优先股及权证	15540000
12/19/2008	OneUnited Bank	Boston	MA	优先股	12063000
12/19/2008	Patriot Bancshares Inc.	Houston	TX	优先股及权证	26038000
12/19/2008	Pacific City Financial Corporation	Los Angeles	CA	优先股及权证	16200000
12/19/2008	Marquette National Corporation	Chicago	IL	优先股及权证	35500000
12/19/2008	Exchange Bank	Santa Rosa	CA	优先股及权证	43000000
12/19/2008	Monadnock Bancorp Inc.	Peterborough	NH	优先股及权证	1834000
12/19/2008	Bridgeview Bancorp Inc.	Bridgeview	IL	优先股及权证	38000000
12/19/2008	Fidelity Financial Corporation	Wichita	KS	优先股及权证	36282000

TARP 购买日期	参与机构名称	机构所在城市	机构所在州	TARP 投资描述	TARP 投资金额（美元）
12/19/2008	Patapsco Bancorp Inc.	Dundalk	MD	优先股及权证	6000000
12/19/2008	NCAL Bancorp	Los Angeles	CA	优先股及权证	10000000
12/19/2008	FCB Bancorp Inc.	Louisville	KY	优先股及权证	9294000
12/23/2008	First Financial Bancorp	Cincinnati	OH	优先股及权证	80000000
12/23/2008	Bridge Capital Holdings	San Jose	CA	优先股及权证	23864000
12/23/2008	International Bancshares Corporation	Laredo	TX	优先股及权证	216000000
12/23/2008	First Sound Bank	Seattle	WA	优先股及权证	7400000
12/23/2008	M&T Bank Corporation	Buffalo	NY	优先股及权证	600000000
12/23/2008	Emclaire Financial Corp.	Emlenton	PA	优先股及权证	7500000
12/23/2008	Park National Corporation	Newark	OH	优先股及权证	100000000
12/23/2008	Green Bankshares Inc.	Greeneville	TN	优先股及权证	72278000
12/23/2008	Cecil Bancorp Inc.	Elkton	MD	优先股及权证	11560000
12/23/2008	Financial Institutions Inc.	Warsaw	NY	优先股及权证	37515000
12/23/2008	Fulton Financial Corporation	Lancaster	PA	优先股及权证	376500000
12/23/2008	United Bancorporation of Alabama Inc.	Atmore	AL	优先股及权证	10300000
12/23/2008	MutualFirst Financial Inc.	Muncie	IN	优先股及权证	32382000
12/23/2008	BCSB Bancorp Inc.	Baltimore	MD	优先股及权证	10800000
12/23/2008	HMN Financial Inc.	Rochester	MN	优先股及权证	26000000
12/23/2008	First Community Bank Corporation of America	Pinellas Park	FL	优先股及权证	10685000
12/23/2008	Sterling Bancorp	New York	NY	优先股及权证	42000000
12/23/2008	Intervest Bancshares Corporation	New York	NY	优先股及权证	25000000
12/23/2008	Peoples Bancorp of North Carolina Inc.	Newton	NC	优先股及权证	25054000
12/23/2008	Parkvale Financial Corporation	Monroeville	PA	优先股及权证	31762000
12/23/2008	Timberland Bancorp Inc.	Hoquiam	WA	优先股及权证	16641000
12/23/2008	1st Constitution Bancorp	Cranbury	NJ	优先股及权证	12000000
12/23/2008	Central Jersey Bancorp	Oakhurst	NJ	优先股及权证	11300000
12/23/2008	Western Illinois Bancshares Inc.	Monmouth	IL	优先股及执行权证	6855000
12/23/2008	Saigon National Bank	Westminster	CA	优先股及执行权证	1549000
12/23/2008	Capital Pacific Bancorp	Portland	OR	优先股及执行权证	4000000
12/23/2008	Uwharrie Capital Corp.	Albemarle	NC	优先股及执行权证	10000000
12/23/2008	Mission Valley Bancorp	Sun Valley	CA	优先股	5500000
12/23/2008	The Little Bank Incorporated	Kinston	NC	优先股及执行权证	7500000
12/23/2008	Pacific Commerce Bank	Los Angeles	CA	优先股及执行权证	4060000

续表

TARP 购买日期	参与机构名称	机构所在城市	机构所在州	TARP 投资描述	TARP 投资金额（美元）
12/23/2008	Citizens Community Bank	South Hill	VA	优先股及执行权证	3000000
12/23/2008	Seacoast Commerce Bank	Chula Vista	CA	优先股及执行权证	1800000
12/23/2008	TCNB Financial Corp.	Dayton	OH	优先股及执行权证	2000000
12/23/2008	Leader Bancorp Inc.	Arlington	MA	优先股及执行权证	5830000
12/23/2008	Nicolet Bankshares Inc.	Green Bay	WI	优先股及执行权证	14964000
12/23/2008	Magna Bank	Memphis	TN	优先股及执行权证	13795000
12/23/2008	Western Community Bancshares Inc.	Palm Desert	CA	优先股及执行权证	7290000
12/23/2008	Community Investors Bancorp Inc.	Bucyrus	OH	优先股及执行权证	2600000
12/23/2008	Capital Bancorp Inc.	Rockville	MD	优先股及执行权证	4700000
12/23/2008	Cache Valley Banking Company	Logan	UT	优先股及执行权证	4767000
12/23/2008	Citizens Bancorp	Nevada City	CA	优先股及执行权证	10400000
12/23/2008	Tennessee Valley Financial Holdings Inc.	Oak Ridge	TN	优先股及执行权证	3000000
12/23/2008	Pacific Coast Bankers' Bancshares	San Francisco	CA	优先股及执行权证	11600000
12/31/2008	SunTrust Banks Inc.	Atlanta	GA	优先股及权证	1350000000
12/31/2008	The PNC Financial Services Group Inc.	Pittsburgh	PA	优先股及权证	7579200000
12/31/2008	Fifth Third Bancorp	Cincinnati	OH	优先股及权证	3408000000
12/31/2008	Hampton Roads Bankshares Inc.	Norfolk	VA	普通股及权证	80347000
12/31/2008	CIT Group Inc.	New York	NY	期待价值权利	2330000000
12/31/2008	West Bancorporation Inc.	West Des Moines	IA	优先股及权证	36000000
12/31/2008	First Banks Inc.	Clayton	MO	优先股及执行权证	295400000
1/9/2009	FirstMerit Corporation	Akron	OH	优先股及权证	125000000
1/9/2009	Farmers Capital Bank Corporation	Frankfort	KY	优先股及权证	30000000
1/9/2009	Peapack – Gladstone Financial Corporation	Gladstone	NJ	优先股及权证	28685000
1/9/2009	Commerce National Bank	Newport Beach	CA	优先股及权证	5000000
1/9/2009	The First Bancorp Inc.	Damariscotta	ME	优先股及权证	25000000
1/9/2009	Sun Bancorp Inc.	Vineland	NJ	优先股及权证	89310000
1/9/2009	Crescent Financial Corporation	Cary	NC	优先股及权证	24900000
1/9/2009	American Express Company	New York	NY	优先股及权证	3388890000
1/9/2009	Central Pacific Financial Corp.	Honolulu	HI	普通股及权证	135000000
1/9/2009	Centrue Financial Corporation	St. Louis	MO	优先股及权证	32668000
1/9/2009	Eastern Virginia Bankshares Inc.	Tappahannock	VA	优先股及权证	24000000

续表

TARP 购买日期	参与机构名称	机构所在城市	机构所在州	TARP 投资描述	TARP 投资金额（美元）
1/9/2009	Colony Bankcorp Inc.	Fitzgerald	GA	优先股及权证	28000000
1/9/2009	Independent Bank Corp.	Rockland	MA	优先股及权证	78158000
1/9/2009	Cadence Financial Corporation	Starkville	MS	优先股及权证	44000000
1/9/2009	LCNB Corp.	Lebanon	OH	优先股及权证	13400000
1/9/2009	Center Bancorp Inc.	Union	NJ	优先股及权证	10000000
1/9/2009	F. N. B. Corporation	Hermitage	PA	优先股及权证	100000000
1/9/2009	C&F Financial Corporation	West Point	VA	优先股及权证	20000000
1/9/2009	North Central Bancshares Inc.	Fort Dodge	IA	优先股及权证	10200000
1/9/2009	Carolina Bank Holdings Inc.	Greensboro	NC	优先股及权证	16000000
1/9/2009	First Bancorp	Troy	NC	优先股及权证	65000000
1/9/2009	First Financial Service Corporation	Elizabethtown	KY	优先股及权证	20000000
1/9/2009	Codorus Valley Bancorp Inc.	York	PA	优先股及权证	16500000
1/9/2009	MidSouth Bancorp Inc.	Lafayette	LA	优先股及权证	20000000
1/9/2009	First Security Group Inc.	Chattanooga	TN	优先股及权证	33000000
1/9/2009	Shore Bancshares Inc.	Easton	MD	优先股及权证	25000000
1/9/2009	The Queensborough Company	Louisville	GA	优先股及执行权证	12000000
1/9/2009	American State Bancshares Inc.	Great Bend	KS	优先股及执行权证	6000000
1/9/2009	Security California Bancorp	Riverside	CA	优先股及执行权证	6815000
1/9/2009	Security Business Bancorp	San Diego	CA	优先股及执行权证	5803000
1/9/2009	Sound Banking Company	Morehead City	NC	优先股及执行权证	3070000
1/9/2009	Mission Community Bancorp	San Luis Obispo	CA	优先股	5116000
1/9/2009	Redwood Financial Inc.	Redwood Falls	MN	优先股及执行权证	2995000
1/9/2009	Surrey Bancorp	Mount Airy	NC	优先股及执行权证	2000000
1/9/2009	Independence Bank	East Greenwich	RI	优先股及执行权证	1065000
1/9/2009	Valley Community Bank	Pleasanton	CA	优先股及执行权证	5500000
1/9/2009	Rising Sun Bancorp	Rising Sun	MD	优先股及执行权证	5983000
1/9/2009	Community Trust Financial Corporation	Ruston	LA	优先股及执行权证	24000000
1/9/2009	GrandSouth Bancorporation	Greenville	SC	优先股及执行权证	9000000
1/9/2009	Texas National Bancorporation	Jacksonville	TX	优先股及执行权证	3981000
1/9/2009	Congaree Bancshares Inc.	Cayce	SC	优先股及执行权证	3285000
1/9/2009	New York Private Bank & Trust Corporation	New York	NY	优先股及执行权证	267274000
1/16/2009	Home Bancshares Inc.	Conway	AR	优先股及权证	50000000
1/16/2009	Washington Banking Company	Oak Harbor	WA	优先股及权证	26380000

TARP 购买日期	参与机构名称	机构所在城市	机构所在州	TARP 投资描述	TARP 投资金额（美元）
1/16/2009	New Hampshire Thrift Bancshares Inc.	Newport	NH	优先股及权证	10000000
1/16/2009	Bar Harbor Bankshares	Bar Harbor	ME	优先股及权证	18751000
1/16/2009	Somerset Hills Bancorp	Bernardsville	NJ	优先股及权证	7414000
1/16/2009	SCBT Financial Corporation	Columbia	SC	优先股及权证	64779000
1/16/2009	S&T Bancorp	Indiana	PA	优先股及权证	108676000
1/16/2009	ECB Bancorp Inc.	Engelhard	NC	优先股及权证	17949000
1/16/2009	First BanCorp	San Juan	PR	必要的可转换优先股及权证	424174000
1/16/2009	Texas Capital Bancshares Inc.	Dallas	TX	优先股及权证	75000000
1/16/2009	Yadkin Valley Financial Corporation	Elkin	NC	优先股及权证	36000000
1/16/2009	Carver Bancorp Inc	New York	NY	优先股	18980000
1/16/2009	Citizens & Northern Corporation	Wellsboro	PA	优先股及权证	26440000
1/16/2009	MainSource Financial Group Inc.	Greensburg	IN	优先股及权证	57000000
1/16/2009	MetroCorp Bancshares Inc.	Houston	TX	优先股及权证	45000000
1/16/2009	United Bancorp Inc.	Tecumseh	MI	优先股及权证	20600000
1/16/2009	Old Second Bancorp Inc.	Aurora	IL	优先股及权证	73000000
1/16/2009	Pulaski Financial Corp	Creve Coeur	MO	优先股及权证	32538000
1/16/2009	OceanFirst Financial Corp.	Toms River	NJ	优先股及权证	38263000
1/16/2009	Community 1st Bank	Roseville	CA	优先股及执行权证	2550000
1/16/2009	TCB Holding Company	The Woodlands	TX	优先股及执行权证	11730000
1/16/2009	Centra Financial Holdings Inc.	Morgantown	WV	优先股及执行权证	15000000
1/16/2009	First Bankers Trustshares Inc.	Quincy	IL	优先股及执行权证	10000000
1/16/2009	Pacific Coast National Bancorp	San Clemente	CA	优先股及执行权证	4120000
1/16/2009	Community Bank of the Bay	Oakland	CA	优先股	1747000
1/16/2009	Redwood Capital Bancorp	Eureka	CA	优先股及执行权证	3800000
1/16/2009	Syringa Bancorp	Boise	ID	优先股及执行权证	8000000
1/16/2009	Idaho Bancorp	Boise	ID	优先股及执行权证	6900000
1/16/2009	Puget Sound Bank	Bellevue	WA	优先股及执行权证	4500000
1/16/2009	United Financial Banking Companies Inc.	Vienna	VA	优先股及执行权证	5658000
1/16/2009	Dickinson Financial Corporation II	Kansas City	MO	优先股及执行权证	146053000
1/16/2009	The Baraboo Bancorporation	Baraboo	WI	优先股及执行权证	20749000
1/16/2009	Bank of Commerce	Charlotte	NC	优先股及执行权证	3000000
1/16/2009	State Bankshares Inc.	Fargo	ND	优先股及执行权证	50000000

TARP 购买日期	参与机构名称	机构所在城市	机构所在州	TARP 投资描述	TARP 投资金额（美元）
1/16/2009	BNCCORP Inc.	Bismarck	ND	优先股及执行权证	20093000
1/16/2009	First Manitowoc Bancorp Inc.	Manitowoc	WI	优先股及执行权证	12000000
1/16/2009	Southern Bancorp Inc.	Arkadelphia	AR	优先股	11000000
1/16/2009	Morrill Bancshares Inc.	Merriam	KS	优先股及执行权证	13000000
1/16/2009	Treaty Oak Bancorp Inc.	Austin	TX	权证	3268000
1/23/2009	1st Source Corporation	South Bend	IN	优先股及权证	111000000
1/23/2009	Princeton National Bancorp Inc.	Princeton	IL	优先股及权证	25083000
1/23/2009	AB&T Financial Corporation	Gastonia	NC	优先股及权证	3500000
1/23/2009	First Citizens Banc Corp	Sandusky	OH	优先股及权证	23184000
1/23/2009	WSFS Financial Corporation	Wilmington	DE	优先股及权证	52625000
1/23/2009	Commonwealth Business Bank	Los Angeles	CA	优先股及执行权证	7701000
1/23/2009	Three Shores Bancorporation Inc.	Orlando	FL	优先股及执行权证	5677000
1/23/2009	CalWest Bancorp	Rancho Santa Margarita	CA	优先股及执行权证	4656000
1/23/2009	Fresno First Bank	Fresno	CA	优先股及执行权证	1968000
1/23/2009	First ULB Corp.	Oakland	CA	优先股及执行权证	4900000
1/23/2009	Alarion Financial Services Inc.	Ocala	FL	优先股及执行权证	6514000
1/23/2009	Midland States Bancorp Inc.	Effingham	IL	优先股及执行权证	10189000
1/23/2009	Moscow Bancshares Inc.	Moscow	TN	优先股及执行权证	6216000
1/23/2009	Farmers Bank	Windsor	VA	优先股及执行权证	8752000
1/23/2009	California Oaks State Bank	Thousand Oaks	CA	优先股及执行权证	3300000
1/23/2009	Pierce County Bancorp	Tacoma	WA	优先股及执行权证	6800000
1/23/2009	Calvert Financial Corporation	Ashland	MO	优先股及执行权证	1037000
1/23/2009	Liberty Bancshares Inc.	Jonesboro	AR	优先股及执行权证	57500000
1/23/2009	Crosstown Holding Company	Blaine	MN	优先股及执行权证	10650000
1/23/2009	BankFirst Capital Corporation	Macon	MS	优先股及执行权证	15500000
1/23/2009	Southern Illinois Bancorp Inc.	Carmi	IL	优先股及执行权证	5000000
1/23/2009	FPB Financial Corp.	Hammond	LA	优先股及执行权证	3240000
1/23/2009	Stonebridge Financial Corp.	West Chester	PA	优先股及执行权证	10973000
1/30/2009	Peoples Bancorp Inc.	Marietta	OH	优先股及权证	39000000
1/30/2009	Anchor BanCorp Wisconsin Inc.	Madison	WI	优先股及权证	110000000
1/30/2009	Parke Bancorp Inc.	Sewell	NJ	优先股及权证	16288000
1/30/2009	Central Virginia Bankshares Inc.	Powhatan	VA	优先股及权证	11385000
1/30/2009	Flagstar Bancorp Inc.	Troy	MI	优先股及权证	266657000

续表

TARP 购买日期	参与机构名称	机构所在城市	机构所在州	TARP 投资描述	TARP 投资金额（美元）
1/30/2009	Middleburg Financial Corporation	Middleburg	VA	优先股及权证	22000000
1/30/2009	Peninsula Bank Holding Co.	Palo Alto	CA	优先股及权证	6000000
1/30/2009	PrivateBancorp Inc.	Chicago	IL	优先股及权证	243815000
1/30/2009	Central Valley Community Bancorp	Fresno	CA	优先股及权证	7000000
1/30/2009	Plumas Bancorp	Quincy	CA	优先股及权证	11949000
1/30/2009	Stewardship Financial Corporation	Midland Park	NJ	优先股及权证	10000000
1/30/2009	Oak Ridge Financial Services Inc.	Oak Ridge	NC	优先股及权证	7700000
1/30/2009	First United Corporation	Oakland	MD	优先股及权证	30000000
1/30/2009	Community Partners Bancorp	Middletown	NJ	优先股及权证	9000000
1/30/2009	Guaranty Federal Bancshares Inc.	Springfield	MO	优先股及权证	17000000
1/30/2009	Annapolis Bancorp Inc.	Annapolis	MD	优先股及权证	8152000
1/30/2009	DNB Financial Corporation	Downingtown	PA	优先股及权证	11750000
1/30/2009	Firstbank Corporation	Alma	MI	优先股及权证	33000000
1/30/2009	Valley Commerce Bancorp	Visalia	CA	优先股及执行权证	7700000
1/30/2009	Greer Bancshares Incorporated	Greer	SC	优先股及执行权证	9993000
1/30/2009	Ojai Community Bank	Ojai	CA	优先股及执行权证	2080000
1/30/2009	Adbanc Inc.	Ogallala	NE	优先股及执行权证	12720000
1/30/2009	Beach Business Bank	Manhattan Beach	CA	优先股及执行权证	6000000
1/30/2009	Legacy Bancorp Inc.	Milwaukee	WI	优先股	5498000
1/30/2009	First Southern Bancorp Inc.	Boca Raton	FL	优先股及执行权证	10900000
1/30/2009	Country Bank Shares Inc.	Milford	NE	优先股及执行权证	7525000
1/30/2009	Katahdin Bankshares Corp.	Houlton	ME	优先股及执行权证	10449000
1/30/2009	Rogers Bancshares Inc.	Little Rock	AR	优先股及执行权证	25000000
1/30/2009	UBT Bancshares Inc.	Marysville	KS	优先股及执行权证	8950000
1/30/2009	Bankers' Bank of the West Bancorp Inc.	Denver	CO	优先股及执行权证	12639000
1/30/2009	W. T. B. Financial Corporation	Spokane	WA	优先股及执行权证	110000000
1/30/2009	AMB Financial Corp.	Munster	IN	优先股及执行权证	3674000
1/30/2009	Goldwater Bank N. A.	Scottsdale	AZ	优先股及执行权证	2568000
1/30/2009	Equity Bancshares Inc.	Wichita	KS	优先股及执行权证	8750000
1/30/2009	WashingtonFirst Bankshares Inc.	Reston	VA	优先股及执行权证	6633000
1/30/2009	Central Bancshares Inc.	Houston	TX	优先股及执行权证	5800000
1/30/2009	Hilltop Community Bancorp Inc.	Summit	NJ	优先股及执行权证	4000000
1/30/2009	Northway Financial Inc.	Berlin	NH	优先股及执行权证	10000000

TARP购买日期	参与机构名称	机构所在城市	机构所在州	TARP投资描述	TARP投资金额（美元）
1/30/2009	Monument Bank	Bethesda	MD	优先股及执行权证	4734000
1/30/2009	Metro City Bank	Doraville	GA	优先股及执行权证	7700000
1/30/2009	F & M Bancshares Inc.	Trezevant	TN	优先股及执行权证	4609000
1/30/2009	First Resource Bank	Exton	PA	优先股及执行权证	2600000
2/6/2009	MidWestOne Financial Group Inc.	Iowa City	IA	优先股及权证	16000000
2/6/2009	Lakeland Bancorp Inc.	Oak Ridge	NJ	优先股及权证	59000000
2/6/2009	Monarch Community Bancorp Inc.	Coldwater	MI	优先股及权证	6785000
2/6/2009	The First Bancshares Inc.	Hattiesburg	MS	优先股及权证	5000000
2/6/2009	Carolina Trust Bank	Lincolnton	NC	优先股及权证	4000000
2/6/2009	Alaska Pacific Bancshares Inc.	Juneau	AK	优先股及权证	4781000
2/6/2009	PGB Holdings Inc.	Chicago	IL	优先股	3000000
2/6/2009	The Freeport State Bank	Harper	KS	优先股及执行权证	301000
2/6/2009	Stockmens Financial Corporation	Rapid City	SD	优先股及执行权证	15568000
2/6/2009	US Metro Bank	Garden Grove	CA	优先股及执行权证	2861000
2/6/2009	First Express of Nebraska Inc.	Gering	NE	优先股及执行权证	5000000
2/6/2009	Mercantile Capital Corp.	Boston	MA	优先股及执行权证	3500000
2/6/2009	Citizens Commerce Bancshares Inc.	Versailles	KY	优先股及执行权证	6300000
2/6/2009	Liberty Financial Services Inc.	New Orleans	LA	优先股	5645000
2/6/2009	Lone Star Bank	Houston	TX	优先股及执行权证	3072000
2/6/2009	Union First Market Bankshares Corporation	Bowling Green	VA	优先股	33900000
2/6/2009	Banner County Ban Corporation	Harrisburg	NE	优先股及执行权证	795000
2/6/2009	Centrix Bank & Trust	Bedford	NH	优先股及执行权证	7500000
2/6/2009	Todd Bancshares Inc.	Hopkinsville	KY	优先股及执行权证	4000000
2/6/2009	Georgia Commerce Bancshares Inc.	Atlanta	GA	优先股及执行权证	8700000
2/6/2009	First Bank of Charleston Inc.	Charleston	WV	优先股及执行权证	3345000
2/6/2009	F & M Financial Corporation	Salisbury	NC	优先股及执行权证	17000000
2/6/2009	The Bank of Currituck	Moyock	NC	优先股及执行权证	4021000
2/6/2009	CedarStone Bank	Lebanon	TN	优先股及执行权证	3564000
2/6/2009	Community Holding Company of Florida Inc.	Miramar Beach	FL	优先股及执行权证	1050000
2/6/2009	Hyperion Bank	Philadelphia	PA	优先股及执行权证	1552000
2/6/2009	Pascack Bancorp Inc.	Westwood	NJ	优先股及执行权证	3756000
2/6/2009	First Western Financial Inc.	Denver	CO	优先股及执行权证	8559000

续表

TARP购买日期	参与机构名称	机构所在城市	机构所在州	TARP投资描述	TARP投资金额（美元）
2/13/2009	QCR Holdings Inc.	Moline	IL	优先股及权证	38237000
2/13/2009	Westamerica Bancorporation	San Rafael	CA	优先股及权证	83726000
2/13/2009	The Bank of Kentucky Financial Corporation	Crestview Hills	KY	优先股及权证	34000000
2/13/2009	PremierWest Bancorp	Medford	OR	优先股及权证	41400000
2/13/2009	Carrollton Bancorp	Baltimore	MD	优先股及权证	9201000
2/13/2009	FNB United Corp.	Asheboro	NC	优先股及权证	51500000
2/13/2009	First Menasha Bancshares Inc.	Neenah	WI	优先股及执行权证	4797000
2/13/2009	1st Enterprise Bank	Los Angeles	CA	优先股及执行权证	4400000
2/13/2009	DeSoto County Bank	Horn Lake	MS	优先股及执行权证	1173000
2/13/2009	Security Bancshares of Pulaski County Inc.	Waynesville	MO	优先股及执行权证	2152000
2/13/2009	State Capital Corporation	Greenwood	MS	优先股及执行权证	15000000
2/13/2009	BankGreenville	Greenville	SC	优先股及执行权证	1000000
2/13/2009	Corning Savings and Loan Association	Corning	AR	优先股及执行权证	638000
2/13/2009	Financial Security Corporation	Basin	WY	优先股及执行权证	5000000
2/13/2009	ColoEast Bankshares Inc.	Lamar	CO	优先股及执行权证	10000000
2/13/2009	Santa Clara Valley Bank N. A.	Santa Paula	CA	优先股及执行权证	2900000
2/13/2009	Reliance Bancshares Inc.	Frontenac	MO	优先股及执行权证	40000000
2/13/2009	Regional Bankshares Inc.	Hartsville	SC	优先股及执行权证	1500000
2/13/2009	Peoples Bancorp	Lynden	WA	优先股及执行权证	18000000
2/13/2009	First Choice Bank	Cerritos	CA	优先股及执行权证	2200000
2/13/2009	Gregg Bancshares Inc.	Ozark	MO	优先股及执行权证	825000
2/13/2009	Hometown Bancshares Inc.	Corbin	KY	优先股及执行权证	1900000
2/13/2009	Midwest Regional Bancorp Inc.	Festus	MO	优先股及执行权证	700000
2/13/2009	Bern Bancshares Inc.	Bern	KS	优先股及执行权证	985000
2/13/2009	Northwest Bancorporation Inc.	Spokane	WA	优先股及执行权证	10500000
2/13/2009	Liberty Bancshares Inc.	Springfield	MO	优先股及执行权证	21900000
2/13/2009	F&M Financial Corporation	Clarksville	TN	优先股及执行权证	17243000
2/13/2009	Meridian Bank	Devon	PA	优先股及执行权证	6200000
2/13/2009	Northwest Commercial Bank	Lakewood	WA	优先股及执行权证	1992000
2/20/2009	Royal Bancshares of Pennsylvania Inc.	Narberth	PA	优先股及权证	30407000
2/20/2009	First Merchants Corporation	Muncie	IN	优先股及权证	69600000
2/20/2009	Northern States Financial Corporation	Waukegan	IL	优先股及权证	17211000

TARP 购买日期	参与机构名称	机构所在城市	机构所在州	TARP 投资描述	TARP 投资金额（美元）
2/20/2009	Sonoma Valley Bancorp	Sonoma	CA	优先股及执行权证	8653000
2/20/2009	Guaranty Bancorp Inc.	Woodsville	NH	优先股及执行权证	6920000
2/20/2009	The Private Bank of California	Los Angeles	CA	优先股及执行权证	5450000
2/20/2009	Lafayette Bancorp Inc.	Oxford	MS	优先股及执行权证	1998000
2/20/2009	Liberty Shares Inc.	Hinesville	GA	优先股及执行权证	17280000
2/20/2009	White River Bancshares Company	Fayetteville	AR	优先股及执行权证	16800000
2/20/2009	United American Bank	San Mateo	CA	优先股及执行权证	8700000
2/20/2009	Crazy Woman Creek Bancorp Inc.	Buffalo	WY	优先股及执行权证	3100000
2/20/2009	First Priority Financial Corp.	Malvern	PA	优先股及执行权证	4579000
2/20/2009	Mid – Wisconsin Financial Services Inc.	Medford	WI	优先股及执行权证	10000000
2/20/2009	Market Bancorporation Inc.	New Market	MN	优先股及执行权证	2060000
2/20/2009	Hometown Bancorp of Alabama Inc.	Oneonta	AL	优先股及执行权证	3250000
2/20/2009	Security State Bancshares Inc.	Charleston	MO	优先股及执行权证	12500000
2/20/2009	CBB Bancorp	Cartersville	GA	优先股及执行权证	2644000
2/20/2009	BancPlus Corporation	Ridgeland	MS	优先股及执行权证	48000000
2/20/2009	Central Community Corporation	Temple	TX	优先股及执行权证	22000000
2/20/2009	First BancTrust Corporation	Paris	IL	优先股及执行权证	7350000
2/20/2009	Premier Service Bank	Riverside	CA	优先股及执行权证	4000000
2/20/2009	Florida Business BancGroup Inc.	Tampa	FL	优先股及执行权证	9495000
2/20/2009	Hamilton State Bancshares	Hoschton	GA	优先股及执行权证	7000000
2/27/2009	Lakeland Financial Corporation	Warsaw	IN	优先股及权证	56044000
2/27/2009	First M&F Corporation	Kosciusko	MS	优先股及权证	30000000
2/27/2009	Southern First Bancshares Inc.	Greenville	SC	优先股及权证	17299000
2/27/2009	Integra Bank Corporation	Evansville	IN	优先股及权证	83586000
2/27/2009	Community First Inc.	Columbia	TN	优先股及执行权证	17806000
2/27/2009	BNC Financial Group Inc.	New Canaan	CT	优先股及执行权证	4797000
2/27/2009	California Bank of Commerce	Lafayette	CA	优先股及执行权证	4000000
2/27/2009	Columbine Capital Corp.	Buena Vista	CO	优先股及执行权证	2260000
2/27/2009	National Bancshares Inc.	Bettendorf	IA	优先股及执行权证	24664000
2/27/2009	First State Bank of Mobeetie	Mobeetie	TX	优先股及执行权证	731000
2/27/2009	Ridgestone Financial Services Inc.	Brookfield	WI	优先股及执行权证	10900000
2/27/2009	Community Business Bank	West Sacramento	CA	优先股及执行权证	3976000
2/27/2009	D. L. Evans Bancorp	Burley	ID	优先股及执行权证	19891000
2/27/2009	TriState Capital Holdings Inc.	Pittsburgh	PA	优先股及执行权证	23000000

TARP 购买日期	参与机构名称	机构所在城市	机构所在州	TARP 投资描述	TARP 投资金额（美元）
2/27/2009	Green City Bancshares Inc.	Green City	MO	优先股及执行权证	651000
2/27/2009	First Gothenburg Bancshares Inc.	Gothenburg	NE	优先股及执行权证	7570000
2/27/2009	Green Circle Investments Inc.	Clive	IA	优先股及执行权证	2400000
2/27/2009	Private Bancorporation Inc.	Minneapolis	MN	优先股及执行权证	4960000
2/27/2009	Regent Capital Corporation	Nowata	OK	优先股及执行权证	2655000
2/27/2009	Central Bancorp Inc.	Garland	TX	优先股及执行权证	22500000
2/27/2009	Medallion Bank	Salt Lake City	UT	优先股及执行权证	11800000
2/27/2009	PSB Financial Corporation	Many	LA	优先股及执行权证	9270000
2/27/2009	Avenue Financial Holdings Inc.	Nashville	TN	优先股及执行权证	7400000
2/27/2009	Howard Bancorp Inc.	Ellicott City	MD	优先股及执行权证	5983000
2/27/2009	FNB Bancorp	South San Francisco	CA	优先股及执行权证	12000000
2/27/2009	The Victory Bancorp Inc.	Limerick	PA	优先股及执行权证	541000
2/27/2009	Catskill Hudson Bancorp Inc	Rock Hill	NY	优先股及执行权证	3000000
2/27/2009	Midtown Bank & Trust Company	Atlanta	GA	优先股及执行权证	5222000
3/6/2009	HCSB Financial Corporation	Loris	SC	优先股及权证	12895000
3/6/2009	First Busey Corporation	Urbana	IL	优先股及权证	100000000
3/6/2009	First Federal Bancshares of Arkansas Inc.	Harrison	AR	优先股及权证	16500000
3/6/2009	Citizens Bancshares Corporation	Atlanta	GA	优先股	7462000
3/6/2009	ICB Financial	Ontario	CA	优先股及执行权证	6000000
3/6/2009	First Texas BHC Inc.	Fort Worth	TX	优先股及执行权证	13533000
3/6/2009	Farmers & Merchants Bancshares Inc.	Houston	TX	优先股及执行权证	11000000
3/6/2009	Blue Ridge Bancshares Inc.	Independence	MO	优先股及执行权证	12000000
3/6/2009	First Reliance Bancshares Inc.	Florence	SC	优先股及执行权证	15349000
3/6/2009	Merchants and Planters Bancshares Inc.	Toone	TN	优先股及执行权证	1881000
3/6/2009	First Southwest Bancorporation Inc.	Alamosa	CO	优先股及执行权证	5500000
3/6/2009	Germantown Capital Corporation Inc.	Germantown	TN	优先股及执行权证	4967000
3/6/2009	BOH Holdings Inc.	Houston	TX	优先股及执行权证	10000000
3/6/2009	AmeriBank Holding Company	Collinsville	OK	优先股及执行权证	2492000
3/6/2009	Highlands Independent Bancshares Inc.	Sebring	FL	优先股及执行权证	6700000
3/6/2009	Pinnacle Bank Holding Company Inc.	Orange City	FL	优先股及执行权证	4389000
3/6/2009	Blue River Bancshares Inc.	Shelbyville	IN	优先股及执行权证	5000000
3/6/2009	Marine Bank & Trust Company	Vero Beach	FL	优先股及执行权证	3000000

TARP 购买日期	参与机构名称	机构所在城市	机构所在州	TARP 投资描述	TARP 投资金额（美元）
3/6/2009	Community Bancshares of Kansas Inc.	Goff	KS	优先股及执行权证	500000
3/6/2009	Regent Bancorp Inc.	Davie	FL	优先股及执行权证	9982000
3/6/2009	Park Bancorporation Inc.	Madison	WI	优先股及执行权证	23200000
3/6/2009	PeoplesSouth Bancshares Inc.	Colquitt	GA	优先股及执行权证	12325000
3/13/2009	First Place Financial Corp.	Warren	OH	优先股及权证	72927000
3/13/2009	Salisbury Bancorp Inc.	Lakeville	CT	优先股及权证	8816000
3/13/2009	First Northern Community Bancorp	Dixon	CA	优先股及权证	17390000
3/13/2009	Discover Financial Services	Riverwoods	IL	优先股及权证	1224558000
3/13/2009	Provident Community Bancshares Inc.	Rock Hill	SC	优先股及权证	9266000
3/13/2009	First American International Corp.	Brooklyn	NY	优先股	17000000
3/13/2009	BancIndependent Inc.	Sheffield	AL	优先股及执行权证	21100000
3/13/2009	Haviland Bancshares Inc.	Haviland	KS	优先股及执行权证	425000
3/13/2009	1st United Bancorp Inc.	Boca Raton	FL	优先股及执行权证	10000000
3/13/2009	Madison Financial Corporation	Richmond	KY	优先股及执行权证	3370000
3/13/2009	First National Corporation	Strasburg	VA	优先股及执行权证	13900000
3/13/2009	St. Johns Bancshares Inc.	St. Louis	MO	优先股及执行权证	3000000
3/13/2009	Blackhawk Bancorp Inc.	Beloit	WI	优先股及执行权证	10000000
3/13/2009	IBW Financial Corporation	Washington	DC	优先股	6000000
3/13/2009	Butler Point Inc.	Catlin	IL	优先股及执行权证	607000
3/13/2009	Bank of George	Las Vegas	NV	优先股及执行权证	2672000
3/13/2009	Moneytree Corporation	Lenoir City	TN	优先股及执行权证	9516000
3/13/2009	Sovereign Bancshares Inc.	Dallas	TX	优先股及执行权证	18215000
3/13/2009	First Intercontinental Bank	Doraville	GA	优先股及执行权证	6398000
3/20/2009	Heritage Oaks Bancorp	Paso Robles	CA	优先股及权证	21000000
3/20/2009	Community First Bancshares Inc.	Union City	TN	优先股及执行权证	20000000
3/20/2009	First NBC Bank Holding Company	New Orleans	LA	优先股及执行权证	17836000
3/20/2009	First Colebrook Bancorp Inc.	Colebrook	NH	优先股及执行权证	4500000
3/20/2009	Kirksville Bancorp Inc.	Kirksville	MO	优先股及执行权证	470000
3/20/2009	Peoples Bancshares of TN Inc.	Madisonville	TN	优先股及执行权证	3900000
3/20/2009	Premier Bank Holding Company	Tallahassee	FL	优先股及执行权证	9500000
3/20/2009	Citizens Bank & Trust Company	Covington	LA	优先股及执行权证	2400000
3/20/2009	Farmers & Merchants Financial Corporation	Argonia	KS	优先股及执行权证	442000
3/20/2009	Farmers State Bankshares Inc.	Holton	KS	优先股及执行权证	700000

TARP 购买日期	参与机构名称	机构所在城市	机构所在州	TARP 投资描述	TARP 投资金额（美元）
3/27/2009	SBT Bancorp Inc.	Simsbury	CT	优先股及执行权证	4000000
3/27/2009	CSRA Bank Corp.	Wrens	GA	优先股及执行权证	2400000
3/27/2009	Trinity Capital Corporation	Los Alamos	NM	优先股及执行权证	35539000
3/27/2009	Clover Community Bankshares Inc.	Clover	SC	优先股及执行权证	3000000
3/27/2009	Pathway Bancorp	Cairo	NE	优先股及执行权证	3727000
3/27/2009	Colonial American Bank	West Conshohocken	PA	优先股及执行权证	574000
3/27/2009	MS Financial Inc.	Kingwood	TX	优先股及执行权证	7723000
3/27/2009	Triad Bancorp Inc.	Frontenac	MO	优先股及执行权证	3700000
3/27/2009	Alpine Banks of Colorado	Glenwood Springs	CO	优先股及执行权证	70000000
3/27/2009	Naples Bancorp Inc.	Naples	FL	优先股及执行权证	4000000
3/27/2009	CBS Banc – Corp.	Russellville	AL	优先股及执行权证	24300000
3/27/2009	IBT Bancorp Inc.	Irving	TX	优先股及执行权证	2295000
3/27/2009	Spirit BankCorp Inc.	Bristow	OK	优先股及执行权证	30000000
3/27/2009	Maryland Financial Bank	Towson	MD	优先股及执行权证	1700000
4/3/2009	First Capital Bancorp Inc.	Glen Ellen	VA	优先股及权证	10958000
4/3/2009	Tri – State Bank of Memphis	Memphis	TN	优先股	2795000
4/3/2009	Fortune Financial Corporation	Arnold	MO	优先股及执行权证	3100000
4/3/2009	BancStar Inc.	Festus	MO	优先股及执行权证	8600000
4/3/2009	Titonka Bancshares Inc.	Titonka	IA	优先股及执行权证	2117000
4/3/2009	Millennium Bancorp Inc.	Edwards	CO	优先股及执行权证	7260000
4/3/2009	TriSummit Bank	Kingsport	TN	优先股及执行权证	2765000
4/3/2009	Prairie Star Bancshares Inc.	Olathe	KS	优先股及执行权证	2800000
4/3/2009	Community First Bancshares Inc.	Harrison	AR	优先股及执行权证	12725000
4/3/2009	BCB Holding Company Inc.	Theodore	AL	优先股及执行权证	1706000
4/10/2009	City National Bancshares Corporation	Newark	NJ	优先股	9439000
4/10/2009	First Business Bank N. A.	San Diego	CA	优先股及执行权证	2211000
4/10/2009	SV Financial Inc.	Sterling	IL	优先股及执行权证	4000000
4/10/2009	Capital Commerce Bancorp Inc.	Milwaukee	WI	优先股及执行权证	5100000
4/10/2009	Metropolitan Capital Bancorp Inc.	Chicago	IL	优先股及执行权证	2040000
4/17/2009	Bank of the Carolinas Corporation	Mocksville	NC	优先股及权证	13179000
4/17/2009	Penn Liberty Financial Corp.	Wayne	PA	优先股及执行权证	9960000
4/17/2009	Tifton Banking Company	Tifton	GA	优先股及执行权证	3800000
4/17/2009	Patterson Bancshares Inc.	Patterson	LA	优先股及执行权证	3690000
4/17/2009	BNB Financial Services Corporation	New York	NY	优先股及执行权证	7500000

TARP 购买日期	参与机构名称	机构所在城市	机构所在州	TARP 投资描述	TARP 投资金额（美元）
4/17/2009	Omega Capital Corp.	Lakewood	CO	优先股及执行权证	2816000
4/24/2009	Mackinac Financial Corporation	Manistique	MI	优先股及权证	11000000
4/24/2009	Birmingham Bloomfield Bancshares Inc.	Birmingham	MI	优先股及执行权证	1635000
4/24/2009	Vision Bank – Texas	Richardson	TX	优先股及执行权证	1500000
4/24/2009	Oregon Bancorp Inc.	Salem	OR	优先股及执行权证	3216000
4/24/2009	Peoples Bancorporation Inc.	Easley	SC	优先股及执行权证	12660000
4/24/2009	Indiana Bank Corp.	Dana	IN	优先股及执行权证	1312000
4/24/2009	Business Bancshares Inc.	Clayton	MO	优先股及执行权证	15000000
4/24/2009	Standard Bancshares Inc.	Hickory Hills	IL	优先股及执行权证	60000000
4/24/2009	York Traditions Bank	York	PA	优先股及执行权证	4871000
4/24/2009	Grand Capital Corporation	Tulsa	OK	优先股及执行权证	4000000
4/24/2009	Allied First Bancorp Inc.	Oswego	IL	优先股及执行权证	3652000
4/24/2009	Frontier Bancshares Inc.	Austin	TX	次级债务及执行权证	3000000
5/1/2009	Village Bank and Trust Financial Corp.	Midlothian	VA	优先股及权证	14738000
5/1/2009	CenterBank	Milford	OH	优先股及执行权证	2250000
5/1/2009	Georgia Primary Bank	Atlanta	GA	优先股及执行权证	4500000
5/1/2009	Union Bank & Trust Company	Oxford	NC	优先股及执行权证	3194000
5/1/2009	HPK Financial Corporation	Chicago	IL	优先股及执行权证	4000000
5/1/2009	OSB Financial Services Inc.	Orange	TX	次级债务及执行权证	6100000
5/1/2009	Security State Bank Holding – Company	Jamestown	ND	次级债务及执行权证	10750000
5/8/2009	Highlands Bancorp Inc.	Vernon	NJ	优先股及执行权证	3091000
5/8/2009	One Georgia Bank	Atlanta	GA	优先股及执行权证	5500000
5/8/2009	Gateway Bancshares Inc.	Ringgold	GA	优先股及执行权证	6000000
5/8/2009	Freeport Bancshares Inc.	Freeport	IL	次级债务及执行权证	3000000
5/8/2009	Investors Financial Corp of Pettis County Inc.	Sedalia	MO	次级债务及执行权证	4000000
5/8/2009	Sword Financial Corporation	Horicon	WI	次级债务及执行权证	13644000
5/8/2009	Premier Bancorp Inc.	Wilmette	IL	次级债务及执行权证	6784000
5/15/2009	Mercantile Bank Corporation	Grand Rapids	MI	优先股及权证	21000000
5/15/2009	Northern State Bank	Closter	NJ	优先股及执行权证	1341000
5/15/2009	Western Reserve Bancorp Inc.	Medina	OH	优先股及执行权证	4700000
5/15/2009	Community Financial Shares Inc.	Glen Ellyn	IL	优先股及执行权证	6970000
5/15/2009	Worthington Financial Holdings Inc.	Huntsville	AL	优先股及执行权证	2720000
5/15/2009	First Community Bancshares Inc.	Overland Park	KS	优先股及执行权证	14800000

TARP 购买日期	参与机构名称	机构所在城市	机构所在州	TARP 投资描述	TARP 投资金额（美元）
5/15/2009	Southern Heritage Bancshares Inc.	Cleveland	TN	优先股及执行权证	4862000
5/15/2009	Foresight Financial Group Inc.	Rockford	IL	优先股及执行权证	15000000
5/15/2009	IBC Bancorp Inc.	Chicago	IL	次级债务	4205000
5/15/2009	Boscobel Bancorp Inc	Boscobel	WI	次级债务及执行权证	5586000
5/15/2009	Brogan Bankshares Inc.	Kaukauna	WI	次级债务及执行权证	2400000
5/15/2009	Riverside Bancshares Inc.	Little Rock	AR	次级债务及执行权证	1100000
5/15/2009	Deerfield Financial Corporation	Deerfield	WI	次级债务及执行权证	2639000
5/15/2009	Market Street Bancshares Inc.	Mt. Vernon	IL	次级债务及执行权证	20300000
5/22/2009	The Landrum Company	Columbia	MO	优先股及执行权证	15000000
5/22/2009	First Advantage Bancshares Inc.	Coon Rapids	MN	优先股及执行权证	1177000
5/22/2009	Fort Lee Federal Savings Bank	Fort Lee	NJ	优先股及执行权证	1300000
5/22/2009	Blackridge Financial Inc.	Fargo	ND	优先股及执行权证	5000000
5/22/2009	Illinois State Bancorp Inc.	Chicago	IL	优先股及执行权证	6272000
5/22/2009	Universal Bancorp	Bloomfield	IN	优先股及执行权证	9900000
5/22/2009	Franklin Bancorp Inc.	Washington	MO	优先股及执行权证	5097000
5/22/2009	Commonwealth Bancshares Inc.	Louisville	KY	次级债务及执行权证	20400000
5/22/2009	Premier Financial Corp.	Dubuque	IA	次级债务及执行权证	6349000
5/22/2009	F & C Bancorp Inc.	Holden	MO	次级债务及执行权证	2993000
5/22/2009	Diamond Bancorp Inc.	Washington	MO	次级债务及执行权证	20445000
5/22/2009	United Bank Corporation	Barnesville	GA	次级债务及执行权证	14400000
5/29/2009	Community Bank Shares of Indiana Inc.	New Albany	IN	优先股及权证	19468000
5/29/2009	American Premier Bancorp	Arcadia	CA	优先股及执行权证	1800000
5/29/2009	CB Holding Corp.	Aledo	IL	优先股及执行权证	4114000
5/29/2009	Citizens Bancshares Co.	Chillicothe	MO	优先股及执行权证	24990000
5/29/2009	Grand Mountain Bancshares Inc.	Granby	CO	优先股及执行权证	3076000
5/29/2009	Two Rivers Financial Group	Burlington	IA	优先股及执行权证	12000000
5/29/2009	Fidelity Bancorp Inc.	Baton Rouge	LA	次级债务及执行权证	3942000
5/29/2009	Chambers Bancshares Inc.	Danville	AR	次级债务及执行权证	19817000
6/5/2009	Covenant Financial Corporation	Clarksdale	MS	优先股及执行权证	5000000
6/5/2009	First Trust Corporation	New Orleans	LA	次级债务及执行权证	17969000
6/5/2009	OneFinancial Corporation	Little Rock	AR	次级债务及执行权证	17300000
6/12/2009	Berkshire Bancorp Inc.	Wyomissing	PA	优先股及执行权证	2892000
6/12/2009	First Vernon Bancshares Inc.	Vernon	AL	优先股及执行权证	6000000
6/12/2009	SouthFirst Bancshares Inc.	Sylacauga	AL	优先股及执行权证	2760000

TARP 购买日期	参与机构名称	机构所在城市	机构所在州	TARP 投资描述	TARP 投资金额（美元）
6/12/2009	Virginia Company Bank	Newport News	VA	优先股及执行权证	4700000
6/12/2009	Enterprise Financial Services Group Inc.	Allison Park	PA	优先股及执行权证	4000000
6/12/2009	First Financial Bancshares Inc.	Lawrence	KS	次级债务及执行权证	3756000
6/12/2009	River Valley Bancorporation Inc.	Wausau	WI	次级债务及执行权证	15000000
6/19/2009	Merchants and Manufacturers Bank Corporation	Joliet	IL	优先股及执行权证	3510000
6/19/2009	RCB Financial Corporation	Rome	GA	优先股及执行权证	8900000
6/19/2009	Manhattan Bancshares Inc.	Manhattan	IL	次级债务及执行权证	2639000
6/19/2009	Biscayne Bancshares Inc.	Coconut Grove	FL	次级债务及执行权证	6400000
6/19/2009	Duke Financial Group Inc.	Minneapolis	MN	次级债务及执行权证	12000000
6/19/2009	Farmers Enterprises Inc.	Great Bend	KS	次级债务及执行权证	12000000
6/19/2009	Century Financial Services Corporation	Santa Fe	NM	次级债务及执行权证	10000000
6/19/2009	NEMO Bancshares Inc.	Madison	MO	次级债务及执行权证	2330000
6/19/2009	University Financial Corp Inc.	St. Paul	MN	次级债务	11926000
6/19/2009	Suburban Illinois Bancorp Inc.	Elmhurst	IL	次级债务及执行权证	15000000
6/26/2009	Hartford Financial Services Group Inc.	Hartford	CT	优先股及权证	3400000000
6/26/2009	Veritex Holdings Inc.	Dallas	TX	优先股及执行权证	3000000
6/26/2009	Waukesha Bankshares Inc.	Waukesha	WI	优先股及执行权证	5625000
6/26/2009	FC Holdings Inc.	Houston	TX	优先股及执行权证	21042000
6/26/2009	Security Capital Corporation	Batesville	MS	优先股及执行权证	17388000
6/26/2009	First Alliance Bancshares Inc.	Cordova	TN	优先股及执行权证	3422000
6/26/2009	Gulfstream Bancshares Inc.	Stuart	FL	优先股及执行权证	7500000
6/26/2009	Gold Canyon Bank	Gold Canyon	AZ	优先股及执行权证	1607000
6/26/2009	M&F Bancorp Inc.	Durham	NC	优先股	11735000
6/26/2009	Metropolitan Bank Group Inc.	Chicago	IL	优先股及执行权证	71526000
6/26/2009	NC Bancorp Inc.	Chicago	IL	优先股及执行权证	6880000
6/26/2009	Alliance Bancshares Inc.	Dalton	GA	优先股及执行权证	2986000
6/26/2009	Stearns Financial Services Inc.	St. Cloud	MN	次级债务及执行权证	24900000
6/26/2009	Signature Bancshares Inc.	Dallas	TX	次级债务及执行权证	1700000
6/26/2009	Fremont Bancorporation	Fremont	CA	次级债务及执行权证	35000000
6/26/2009	Alliance Financial Services Inc.	Saint Paul	MN	次级债务及执行权证	12000000
7/10/2009	Lincoln National Corporation	Radnor	PA	优先股及权证	950000000
7/10/2009	Bancorp Financial Inc.	Oak Brook	IL	优先股及执行权证	13669000

TARP 购买日期	参与机构名称	机构所在城市	机构所在州	TARP 投资描述	TARP 投资金额（美元）
7/17/2009	Brotherhood Bancshares Inc.	Kansas City	KS	优先股及执行权证	11000000
7/17/2009	SouthCrest Financial Group Inc.	Fayetteville	GA	优先股及执行权证	12900000
7/17/2009	Harbor Bankshares Corporation	Baltimore	MD	优先股	6800000
7/17/2009	First South Bancorp Inc.	Lexington	TN	次级债务及执行权证	50000000
7/17/2009	Great River Holding Company	Baxter	MN	次级债务及执行权证	8400000
7/17/2009	Plato Holdings Inc.	Saint Paul	MN	次级债务及执行权证	2500000
7/24/2009	Yadkin Valley Financial Corporation	Elkin	NC	优先股及权证	13312000
7/24/2009	Community Bancshares Inc.	Kingman	AZ	优先股及执行权证	3872000
7/24/2009	Florida Bank Group Inc.	Tampa	FL	优先股及执行权证	20471000
7/24/2009	First American Bank Corporation	Elk Grove Village	IL	次级债务及执行权证	50000000
7/31/2009	Chicago Shore Corporation	Chicago	IL	优先股及执行权证	7000000
7/31/2009	Financial Services of Winger Inc.	Winger	MN	次级债务及执行权证	3742000
8/7/2009	The ANB Corporation	Terrell	TX	优先股及执行权证	20000000
8/7/2009	U. S. Century Bank	Miami	FL	优先股及执行权证	50236000
8/14/2009	Bank Financial Services Inc.	Eden Prarie	MN	优先股及执行权证	1004000
8/21/2009	KS Bancorp Inc.	Smithfield	NC	优先股及执行权证	4000000
8/21/2009	AmFirst Financial Services Inc.	McCook	NE	次级债务及执行权证	5000000
8/28/2009	First Independence Corporation	Detroit	MI	优先股	3223000
8/28/2009	First Guaranty Bancshares Inc.	Hammond	LA	优先股及执行权证	20699000
8/28/2009	CoastalSouth Bancshares Inc.	Hilton Head Island	SC	优先股及执行权证	16015000
8/28/2009	TCB Corporation	Greenwood	SC	次级债务及执行权证	9720000
9/4/2009	The State Bank of Bartley	Bartley	NE	次级债务及执行权证	1697000
9/11/2009	Pathfinder Bancorp Inc.	Oswego	NY	优先股及权证	6771000
9/11/2009	Community Bancshares of Mississippi Inc.	Brandon	MS	优先股及执行权证	52000000
9/11/2009	Heartland Bancshares Inc.	Franklin	IN	优先股及执行权证	7000000
9/11/2009	PFSB Bancorporation Inc.	Pigeon Falls	WI	优先股及执行权证	1500000
9/11/2009	First Eagle Bancshares Inc.	Hanover Park	IL	次级债务及执行权证	7500000
9/18/2009	IA Bancorp Inc.	Iselin	NJ	优先股及执行权证	5976000
9/18/2009	HomeTown Bankshares Corporation	Roanoke	VA	优先股及执行权证	10000000
9/25/2009	Heritage Bankshares Inc.	Norfolk	VA	优先股及执行权证	10103000
9/25/2009	Mountain Valley Bancshares Inc.	Cleveland	GA	优先股及执行权证	3300000
9/25/2009	Grand Financial Corporation	Hattiesburg	MS	次级债务及执行权证	2443320
9/25/2009	Guaranty Capital Corporation	Belzoni	MS	次级债务	14000000
9/25/2009	GulfSouth Private Bank	Destin	FL	优先股及执行权证	7500000

TARP 购买日期	参与机构名称	机构所在城市	机构所在州	TARP 投资描述	TARP 投资金额（美元）
9/25/2009	Steele Street Bank Corporation	Denver	CO	次级债务及执行权证	11019000
10/2/2009	Premier Financial Bancorp Inc.	Huntington	WV	优先股及权证	22252000
10/2/2009	Providence Bank	Rocky Mount	NC	优先股及执行权证	4000000
10/23/2009	Regents Bancshares Inc.	Vancouver	WA	优先股及执行权证	12700000
10/23/2009	Cardinal Bancorp II Inc.	Washington	MO	次级债务及执行权证	6251000
10/30/2009	Randolph Bank & Trust Company	Asheboro	NC	优先股及执行权证	6229000
10/30/2009	WashingtonFirst Bankshares Inc.	Reston	VA	优先股	6842000
11/6/2009	F & M Bancshares Inc.	Trezevant	TN	优先股	3535000
11/13/2009	Fidelity Federal Bancorp	Evansville	IN	优先股及权证	6657000
11/13/2009	Community Pride Bank Corporation	Ham Lake	MN	次级债务及执行权证	4400000
11/13/2009	HPK Financial Corporation	Chicago	IL	优先股及执行权证	5000000
11/20/2009	Presidio Bank	San Francisco	CA	优先股及执行权证	10800000
11/20/2009	McLeod Bancshares Inc.	Shorewood	MN	优先股及执行权证	6000000
11/20/2009	Metropolitan Capital Bancorp Inc.	Chicago	IL	优先股	2348000
12/4/2009	Broadway Financial Corporation	Los Angeles	CA	优先股	6000000
12/4/2009	Delmar Bancorp	Delmar	MD	优先股及执行权证	9000000
12/4/2009	Liberty Bancshares Inc.	Fort Worth	TX	优先股及执行权证	6500000
12/11/2009	First Community Financial Partners Inc.	Joliet	IL	优先股及执行权证	22000000
12/11/2009	Wachusett Financial Services Inc.	Clinton	MA	优先股及执行权证	12000000
12/11/2009	Nationwide Bankshares Inc.	West Point	NE	次级债务及执行权证	2000000
12/11/2009	GrandSouth Bancorporation	Greenville	SC	优先股	6319000
12/11/2009	1st Enterprise Bank	Los Angeles	CA	优先股	6000000
12/11/2009	First Resource Bank	Exton	PA	优先股	2417000
12/11/2009	First Western Financial Inc.	Denver	CO	优先股	11881000
12/11/2009	Meridian Bank	Devon	PA	优先股	6335000
12/11/2009	The Victory Bancorp Inc.	Limerick	PA	优先股及执行权证	1505000
12/11/2009	First Business Bank N. A.	San Diego	CA	优先股	2032000
12/18/2009	Layton Park Financial Group	Milwaukee	WI	优先股及执行权证	3000000
12/18/2009	Centric Financial Corporation	Harrisburg	PA	优先股及执行权证	6056000
12/18/2009	Valley Financial Group Ltd. 1st State Bank	Saginaw	MI	优先股及执行权证	1300000
12/18/2009	Cache Valley Banking Company	Logan	UT	优先股	4640000
12/18/2009	Birmingham Bloomfield Bancshares Inc.	Birmingham	MI	优先股	1744000
12/18/2009	First Priority Financial Corp.	Malvern	PA	优先股	4596000

TARP 购买日期	参与机构名称	机构所在城市	机构所在州	TARP 投资描述	TARP 投资金额（美元）
12/18/2009	Northern State Bank	Closter	NJ	优先股	1230000
12/18/2009	Union Bank & Trust Company	Oxford	NC	优先股	2997000
12/22/2009	First Freedom Bancshares Inc.	Lebanon	TN	优先股及执行权证	8700000
12/22/2009	First Choice Bank	Cerritos	CA	优先股	2836000
12/22/2009	Highlands Bancorp Inc.	Vernon	NJ	优先股	2359000
12/22/2009	Medallion Bank	Salt Lake City	UT	优先股及执行权证	9698000
12/22/2009	Catskill Hudson Bancorp Inc.	Rock Hill	NY	优先股及执行权证	3500000
12/22/2009	TriSummit Bank	Kingsport	TN	优先股	4237000
12/29/2009	Atlantic Bancshares Inc.	Bluffton	SC	优先股及执行权证	2000000
12/29/2009	Union Financial Corporation	Albuquerque	NM	优先股及执行权证	2179000
12/29/2009	Mainline Bancorp Inc.	Ebensburg	PA	优先股及执行权证	4500000
12/29/2009	FBHC Holding Company	Boulder	CO	次级债务及执行权证	3035000
12/29/2009	Western Illinois Bancshares Inc.	Monmouth	IL	优先股	4567000
12/29/2009	DeSoto County Bank	Horn Lake	MS	优先股	1508000
12/29/2009	Lafayette Bancorp Inc.	Oxford	MS	优先股	2453000
12/29/2009	Private Bancorporation Inc.	Minneapolis	MN	优先股	3262000
12/29/2009	CBB Bancorp	Cartersville	GA	优先股	1753000
12/29/2009	Illinois State Bancorp Inc.	Chicago	IL	优先股及执行权证	4000000
总计				总计购买金额	204893941320

注：根据美国财政部官网提供的信息整理而成的上表，列出了所有接受 TARP 资本注入的银行。

表3.8 所有在早期（不晚于2010年第四季度）就偿还了 TARP 资金的银行

参与机构名称	机构所在城市	机构所在州	在 2009—2010 年全额偿还了全部投资（权证除外）	资本偿还日期
非自愿参与机构（全额偿还）				
Bank of America Corporation	Charlotte	NC	全额偿还	12/9/2009
Bank of America Corporation	Charlotte	NC	全额偿还	12/9/2009
The Bank of New York Mellon Corporation	New York	NY	全额偿还	6/17/2009
Citigroup Inc.	New York	NY	全额偿还	12/6/2010
The Goldman Sachs Group Inc.	New York	NY	全额偿还	6/17/2009
JPMorgan Chase & Co.	New York	NY	全额偿还	6/17/2009
Morgan Stanley	New York	NY	全额偿还	6/17/2009
State Street Corporation	Boston	MA	全额偿还	6/17/2009
Wells Fargo & Company	San Francisco	CA	全额偿还	12/23/2009

续表

参与机构名称	机构所在城市	机构所在州	在2009—2010年全额偿还了全部投资（权证除外）	资本偿还日期
所有其他参与者（全额偿还）				
Northern Trust Corporation	Chicago	IL	全额偿还	6/17/2009
Washington Federal Inc.	Seattle	WA	全额偿还	5/27/2009
BB&T Corp.	Winston–Salem	NC	全额偿还	6/17/2009
Umpqua Holdings Corp.	Portland	OR	全额偿还	2/17/2010
Comerica Inc.	Dallas	TX	全额偿还	3/17/2010
Capital One Financial Corporation	McLean	VA	全额偿还	6/17/2009
First Horizon National Corporation	Memphis	TN	全额偿还	12/22/2010
Huntington Bancshares	Columbus	OH	全额偿还	12/22/2010
U. S. Bancorp	Minneapolis	MN	全额偿还	6/17/2009
TCF Financial Corporation	Wayzata	MN	全额偿还	4/22/2009
First Niagara Financial Group	Lockport	NY	全额偿还	5/27/2009
HF Financial Corp.	Sioux Falls	SD	全额偿还	6/3/2009
Centerstate Banks of Florida Inc.	Davenport	FL	全额偿还	9/30/2009
First Community Bankshares Inc.	Bluefield	VA	全额偿还	7/8/2009
Columbia Banking System Inc.	Tacoma	WA	全额偿还	8/11/2010
Heritage Financial Corporation	Olympia	WA	全额偿还	12/22/2010
First PacTrust Bancorp Inc.	Chula Vista	CA	全额偿还	12/15/2010
Trustmark Corporation	Jackson	MS	全额偿还	12/9/2009
WesBanco Inc.	Wheeling	WV	全额偿还	9/9/2009
Manhattan Bancorp	El Segundo	CA	全额偿还	9/16/2009
Iberiabank Corporation	Lafayette	LA	全额偿还	3/31/2009
East West Bancorp	Pasadena	CA	全额偿还	12/29/2010
Bank of Marin Bancorp	Novato	CA	全额偿还	3/31/2009
Old Line Bancshares Inc.	Bowie	MD	全额偿还	7/15/2009
Old National Bancorp	Evansville	IN	全额偿还	3/31/2009
SVB Financial Group	Santa Clara	CA	全额偿还	12/23/2009
Signature Bank	New York	NY	全额偿还	3/31/2009
Bank of the Ozarks Inc.	Little Rock	AR	全额偿还	11/4/2009
Sterling Bancshares Inc.	Houston	TX	全额偿还	5/5/2009
The Bancorp Inc.	Wilmington	DE	全额偿还	3/10/2010
First Litchfield Financial Corporation	Litchfield	CT	全额偿还	4/7/2010
LSB Corporation	North Andover	MA	全额偿还	11/18/2009

参与机构名称	机构所在城市	机构所在州	在 2009—2010 年全额偿还了全部投资（权证除外）	资本偿还日期
Wainwright Bank & Trust Company	Boston	MA	全额偿还	11/24/2009
Berkshire Hills Bancorp Inc.	Pittsfield	MA	全额偿还	5/27/2009
Security Federal Corporation	Aiken	SC	全额偿还	9/29/2010
Wintrust Financial Corporation	Lake Forest	IL	全额偿还	12/22/2010
Flushing Financial Corporation	Lake Success	NY	全额偿还	10/28/2009
Monarch Financial Holdings Inc.	Chesapeake	VA	全额偿还	12/23/2009
Union First Market Bankshares Corporation	Bowling Green	VA	全额偿还	11/18/2009
Bancorp Rhode Island Inc.	Providence	RI	全额偿还	8/5/2009
Alliance Financial Corporation	Syracuse	NY	全额偿还	5/13/2009
First Financial Bancorp	Cincinnati	OH	全额偿还	2/24/2010
Fulton Financial Corporation	Lancaster	PA	全额偿还	7/14/2010
United Bancorporation of Alabama Inc.	Atmore	AL	全额偿还	9/3/2010
1st Constitution Bancorp	Cranbury	NJ	全额偿还	10/27/2010
所有其他参与者（全额偿还）				
Central Jersey Bancorp	Oakhurst	NJ	全额偿还	11/24/2010
Mission Valley Bancorp	Sun Valley	CA	全额偿还	8/20/2010
Leader Bancorp Inc.	Arlington	MA	全额偿还	11/24/2010
Capital Bancorp Inc.	Rockville	MD	全额偿还	12/30/2010
The PNC Financial Services Group Inc.	Pittsburgh	PA	全额偿还	2/10/2010
FirstMerit Corporation	Akron	OH	全额偿还	4/22/2009
Commerce National Bank	Newport Beach	CA	全额偿还	10/7/2009
Sun Bancorp Inc.	Vineland	NJ	全额偿还	4/8/2009
American Express Company	New York	NY	全额偿还	6/17/2009
Independent Bank Corp.	Rockland	MA	全额偿还	4/22/2009
LCNB Corp.	Lebanon	OH	全额偿还	10/21/2009
F. N. B. Corporation	Hermitage	PA	全额偿还	9/9/2009
Shore Bancshares Inc.	Easton	MD	全额偿还	4/15/2009
Surrey Bancorp	Mount Airy	NC	全额偿还	12/29/2010
Texas National Bancorporation	Jacksonville	TX	全额偿还	5/19/2010
Bar Harbor Bankshares	Bar Harbor	ME	全额偿还	2/24/2010
Somerset Hills Bancorp	Bernardsville	NJ	全额偿还	5/20/2009
SCBT Financial Corporation	Columbia	SC	全额偿还	5/20/2009
Texas Capital Bancshares Inc.	Dallas	TX	全额偿还	5/13/2009

参与机构名称	机构所在城市	机构所在州	在2009—2010年全额偿还了全部投资（权证除外）	资本偿还日期
Carver Bancorp Inc	New York	NY	全额偿还	8/27/2010
Citizens & Northern Corporation	Wellsboro	PA	全额偿还	8/4/2010
OceanFirst Financial Corp.	Toms River	NJ	全额偿还	12/30/2009
Centra Financial Holdings Inc.	Morgantown	WV	全额偿还	3/31/2009
Community Bank of the Bay	Oakland	CA	全额偿还	9/29/2010
First Manitowoc Bancorp Inc.	Manitowoc	WI	全额偿还	5/27/2009
Southern Bancorp Inc.	Arkadelphia	AR	全额偿还	8/6/2010
1st Source Corporation	South Bend	IN	全额偿还	12/29/2010
First ULB Corp.	Oakland	CA	全额偿还	4/22/2009
Midland States Bancorp Inc.	Effingham	IL	全额偿还	12/23/2009
California Oaks State Bank	Thousand Oaks	CA	全额偿还	12/8/2010
Middleburg Financial Corporation	Middleburg	VA	全额偿还	12/23/2009
First Southern Bancorp Inc.	Boca Raton	FL	全额偿还	6/16/2010
Hilltop Community Bancorp Inc.	Summit	NJ	全额偿还	4/21/2010
The First Bancshares Inc.	Hattiesburg	MS	全额偿还	9/29/2010
PGB Holdings Inc.	Chicago	IL	全额偿还	8/13/2010
Liberty Financial Services Inc.	New Orleans	LA	全额偿还	9/24/2010
State Capital Corporation	Greenwood	MS	全额偿还	9/29/2010
First Choice Bank	Cerritos	CA	全额偿还	9/24/2010
Midwest Regional Bancorp Inc.	Festus	MO	全额偿还	11/10/2009
Lafayette Bancorp Inc.	Oxford	MS	全额偿还	9/29/2010
BancPlus Corporation	Ridgeland	MS	全额偿还	9/29/2010
Lakeland Financial Corporation	Warsaw	IN	全额偿还	6/9/2010
First M&F Corporation	Kosciusko	MS	全额偿还	9/29/2010
First State Bank of Mobeetie	Mobeetie	TX	全额偿还	4/14/2010
Green City Bancshares Inc.	Green City	MO	全额偿还	7/14/2010
PSB Financial Corporation	Many	LA	全额偿还	9/29/2010
Citizens Bancshares Corporation	Atlanta	GA	全额偿还	8/13/2010
Discover Financial Services	Riverwoods	IL	全额偿还	4/21/2010
First American International Corp.	Brooklyn	NY	全额偿还	8/13/2010
Haviland Bancshares Inc.	Haviland	KS	全额偿还	12/29/2010
1st United Bancorp Inc.	Boca Raton	FL	全额偿还	11/18/2009
IBW Financial Corporation	Washington	DC	全额偿还	9/3/2010

参与机构名称	机构所在城市	机构所在州	在2009—2010年全额偿还了全部投资（权证除外）	资本偿还日期
Tri – State Bank of Memphis	Memphis	TN	全额偿还	8/13/2010
Premier Bancorp Inc.	Wilmette	IL	全额偿还	8/13/2010
IBC Bancorp Inc.	Chicago	IL	全额偿还	9/10/2010
First Vernon Bancshares Inc.	Vernon	AL	全额偿还	9/29/2010
University Financial Corp Inc.	St. Paul	MN	全额偿还	7/30/2010
所有其他参与者（全额偿还）				
Hartford Financial Services Group Inc.	Hartford	CT	全额偿还	3/31/2010
Security Capital Corporation	Batesville	MS	全额偿还	9/29/2010
M&F Bancorp Inc.	Durham	NC	全额偿还	8/20/2010
Signature Bancshares Inc.	Dallas	TX	全额偿还	12/15/2010
Lincoln National Corporation	Radnor	PA	全额偿还	6/30/2010
Community Bancshares of Mississippi Inc.	Brandon	MS	全额偿还	9/29/2010
First Eagle Bancshares Inc.	Hanover Park	IL	全额偿还	9/17/2010
Guaranty Capital Corporation	Belzoni	MS	全额偿还	7/30/2010
Nationwide Bankshares Inc.	West Point	NE	全额偿还	12/29/2010
First Choice Bank	Cerritos	CA	全额偿还	9/24/2010
Lafayette Bancorp Inc.	Oxford	MS	全额偿还	9/29/2010
所有其他参与者（部分偿还）				
Valley National Bancorp	Wayne	NJ	部分偿还	6/3/2009
City National Corporation	Beverly Hills	CA	部分偿还	12/30/2009
Webster Financial Corporation	Waterbury	CT	部分偿还	3/3/2010
Boston Private Financial Holdings Inc.	Boston	MA	部分偿还	1/13/2010
Eagle Bancorp Inc.	Bethesda	MD	部分偿还	12/23/2009
Sandy Spring Bancorp Inc.	Olney	MD	部分偿还	7/21/2010
CVB Financial Corp.	Ontario	CA	部分偿还	8/26/2009
Susquehanna Bancshares Inc	Lititz	PA	部分偿还	4/21/2010
Horizon Bancorp	Michigan City	IN	部分偿还	11/10/2010
Magna Bank	Memphis	TN	部分偿还	11/24/2009
Peapack – Gladstone Financial Corporation	Gladstone	NJ	部分偿还	1/6/2010
United Financial Banking Companies Inc.	Vienna	VA	部分偿还	12/15/2010
State Bankshares Inc.	Fargo	ND	部分偿还	8/12/2009
FPB Financial Corp.	Hammond	LA	部分偿还	12/16/2009
Lakeland Bancorp Inc.	Oak Ridge	NJ	部分偿还	8/4/2010

参与机构名称	机构所在城市	机构所在州	在2009—2010年全额偿还了全部投资（权证除外）	资本偿还日期
Westamerica Bancorporation	San Rafael	CA	部分偿还	9/2/2009
The Bank of Kentucky Financial Corporation	Crestview Hills	KY	部分偿还	12/22/2010
Frontier Bancshares Inc.	Austin	TX	部分偿还	11/24/2009
所有其他参与者（支付状态的其他变动）				
South Financial Group Inc.	Greenville	SC	股份出售给其他机构	9/30/2010
The Bank of Currituck	Moyock	NC	股份出售给其他机构	12/3/2010
TIB Financial Corp.	Naples	FL	股份出售给其他机构	9/30/2010
CIT Group Inc.	New York	NY	破产，资金未收回	2/8/2010
Pacific Coast National Bancorp	San Clemente	CA	破产，资金未收回	2/11/2010

3.1.7.2　关于资本使用方式的调查（面向资本购买项目的参与者）

为决定 TARP 计划是否是有效的，美国财政部调查了参与该计划的机构，询问它们每年都将注入的资本用于何处。该调查不仅面向 CPP 的参与机构，也覆盖了由金融稳定办公室（Office of Financial Stability，OFS）开展的另一个计划 CDCI 的参与者。这项调查的目的，是能够更好地了解接收到资金的机构在放贷、金融中介以及资本建立活动中的行为。更加精确地来说，参与机构可以报告它们是否将资本用于以下八个方面：（1）增加了放贷，或是阻止了原本会发生的放贷量的进一步下降；（2）增加了对证券的购买（ABS 和 MBS 等）；（3）开展了其他投资；（4）增加了针对不良贷款的储备资金；（5）减少了对外借款；（6）提高了冲销额；（7）买下了其他金融机构，或是从其他金融机构购买了资产；（8）以未使用杠杆的方式增加了总资本。表 3.9 描述了开展于 2009—2017 年的调查结果的总体概况。这些概况列出了在所有的调查反馈者之中，将资金用在了上面所说的每个方面的机构分别占据了多大的比例（按照最常见的用途从上到下排列）。

在 2009 年接受了资金注入（CCP 和 CDCI 计划）的总共 738 家机构之中，有 664 家（90%）曾接受并回答了这些调查。反馈比例一度呈下降趋势，在 2012 年低至 40%，但在 2017 年（上一个调查年份）上升到了 63%。在所有年份中，多数反馈者（2009 年 85%，2010 年 82%，2011 年 81%，2012 年 77%，2013 年 76%，2014 年和 2015 年 80%，2016 年 78%，2017 年 73%）都表示，它们的机构在收到资本注入之后曾将其用于增加放贷，或是阻止了原本会发生的放贷量进一步下降。其他被高度提及的资金用途，还包括以未使用杠杆的方式增加总资本，以及增加针对不良贷款的储备资金。

3.2 全球金融危机期间美国的其他银行外部救助手段

在 TARP 成为应对金融危机的最重要手段的同时，美国政府也采取了许多其他行动。

例如，在危机期间，美联储也通过其他项目向银行注入流动性。2007 年 8 月 17 日，它创立了短期贴现窗口（Term Discount Window，TDW）项目。该项目作为一项临时性的项目，旨在提供偿还期限短至隔夜的贴现窗口资金。该资金的最长偿还期限在最开始为 30 天，后来则被延长至 90 天。

2007 年 12 月 12 日，由于贴现窗口的使用会导致公众对银行产生潜在的非议，短期拍卖工具（Term Auction Facility）被创造出来，它包括借助一系列的拍卖手段，来向财务状况处于总体健康水平之中的存款机构提供偿还期限为 4 周或者 12 周的资金。关于该项目的更多细节，请参见 Berger，Black，Bouwman 和 Dlugosz（2017）的文章。

2008 年 10 月 14 日，FDIC 开展了流动性临时担保计划（Temporary Liquidity Guarantee Program，TLGP），它包含两个担保项目，用于稳定市场上的恐惧情绪，以及鼓励银行间借款市场上的流动性增加。一个项目叫作联邦存款交易账户担保计划（Federal Deposit Transaction Account Guarantee Program，TAGP），它为银行和储贷机构持有的美国国内的不计息交易账户、低息支票存款账户、可转让支付命令账户（Negotiable Orders of Withdrawal，NOW 账户）以及律师信托账户利息（Interest on Lawyers Trust Accounts，IOLTAs）提供直到 2009 年 12 月 31 日的临时性全额 FDIC 担保。该项目的实施期限范围扩大了两次，最终被决定为到 2010 年 12 月 31 日结束。另一个项目被称为交易债务担保计划（Transaction Debt Guarantee Program，TDGP），它为新发行的优先级无担保债务提供保证。

表 3.9 美国财政部开展的针对 TARP 资本使用方式的调查结果[①]

A. 2009 年、2010 年、2011 年，以及 2012 年的资本使用调查结果

排名	标注的资本使用方式	2009 年调查		2010 年调查		2011 年调查		2012 年调查	
		标注机构数（家）	标注机构数占调查反馈者总数的比例（%）	标注机构数（家）	标注机构数占调查反馈者总数的比例（%）	标注机构数（家）	标注机构数占调查反馈者总数的比例（%）	标注机构数（家）	标注机构数占调查反馈者总数的比例（%）
1	增加了放贷，或是阻止了原本会发生的放贷量的进一步下降	565	85.2	465	81.5	304	80.6	141	76.6

---

① 参见 https：//www.treasury.gov/initiatives/financial - stability/TARP - Programs/bank - investment - programs/cap/use - of - capital/Pages/default.aspx 和 https：//www.treasury.gov/initiatives/financialstability/TARP - Programs/bank - investment - programs/cap/use - of - capital/PublishingImages 和 https：//www.treasury.gov/initiatives/financial - stability/TARP - Programs/bank - investment - programs/cap/Pages/payments.aspx.

排名	标注的资本 使用方式	2009 年调查		2010 年调查		2011 年调查		2012 年调查	
		标注机 构数 （家）	标注机构 数占调查 反馈者总 数的比例 （%）	标注机 构数 （家）	标注机构 数占调查 反馈者总 数的比例 （%）	标注机 构数 （家）	标注机构 数占调查 反馈者总 数的比例 （%）	标注机 构数 （家）	标注机构 数占调查 反馈者总 数的比例 （%）
2	以未使用杠杆的方式增加了总 资本	352	53.1	273	48.9	179	47.5	73	39.7
3	增加了针对不良贷款的储备 资金	306	46.2	252	45.2	153	40.6	65	35.3
4	增加了对证券的购买（ABS 和 MBS 等）	241	36.3	211	37.8	146	38.7	56	30.4
5	减少了对外借款	279	42.1	211	37.8	137	36.3	55	29.9
6	开展了其他投资	251	37.9	184	33.0	125	33.2	50	27.2
7	提高了冲销额	83	12.5	56	10.0	41	10.9	15	8.2
8	买下了其他金融机构，或是从 其他金融机构购买了资产	82	12.4	57	10.2	30	8.0	9	4.9
	调查反馈机构总数	664		558		398		188	

	2009 年	2010 年	2011 年	2012 年
收到资金的参与机构总数（家）	738	679	640	473
调查反馈机构总数（家）	664	558	398	188
CPP 计划的反馈机构数量（家）	635	485	336	151
CDCI 计划的反馈机构数量（家）	29	73	62	37
总反馈比例（%）	90	82	67	40

注：29 家机构在 2009 年时结束了 CPP 计划。CDCI 计划的条约在 2010 年 2 月才宣布。

B. 2013 年的资本使用调查结果

排名	资本使用途径	2013 年调查	
		将资本用于该途径 的机构数量（家）	这些机构占调查反馈 机构总数的百分比（%）
1	增加了放贷，或是阻止了原本会发生的放贷 量的进一步下降	114	75.5
2	以未使用杠杆的方式增加了总资本	60	39.7
3	增加了应对不良贷款的储备资金	55	36.4
4	增加了对证券的购买（ABS 和 MBS 等）	30	19.9
5	减少了对外借款	35	23.2

排名	资本使用途径	将资本用于该途径的机构数量（家）	这些机构占调查反馈机构总数的百分比（%）
6	开展了其他投资	14	9.3
7	提高了冲销额	37	24.5
8	买下了其他金融机构，或是从其他金融机构购买了资产	8	10.1
	调查反馈机构总数	151	

	2013 年
收到资金的参与机构总数（家）	322
调查反馈机构总数：	151
CPP 计划的反馈机构总数（家）	101
CDCI 计划的反馈机构总数（家）	50
总反馈比例（%）	47

C. 2014 年的资本使用调查结果

排名	资本使用途径	2014 年调查 将资本用于该途径的机构数量（家）	这些机构占调查反馈机构总数的百分比（%）
1	增加了放贷，或是阻止了原本会发生的放贷量的进一步下降	63	79.7
2	以未使用杠杆的方式增加了总资本	27	34.2
3	增加了应对不良贷款的储备资金	28	35.4
4	增加了对证券的购买（ABS 和 MBS 等）	13	16.5
5	减少了对外借款	9	11.4
6	开展了其他投资	11	23.9
7	提高了冲销额	16	20.3
8	买下了其他金融机构，或是从其他金融机构购买了资产	9	11.4
	调查反馈机构总数	79	

	2014 年
收到资金的参与机构总数（家）	148
调查反馈机构总数：	79
CPP 计划的反馈机构总数（家）	34
CDCI 计划的反馈机构总数（家）	45
总反馈比例（%）	53

D. 2015 年的资本使用调查结果

排名	资本使用途径	2015 年调查	
		将资本用于该途径的机构数量（家）	这些机构占调查反馈机构总数的百分比（%）
1	增加了放贷，或是阻止了原本会发生的放贷量的进一步下降	53	77.9
2	以未使用杠杆的方式增加了总资本	24	35.3
3	增加了应对不良贷款的储备资金	19	27.9
4	增加了对证券的购买（ABS 和 MBS 等）	11	16.2
5	减少了对外借款	11	16.2
6	开展了其他投资	11	16.2
7	提高了冲销额	10	14.7
8	买下了其他金融机构，或是从其他金融机构购买了资产	3	4.4
	调查反馈机构总数	68	

	2015 年
收到资金的参与机构总数（家）	100
调查反馈机构总数：	68
CPP 计划的反馈机构总数（家）	18
CDCI 计划的反馈机构总数（家）	50
总反馈比例（%）	68

E. 2016 年的资本使用调查结果

排名	资本使用途径	2016 年调查	
		将资本用于该途径的机构数量（家）	这些机构占调查反馈机构总数的百分比（%）
1	增加了放贷，或是阻止了原本会发生的放贷量的进一步下降	38	77.6
2	以未使用杠杆的方式增加了总资本	16	32.7
3	增加了应对不良贷款的储备资金	13	26.5
4	增加了对证券的购买（ABS 和 MBS 等）	9	18.4
5	减少了对外借款	9	18.4
6	开展了其他投资	9	18.4
7	提高了冲销额	11	22.4
8	买下了其他金融机构，或是从其他金融机构购买了资产	3	6.1
	调查反馈机构总数	49	

	2016 年
收到资金的参与机构总数（家）	76
调查反馈机构总数：	49
CPP 计划的反馈机构总数（家）	8
CDCI 计划的反馈机构总数（家）	41
总反馈比例（%）	64

F. 2017 年的资本使用调查结果

排名	资本使用途径	2017 年调查	
		将资本用于该途径的机构数量（家）	这些机构占调查反馈机构总数的百分比（%）
1	增加了放贷，或是阻止了原本会发生的放贷量的进一步下降	19	73.1
2	以未使用杠杆的方式增加了总资本	3	11.5
3	增加了应对不良贷款的储备资金	8	30.8
4	增加了对证券的购买（ABS 和 MBS 等）	1	3.8
5	减少对外借款	3	11.5
6	开展了其他投资	4	15.4
7	提高了冲销额	5	19.2
8	买下了其他金融机构，或是从其他金融机构购买了资产	1	3.8
	调查反馈机构总数	26	

	2017 年
收到资金的参与机构总数（家）	41
调查反馈机构总数：	26
CPP 计划的反馈机构总数（家）	7
CDCI 计划的反馈机构总数（家）	19
总反馈比例（%）	63

注：29 家机构在 2009 年由 CPP 计划转入 CDCI 计划中，后者的相关条约公布于 2010 年 2 月。在上表中，2009—2014 年的调查结果概况来自美国财政部的相关网站，2015 年和 2016 年的结果概况则由作者根据各机构的精细数据合并而成，这些精细数据可以在财政部网站 https：//www.treasury.gov/initiatives/financial – stability/TARP – Programs/bank – investment – programs/cap/use – of – capital/Pages/default.aspx. 上获取。

就上述项目的成本来说，FDIC 报告称，有 122 家机构曾发行过 TLGP 债务，TDGP 更是最多同时担保过总价值高达 3458 亿美元的流通中债务。通过 TDGP，FDIC 总共收到了 104 亿美元的担保费用和其他额外费用，但却由于六家参与机构在其发行债务上的违约而最终遭受了 1530 万美元的净损失。在 TAGP 上，FDIC 收到了共计 12 亿美元的担保费用。然而，据估计，截至 2012 年 12 月 31 日，它在该项目上的净损失高达 21

亿美元。

小型商业借贷资金（Small Business Lending Fund，SBLF）是一项总值达 300 亿美元的资金计划。作为 2010 年小型商业就业法案的一部分，该计划专门用于向资产规模在 100 亿美元以下的且符合其他相关条件的社区银行及社区发展金融机构（Community Development Financial Institutions，CDFIs）提供一级资本，以此来促进小型商业客户能够获得更多的贷款。这一计划的目标，是使社区银行与小型企业能够相互合作，以在全国范围内的各个地方社区内创造更多的就业岗位和促进经济增长。通过 SBLF 计划，美国财政部向 332 家机构投资了共计 40 亿美元，包括分别向 281 家社区银行和 51 家 CDFIs 注入的 39 亿美元和 1040 万美元。总的来看，这些地方机构涉及 3000 多个地点，覆盖了美国的 47 个州及哥伦比亚特区。作为对 SBLF 资金的偿还，这些银行需要定期为出售给美国财政部的股票支付股利。然而，股利的支付比例是随着这些银行向小型企业提供贷款的增多而下降的。因此，通过为这些机构提供了降低偿还成本的选择，该项目激励着它们能够将 SBLF 资金用于提供借贷（Cortés 和 Millington，2004）[①]。

对地方银行来说，联邦住房贷款银行（Federal Home Loan Bank，FHLB）系统也在危机期间成为可信赖的和低成本的资金来源。这一系统旨在为抵押贷款市场提供支持，下设 12 家联邦住房贷款银行，每家银行都可在全国范围内提供服务。为了能够获准使用住房贷款银行的资金，或是使用在社区发展和抵押金融方面的产品，一家金融机构必须首先成为住房贷款银行的会员，而住房贷款银行在实质上也是以会员共有的合作社形式运营。

在危机发生期间以及危机发生之后，美联储也采取了一系列的非传统货币政策，主要是对抵押支持证券（Mortgage - Backed Securities，MBSs）及美国国库券进行了大量的购买。此外，量化宽松（Quantitative Easing，QE）也分 QE1、QE2、QE3 和 QE4 四个阶段进行实施，每个阶段之间有一定的时间间隔。感兴趣的读者可以在第一章的表 1.1 中找到每个阶段具体的量化宽松金额。

正如我们在第一章中讨论过的那样，另一个相关的银行外部救助项目是对一家非常大的保险公司——美国国际集团（American International Group，AIG）采取的救助措施。由于 AIG 对许多银行都负有债务，因此美国政府在以贷款和资本注入的方式向 AIG 提供外部救助的同时，也要求其必须向这些银行全额支付它未偿还的资金，以避免这些银行遭受巨大损失。这一举措，使这次对 AIG 的救助在实质上也成了一次对银行的外部救助。

---

① https：//www. clevelandfed. org/newsroom - and - events/publications/economictrends/2014 - economic - trends/et - 20141125 - gauging - the - impact - of - small - businesslending - funds. aspx.

3.3 在全球金融危机、欧洲主权债务危机及其他时期出现在其他国家的外部救助手段

在全球金融危机开始后不久，欧洲也陷入了前者所处的局面之中，并且随后几个欧洲国家爆发了欧洲主权债务危机。与美国相似的是，在 2008 年，欧洲市场也经历了总体上的信心丧失，几家大型的欧洲跨国银行机构则遭遇了严重的资本和流动性问题；与美国不同的是，欧洲的宏观审慎监督是同时在全欧洲和会员国家这两个层面上被执行的，尽管原则上各国的监管者只对自己国家的宏观审慎政策负有责任①。因此，与美国相比，欧洲对于危机采取的有效补救措施要实施得更加缓慢，且具有不同的特点（见 Pisani – Ferry 和 Sapir，2010）。

2008 年 9 月 27 日和 9 月 30 日，Fortis 和 Dexia 分别成为首批被"比荷卢联盟"（指比利时、荷兰以及卢森堡三国联盟）提供联合外部救助的大型机构中的一员。同样是在 2008 年 9 月 30 日，爱尔兰政府宣布它将对六家爱尔兰银行和它们位于国外的所有分支机构的存款和债务提供担保，标志着与此相似的国家层面行动的开始。与此同时，在经过会议讨论后，欧盟认为，欧洲各国对于自身经济的恢复工作也需要来自它的协助。

在应对金融危机之中，欧盟委员会扮演了非常活跃的角色。它修改了涉及国家援助的相关规定，以允许成员国不受掣肘地采取有效措施来应对危机。具体地来说，它授权国家政府向各自的金融机构提供国家援助和担保。

为了应对金融市场的惨淡，不同的国家采用了各种银行援助手段，包括西班牙的合并银行、德国建立一家"坏银行"，以及英国和荷兰的银行国有化。然而，在所有这些举措之中，金融机构都是以纳税人的钱为代价而受到援助的，这导致尽管多种多样的流动性和资本支持在恢复市场信心和阻止起到系统性重要作用的银行破产方面提供了帮助，但是主权政府的信用却承担了显著的风险。2009 年底，欧洲主权债务危机席卷了希腊、爱尔兰、葡萄牙、西班牙和塞浦路斯五国，这些国家既无法偿还它们的政府债务或是为其进行再融资，也无法对与它们一同陷入困境的银行机构提供外部救助，除非它们能够得到来自像欧洲中央银行（ECB）、国际货币基金组织（IMF）和欧洲金融稳定机构（EFSF）这样的第三方组织提供的救助。在上述机构中，EFSF 在 2010 年被欧盟的 17 个成员国创立出来，专门用于应对欧洲主权债务危机，并于 2012 年停止运作②。

---

① 自 2014 年欧洲银行联盟建立起，欧元区最大规模的银行都被置于欧洲中央银行的直接监督之下。

② 为了能够有效地解决欧洲主权债务危机问题，政策制定者们决定成立一个银行联盟（Banking Union），以打破危机中的政府与银行之间的紧密关联。伴随着银行联盟的成立，三个重要的决定被制定而生：（1）那些规模巨大的银行将从属于"单一监管机制"（Single Supervisory Mechanism，SSM），这意味着对这些银行的监管权从国家政府转移到了欧洲央行手中；（2）建立了欧洲稳定机制（European Stability Mechanism，ESM），作为为银行外部救助提供资金的主要来源；以及（3）成立了 BRRD 和 SRM，来解决破产的银行机构遗留下来的问题。

为了减少银行系统中的负向溢出效应以及提升欧盟国家的金融稳定性，从 2008 年到 2016 年，欧盟委员会总共批准了 50000 亿欧元的国家援助，欧盟的 28 家成员国可申请该援助。在这 50000 亿欧元之中，最终约实际发放了 19000 亿欧元（见表 3.10）[①]，这笔资金相当于欧盟 2016 年 GDP 的 13.1%，尽管各种援助项目的应用程度是不尽相同的——欧盟使用了四种不同的方式来提供外部救助支持：一是对银行的债务提供担保，这一项占到了援助总金额的 61.0%；二是资本注入（再融资），它占总金额的 23.9%；三是对处置不良资产的干预，占 9.7%；四是对银行的流动性提供支持，占 5.4%。危机期间，为银行债务提供担保是欧盟最常采用的措施，它为银行的债权人提供了隐性的担保，以应对银行无力偿还债务的状况。2008—2016 年，实施这一措施所付出的资金占到了欧盟 2016 年 GDP 总额的 8%，不过其主要集中在危机最为严重的 2009 年和 2010 年，并在此后的每年稳步减少。作为第二种最为常用的救助手段，再融资使政府能够让银行摆脱“有害”资产，而这一措施的成本相当于欧盟 2016 年 GDP 的 3.1%。2008—2016 年，希腊、意大利、爱尔兰、葡萄牙和西班牙这几个在危机中遭受了严重的不稳定性威胁的国家，成为上面提到的这些救助手段的主要对象。具体来说，担保支持、资本注入、资产处置支持，以及流动性措施为这些国家付出的资金，在各项措施总成本中所占的比例分别为 44%、42%、21% 和 29%。

在欧盟，每种救助方式在各个国家的应用规模也不尽相同。例如，爱尔兰使用了全欧盟担保支持总额的 24%，为所有国家之首，而它也与德国和西班牙一道，各自收到了资本注入总额的 13% ~ 14%；资产处置支持措施在德国得到了最大规模的采用，后者使用了该措施总金额的 42%；而英国和荷兰分别使用了流动性支持措施总金额的 32% 和 29%。与这些国家相比，东欧国家则收到了相对较少的资金支持，这很可能是由于外资银行在这些国家的银行体系中占据着较高的地位，而这些银行都已经受到过它们各自所在国的外部救助了。

不同于美国的 TARP 计划，没有一个组织专门把所有参与了外部救助项目的欧盟银行列举出来。一些最近发表的研究论文做出了与此最为接近的工作，它们通过对各种渠道和年报中的信息进行手工摘录，给出了由一些参与机构组成的列表。在表 3.11 中，我们给出了一个由 30 家接受了外部救助的大型机构（资产总额在 200 亿欧元或更高）组成的简短列表，这些机构分属欧盟的 15 个国家而外部救助则包括三种措施（担保、资本注入、流动性注入）。该表首次在 Nistor - Mutu 和 Ongena（2019）的文章中采用，他们指出，这些银行总共经历过 106 次不同的外部援助事件（36 次国家担保、35 次资本注入、35 次流动性注入），也就是说，一些银行曾获得了多次援助。在这 30 家银行中间，6 家银行受到过所有三种类型的援助，14 家银行受到过两种援助，剩余的 10 家银行则只得到过一种类型的救助。

---

① 见欧盟委员会网站 http：//ec. europa. eu/competition/state _ aid/scoreboard/index _ en. html。

与美国相似的是，欧盟的成员国也广泛使用了各种形式的政府支持，来稳定它们的银行部门。然而，与美国相比，欧盟批准的救助金额要远远高于实际的使用金额，且在使用过程中，最为重要的援助类型是担保，而非资本注入。这在一定程度上说明了两者之间在救助类型的选择和救助实施上的不同（Gropp 和 Tonzer, 2016）。

3.4　美国及其他国家的内部纾困

3.4.1　美国的有序清算管理局（OLA）和总损失吸收能力（TLAC）要求

在美国，2010 年的《多德—弗兰克法案》的第二部分（202 节）引入了 OLA 内部纾困机制。由机制提出的解决程序应用于"被覆盖的金融公司"，从广泛意义上来说，这些公司是指那些从事"正在违约或者具有违约风险"的金融活动，或是其倒闭会对美国金融体系的稳定性造成有害影响的银行控股公司和其他控股公司。

在 OLA 机制中，FDIC 被指定为上述公司的接管人，并拥有全面的法定权威来缩小金融公司的规模或是将其出售。在 FDIC 采用的"单点介入"（Single Point of Entry, SPOE）策略下，只有美国的最高一级的母控股公司会被接管（与此一同被转移的还有股东及大多数承受了损失的不受担保的债权人的索取权）。在这些母控股公司被有序地清算及其管理层被遣散的同时，为了避免使金融系统产生进一步的动荡，它们那些没有破产的分支机构会被转移给某个新设立的过渡金融公司，并像往常一样继续运作。《多德—弗兰克法案》的第二部分建立了有序清算基金（Orderly Liquidation Fund, OLF），该基金由 FDIC 管理，其目的是：（1）使 FDIC 能够有效行使法案授予它的权力；（2）为 FDIC 实施由法案授权的行动支付成本，这些行动包括对金融公司进行有序清算。OLF 的资金来自合并资产在 500 亿美元以上的银行控股公司，和受到美国联邦储备委员会监督的非银行金融公司征收的以风险为基础的评估费用。因此，当私人资金不足的时候，OLA 依赖于 OLF 向受到接管的金融公司提供资金。

尽管 OLA 机制提供了一个选择，但是它还未被使用过。不过，正如我们将在 17 章中讨论的那样，研究表明该机制的存在本身已经显著地改变了银行的资本行为。

2016 年 12 月，美国联邦储备委员会确定了有关总损失吸收能力（Total Loss Absorbing Capacity, TLAC）的最终规定，这些规定要求，在将过去、当前及未来的状况纳入考虑因素之后，银行必须具备充足的能力来应对有可能到来的严重财务困境。由于银行的必要资本很可能会在危机尚未得到解决的时候就被用完，因此要求它们必须拥有足够多的可提供内部纾困的资源（如普通股和符合条件的次级长期债务），并可将它们用于为分支机构再次筹集资本。符合要求的 TLAC 债券必须从属于所有其他的债权人和所有权（股权除外），且那些一年之内到期的债券价格必须比其他的低 1 倍。TLAC 也必须具有一年及以上的到期期限，并且不能包括任何可以让债券持有人规避损失承担目的的条款。当发生财务困境时，监督者会将 TLAC 的债务转成母公司或是分支机构层面的 TLAC 债务（也被叫作"内部纾困"债务）（见 Flannery 和 Bliss，2019）[①]。8 家美国的对于全球来说都起到系统性重要作用的银行都服从 21.5% ~ 23% 的最低要求，以及 7% ~ 10% 的最低的长期债务要求。这些机构必须在 2019 年 1 月 1 日之前满足这些需求。

3.4.2 其他在历史中出现过的内部纾困手段：美国大萧条时期的双重责任

在过去的美国，还有另一种内部纾困形式，叫作"双重责任"。今天，当一家银行破产时，它的股东们只需为他们个人的那部分投资损失负责，而不需要对银行的债务承担责任。然而，在美国内战和大萧条之间的约四分之三个世纪里，股东们都必须肩负着双重责任。也就是说，当一家银行倒闭时，它的股东们不仅会损失掉自己的投资（如同在有限责任中规定的那样），而且还必须支付一笔钱用来补偿存款人和债权人，而这笔钱的金额之高，使其很可能与他们手中持有股票的价值是不相上下的。这种双重责任的目的，一方面是为了减少过高的银行风险，另一方面则是为了向存款人提供保护。

在它的存在期间，这种"双重责任"系统被积极和严格地实践着，并引发了大量诉讼案件的发生，包括由美国最高法院做出的 50 项判决以及由更低级别的联邦法庭作出的数百个判决（见 Macey 和 Miller，1992）。而该系统最终被抛弃则是出于三个原因：（1）它并没能起到保护银行债权人权益的作用；（2）没能维持住公众对于银行系统的信心；以及（3）对于监管机构达成自己的目标来说，存款保险是一个远比双重责任系统更加优先的选择。然而，这一系统激励了股东去更加准确地衡量银行的风险，也更好地对银行的经理人起到了监督作用[②]。

然而，全球金融危机却将这一机制重新带回了人们的视野之中，有人提议应该将它重新引入银行系统之中，以使金融中介的目标和风险更为直接地联系在一起（见 Leijonhufvud，2010；Hendrickson，2014；Salter，Veetil 和 White，2017；Anderson，Barth 和 Choi，2018）。

3.4.3 其他曾在历史中出现过的内部纾困手段：长期资本管理（LTCM）

一次外部救助与内部纾困的结合，出现于 1998 年对当时世界最大的对冲基金——长期资本管理（Long - Term Capital Management，LTCM）的解决方案之中。Berger 和

---

① 就 TLAC 的要求而言，有两个需要讨论的主要条件："单点介入"（SPOE）和"多点介入"（MPOE）。SPOE 在监督机构之下为公司的终极母公司再次筹集资本，这也出于让母公司将新股权移交给分支机构的目的。在 MPOE 方法之下，多家分支机构将在市场中实现 TLAC 的要求，而它们的破产问题可以被各式各样的监督者来解决。

② 在同一时期，双重责任或更高要求的债务责任系统也出现在其他国家和地区之中，如英国、苏格兰、瑞典和加拿大（见 Salter，Veetil 和 White，2017）。

Bouwman（2016）指出，当时，LTCM 遵循着一项无论资产价格涨或跌都能够赚到钱的套利策略。然而，当俄罗斯在 1998 年 8 月 17 日选择对自己的主权债务违约时，投资者们迅速将他们的资金从政府票据转移到安全的美国国债上，这使得原本安全的资产组合滋生出了令人意想不到的风险。截至 1998 年 8 月底，LTCM 的资本大幅下降到 23 亿美元，还不到它 1997 年 12 月价值的 50%，那时它的资产规模甚至高达 1260 亿美元。在 1998 年 9 月的第三个星期过去后，LTCM 的资本进一步下降到了 6000 万美元，但它却始终没有拆分出自己资产组合的一部分用于出售，这使得投资者们开始对它追缴保证金的能力产生了不信任。

为了避免这家世界上最大的对冲基金的崩溃会引发可怕的金融灾难，1998 年 9 月 23 日，美联储纽约银行召集起该基金的主要私人投资者，组织了一次价值 35 亿美元的拯救计划。在 1998 年的最后三个月，几家大型银行不得不为它们的投资承受巨大的勾销损失。因此，对于 LTCM 的援助，实质上是一次由政府主导的内部纾困计划，在这次计划中，一批私营的金融机构提供了所需资金。

3.4.4　欧洲的银行复兴与清算指令（BRRD）

与美国的 OLA 相似，在欧洲，2014 年 6 月 1 日通过了 BRRD 及单一清理机制（Single Resolution Mechanism，SRM），并于 2016 年 1 月正式生效。BRRD 为各欧盟成员国创造了一个通用的银行清算框架，来处理那些起到系统性重要作用的机构所出现的问题。SRM 与欧洲中央银行和国家的清算机构一起在欧元区内执行 BRRD，并通过单一清理基金（Single Resolution Fund，SRF）提供的资金来实施清算。一旦一个机构被认定为"正在倒闭或者很有可能会倒闭"，内部纾困工具将授权监管者通过勾销债务、将债务转为股权，或是让债权人按照各自的优先级承担损失的方式，在这些陷入麻烦的机构实际违约之前对它们进行快速的再资本化。特别地，BRRD 规定，内部纾困将首先影响股权持有者（它们持有的股权将被勾销），然后是次级债务的持有者，再接下来是不受担保的优先级债务的持有者，以及不受担保的储户（上面这些投资者都将因债务被转为股权和/或债务被一笔勾销而承担损失）。之所以这样做，是为了使带给纳税人和实体经济的成本最小化。

表 3.10　欧洲的外部救助计划 2008—2016 年

编号	欧盟成员国	在 2008—2016 年由欧盟批准的援助资金总额（10 亿欧元）					在 2008—2016 年由欧盟国家使用的援助金额（10 亿欧元）				
		被批准的再融资	被批准的受损资产处置资金	被批准的担保资金	被批准的其他流动性管理资金	被批准的总计或最大的援助金额	使用的再融资	使用的受损资产处置措施资金	使用的担保	使用的其他流动性管理资金	使用的总计或最大的援助金额
1	比利时	23.3	28.2	275.8	20.5	347.8	20.8	21.8	46.8	0.0	89.4

编号	欧盟成员国	在 2008—2016 年由欧盟批准的援助资金总额（10 亿欧元）					在 2008—2016 年由欧盟国家使用的援助金额（10 亿欧元）				
		被批准的再融资	被批准的受损资产处置资金	被批准的担保资金	被批准的其他流动性管理资金	被批准的总计或最大的援助金额	使用的再融资	使用的受损资产处置措施资金	使用的担保	使用的其他流动性管理资金	使用的总计或最大的援助金额
2	保加利亚	0.0	0.0	0.0	1.7	1.7	0.0	0.0	0.0	0.0	0.0
3	捷克共和国	0.0	0.0	0.0	0.0	0.0	0.0	0.0	0.0	0.0	0.0
4	丹麦	14.6	2.3	580.0	4.9	601.8	10.8	0.3	145.0	2.0	158.1
5	德国	114.6	82.8	447.8	9.5	654.6	64.2	80.0	135.0	4.7	283.9
6	爱沙尼亚	0.0	0.0	0.0	0.0	0.0	0.0	0.0	0.0	0.0	0.0
7	爱尔兰	92.4	57.2	376.0	40.7	566.4	62.8	2.6	284.3	0.9	350.5
8	希腊	59.6	0.0	93.4	8.0	161.0	46.7	0.0	62.3	6.9	115.9
9	西班牙	174.3	139.9	200.0	30.0	544.2	61.9	32.9	72.0	19.3	186.0
10	法国	29.2	4.7	319.8	8.7	362.3	25.0	1.2	92.7	0.0	119.0
11	克罗地亚	0.0	0.0	0.0	0.0	0.0	0.0	0.0	0.0	0.0	0.0
12	意大利	25.8	0.4	150.0	0.0	176.2	11.5	0.3	85.7	0.0	97.5
13	塞浦路斯	3.5	0.0	6.0	0.0	9.5	3.5	0.0	2.8	0.0	6.3
14	拉脱维亚	0.8	0.5	5.1	2.1	8.5	0.5	0.4	0.5	1.0	2.5
15	立陶宛	0.8	0.6	0.3	0.0	1.8	0.3	0.0	0.0	0.0	0.3
16	卢森堡	2.5	0.0	4.5	0.3	7.3	2.6	0.0	3.8	0.1	6.5
17	匈牙利	1.1	0.1	5.4	3.9	10.4	0.2	0.1	0.0	2.5	2.8
18	马耳他	0.0	0.0	0.0	0.0	0.0	0.0	0.0	0.0	0.0	0.0
19	荷兰	39.8	30.6	200.0	52.9	323.4	23.0	5.0	40.9	30.4	99.3
20	奥地利	40.1	0.6	75.0	0.0	115.7	11.8	0.5	19.3	0.0	31.7
21	波兰	43.2	0.0	29.3	0.0	72.5	0.0	0.1	0.0	0.0	0.1
22	葡萄牙	34.8	4.4	28.2	6.1	73.5	14.5	3.2	16.6	3.8	38.2
23	罗马尼亚	0.0	0.0	0.0	0.0	0.0	0.0	0.0	0.0	0.0	0.0
24	斯洛文尼亚	4.5	3.8	12.0	0.0	20.3	3.6	0.3	2.2	0.0	6.1
25	斯洛伐克	0.7	0.0	2.8	0.0	3.5	0.0	0.0	0.0	0.0	0.0
26	芬兰	4.0	0.0	50.0	0.0	54.0	0.0	0.0	0.0	0.0	0.1
27	瑞典	5.0	0.0	156.0	0.5	161.6	0.8	0.0	19.9	0.0	20.7
28	英国	114.6	248.1	364.5	39.9	767.1	100.1	40.4	158.2	33.3	332.1
	总计	829.4	604.3	3381.6	229.7	5045.0	464.6	189.2	1188.1	105.0	1946.9
	占援助总额的比例（%）	16.4	12.0	67.0	4.6	100.0	23.9	9.7	61.0	5.4	100.0
	占欧盟 2016 年 GDP 的比例（%）	5.6	4.1	22.7	1.5	33.8	3.1	1.3	8.0	0.7	13.1

数据来源：欧盟委员会。

表 3.11　对欧洲银行的外部救助（2008—2014 年）

编号	银行名称	所在国家	是否获得担保（x 代表是）	是否获得再融资	是否获得流动性注入
1	Allied Irish Banks plc	爱尔兰	x	x	x
2	Banca Piccolo Credito Valtelline	意大利		x	
3	Banca Popolare di Milano SCaRL	意大利	x	x	
4	Banco BPI SA	葡萄牙		x	
5	Banco Comercial Português, SAMi	葡萄牙	x	x	
6	Banco de Sabadell SA	西班牙	x	x	x
7	Banco Espirito Santo SA	葡萄牙	x		
8	Bank of Cyprus Public Company	塞浦路斯	x		x
9	Bank of Ireland	爱尔兰	x	x	x
10	BNP Paribas	法国		x	x
11	Caixabank, S. A.	西班牙		x	x
12	Commerzbank AG	德国	x	x	
13	Crédit Agricole S. A.	法国		x	x
14	Danske Bank A/S	丹麦	x	x	
15	Erste Group Bank AG	奥地利	x	x	
16	First Investment Bank AD	保加利亚			x
17	ING Groep NV	荷兰	x	x	x
18	Intesa Sanpaolo	意大利	x		
19	KBC Groep NV	比利时		x	x
20	Lloyds Banking Group Plc	英国	x	x	x
21	Mediobanca SpA	意大利	x		
22	Natixis SA	法国		x	x
23	OTP Bank Plc	匈牙利			x
24	Raiffeisen Bank International AG	奥地利	x	x	
25	Royal Bank of Scotland Group Plc	英国	x	x	x
26	Société Générale SA	法国		x	x
27	Spar Nord Bank	丹麦		x	
28	Swedbank AB	瑞典	x		
29	Unione di Banche Italiane Scpa – U	意大利	x		

数据来源：Ongena 和 Nistor – Mutu（2019）。

　　此外，还存在其他的内部纾困手段，例如，运用企业销售工具（允许清算机构将破产银行的全部或是一部分出售给能够提供资本的另一家机构）、过渡机构（将优良资产转移到一家新设立的临时机构以待出售），或是资产分离工具（不良资产被分离出去，或是被转移给一家资产机构，并等待被有序地削减规模，或是等待来自其他银行或非政府机构的资本补充①。然而，如果来自私人领域的资金不足，那么欧盟将允许政府在私人投资者已经承担了首批损失的情况下提供进一步的资金注入。不过，只有当银行已被置于清算程序之中，并且它至少8%的债务都经历了内部纾困之后，这种向倒闭银行提供的最终援助才会被批准。在整个救助流程之中，银行的日常运营仍将继续，且它将拥有更为稳健的资本状况。

在欧盟，尽管在 2016 年 BRRD 生效之前，对于问题银行的处置不要求对未受担保的债权人提供内部纾困，但是一些独特的和系统性的处置方案表明 BRRD 在全面实施之前，就至少已被部分地实施了。我们接下来讨论一些发生在 BRRD 全面实施前后的欧盟银行内部纾困的例子，特别是在塞浦路斯、希腊、意大利、葡萄牙和西班牙这几个国家。

3.4.5　欧盟国家的内部纾困例子

3.4.5.1　塞浦路斯的经历

2013 年，当塞浦路斯的政府官员求助于内部纾困后，这一救助手段首次在这个国家吸引了人们的注意②。在这一年，作为向塞浦路斯的银行提供 100 亿欧元的外部救助的条件，欧盟和其他的国际组织要求该国两家最大的银行实施内部纾困，这将以牺牲这两家银行的债权人利益为代价，不过也会在同时放过那些被保险的存款人。然而，塞浦路斯的银行的股权与存款之间不存在任何重要的中间债务的事实，使得未被保险的存款人遭受了严重的损失。当塞浦路斯大众银行（它也叫作 Laiki 银行，是塞浦路斯的第二大银行）宣布破产时，它的那些未被保险的存款人几乎失去了一切，而塞浦路斯银行（该国最大的商业银行）48% 的未被保险的存款也都遭受了损失。作为应对手段，塞浦路斯银行将股票给了了这些存款人，然而对于大多数的存款者来说，这些股票的价值要远远低于他们蒙受的损失。

3.4.5.2　希腊的经历

希腊也同样经历了内部纾困，不过其规模并不是很大。伴随着其严重且从 2009 年持续到 2016 年的长期危机，希腊是另一个将冲击传染给整个欧盟的国家，这也使它经常成为被媒体口诛笔伐的对象。在希腊，其银行系统的再资本化直到 2015 年才完成，这主要是为了规避 BRRD 规定有可能引起的困难，这些困难很有可能会对那些未被保险的存款人造成伤害，而这些存款人主要由中小型企业（SMEs）构成。

尽管如此，希腊还是采用了一些内部纾困措施。2015 年 4 月，通过招标程序，Panellinia 银行的特定资产和债务被重新分配给了比雷埃夫斯银行。在清算时留在 Panellinia 银行的普通股和优先股都被清除，而该银行也缺少可被转换成股权的次级债务。2015 年 12 月，由于无力应对资金上的短缺，伯罗奔尼撒合作银行同样被实施了内部纾

---

① https：//srb. europa. eu/en/content/tasks - tools.

② https：//www. economist. com/the - economist - explains/2013/04/07/what - is - a - bail - in.

困，它的存款通过招标程序被重新分配给了希腊国家银行，并由希腊重建基金提供资金上的支持。同样，在这个案例中，银行的股权被清除，其债务则被实施了内部纾困。另外，2015 年末，在被欧洲中央银行的压力测试揭示出存在资金缺口之后，四家主要的希腊银行之中的两家（希腊国家银行与比雷埃夫斯银行）使用公共资金进行了"预防性的"再资本化，而没有接受事实上的内部纾困程序。然而，为了符合国家援助的规定，大多数的债券持有者都以债务被转换成股权的方式接受了内部纾困，而一些优先次级债券的持有人和优先股的持有人也遭受了损失。

3.4.5.3 意大利的经历

出于自身的糟糕经济状况，以及一个负担着大量不良贷款的银行部门，意大利也面临着是否要采取一些内部纾困手段的艰难抉择。2015 年末，在 BRRD 尚未完全生效时，意大利批准了对本国的四家小型银行（Banca Marche，Banca Popolare dell'Etruria，Cassa di Risparmio di Ferrara 和 Cassa di Risparmio della）采取内部纾困措施，这些银行的总资产共计约 470 亿欧元。在这些内部纾困程序下，银行的所有资产和债务都转移到了过渡银行之中，且优先级债券持有者的利益得到了保障，而次级债券的持有者则承担了一定的损失。然而，这些内部纾困手段遭到了公众的猛烈指责，因为许多的银行次级债券的持有者都是零售客户，这些人发现自己当初被出售了不合适的投资产品，并错误地相信了自己购买的资产是安全的。在此类事件发生后，意大利的权威机构开始禁止向零售客户出售次级债务，并且以更加谨慎的态度来对这种手段进行评估。

从 2016 年起，BRRD 的内部纾困规定成为欧盟银行破产后的默认选项，而且这些规定不允许使用纳税人的资金来挽救银行。然而，在一些特定的情况之中，欧盟的权威机构有权决定一项内部纾困计划是否有悖于公共利益，例如，它是否破坏了金融系统的稳定性、干扰了一些关键功能的提供，或是损害了储户的利益。如下所述，这种情况曾经出现在 2017 年 5 月的一个案例之中，该案例涉及两家陷入麻烦的大型银行，它们分别是 Banca Popolare di Vicenza 和 Veneto Banca，且都位于威尼托（Veneto）大区内。与之前意大利的四次内部纾困事件不同，在该案例中，意大利政府并没有采用以牺牲储户为代价的内部纾困方案，而是向欧盟申请为这些银行提供来自政府的外部救助。欧盟的权威机构认为，将这些银行置于内部纾困程序之中，确实不一定会符合公共利益，因为欧盟认为它们的破产并不会对金融稳定性造成显著的危害，并决定更好的应对方案是将它们置于意大利破产法的处理之下①。另一种对内部纾困手段表示不支持的观点则认为，对于意大利来说，使优先级的债权人和零售次级债券的持有者避免损失是很重要的，因为在意大利，未受担保的银行债务在家庭资产总额中占到了超过10% 的比例，而零售债券的持有者蒙受损失，有可能会瓦解储户对银行机构的信心，并造成政治上的动荡。不过，有批评者认为，这些银行之所以不能被纳入内部纾困程

---

① https：//www.economist.com/finance‐and‐economics/2017/07/01/the‐complicatedfailure‐of‐two‐italian‐lenders；https：//www.ft.com/content/c813eb7e‐5fdf‐11e7‐91a7‐502f7ee26895.

序之中，主要是因为 BRRD 的内部纾困规定无力与这些意大利银行中的遗留问题相抗衡。

2017 年 6 月，由于缺乏资金，Banca Popolare di Vicenza（意大利的第 10 大银行）和 Veneto Banca（意大利的第十一大银行）被欧洲中央银行宣布为"正在倒闭或是很有可能会倒闭"，而它们也确实在之后因为高额的不良贷款（分别为 100 亿欧元和 90 亿欧元）和不具备有效的商业模型而陷入艰难的困境之中，意大利政府则宣布了它们的破产。在得到了欧盟委员会的批准之后，这两家银行的"好"资产被以 1 欧元的价格出售给意大利的第二大银行 Intesa Sanpaolo，而它们的"坏"资产则被全部转移到一家"坏银行"之中。意大利政府向 Intesa Sanpaolo 支付了 35 亿欧元，以帮助其应对这些额外资本对其资本比率造成的影响，还将一笔 13 亿欧元的款项交予其来支付合并成本（如关闭分支银行所需的资金）。此外，意大利政府还为其提供了价值 12 亿欧元的担保，来覆盖任何潜在的损失。

2017 年 6 月，意大利的第四大银行 Banca Monte dei Paschi di Siena S. p. A（BMPS）也接受了一次伴随着内部纾困的再资本化。在这之前，该银行苦苦挣扎了数年之久，以在糟糕的管理问题和大量的不良贷款（总值约 286 亿欧元）中求得生存。自 2014 年开始，该银行曾两次增加过自己的资本，不过在 2016 年一次由私人发起的再资本化计划失败后，它的处境变得危险和不确定。2017 年 6 月底，意大利政府收到了欧盟对它向该银行提供外部救助的批准，并随即向其注入了 54 亿欧元的资金（相当于其资产规模的 70%），作为总计 81 亿欧元的救助资金的一部分[①]。

作为交换，该银行必须接受一次历时五年的大规模资本重构调整，以恢复市场对它的信心〔这些调整措施包括将不良贷款证券化或出售掉、严格的成本控制、对高管薪酬上限的限制、减少雇员数，以及关闭显著数目的分支机构、提高利润率，和改善一级普通资本比率（CET1）〕。此外，对 BMPS 的外部救助还要求该银行的股东和次级债权人需要承担价值 43 亿欧元的损失，以减少政府支出的压力。那些拥有价值 2000 万欧元左右的垃圾债券的零售投资者，则将由于被出售了这种令人失望的产品而得到补偿。

3.4.5.4 葡萄牙的经历

2014 年夏天（在 BRRD 规定完全实施之前），葡萄牙在对 Banco Espirito Santo（BES）进行处置时使用了内部纾困手段。在利用葡萄牙清算基金（Portugal Resolution Fund）向 BES 进行资本注入的同时，该国还采用了过渡银行的策略，建立了 Novo Banco 来接收 BES 的"好"资产和"好"债务。此外，优先级债券的持有者和储户都被转移至 Novo Banco 中，且未遭受任何损失。然而，股权及次级债券的持有者都被遗留在原始银行之中，并且遭受了严重的损失。之后，在 2015 年 11 月，ECB 的压力测试在

---

① https：//www.cnbc.com/2017/07/05/italy - swoops - in - to - save - another - bank - leavingtaxpayers - on - the - hook - for - over - 25 - billion.html.

BES 中发现了 14 亿欧元的资本缺口。12 月底，在历时 18 个月的清算程序后，相关机构决定将 52 项固定利率的未受担保债券中的 5 个层级重新转移到 BES 以待清除。这些债券在葡萄牙的法律之下面向机构投资者发行，并拥有 19.85 亿欧元的面值。然而，市场参与者无法完全接受对这五个债券的随意选择和较晚的选择时间，并提出了相关的质疑，因为这违背了高级债券持有人的平等原则。一些投资者采取了法律行动来反对这项决定，葡萄牙银行也在后来对这些债券持有者提供了一些补偿[1]。

2015 年 12 月，另一家葡萄牙银行 Banco Internacional do Funchal（简称 BANIF，该银行是葡萄牙的第七大银行）也以相同的"好银行—坏银行"剥离法实施了清算。在葡萄牙政府 22.6 亿欧元的资金支持下，它的"好"资产被出售给了桑坦德银行，而"坏"资产的一部分则被放在一家被特别设立的机构中。在清算程序中，原始银行的存款人和优先级债券的持有者被转移到桑坦德银行之中，因而不会在内部纾困的过程中蒙受损失，但是股权和次级债券的持有者仍留在 BANIF 之中，并因此遭受了损失。而这些被清算的次级债券的持有者，大部分是由零售投资者构成的，他们不得不付出的代价也引发了公众的抗议[2]。

3.4.5.5 西班牙的经历

西班牙也采取了针对银行的内部纾困手段。自从 2008 年西班牙的国家房产泡沫破灭以来，Banco Popular（该国的第六大银行）便长时间地处于困境之中，且在苦苦应对价值 79 亿欧元的不良贷款。2012—2016 年，该银行面向股东筹集了三次的股权资本，然而这一策略却并不奏效，使它最终不得不考虑为自己寻求买家。雪上加霜的是，一次意料之外的存款挤兑令这家银行面临的资金问题更加严重。2017 年 6 月 6 日，由于显著的流动性恶化使 Banco Popular "无力偿还到期的各种债务"，欧洲中央银行认定它"正在破产或者很可能会破产"，并且通知欧盟单一清算委员会来对其采取处置手段。一天后，Banco Santander（西班牙的最大银行）宣布，它将以象征性的 1 欧元的价格购买 Banco Popular，并将投入 70 亿欧元的资金，以满足 Banco Popular 的融资需要[3]。这项交易导致了 Banco Popular 的股东及一些债券持有者的资产瞬间蒸发［包括那些可以被转换为股权的应急可转债（Contingent Convertible Debt，CoCos）的持有者］，然而作为桑坦德集团的一个流动性高且远离破产边缘的新成员，该机构继续在"正常的商业状况"下运作。不同于其他国家的清算结果，由于西班牙对欧盟的内部纾困规定表示认可和尊重，以及由于纳税人的钱并未被用于纾困措施，西班牙政府和欧盟的权威

---

① https：//www. euromoney. com/article/b12kp0jkw480cg/novo – banco – bail – in – maybreach – brrd – transfer –rules.

② https：//www. euromoney. com/article/b12kp0zxch2kvg/portugal – banking – the – longshadow – of – banif – and –bes.

③ 想要获知更多细节，请参见 https：//www. independent. co. uk/news/business/news/santander – banco – popu-lar – bankd – takeover – rescue – 1 – collapse – eu – spain – a7776561. html 以及 https：//www. economist. com/the – econo-mist – explains/2017/06/23/how – the – eurozone – deals – with – failing – banks。

机构都认为该国的内部纾困举措取得了成功,特别是其银行系统随后在首次的 BRRD 测试之中就取得了通过的结果。

3.4.6 内部纾困与外部救助在德国的混合——正常时期和金融危机期间的银行联合会及政府

在所有欧盟国家的银行部门之中,德国的银行部门要算作是特殊的一个。其特殊之处就在于,它由私有银行(本国银行和外资银行)、公有银行[储蓄银行和州立银行(Landesbanken)]和合作银行(Cooperative Banks)三大支柱构成,这些银行在所有者结构和地理范围上都有所不同(Brunner,Decressin,Hardy 和 Kudela,2004;Dam 和 Koetter,2012;Berger,Bouwman,Kick 和 Schaeck,2016;Gropp 和 Tonzer,2016)。此外,在安全网机制的设计和救助计划上,这些银行也存在着显著不同。

与美国及其他国家的外部救助资金一般都来自公共部门或者纳税人相比,在德国独特的银行系统中,为陷入金融困境的银行提供资本的主要是德国银行联合会的保险机制。在德国,三大银行支柱都有各自的银行联合会,而作为保护伞,这些联合会会为自己的会员机构提供强制性的保险。所有的保险机制都是依据具体的风险状况而被设计出的,而且是银行而非纳税人为它们提供资金。保险机制为一家机构提供资金支持,需要得到该机制的董事会或者某个委员会的同意,而且实际上该机制总是优先考虑那些风险应对能力最差的银行。一旦银行联合会认定某家银行破产,而又没有其他银行来收购这家陷入困境的机构的话,联合会将给予它资金支持,并帮助它满足监管上的要求。由于德国银行联合会的保险机制提供的资金注入既不来自政府机构,也不来自被政府支持的组织,因此该资金可以被看作是一种内部纾困。不过,它也可以被视为一项外部救助,因为提供这些资金的是一个互助组织,而非某些私营银行。之后,在第十六章,依照它们在研究文献中的常见名称,我们简单地认为它们是外部救助。

全球金融危机成为了一个特例,因为在这个时期德国政府和银行联合会的保险机制都在为银行提供资金。特别地,Berger,Bouwman,Kick 和 Schaeck(2016)注意到,在危机时期,德国政府的资金支持直接来自金融市场稳定基金(Financial Market Stabilization Fund)。他们发现,在 1999—2009 年,六家德国银行受到了这种政府支持,而更多的银行受到的则是银行联合会的支持。

3.4.7 其他的内部纾困工具:应急可转债(CoCos)

应急可转债是一项与内部纾困高度相关的金融工具,鉴于它的可转换特征以及能够在债务发行银行的资本低于一定程度时吸收损失的能力(Calomiris 和 Herring,2011,2013;Flannery,2014,2016),CoCos 始终被作为一项对金融机构实施再资本化以及促进金融市场稳定性的机制来使用。并且,由于 CoCos 和内部纾困机制的相似性,它也被用来促进内部纾困手段的实施,以及用来帮助银行的监管者应对大而不倒(TBTF)

银行导致的问题①。与内部纾困措施（这些措施也经常被称作基于事后考虑的资本提供手段，因为它们只会在一家银行失败时才会发挥吸收损失的作用）相似，当一家银行的资产价值下跌时，作为债务工具，CoCos（由于在银行持续经营时就对其进行了再资本化，它也经常被称作基于事前考虑的资本提供手段）可以被转换为股权。

CoCos与内部纾困的不同体现在两个方面。一是对于CoCos来说，选择何时将债务转换为资本既可以从银行个体，也可以从系统层面上去考虑，或者两者兼而有之。就一般而言，CoCos在银行接近但还未陷入财务困境的时候将债务转换为股权，而内部纾困则是在它一旦认定一家银行到达了生存能力较差的临界值时，就将其债务转换为股权。二是在转换比例（债务转换为股权的比例）上的不同，及其给原始股东造成的不同影响。CoCos对债务的转换会稀释掉原始股东的股权，而内部纾困在银行的重组过程之中全部清除掉了原始股东的股份。因此，与内部纾困相比，CoCos的有效性就在于其独特的触发机制和转换比例，加上它可以以各种各样的形式出现，例如备用贷款（Standby Loan）、巨灾债券、盈余票据和被赋予看涨期权的反式可转换债券。

3.5　银行破产/失败

美国的政策制定者也考虑了其他的外部救助和内部纾困手段，包括那些不需要政府干预的政策，如允许大型银行组织破产和银行倒闭。

2017年4月26日，众议员Jeb Hensarling代表众议院在第115届国会上提出了金融CHOICE法案，该法案于2017年6月8日在众议院被表决通过；与此同时，它标志着自2010年起生效的《多德—弗兰克法案》的某些条款，以及其他一些法律法规将被终止。特别地，CHOICE法案将停止OLA的运作，并重新修订美国的破产规则（见本书第14章），这些改变将会使大型的复杂金融机构在失败后更易被实施清算，特别是那些在《多德—弗兰克法案》第一修正案之下向美联储和FDIC提交了清算计划（事前指示）的金融机构②。重要的是，该法案的第14章在很多地方都效仿了FDIC的单点介入模型（Single Point of Entry，SPOE）。然而，清算手段只需要破产法庭的支持，而不需要监管机构的干预或者OLF的准入。至于现在，美国财政部则意识到，如果没有足够的私人资金，CHOICE法案第14章的规定在一些大型的跨国金融机构综合体的案例之中可能并不可行。在这种情况下，对于这些机构来说，内部纾困工具OLA可能仍然被

---

① CoCos的其他用途，还包括传递银行风险信号，以及鼓励那些遭受严重损失的银行及时且自愿地向市场提供股权。

② https：//www.congress.gov/bill/115th-congress/house-bill/10.

保留为一项应急措施①②。

3.6 使用事前指示进行重组

事前指示或者清算计划，被视为是在不依靠政府或私人部门援助的条件下，用来解决大而不倒型银行组织面临的困境或是即将到来的破产的一种潜在的备选方案。《多德—弗兰克法案》的第 165 节（d 部分）规定，所有资产规模在 500 亿美元及以上的银行，都必须每年向美联储和 FDIC 提交清算计划，这些计划的大部分内容也会被披露给公众。这些计划要求，银行必须切合实际地、客观地描述出在面临金融困境或破产时，它们将采取何种快速且有序的清算策略。从理论上来看，事前指示与我们在之前讨论的破产程序很相近，不过前者的实施过程要更加有序，而且很可能会更多地保留住财务状况良好的部分银行组织。图 3.2 和图 3.3 分别展示了对 2017 年两家大型的美国银行控股公司——摩根大通和富国集团——实际的事前指示的部分摘录。

2012 年 7 月，那些资产规模在 2500 亿美元及更多的银行制订出了第一批清算计划。在随后的 2013 年 7 月，那些规模在 1000 亿美元及更多的银行制订出了第二批清算计划。剩余的参与机构则在 2013 年 12 月提交了这些文件。自此，所有的银行都要在每年提交该计划报告。银行的监管者们可能会批准事前指示，但是也可能会拒绝（如果这些计划不可靠的话），并敦促银行进行改善，或是制定出一套更加稳健的清算策略。作为严苛的惩罚，事前指示被拒绝的机构有可能会被施加更高的资本和流动性要求，或是需要对它们的组织架构作出调整。例如，2016 年，在事前指示被拒绝之后，富国集团被禁止建立国际银行机构或是对非银行分支机构进行收购。

2019 年 4 月，美联储和 FDIC 签署了一项多边协议，来简化当前的事前指示要求，并让相关机构着重去改善风险更高银行的处境③。该协议的重点是，它为个别的美国区域性银行控股公司免除了必须提交清算计划的要求，并为所有银行都减少了事前指示的提交要求④。它依照风险的不同，将银行分为几类，并为每一类银行都制定了单独的事前指示提交要求，还为所有银行都延长了事前指示的提交周期。同时，该协议还引入了其他的完整计划（与银行在今天提交的复杂计划相同）和更加精细化的计划（只包括完整计划的核心部分，例如，新的监管政策对资本和流动性改变以及这些机构要

---

① https：//www.davispolk.com/files/2018－09－17_financial_services_regulatory_reform_tool.pdf；https：// www.hoover.org/research/making－failure－feasible；https：//www.finregreform.com/single－post/2018/02/22/treasury－ retain－but－reform－ola－add－newchapter－14－to－bankruptcy－code/.

② Hoenig, Morris 和 Spong（2009）与 Jackson（2009, 2015）也对针对 TBTF 银行组织的类似的破产计划的提议进行了描述。

③ Rocha, Polo, 2017 年 4 月 17 日，"FDIC approves proposal reducing bank 'living wills' requirements", SNL Bank and Thrift Daily."

④ 2018 年 1 月被国会通过的 2018 年金融机构生前遗嘱改善法案（HR.4292）也建议机构每两年而不是每年都递交清算计划。

求的信息）来缓解监管上的负担。

在该协议之下，第一级提交者——8 家美国的 G – SIBs——需要每两年提交一次他们的计划，以及其他的完整和精细化计划。第二级（总资产在 7000 亿美元或以上的银行，或是参加 750 亿美元及以上规模的跨区域活动的银行）和第三级（资产规模在 2500 亿美元及以上的银行，或是拥有 750 亿美元及以上价值的非银行资产、加权短期批发资金或是表外暴露的银行）的提交者包括 13 家机构，并且都是只需三年提交一次，而且可以任意提交完整计划或是精细化计划①。最终，另有 53 家外国银行机构（FBOs）允许以 3 年为周期提交事前指示。所有的其他机构都不再被要求提交清算计划。

2019 年 10 月，美联储完成了对 4 月提议的考虑。这些规则将在联邦注册局对其出版以后正式实施②。

清算计划之所以可能会是有用的，是因为它们为监管者提供了关于大银行组织结构的关键信息，以及有可能会激励银行去简化它们的结构，这些在面对破产局面时都可能会起到帮助。然而，事前指示也有可能只在正常时期才对破产有帮助，而可能不会在金融危机和恐慌期间起到很好的效果，这时清算手段是最需要的。在 2018 年末的

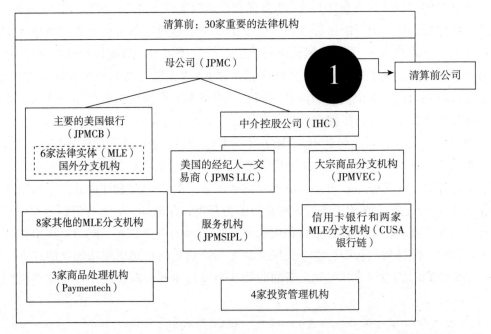

图3.2　分别对摩根大通 2017 年清算计划公共文档公司结构中在清算前，清算时和清算后的摘录

（https：//www. federalreserve. gov/supervisionreg/resolution – plans/jpmorgan – chase – 1g – 20170701. pdf）

---

① 这13家机构有：Barclays，Capital One，Credit Suisse，Deutsche Bank，HSBC，Mizuho Bank，MUFG，North-ern Trust，PNC Financial Services，Royal Bank of Canada，Toronto – Dominion Bank，UBS 和 U. S. Bancorp。

② https：//www. nytimes. com/2019/10/10/business/economy/federal – reserve – bankregulations. html.

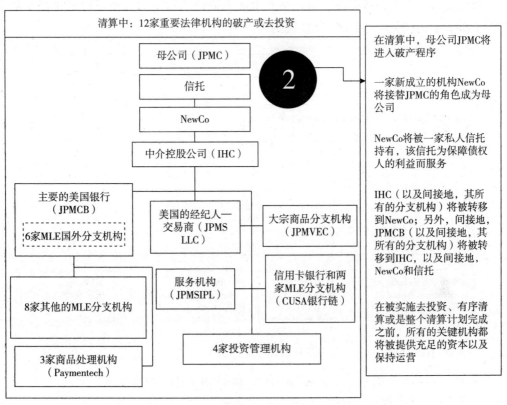

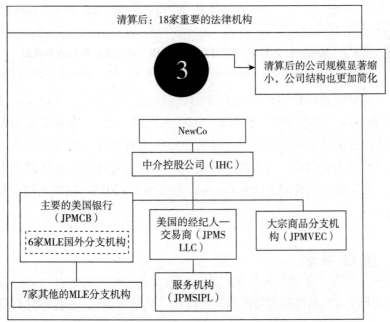

图 3.2　分别对摩根大通 2017 年清算计划公共文档公司结构中在清算前，清算时和清算后的摘录（续）

一次布鲁金斯学会上，蒂莫西·盖特纳和伯南克提到"所谓的大型银行每年都要提交的事前指示不会在金融恐慌之中起到效果"。[①]

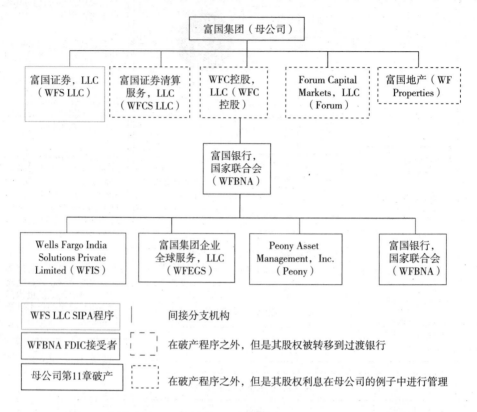

图3.3 摩根大通2017年清算计划公共文档：对主要机构的清算机制

（https：//www.federalreserve.gov/supervisionreg/resolutionplans/wells－fargo－2g－20170701.pdf）

根据以美联储的监管机构指南为基础的危机后机构框架[②]，事前指示是一项用来"保证公司有降低失败概率弹性"和用来"减少公司破产和重大缺陷对金融系统和更广意义上的经济体造成的影响"的工具。清算策略认为复杂性不会对系统性风险或是公司之间的相互联系造成影响，却在同时排除了对于额外支持手段的依赖来阻止公司破产这一方法。在第四章，我们将回顾 Cetorelli 和 Traina（2018）对事前指示及其监管和效果的理论辩论。

3.7 监管容忍

另一项用来应对大型机构困境的政策被称作"监管容忍"，它包括允许金融机构在

---

① https：//wallstreetreview.com/2018/09/12/bank－living－wills－wont－save－financialsystem－from－a－panic－bernanke－and－geithner－agree/.

② https：//www.federalreserve.gov/supervisionreg/srletters/sr1217.htm.

其资本低于监管要求甚至是寥寥无几时继续营运，并使重大的监管干预或是破产程序向后推迟。一些人认为，所谓的监管容忍政策，实际上就是不采取任何政策，而允许这样一种处理手段，则是为了节省破产成本、拖延对问题的处理，或是仅仅是寄希望于问题可以自然而然地被解决。然而，此种对于不采取任何监管行动的纵容，可能会导致长期问题持续存在。

在 20 世纪 80 年代的储贷危机中，容忍政策曾得到过广泛应用。储贷机构（Thrifts，也被称作 S&Ls）尽管一般在资产规模上比银行要小，但是它们对于美国的抵押贷款市场而言还是很重要的。1980 年，美国有大约 4000 家储贷机构，它们拥有总计6000 亿美元的资产，而其中的 4800 亿美元都以抵押贷款的形式存在着，这占到了当时市面上所有住房抵押贷款价值（9600 亿美元）的一半（联邦储备委员会，2013）①。储贷机构的业务高度集中在抵押贷款上，是由监管要求所致，而且它们严重依赖于短期存款来为自己融资，这便使它们在利率上涨时变得格外脆弱。

20 世纪 70 年代末和 80 年代初，通胀率和利率都大幅上升，给储贷机构带来了显著的问题。由于采用浮动利率的抵押贷款在当时是非法的，这些储贷机构发行的主要是长期的固定利率抵押贷款。当利率水平上升时，它们不得不以高利率为代价进行短期借款，却在同时只能收到长期抵押贷款的低利息，这就使得储贷机构的净资产亏损严重，它们的账面资本也一同大幅下跌。由于监管者缺乏足够的资源来应对储贷机构面临的损失，因此它们几乎只能选择让这些资本水平很低甚至为负的机构继续运作、推迟它们的倒闭、将问题推向未来，这也是监管容忍政策的含义。与此同时，监管者减少了对该行业的管制，希望它可以自己从困难之中走出来。1980 年，国会通过了《存款机构去管制和货币控制法案》（*Depository Institution Deregulation and Monetary Control Act*，DIDMCA），并在由美国总统签署后正式实施。1982 年，国会还通过了 Garn – St. Germain 法案，该法案旨在减少对于储贷机构活动的一些限制，并为它们拓展投资机会。然而，迅速摆脱资金枯竭状况的渴望引发了道德风险问题，从而导致出进一步的信用危机。这与其他问题一起，使得这些储贷机构的问题变得更加严重了。最终，从长期来看，纳税人承担了巨额的损失。

直到 20 世纪 80 年代末，储贷机构的问题才在某种程度上得到解决，这是因为当时的美国国会决定正面面对这些问题。1989 年，美国国会通过了《金融机构改革、恢复和执行法案》，该法案计划开展一系列针对储贷机构的改革。另外，在该法案的规定下，主要的储贷机构监管者（联邦住房贷款委员会）和为储贷机构提供保险的 FSLIC 都被解散了。作为它们的替代，美国国会创立了储贷机构管理局（Office of Thrift Supervision，OTS），并让 FDIC 来为储贷机构提供保险。此外，它还创立了重组信托公司（Resolution Trust Corporation，RTC），用来处理仍然面临困境的储贷机构。在 1995 年被

---

① https：//www.federalreservehistory.org/essays/savings＿and＿loan＿crisis.

终止之前，RTC 总共关闭了 747 家储贷机构，这些机构的资产共计约 4070 亿美元。据估计，此次储贷危机给纳税人带来的最终损失高达 1240 亿美元①。

3.8　分解大型的银行组织

应对系统性重要银行困境的最后一个方案，是对银行机构进行分解。对于如何分解银行，有两种不同的提议。第一种提议呼吁将大型的机构分解为对整个系统来说不是很重要的规模小一些的银行，以便它们在引起"灾难性的"系统威胁时可以更易被管理。另一种提议则呼吁将银行按照不同的业务类型来分类，或者是呼吁终止 1999 年通过的《格雷姆—里奇—比利雷法案》，转而重新采用《格拉斯—斯蒂格尔法案》对于合并商业银行与投资银行的限制。这种呼吁经常被包括唐纳德·特朗普、伯尼·桑德斯、伊丽莎白·华伦和许多其他人在内的总统候选人作为一项解决银行问题的手段提出来，也有时被称作是"21 世纪的格拉斯—斯蒂格尔法案"②。

在 2010 年的《多德—弗兰克法案》之下建立的金融稳定监督委员会（Financial Stability Oversight Council，FSOC），担负着发现并监督金融系统中的风险累积问题、定义哪些机构为起到系统性重要作用的金融机构（Systemically Important Financial Institutions，SIFIs），以及对金融系统面临的新的稳定性威胁作出回应的关键责任。FSOC 的其他详细责任，还包括以不低于三分之二的票数，决定哪些"过大"的金融机构需要采取更加严格的资本、流动性和风险管理手段。最后，FSOC 也可以以不低于三分之二的票数批准对那些会对金融系统造成严重系统性威胁的复杂金融机构实施分解，尽管这种手段从未使用过。

与 FSOC 高度相关的，是明尼阿波利斯在 2017 年 1 月发布的所谓"明尼阿波利斯计划"③，该计划意欲解决大而不倒银行的问题，以及大幅度减少金融危机和银行外部救助带来的风险。它提出了几个重要的政策改变，包括提高对于 G – SIBs 的最低资本要求（资本与风险加权资产的比率至少要达到 23.5%），以及迫使被美国财政部裁定为起到系统性重要作用的银行不再具有该特点（如对它们实施分解），或者这些银行必须面临资本要求每年提高 5%，直到资本与风险加权资产的比率最高达到 38%。不过，这项计划目前仍处于公共讨论之中，因而始终未被真正开展。

---

① https：//www. federalreservehistory. org/essays/savings _ and _ loan _ crisis.

② https：//www. politico. com/2020 – election/candidates – views – on – the – issues/economy/big – banks/；https：//fortune. com/2017/05/03/donald – trump – break – breaking – up – bigbanks – glass – steagall/；https：//www. americanbanker. com/opinion/another – politicalstorm – is – brewing – for – big – banks；https：//money. cnn. com/2017/05/09/investing/donald – trump – glass – steagall/index. html.

③ 参见明尼阿波利斯联邦储备银行的官方网站：https：//www. minneapolisfed. org/news – and – events/news – releases/minneapolis – fed – releases – finalplan – to – end – too – big – to – fail。

参考文献

［1］Anderson, H. , Barth, D. , & Choi, D. B. （2018）. Reducing moral hazard at the expense of market discipline: The effectiveness of double liability before and during the Great Depression. Office of Financial Research Research Paper. No. 18 – 06.

［2］Barofsky, N. （2013）. Bailout: How Washington abandoned Main Street while rescuing wall street. Simon and Schuster.

［3］Bayazitova, D. , &Shivdasani, A. （2012）. Assessing TARP. The Review of Financial Studies, 25 （2）, 377 – 407.

［4］Berger, A. N. , Black, L. K. , Bouwman, C. H. S. , & Dlugosz, J. （2017）. Bank loan supply responses to Federal Reserve emergency liquidity facilities. Journal of Financial Intermediation, 32, 1 – 15.

［5］Berger, A. N. , & Bouwman, C. H. S. （2016）. Bank liquidity creation and financial crises. Elsevier – North Holland.

［6］Berger, A. N. , Bouwman, C. H. S. , Kick, T. , & Schaeck, K. （2016）. Bank liquidity creation following regulatory interventions and capital support. Journal of Financial Intermediation, 26, 115 – 141.

［7］Bernanke, B. S. （2015）. The courage to act: A memoir of a crisis and its aftermath. WW Norton & Company.

［8］Brunner, A. D. , Decressin, J. , Hardy, D. C. L. , & Kudela, B. （2004）. Germany's three – pillar banking system: Cross – country perspectives in Europe （Vol. 233）. International Monetary Fund.

［9］Bush, G. W. （2008）. President Bush discusses Emergency Economic Stabilization Act of 2008. White House Press Release. Available at https: //georgewbush – whitehouse. archives. gov/news/releases/2008/10/20081003 – 11. html.

［10］Calomiris, C. W. , & Herring, R. J. （2011）. Why and how to design a contingent convertible debt requirement （Working Paper）.

［11］Calomiris, C. W. , & Herring, R. J. （2013）. How to design a contingent convertible debt requirement that helps solve our too – big – to – fail problem. The Journal of Applied Corporate Finance, 25, 39 – 62.

［12］Cetorelli, N. , & Traina, J. （2018）. Resolving "too big to fail" （Working Paper）. Congressional Oversight Panel. （2009）. Taking stock: What has the Troubled Asset Relief Program achieved. Congressional Oversight Panel. Available at: https: // fraser. stlouisfed. org/files/docs/historical/fct/cop _ report _ 20091209. pdf.

［13］Congressional Oversight Panel. （2010）. Assessing the TARP on the eve of its expiration. Congressional Oversight Panel. Available at：https：//fraser. stlouisfed. org/files/docs/historical/fct/cop _ report _ 20100916. pdf.

［14］Corte's, K. , & Millington, S. （2014）. Gauging the impact of the small business lending fund. Federal Reserve Bank of Cleveland. Economic Trends.

［15］Dam, L. , & Koetter, M. （2012）. Bank bailouts and moral hazard：Evidence from Germany. The Review of Financial Studies, 25 （8）, 2343 – 2380.

［16］Duchin, R. , & Sosyura, D. （2012）. The politics of government investment. Journal of Financial Economics, 106 （1）, 24 – 48.

［17］Federal Reserve Bank of Minneapolis. （2017）. The Federal Reserve Bank of Minneapolis plan to end too big to fail. Available at https：//www. minneapolisfed. org/w/media/files/publications/studies/endingtbtf/the – minneapolis – plan/the – minneapolis – plan – to – endtoo – big – to – fail – final. pdf？la = en.

［18］Federal Reserve Board of Governors. （2013）. Savings and loan crisis. Available at https：//www. federalreservehistory. org/essays/savings _ and _ loan _ crisis.

［19］Flannery, M. J. （2014）. Contingent capital instruments for large financial institutions：A review of the literature. Annual Review of Financial Economics, 6 （1）, 225 – 240.

［20］Flannery, M. J. （2016）. Stabilizing large financial institutions with contingent capital certificates. Quarterly Journal of Finance, 6 （2）, 1650006.

［21］Flannery, M. J. , & Bliss, R. R. （2019）. Market discipline in regulation：Pre – and post – crisis. In Oxford Handbook of Banking (3rd Edition) .

［22］Gropp, R. , & Tonzer, L. （2016）. State aid and guarantees in Europe. In The PalgraveHandbook of European Banking. Springer, 349 – 81.

［23］Hendrickson, J. R. （2014）. Contingent liability, capital requirements, and financial reform. Cato J, 34, 129.

［24］Hilsenrath, J. , Solomon, D. , & Paletta, D. （2008）. Paulson, Bernanke strained for consensus in bailout. Wall Street Journal.

［25］Hoenig, T. M. , Morris, C. S. , & Spong, K. （2009）. The Kansas City Plan. Chapter 10 In Ending government bailouts as we know them. Hoover Institution Press.

［26］Isaac, W. M. （2010）. Senseless panic：How Washington failed America. John Wiley and Sons.

［27］Jackson, T. H. （2009）. Chapter 11F：A proposal for the use of bankruptcy to resolve financial institutions. Chapter 11 in Ending government bailouts as we know them. Hoover Institution Press.

[28] Jackson, T. H. (2015) . Building on bankruptcy: A revised Chapter 14 proposal for the recapitalization, reorganization, or liquidation of large financial institutions. Chapter 2 in Making failure feasible. Hoover Institution Press.

[29] Leijonhufvud, A. (2010) . A modest proposal. (Accessed 20 September 2010) .

[30] Macey, J. R. , & Miller, G. P. (1992) . Double liability of bank shareholders: History and implications (Working Paper) .

[31] Massad, T. G. (2011) . Written testimony before the Senate Committee on Banking, Housing, and Urban Affairs. Available at https: //www. treasury. gov/press - center/ press - releases/Pages/tg1108. aspx.

[32] Mukherjee, T. , & Pana, E. (2018) . The distribution of the capital purchase program funds: Evidence from bank internal capital markets. Financial Markets, Institutions & Instruments, 27 (4) , 125 – 143.

[33] Nistor – Mutu, S. , Ongena, S. , The impact of policy interventions on systemic risk across banks. 2019. (Working Paper) .

[34] Paulson, H. M. (2013) . On the brink: Inside the race to stop the collapse of the global financial system – with original new material on the five year anniversary of the financial crisis (Business Plus) .

[35] Pisani – Ferry, J. , & Sapir, A. (2010) . Banking crisis management in the EU: An early assessment. Economic Policy, 25 (62) , 341 – 373.

[36] Salter, A. W. , Veetil, V. , & White, L. H. (2017) . Extended shareholder liability as a means to constrain moral hazard in insured banks. The Quarterly Review of Economics and Finance, 63, 153 – 160.

[37] Solomon, D. , & Enrich, D. (2008) . Devil is in bailout's details. The Wall Street Journal.

[38] Zingales, L. (2011) . Oral Testimony of Luigi Zingales on overall impact of TARP on financial stability. Congressional Oversight Panel.

第四章　关于银行外部救助、内部纾困及其他处置措施的理论背景

　　第四章回顾了对银行陷入的财务困境采取的不同解决方案背后的理论依托，这些解决方案包括：（1）外部救助；（2）内部纾困；（3）破产/倒闭（令银行控股公司破产和令银行倒闭）；（4）按照事前指示进行重组；（5）容忍协议。为了与本书研究的重点相一致，这一章的绝大部分讨论都将集中在外部救助和内部纾困的理论依据上。

　　本章第一节到第四节描述了外部救助和内部纾困是如何影响实现降低系统性风险和改善实体经济目标的。当然，包括外部救助和内部纾困在内的危机应对手段并不会立竿见影地直接改变系统性风险或是实体经济，而一定会首先产生一些"中间结果"——例如，它们会影响受到外部救助和经历内部纾困的银行的行为、这些银行所在市场的功能，以及这些银行的利益相关方。之后，这些金融和经济上的中间结果有可能会对系统性风险和整个实体经济造成进一步的影响。

　　具体地说，在这一章中，第一节将讨论外部救助可以通过哪些传导机制，直接地对银行、银行市场和银行的利益相关方造成金融和经济方面的众多中间影响，这些影响涉及：银行价值；银行股东、未被保险的债权人和被保险的储户形成的市场约束机制；受到外部救助的银行的市场杠杆风险；受到外部救助的银行的竞争能力（以这些银行的市场份额和市场力量来衡量）；银行的信贷供给、资产组合风险，和它对整个银行系统的重要程度，以及银行信贷客户的资产价值和他们的支出行为。上面的这些影响，囊括了关注 TARP "中间结果"的所有过往参考文献的研究成果，而我们也将在本书的第二部分使用更长的篇幅去讨论这些文献。在表 4.1 中，我们给出了上面这些影响的"方向"——正面影响、负面影响或是方向不确定。与第一节和表 4.1 的结构相同，第二节和表 4.2 提供了内部纾困有可能导致的中间结果。第三节和表 4.3 则展示了这些中间结果与系统性风险和实体经济的关联，正是这种关联决定了外部救助和内部纾困能不能实现它们的主要目标。而通过指出系统性风险与实体经济两者之间的关系，第四节和图 4.1 最终使整个影响机制得以全部展现在我们眼前。因此，综上所述，外部救助和内部纾困对最终结果产生的影响可以追溯到：（1）影响金融和经济方面的中间结果的直接传导机制；（2）对系统性风险和实体经济造成的影响；（3）两大最终结果之间的关联。

　　另外，第一节到第四节对上述这些影响机制的讨论，只包括了理论文献的一部分；

第五节回顾了关于外部救助、内部纾困、两者之间的比较和另一种银行解决方案倒闭/破产的其他理论文献；第六节则讨论了对最后两种解决方案——利用事前指示进行重组和容忍协议——所做的研究。

表 4.1　　　　　　　　外部救助对金融与经济方面的中间结果的主要传导机制

编号	外部救助的主要传导机制	银行股价	对银行的市场约束（来自股东）	对银行的市场约束（来自未被保险的债权人）	对银行的市场约束（来自被保险的储户）	银行的市场杠杆风险	银行的竞争能力（市场份额）	银行的竞争能力（市场力量）	银行的信贷供给	银行的资产组合风险	银行对整个系统的重要性	信贷客户（资产价值）	信贷客户（投资、就业和其他支出行为）
1	刻板印象	−	+	+	+	+	−	−	−	?	?	−	−
2	安全性	+	−	−	−	−	+	+	+	?	?	+	+
3	掠夺性	?	?	+	+	?	+	+	+	?	+	+	+
4	特许权价值/平静生活	+	−	−	−	−	−	+	−	−	?	−	−
5	成本劣势	−	+	+	+	+	−	−	−	?	?	−	−
6	成本优势	+	−	−	−	−	+	+	+	?	?	+	+
7	增加的道德风险	?	?	+	+	?	?	+	?	+	?	?	?
8	减少的道德风险	?	?			?	?		?		?	?	?
9	资本优先	−	+	+	+	+	−	−	−	?	?	−	−
10	资本缓冲	+	−	−	−	−	+	+	+	?	?	+	+
11	TBTF（规模）	+	−	−	−	−	+	?	?	?	+	?	?
12	TITF（相关性）	+	−	−	−	−	?	?	?	?	+	?	?
13	TMTF（羊群效应）	+	−	−	−	−	?	?	?	+	+	?	?

注：该表分别展示了外部救助对 12 项金融与经济上的中间结果产生的 13 种传导效应的符号："＋"表示对中间结果有直接的正效应；"－"表示有直接的负效应；"?"表示直接效应的方向不明，或是没有直接效应。

129

表 4.2 　　　　　　　内部纾困对金融与经济方面的中间结果的主要传导机制

编号	内部纾困的主要传导机制	银行股价	对银行的市场约束（来自股东）	对银行的市场约束（来自未被保险的债权人）	对银行的市场约束（来自被保险的储户）	银行的市场杠杆风险	银行的竞争能力（市场份额）	银行的竞争能力（市场力量）	银行的信贷供给	银行的资产组合风险	银行对整个系统的重要性	信贷客户（资产价值）	信贷客户（投资、就业和其他支出行为）
1	刻板印象	−	+	+	+	+	−	−	−	?	?	−	−
2	安全性	N/A	N/A	N/A	N/A	N/A	N/A	N/A	N/A	N/A	N/A	N/A	N/A
3	掠夺性	?	?	+	+	?	+	−	+	+	?	+	+
4	特许权价值/平静生活	N/A	N/A	N/A	N/A	N/A	N/A	N/A	N/A	N/A	N/A	N/A	N/A
5	成本劣势	−	+	+	+	+	−	−	−	−	?	−	−
6	成本优势	N/A	N/A	N/A	N/A	N/A	N/A	N/A	N/A	N/A	N/A	N/A	N/A
7	增加的道德风险	N/A	N/A	N/A	N/A	N/A	N/A	N/A	N/A	N/A	N/A	N/A	N/A
8	减少的道德风险	?	?	?	?	?	?		?	−	?	?	?
9	资本优先	N/A	N/A	N/A	N/A	N/A	N/A	N/A	N/A	N/A	N/A	N/A	N/A
10	资本转换	−	+	+	+	?	−	−	−	?	?	−	−
11	资本缓冲	+	−	−	−	−	+	+	+	?	?	+	+
12	TBTF（规模）	N/A	N/A	N/A	N/A	N/A	N/A	N/A	N/A	N/A	N/A	N/A	N/A
13	TITF（相关性）	N/A	N/A	N/A	N/A	N/A	N/A	N/A	N/A	N/A	N/A	N/A	N/A
14	TMTF（羊群效应）	N/A	N/A	N/A	N/A	N/A	N/A	N/A	N/A	N/A	N/A	N/A	N/A

注：该表分别展示了内部纾困对 12 项金融与经济上的中间结果产生的 14 种传导效应的符号："+"表示对中间结果有直接的正效应；"−"表示有直接的负效应；"?"表示直接效应的方向不明，或是没有直接效应；"N/A"则表示有些传导机制不适用于内部纾困的情况之中。

表 4.3 　　　　外部救助和内部纾困带来的金融和经济方面的中间结果与
对系统性风险和实体经济造成的最终结果之间的关系

编号	外部救助和内部纾困产生的中间结果与最终目标之间的关系	系统性风险	实体经济
1	银行股价	−	?

编号	外部救助和内部纾困产生的中间结果与最终目标之间的关系	系统性风险	实体经济
2	对银行的市场约束（来自股东）	?	?
3	对银行的市场约束（来自未被保险的债权人）	?	?
4	对银行的市场约束（来自被保险的储户）	?	?
5	银行的市场杠杆风险	+	?
6	银行的竞争能力（市场份额）	?	?
7	银行的竞争能力（市场力量）	?	?
8	银行的信贷供给	+	?
9	银行的资产组合风险	+	?
10	银行对整个系统的重要性	+	?
11	信贷客户（资产价值）	?	?
12	信贷客户（投资、就业和其他支出行为）	?	+

注：该表展示了外部救助和内部纾困对银行、银行市场和它们的利益相关方产生的金融和经济方面的 12 项中间结果分别与系统性风险和实体经济这两大最终目标之间的关系。"＋"表示中间结果与最终目标之间存在正的相关性；"－"表示存在负的相关性；"?"则表示相关性的方向不确定或是没有相关性。

注：该图展示了系统性风险和实体经济两大最终目标之间的关系。"＋"表示两者存在正的相关性；"－"表示存在负的相关性。

图 4.1 系统性风险与实体经济之间的关系

4.1 令外部救助对银行、银行市场及它们的利益相关方产生金融和经济方面的中间结果的直接传导机制

在这一节中，我们将紧紧追随着表 4.1 的内容来开展讨论，该表展示了由外部救助引发的 13 种传导效应的符号，这些传导效应导致了发生在银行和它们的利益相关方身上的 12 项金融与经济方面的中间结果。在该表中，我们将逐行对其内容进行讨论，其中"＋"表示传导机制对中间结果存在着正效应，"－"表示传导机制对中间结果存在着负传导效应，而"?"则表示传导效应的符号不确定，或是不存在传导效应。当然，外部救助的种类有许多，而它们各自引发的传导效应，有可能在符号和种类上都存在着很大的不同。然而，为了简便起见，我们把表 4.1 中的外部救助形式定义为优

先股权注入，恰如在第三章讨论中出现的 TARP 外部救助形式。不过，实际上，虽然其他的外部救助手段——例如流动性注入和地毯式的债务担保——有可能会带来一些不同的传导效应，但是由这些其他手段带来的大多数效应都是彼此相似的。表中出现的 13 种传导机制，来自 Berger 和 Roman（2015，2017）、Berger（2018）、Berger, Makaew 和 Roman（2019），以及 Berger, Roman 和 Sedunov（2020）中的研究贡献，它们的作者在现有理论的基础上，发展并提出了每一种传导机制。在制作表 4.1 的过程中，我们大量借鉴了上述这些文章的研究成果。不过，由于基本上每一篇文章只关注个别的中间结果，因此我们只能尽最大努力来统计并确认每一种传导机制对每一项中间结果的影响。

表 4.1 中包含了 156 个传导机制与金融和经济方面中间结果的组合（13 种传导机制×12 项中间结果），我们将以几种方式来简化对该表的讨论。首先，我们注意到，许多传导机制都是彼此互相关联的，且它们之中的绝大多数都与另一项机制组成了相反的一对。为了令表述更加具有条理，下面我们将互相关联的机制分组进行讨论。其次，在论及前 10 种传导机制时，我们将不会讨论它们是否能对银行在系统中的重要性产生影响。这是因为，只有最后三项专门用于提升银行的系统重要性的机制才会有这种效果。再次，我们要在此提前指出，对于每一项传导机制来说，外部救助经由它们对某些中间结果产生的影响，在方向上都是一致的。例如，对于全部 13 种机制的每一种来说，它们对来自被保险储户的市场约束影响和对来自未被保险债权人的市场约束影响，都具有相同的符号。也就是说，银行风险会对所有的银行债务持有者施加相同方向的影响，尽管被保险的储户会因为存款保险的保护作用而表现出并不是那么强烈的反应。另外，对于每一种机制来说，它们对于银行的信贷供给、客户的资产价值及支出行为的影响，也都呈现出相同的符号。这是因为，外部救助既有可能通过提高银行的信贷供给对客户产生帮助，也有可能通过减少信贷供给损害客户利益，这也分别会进一步增加或是减少银行客户的支出。

名誉受损机制 vs 安全性传导机制——表 4.1 的第一行与第二行分别给出了外部救助的名誉受损机制和安全性机制，这两个机制彼此对立，且我们规定，在给定的一段时间之内，一家银行只能受到一个机制的影响。在名誉受损机制下，大众会持有接受外部救助的银行是那些更有可能破产或者会陷入财务困境的银行的负面猜测（如 Hoshi 和 Kashyap，2010）。如同第一行展示出来的那样，这种负面猜测会令银行的股价下降（以 " – " 来表示），并加强来自股东、未被保险的债权人以及被保险储户的市场约束（以 " + " 来表示），而遭到贬抑的股权价值还会进一步增加银行的市场杠杆风险。最后，被削减的信贷供给有可能会对信贷客户的资产价值和支出造成负向影响，包括降低客户在投资、就业等其他方面的开支。

在与名誉受损机制相反的安全性机制下，人们可能认为受到外部救助的银行比其他的银行更加安全，这源于再资本化本身、政府干预在选择机构时采用的标准（如

TARP 将救助对象着眼于那些"健康的、前景好的银行")和/或认为这些银行在未来也更有可能会受到外部救助的看法。在所有情况下，安全性机制导致的中间效应都与名誉受损机制导致的中间效应截然相反。

掠夺性机制 vs 特许权价值/平静生活假说机制——表4.1的第三行与第四行分别给出了外部救助的掠夺性机制和特许权价值/平静生活假说机制，这两个机制彼此对立，且我们规定，在给定的一段时间之内，一家银行只能受到一个机制的影响。在掠夺性机制下，银行可以使用从政府干预中获得的资本在市场上实施更多的侵略性行为。不过，如第三行所示，掠夺性行为对于银行的市场价值、来自股东的市场约束以及市场杠杆风险的影响，在方向上是不确定的（以"?"来表示）。这是因为，一方面，掠夺性的确可以增加银行面临的风险、抑制股价、加强股东对它的市场约束，以及抬升市场杠杆风险；另一方面，掠夺性也可能会提高股价、削弱来自股东的市场约束，以及减少市场杠杆风险。这是因为，股东的代理问题有可能会使他们追求更高而不是更低的银行风险。上面这两种彼此对立的情况导致了"?"的出现。不过，无论是在哪种情况下，掠夺性机制都被认为会加强由未被保险的债权人和被保险的储户形成的市场约束（以"+"来表示）。对于受到外部救助的银行来说，掠夺性可能会以夺去财务状况紧张的银行的市场份额形式表现出来[1]，从而提高受救助银行的市场份额；这种掠夺性也可能会令受救助银行为其客户提供更低的贷款利率和费用，以及提供更高的存款和其他基金的利率，致使自己的市场力量下降。在掠夺性机制下，受到外部救助的银行也可能会增加信贷供给，特别是存在风险的信贷供给，从而使其资产组合风险随之上升（这两种影响在表中以"+"来表示）（如 Telser, 1996；Fudenberg 和 Tirole, 1986）。最后，增加的信贷供给有可能会对信贷客户的资产价值和他们在投资、就业等其他方面的开支产生正向影响。

在与掠夺性机制几乎截然相反的特许权价值/平静生活假说机制下，由外部救助带来的额外安全性可能会增加银行的特许权价值，以及/或者会允许该银行"过上一种平静的生活"，也就是减少它在市场中参与侵略性行为的动机（如 Hicks, 1935；Keeley, 1990；Cordella 和 Yeyati, 2003；Gropp, Hakenes 和 Schnabel, 2011）。除个别内容之外，特许权价值机制下的中间结果在所有方面都与掠夺性机制下的中间结果截然相反。在掠夺性机制下，外部救助对于银行的市场价值、股东约束和市场杠杆风险的影响是不确定的，但是在特许权机制下，由于外部救助会使人们倾向于认为银行的基本面得到了改善，因此，银行的股价会被提升；与此同时，来自股东的市场约束会被削弱，银行的市场杠杆风险也会下降。

---

① 某些坊间证据表示，一些 TARP 外部救助的接受者将这笔资金用在了收购资本比例相对较差的其他银行上。例如，2009 年，MB Financial 收购了几家破产银行，它们是 Benchmark Bank、Corus Bank NA、InBank 和 Heritage Community Bank。同样，M&T Bank Corp, New York 也在这一年完成了对 Provident Bancshares Corp 所有流通中的普通股的收购，并在之后的 2010 年收购了 Wilmington Trust Corporation。

成本劣势机制 vs 成本优势机制——表4.1的第五行与第六行分别给出了外部救助的掠夺性机制和特许权价值/平静生活假说机制，这两个机制彼此对立，且我们规定，在给定的一段时间之内，一家银行只能受到一个机制的影响。在成本劣势机制下，外部救助的资金可能比市场提供的其他来源的资金更加昂贵。如第五行所示，这种成本劣势可能会削减银行的股值（以"－"来表示），并加强来自股东、未被保险的债权人以及被保险储户的市场约束（以"＋"来表示），而受到贬抑的股权价值还会进一步增加银行的市场杠杆风险。另外，在成本劣势机制之下，受到外部救助的银行有可能会削弱它们资产组合规模的大小，从而导致更低的市场份额。同时，这将有可能引起边际成本的上升，而作为回应，这些银行可能会提高自己的资产价格（价格提高的幅度比边际成本上升的幅度要小），致使它的市场力量也会随之下降。因此，在表4.1中，成本劣势机制对银行的市场份额和市场力量的影响都以"－"来表示。此外，相对昂贵的外部救助资金也会驱使着银行减少信贷供给和资产组合风险，而信贷供给的减少可能会对信贷客户的资产价值和支出造成负面影响。

与成本劣势机制相反的成本优势机制认为，比起由市场提供的其他来源的资金，外部救助资金相对来说要更加便宜，这将为银行向市场传递一个积极信号。因此，在所有情况之中，成本优势机制导致的中间效应都与成本劣势机制导致的中间效应截然相反。

增加的道德风险机制 vs 减少的道德风险机制——表4.1的第七行与第八行分别给出了外部救助增加的道德风险机制和减少的道德风险机制，这两个机制彼此对立，且我们规定，在给定的一段时间之内，一家银行只能受到一个机制的影响。在增加的道德风险机制下，由于受到外部救助的银行会认为其在未来同样有较大的可能性收到这些救助用于保护银行和一些利益相关方的权益，因此这些银行有可能具有更强烈的动机来作出会引发道德风险问题的行为（如Acharya和Yorulmazer，2007；Kashyap，Rajan和Stein，2008；Black和Hazelwood，2013；Li，2013；Duchin和Sosyura，2014）。如第七行所示，这种增加的道德风险对银行股值、股东约束和市场杠杆风险的影响可能是不确定的。一方面，道德风险上升，可能会提高对于该银行风险水平的估计，这会使其股价下跌、来自股东的市场约束增强，以及市场杠杆风险提高；然而，另一方面，该机制也可能会产生相反的效果，因为出现在股东中间的代理问题可能会驱使着他们去追求更高而不是更低的风险。不过，无论在哪种情况下，增加的道德风险都被认为会使来自未被保险的债权人和被保险的储户的市场约束加强。此外，在这一机制下，银行可能有更大的动机去持有风险更高的资产组合，以应对外部救助导致的市场杠杆风险的潜在下降（如Koehn和Santomero，1980；Kim和Santomero，1988；Besanko和Kanatas，1996；Calem和Rob，1999）。这样做尽管对于银行所占市场份额的影响是不确定的，但是由于更高的风险意味着银行客户会支付更高的利率，因此它会使银行的市场力量得以增强。另外，如果债权人认为受到外部救助的银行更具风险，那么他们也可能会要求银行支付更高的利息，不过这种成本的上升并不足以抵消更高风险的资产组合带来的收益。不过，资产组合风险的提高并不意味着信贷供给会因此发生明确的变化，因为有可能选择增加、减少或是不改变总体信贷供给之中的任何一个选项。进一步地，这也使信贷客户的资产价值和支出方面的变化无法被确定。

在与增加的道德风险机制相反的减少的道德风险机制下，由于监管限制的存在，外部救助可能会减少银行采取道德风险行为（如承担过高的风险）的动机（如 Kashyap，Rajan 和 Stein，2008；Hart 和 Zingales，2011；Admati，DeMarzo，Hellwig 和 Pfleiderer，2013；Berger 和 Bouwman，2013；Acharya，Mehran 和 Thakor，2016）。如上所述，这种道德风险问题，源于政府在诸多方面都为银行提供了一张"安全网"。在所有情况中，减少的道德风险机制导致的中间效应都与增加的道德风险机制导致的中间效应截然相反。

资本优先机制 vs 资本缓冲机制——表 4.1 的第九行与第十行分别给出了外部救助的资本优先机制和资本缓冲机制，这两个机制彼此对立。在资本优先机制下，资本注入方（如 TARP 对优先股的购买）要比其他的利益相关方享有更高的优先级，这些利益相关方包括普通股股东。例如，采用购买优先股的方式进行资本注入，可能会通过使普通股的筹集变得更加昂贵，最终降低普通股的市场价值，和/或减少普通股的发行数量。这种情况的发生，有可能出于以下几种原因：（1）由于普通股股东收到的利润需要先扣除掉支付给优先股股东的利息，融资成本变得更高；（2）支付的优先股利息，有可能是惩罚性质的，而不是补贴性质的；（3）资本注入可能会伴随着认为银行有可能破产或是在财务上陷入困境的负面猜测，从而破坏市场对银行的信心。如第九行所示，这种资本优先效应和市场信心的下降，可能会削弱银行的股票价值，并增加来自股东、未被保险的债权人以及被保险储户的市场约束，而受到贬抑的股权价值还会进一步增加银行的市场杠杆风险。另外，在资本优先机制下，由于受到外部救助的银行面临着更高的成本和/或更狭窄的融资渠道，它们也可能会失去市场份额和市场力量，并缩减自己的信贷供给。此外，资本优先机制对于资产组合风险的影响是不确定的，因为即使银行会减少总的信贷发行，从而使资产组合的风险降低，但是在新发行的信贷之中，有更高比例的一部分流向了风险较高的借款人，从而使得资产组合的风险升高。最后，减少的信贷供给可能会对信贷客户的资产价值和支出产生负面影响。

在与资本优先机制相反的资本缓冲机制下，借由更高的普通股价格和/或更多的股权发行，外部救助可能会增加银行的市场价值。有三种机制会导致这种现象发生：（1）通过为银行提供额外的资金来吸收损失，使它们的风险和破产概率下降；（2）为银行提供资金，并仅仅收取补贴性质的利息；（3）在政府的支持或是安全信号的传递之下，公众对银行的信心得以提升。在所有情况中，资本缓冲机制导致的中间效应都与资本优先机制导致的中间效应截然相反。

大而不倒（规模）机制，联而不倒（相关性）机制和多而不倒（"羊群效应"）机制——表4.1的第十一行、第十二行和第十三行分别给出了外部救助的大而不倒（规模）机制、相关联而不倒（相关性）机制和多而不倒（"羊群效应"）机制。通过外部救助实现的监管干预，可能会提高这种外部救助在未来的发生概率，并会鼓励银行去扩大自己的规模，以获得政府对大而不倒（TBTF）银行的保护；或是会鼓励银行去加强自己与其他银行的联系——例如，和其他银行签署更多合同（如贷款和衍生品合同）——以获得政府对联而不倒（TITF）银行的保护；或是会鼓励银行去参与到"羊群行为"之中——例如与其他银行一起进行类似的投资——来获得政府对多而不倒（TMTF）银行的保护（如 Acharya 和 Yorulmazer，2007，2008；Brown 和 Dinc，2011）。对于受到外部救助的银行来说，获得 TBTF、TITF 和 TMTF 保护，能够增加它们股票的市场价值，减少来自所有利益相关方（股东、未被保险的债权人和被保险的储户）的市场约束，以及降低市场杠杆风险。为了能够获得 TBTF 保护，银行被激励着有组织地或是通过合并与收购（M&As）的方式来扩大自己的规模（尽管在讨论中，我们假设只有通过 M&As，一家银行才能成为 TBTF 银行）。这些行为可能会提高银行的市场份额和对整个系统的重要性，不过对银行的市场力量、信贷供给、资产组合风险以及信贷客户并不存在清晰的影响。另外，TITF 和 TMTF 机制也能够提高银行对于系统的重要程度，但是并不能够对银行的市场份额或是其他的中间结果产生确定性的影响。

4.2 令内部纾困对银行、银行市场及它们的利益相关方产生金融和经济方面的中间结果的直接传导机制

我们接下来关注表4.2的内容，该表指出了内部纾困引发的传导效应的符号。在该表中，我们将在讨论外部救助时涉及的13种传导机制和12项金融与经济方面的中间结果包括进来，并引入了额外的一种只出现在内部纾困下的特殊传导机制。除"+"、"－"和"?"之外，我们还引入了"N/A"，表示某些外部救助下的传导机制不适用于内部纾困。为简便起见，在该表中，内部纾困被定义为美国的有序清算管理局（OLA）项目（我们曾在第三章中对该项目做了讨论），不过该项目导致的绝大多数结果一般也都可以由其他的内部纾困措施产生。

另外，与对表4.1的阐释相同，在这一节中，我们再次对相关联的传导机制进行分组，我们也再一次地发现，任一传导机制对个别结果的影响是相同的。还有，我们将完全不讨论对银行的系统重要性的影响，因为用来增强银行系统重要性的三个机制（表中的最后三个机制）并不会在内部纾困中出现。

名誉受损机制 vs 安全性机制——表4.2的第一行和第二行分别给出了内部纾困的名誉受损机制和安全性机制。与外部救助的影响一样，内部纾困下的名誉受损机制可能会降低银行的股值，并加强来自股东、未被保险的债权人和被保险储户的市场约束，而受到贬抑的股价可以提高银行的市场杠杆风险。另外，与上面外部救助的情况相同，

由于面临更高的成本和/或更少的融资渠道，内部纾困银行也可能会失去市场份额和市场力量，并减少信贷供给。此外，在名誉受损机制下，内部纾困对银行的资产组合风险产生的影响是不确定的，因为，尽管这些银行有可能会发放更少的信用贷款并使风险下降，但是相较于之前，更高比例的新发行信贷可能都流向了信用风险较高的借款人，这又因此提高了风险。最后，减少的信贷供给可能会对信贷客户的资产价值和支出产生消极影响。

正如表4.2第二行的"?"所示，内部纾困并不会引发安全性机制。即使银行受到内部纾困会让市场认为它会在未来经历更多的内部纾困，但是这却无法传递任何安全性信号。

掠夺性机制 vs 特许权机制/平静生活假说机制——如表4.2第三行所示，在掠夺性机制下，内部纾困引发的以"为了得到恢复而赌一把"为特征的掠夺性行为，会增强人们对于银行风险上升的看法，从而使银行的市场价值下跌，加强所有利益相关方（股东、未被保险的债权人和被保险的储户）对该银行的市场约束，并提高银行的市场杠杆风险。然而，由于股东可能会偏好由银行的掠夺性行为导致的高风险，因此银行股价也有可能会上升，从而抬高其市场价值并降低市场杠杆风险。上面两种情况的同时存在，会模糊掠夺性机制的影响（在表4.2中以"?"来表示）。对于经历内部纾困的银行来说，掠夺性可能会以夺去财务状况紧张的银行市场份额的形式表现出来，从而提高受救助银行的市场份额；这种掠夺性也可能会令受救助银行为其客户提供更低的贷款利率和费用，以及提供更高的存款和其他基金的利率，致使自己的市场力量下降。在掠夺性机制下，受到外部救助的银行也可能会增加信贷供给，特别是存在风险的信贷供给，从而使其资产组合风险随之上升。最后，增加的信贷供给有可能会对信贷客户的资产价值和他们在投资、就业等其他方面的支出产生正向影响。

正如表4.2的第四行所示，内部纾困不会引发特许权价值/平静生活假说机制（在表中以"N/A"来表示），因为内部纾困本身明显地损害了银行的特许权价值。

成本劣势机制 vs 成本优势机制——如第五行所示，在成本劣势机制下，比起市场提供的其他来源的资金，通过内部纾困获得的资本可能要更加昂贵，而这将向市场传递一个负面信号，导致银行的股值下跌，并加强来自股东、未被保险的债权人和被保险的储户的市场约束，且受到贬抑的股价还会进一步提高市场杠杆风险。此外，面对着成本劣势问题，受到内部纾困的银行可能会缩小自己资产组合的规模，从而降低它们的市场份额；同时，边际成本有可能会上升，而作为回应，这些银行可能会提高自己的资产价格（价格提高的幅度比边际成本上升的幅度要小），致使它的市场力量也会随之下降。另外，由于通过内部纾困获得资金成本较高，银行可能会选择减少自己的信贷供给，而这既会降低它自己的资产组合风险，也可能会对信贷客户的资产价值和支出产生负面影响。

不过，正如表4.2第六行中的"N/A"所示，内部纾困下不存在成本优势机制，因为内部纾困并不会为银行提供任何具有补贴性质的资金。

增加的道德风险机制 vs 减少的道德风险机制——正如表4.2第七行中的"N/A"所示，在内部纾困下，不存在增加的道德风险机制，因为内部纾困中的过度风险承担并不会为个人带来任何好处。

表4.2的第八行给出了减少的道德风险机制对中间结果的影响，在减少的道德风险机制下，内部纾困可以减少做出以承担过度风险为特征的道德风险行为的动机，因为在内部纾困中，利益相关方需要由个人完全承担银行陷入危机和破产带来的成本，这将使他们对风险更加敏感。然而，该机制是否会在市场上对银行产生正面影响还没有定论，因为我们尚不清楚减少的道德风险能否足以弥补内部纾困给利益相关方带来的负面影响。因此，不论是对于银行的股票市场价值，还是来自所有利益相关方（股东、未被保险的债权人和被保险的储户）的市场约束，或者是银行的市场杠杆风险，减少的道德风险机制产生的影响都是不确定的（以"?"来表示）。另外，在减少的道德风险机制下，内部纾困导致的个人资本的增加可能会导致银行致力于拥有更加安全的资产组合，这对于银行所占市场份额的影响是不确定的（以"?"来表示），但是可能会导致银行的市场力量下降（以"－"来表示）。这是因为，尽管更安全的贷款产品意味着向客户收取更低的利息，但与此同时，银行支付给债权人的利息也下降了，这将部分地抵偿贷款收入下降所带来的影响。不过，虽然银行的资产组合风险可能会下降，但是这对总信贷供给的影响是不确定的，因为银行可能会减少对风险更高借款人的信贷供给，并在同时增加对风险更低借款人的信贷供给，从而使得信贷供给在总体上保持不变。像之前讨论过的那样，不确定的信贷供给变化也使对于信贷客户的资产价值和支出（包括在投资和就业方面的投资）的影响不确定。

资本优先机制，资本缓冲机制和资本转换机制——正如表4.2的第九行和第十行所示，在内部纾困下，不存在资本优先机制和资本缓冲机制，因为内部纾困不涉及如TARP外部救助那样的优先股投资。

然而，在表4.2中的第十一行，我们加入一项只与内部纾困相关，而与外部救助无关的传导机制——资本转换机制。在该机制下，以股权清除和债务转换为代表的内部纾困可能会破坏某些利益相关方及银行市场对该银行的信心。这是因为，将原始股东持有的股份悉数清除，以及强行让债权人成为股东，显然不是这些利益相关方愿意见到的结果。内部纾困不仅让这些人承受了大量损失，也在所有的利益相关方之中创造出潜在的恐慌。此外，市场对受到内部纾困银行的信心下降，还可能是因为资本转换伴随着对银行可能会破产或是陷入财务困境的怀疑，而这也会加强来自所有的利益相关方对银行的市场约束。然而，资本转换机制对市场杠杆风险的影响是不确定的，因为对原始股东的清除和内部纾困的债务—资本转换可能会在实际上降低这一风险。在市场对银行的信心下降的情况下，银行的市场份额和市场力量也很可能会下降，总信贷供给也会受到相同的影响，而资产组合风险发生的变化是不明确的。此外，减少的信贷供给也会对信贷客户产生负面影响。

大而不倒机制（规模），联而不倒机制（相关性）和多而不倒（"羊群效应"）机制——在内部纾困中，这些机制是不存在的，正如表4.2的第十一行、第十二行和第十三行，这些机制对中间结果的影响都用"N/A"来表示。原因在于，对于银行来说，内部纾困会给它们带来不愿见到的结果，因此，任何提高自己受到内部纾困概率的尝试都是不明智的①。

4.3 外部救助和内部纾困带来的中间结果与对系统性风险和实体经济造成的最终结果之间的关系

在这一节，我们紧紧跟随着表4.3的内容来进行讨论，该表展示了外部救助及内部纾困对银行、银行所在的市场和银行的利益相关方造成的12项金融与经济方面的中间结果与对系统性风险和实体经济造成的最终结果之间的关系符号。与之前小节和表格的内容相似，在表4.3中，"＋"表示中间结果与最终结果之间存在着正相关关系，"－"表示负相关关系，而"？"则表示相关关系的符号不确定，或者表示两者之间不存在相关关系。

在开展进一步讨论之前，我们需要说明的是，表4.3不考虑外部救助或内部纾困会对每一项中间结果产生什么样的具体影响，而只涉及正向的中间结果对最终结果的影响。也就是说，表4.3评估了银行股值以及来自不同的利益相关方向银行施加的市场约束是如何与系统性风险和实体经济产生关联的。

首先，我们来看系统性风险这一列。如第一行所示，银行的股票价值与银行造成的系统性风险负向相关，这是因为，股值的提高会降低银行的杠杆风险，从而减少银行对系统性风险所作的贡献。与该观点相一致，在第五行中，银行的杠杆风险提高与系统性风险的增加存在着正相关关系。第二行到第四行表明，来自股东、未被保险的债权人和被保险储户的市场约束，与系统性风险之间的关系并不明确。一方面，通过阻止银行承担过度的风险，更多的市场约束可以降低系统性风险；另一方面，更多的市场约束也会为银行带来更大的成本，从而损害银行的股票价值，而这会增加其对系统性风险的贡献。第六行、第七行、第十一行，以及第十二行，表示银行的市场份额和市场力量的大小，以及信贷客户的资产价值和支出行为造成的非金融方面的结果，与系统性风险并不存在任何明显的显著关联。最后，在八至十行中，我们可以看到，银行的信贷供给、资产组合风险和系统重要性都与银行的系统性风险存在着正相关关系，因为任何会提高银行面临的风险或是系统重要性的因素都会增加其对系统性风险

---

① 正相反，为了不受到内部纾困，银行可能会极力避免成为对系统来说重要的银行，正如一些银行将自己的资产规模控制在一定的门槛之下，以避免自己被置于《多德—弗兰克法案》的适用范围之内，也就是避免受到更加严苛的监管要求（如 Bouwman，Hu 和 Johnson，2018；Bindal，Bouwman，Hu 和 Johnson，2020）。

作出的贡献。

当我们转向中间结果与实体经济的关系时，我们会发现，在外部救助和内部纾困造成的诸多中间结果之中，只有银行信贷客户的支出与实体经济存在着正向的关联，而其他的中间结果对实体经济的影响都是不确定的。信贷客户对实体经济产生影响，主要体现在他们可以改变用于投资、就业、和/或其他的商品与服务的支出上。

4.4　作用于系统性风险和实体经济上的最终结果之间的关系

我们最后要讨论的一组联系，是外部救助/内部纾困分别作用于系统性风险和实体经济上的两大最终结果之间的关系。在图 4.1 中，我们对这种关系作出了描述，并再一次地使用了"+"、"－"和"？"这些符号。此外，与上一节对表格的阐释相似，我们在该图中想要表达的是，系统性风险的上升会对实体经济造成什么影响，以及实际经济的改善反过来又会使系统性风险发生什么变化。

就系统性风险对实体经济的影响而言，系统性风险的上升会给实体经济带来严重的负面影响，因为高水平的系统性风险可以导致金融系统的崩溃，从而减少对公司的信贷供给，使公司的股权融资变得更困难，并对实体经济造成损害。出现在全球金融危机之后的大衰退，以及由 1929 年的金融恐慌引发的"大萧条"，便是这种现象在真实世界中的两例证明。

实体经济对系统性风险的影响，则在很大程度上取决于经济周期阶段的不同。当实体经济位于繁荣期时，对于它会进一步繁荣的期待可能会使系统性风险提高，因为这种期待可能会加速借款潮的出现、导致对贷款承诺中的重大不利变更条款的执行更加宽松，或是产生过度的银行流动性创造等，而这些结果又会引起银行的过度风险和资产价格泡沫的破灭，从而导致金融危机的发生。关于这些现象和对它们的研究，我们已经在第二章中描述过了。不过，在经济衰退期，实体经济的改善反而可能会降低系统性风险。这是因为，在经济遭遇困难的时期，就业率和 GDP 的上升可能会提高银行的资产组合质量，并创造出盈利能力更强的借款机会，从而降低银行和整个金融系统面临的风险。

4.5　关于外部救助、内部纾困、二者之间的比较以及银行破产/倒闭的其他理论研究

4.5.1　关于外部救助的其他理论研究

虽然大多数关于外部救助的理论依据已包含在上面对于传导机制的讨论之中，但

是我们也无法忽视其他研究的重要性。

Allen，Carletti，Goldstein 和 Leonello（2018）发现，外部救助可以改善社会的整体状况，因为它会促使银行提高它们的流动性供给水平。Merton 和 Thakor（2019）以一个新的视角讨论了为什么外部救助对社会是有利的。他们认为，这是因为作为"顾客"并提供资金的储户不希望自己暴露在银行的信用风险之中（不同于同样向银行提供资金的投资者），而外部救助会帮助减少这些人的顾虑[①]。不过，Allen、Carletti、Goldstein 和 Lenello（2018）却发现，外部救助也可能会提高银行挤兑发生的可能性，或是扭曲银行的行为。Acharya 和 Thakor（2016）认为，在过高的银行杠杆会导致"清算外部性"的情况下，外部救助是最优的银行监管政策的一部分。他们讨论了利用更多股权与使用更多债务进行融资之间的取舍——前者会为银行带来更低的事前流动性，后者则会导致无效的银行清算更易发生。其他关于外部救助的理论文章还表明，外部救助或者对外部救助的预期会对银行的风险承担行为产生有害的激励，并会最终使它们受到更多的政府干预（如 Farhi 和 Tirole，2012；Nosal 和 Ordoñez，2016；Keister 和 Narasiman，2016）。

Philippon 和 Schnabl（2013）尝试着去找出，对一个由于债务积压问题而限制向公司提供借款的银行部门来说，使其得到再资本化的最优外部救助干预形式是什么。他们发现，高效的再资本化项目，是以优先股加权证的形式进行资本注入，因为这种形式会减少那些不需要接受再资本化银行的投机性参与行为——尽管由于其他银行的参与，"有条件的项目实施（Conditional Implementation）"已经限制了那些选择"搭便车"的银行加入，这些银行可以从外部救助带来的更低信用风险中获益。

以系统性风险为研究重点，Choi（2014）发现，尽管金融传染现象都起源于更加弱小的机构，但是系统性风险的规模会极大程度上取决于传染链中更强大银行的财务健康水平。因此，Choi 主张，支持强大而不是弱小的银行有助于更加有效地提高金融系统的稳定性[②]。

4.5.2　其他关于内部纾困的理论研究

与内部纾困相关的理论研究，重点关注内部纾困对于银行动机、系统性风险，以及其他好处和成本产生的影响。首先，就银行动机而言，Avgouleas 和 Goodhart（2016）声称，用以内部纾困为代表的私人惩罚替代隐性的政府担保，可以减少道德风险行为的发生、增强市场约束，以及在问题产生之前，改善银行的管理行为。Dewatripont 和 Tirole（2018）主张，内部纾困可以作为流动性监管的补充。

---

① Acharya 和 Thakor（2016）认为，在过高的银行杠杆会导致"清算外部性"的情况下，外部救助是最优的银行监管政策的一部分。他们讨论了利用更多股权与使用更多债务进行融资之间的取舍——前者会为银行带来更低的事前流动性，后者则会导致无效的银行清算更易发生。

② 关于研究政府担保和道德风险的理论，请参见 Allen，Carletti，Goldstein 和 Leonello（2018）。

一些其他的论文发现，内部纾困并不会为降低银行的系统性风险带来益处。在一套多层网络模型的帮助下，Huser，Halaj，Kok，Perales 和 van der Kraaij（2018）评估了内部纾困有可能造成的传染效应及其对整个系统产生的影响。在他们的模型中，每一层都代表欧元区最大的一些银行之间持有的某一种优先级别的证券，并对内部纾困进行了模拟，以检验它对模型网络中的其他银行产生的直接传染效应。作者们发现，股东和次级债券的持有者总是会受到内部纾困的影响，而不受担保的高级债券的持有人会在 75% 的情况中受到影响。这表明，在每一个由特定优先级债券构成的层次中，内部纾困显著地重塑了银行与银行之间的联系。由此，作者建议，应该仔细地监督那些受到内部纾困的银行对系统性风险造成的影响。Walther 和 White（2017）的研究表明，预防性的长期债务机制可能会传递与银行资产负债表相关的不良信号并引发银行挤兑，从而导致使用内部纾困机制变得非常不适合。在对希腊问题的研究中，Zenios（2016）发现，由于损失勾销的程序存在，内部纾困可能会因为广泛的信用紧缩在需求侧（被内部纾困的储户）创造出系统性问题。他建议，为了让内部纾困能够成功扮演阻止过度的风险承担的角色，内部纾困的政策和规模应该得到公众的充分了解，并平等地对待各个优先级之内和之间的债权人，而不是仅仅让内部纾困成为银行破产的一项灾难性的替代品。

一些论文还主张，内部纾困无法同时解决数家银行同时破产的问题。Persaud（2014）和 Hadjiemmanuil（2016）称，面对个体性的银行破产（机构由于自身的某些行为而倒闭），内部纾困可能会卓有成效，但是在应对系统性危机时，它有可能会让事情变得更糟。这两位作者表示，在大范围的危机发生后，一家（倒闭的）银行接受内部纾困，可能会导致其他银行的债权人去重新考虑他们的处境，从而加速整个市场对于银行质量采取高要求。

Avgouleas 和 Goodhart（2016）还认为，在一些与个体性的银行倒闭案例中，比起外部救助，内部纾困工具可能格外具有优越性。然而，当存在系统性崩溃的威胁时（例如，当数家银行同时陷入困境，或者当一家综合的跨国银行倒闭时），内部纾困机制可能无法消除对于外部救助的需要。不过，与此相反，Grauwe（2013）认为，从美国 FDIC 对小型银行储户的担保经历来看，内部纾困并不会导致银行挤兑。

Mitts（2015）对 OLA 方案的缺陷做了讨论，并认为在对于该方案的设计和考虑中，被政策制定者和学界遗漏的主要一点，便是他们忽视了 OLA 无力应对同时几家银行资产负债表破产的局面这一情况会在微观层面上使银行的管理层产生什么样的动机：通过持有相关联的资产组合，陷入相似财务困境的银行经理们可以策略性地提高自己受到政府外部救助而不是内部纾困的概率。

一些研究者指出，当前的内部纾困机制可能无法很好地区分由银行的低流动性导致的系统性风险与由银行破产导致的系统性风险。当一家陷入困境的银行尚未在资产负债表上破产时，及早地对其进行干预——以阻止短期的低流动性问题在长期恶化为破产——有助于更好地控制住系统性风险（如 Persaud，2014；Mitts，2015；Avgouleas 和 Goodhart，2016；Hadjiemmanuil，2016)[①]。

学术文献还涉及内部纾困带来的许多其他成本和好处，以及它们对于监管和政策有哪些启示。Avgouleas 和 Goodhart（2016）列出了一长串内部纾困相比于外部救助具有的真实或假想的优点及缺陷。除了我们在上面已经讨论过的优点及缺陷，他们还提到，内部纾困可以更好地保护纳税人的利益，并缓解银行债务与主权债务之间的"银行与政府互相拉住对方一同下落的恶性循环"，还可以减轻再资本化带来的负担，并消除 TBTF 银行不公平的竞争优势。Avgouleas 和 Goodhart 还提到，内部纾困的一项重要缺陷，就是它会潜在地造成声誉问题的严重传染。美国实施的 OLA 内部纾困机制，是一套自上而下的银行清算机制。在该机制下，银行的母控股公司受到清算，各个分支机构则继续运营。然而，由于与自己的母控股公司一同失去的还有市场信心，分支机构自身的运营也可能会难以为继。作者们认为，对母公司的清算很可能会引发市场恐慌和对整个银行集团的规避，包括那些明显没有财务问题的分支机构。此外，声誉问题的传染还包括，对于一家机构的清算可能会让公众对其他银行的财务健康水平产生质疑，从而促使传染性事件的发生。

最后，一些研究者估计，对那些在多国拥有分支机构的银行实施内部纾困，将面临国际合作上的挑战。即使双方已达成监管上的协议，但是这也很难让人不去怀疑，在跨境的银行危机和内部纾困事件中，这种双边安排能否奏效，特别是在需要将资金由一国转移到另一国的情况中。例如，一国的监管方可能会强制银行的外国分支机构以"分隔（Ring - Fenced）机构"的形式运作，从而导致无效的内部资本市场和将资源由财务水平良好的分支机构转移到财务水平较差的分支机构能力上的不足（如 Carmassi 和 Herring，2015；Lupo - Pasini 和 Buckley，2015；Avgouleas 和 Goodhart，2016；Hadjiemmanuil，2016）。

4.5.3 其他关于应急可转债（CoCos）的研究

正如我们在之前提到的，应急可转债是另一种内部纾困工具。理论研究发现，Co-Cos 能够传递风险信号、改善银行的动机，以及鼓励那些陷入危机的银行及时地自愿向市场提供股权（Calomiris 和 Herring，2011，2013；Flannery，2017；Himmelberg 和 Tsyplakov，2017）。例如，Calomiris 和 Herring（2011）讨论并介绍了一项应急资本需求工具（CoCos），用于满足审慎方面的要求。作者们认为，在银行遭遇显著的股权损失之后和再也无法进入股权市场之前，CoCos 能够使银行产生强烈的动机去进行再资本化。经过合理设计的 CoCos，能够鼓励银行实施有效的风险管理、提供对于 TBTF 问题的更有效的解决方案，以及减少关于银行持有多少资本才是充足的这一问题的不确定

---

① 当前针对清算倒闭银行的固定限制，可能会阻止 OLA 对银行进行干预，除非这些银行已经违约，或者存在违约的危险。

性。作者们声称，如果 CoCos 在 2007 年的时候就已经存在，那么发生在 2008 年 9 月之后的大型金融机构具有破坏性的倒闭和系统崩盘本可以避免。Calomiris 和 Herring（2013）发现，CoCos 可以与最低资本要求一同起到关键性的重要作用，而且如果前者得到合理的设计，相比于它们承担的风险，二者可以提供充足的资本，并且两者的结合比单独使用资本要求的成本要更低。作者们还认为，在应对 TBTF 银行的过程中，鼓励那些遭受了严重损失的银行及时且自愿地向市场提供股权是最重要的目标。Himmelberg 和 Tsyplakov（2017）研究了 CoCos 的最优设计，以及该工具产生的事前激励效应。他们发现，CoCos 可以对银行产生强大的激励效应，并首先会改变银行的动态资本结构管理行为。如果债务转换会稀释现有股东拥有的股份，那么银行会希望能够减少 CoCos 被触发的可能性，并通过降低自己的杠杆率来实现这一点，这又会使银行的违约概率和借款成本都出现下降。然而，如果在进行债务转换时，债券的本金被勾销而股东的股份没有在同时被稀释，那么银行会产生相反的动机——追求更高的杠杆率并破坏资本。

一些论文探究了 CoCos 会对系统性风险造成的可能影响。一些研究者发现，CoCos 会加速银行问题的传染和系统性风险的出现，而这最终会威胁金融系统和实体经济（Chan 和 Wijnbergen，2014，2017；Zombirt，2015）。例如，Chan 和 Wijnbergen 发现，CoCos 会提高系统性风险。他们的研究表明，尽管 CoCos 的发行可能会使银行重新满足当前的资本要求，但是这同时也会提高银行挤兑出现的概率，因为债务转换向储户传递了有关银行资产质量的负面信号。此外，当各家银行的资产收益互相关联时，债务转换也对系统中的其他银行造成了负外部性，从而导致银行挤兑现象更有可能在银行系统中出现，以及系统性风险的上升。

Chan 和 Wijnbergen 还研究了不同类型的 CoCos 分别会对银行的风险转移动机和金融脆弱性产生什么影响。他们发现，CoCos 的债务转换能够提高 CoCos 发行者吸收损失的能力，但是也会导致发生在 CoCos 持有者和股东之间的财富转移，从而使后者产生风险转移的动机。对于持有本金被勾销的 CoCos 来说，风险转移的动机始终存在着，而对于持有可将债务转换为股权的 CoCos 来说，风险转移动机是否存在，要取决于 CoCos 稀释能力的大小。两位作者认为，某些类型的 CoCos 可能要比发行次级债务的风险更高。为了规避这些负面效果，银行在使用 CoCos 时，应该以增加银行资本作为补充，并且 CoCos 不应当成为股权的真正替代品。Zombirt（2015）也警告说，对 CoCos 的使用很可能伴随着未知的威胁，这些威胁可能会在未来对金融系统的良好运行和实体经济带来危险。在另一篇论文中，Bleich（2014）分析了不同类型的 CoCos 是如何分别影响银行资金的稳定性的。具体来说，作者在文章中区分讨论了三种不同类型的 CoCos，它们是将债务转换为股权的 CoCos、以全额勾销为特征的本金勾销型 CoCos，以及以部分勾销为特征的本金勾销型 CoCos。作者发现，尽管前两种 CoCos 会确凿地提升银行资金的稳定性，但是最后一种 CoCos 可能会提高银行的偿付风险，并可能会对银行的事后偿付能力带来不确定的影响。这提醒监管机构要小心对待以部分勾销为特征的 Co-Cos。

与上述研究相反的是，一些其他的论文发现，CoCos 能提升银行的资金稳定性，并可以更好地保护纳税人利益（De Spiegeleer，Hocht 和 Schoutens，2015；Allen 和 Tang，2016；Avdjiev，Bolton，Jiang，Kartasheva 和 Bogdanova，2017；Ammann，Blickle 和 Ehmann，2017；Himmelberg 和 Tsyplakov，2017；Hwang，2017）。例如，Allen 和 Tang（2016）发现，在 CoCos 的触发机制得到合理设计的情况下，通过在金融危机期间自动地对银行实施再资本化，CoCos 可以起到降低系统性风险的作用。这两位作者在文章里提出了一个双重触发机制，既考虑了银行系统中的总系统性风险（CATFIN），也将银行个体对总系统性风险的贡献（ΔCoVaR）囊括进来。该机制与系统性的破产风险高度关联，也能够对系统性风险作出量化。在 99% 的触发门槛下，雷曼兄弟和贝尔斯登若是发行系统性 CoCos，它们在 2007 年 11 月被触发，这比它们被实际清算的日期要早了几个月。与这篇文章的研究结论相一致，Avdjiev，Bolton，Jiang，Kartasheva 和 Bogdanova（2017）发现，CoCos 的发行会降低银行的信用风险，以及发行者的 CDS 利差。

最后，Hwang（2017）直接考虑了将 CoCos 作为内部纾困工具的情况，并发现，在对机构进行再资本化时，CoCos 有可能更有效，也可能更无效，这取决于不同的转换触发机制。当发行机构的前景糟糕而触发条件得到满足时，CoCos 债券会被勾销或是会被转换为股权，因此银行被实施再资本化是以牺牲债权人的利益为代价的，而不是以牺牲纳税人的利益为代价。不过，触发条件既有可能更偏向于固定不变的规则，也有可能更偏向于受到主观考量的影响。这篇论文表明，当触发条件更受到主观考量而不是固定规则的影响时，外部救助要比对债权人进行内部纾困更有可能被采用。

4.5.4 关于银行破产/倒闭的研究

尽管我们能找到关于银行倒闭的理论研究，但是就我们所知，学术界尚没有专门考察银行控股公司破产的理论研究，没有针对 CHOICE 法案下银行控股公司的破产与银行倒闭相结合这一提议的理论研究，也没有关于其他类似的银行破产计划的理论研究。正如我们在下一小节要讨论的，Berger，Himmelberg，Roman 和 Tsyplakov（2020）的文章尽管基本覆盖了银行破产/倒闭的各种选项，但是对它们的讨论仅仅是为了与外部救助和内部纾困作比较。

4.5.5 关于比较外部救助、内部纾困和银行破产/倒闭的研究

Berger，Himmelberg，Roman 和 Tsyplakov（2020）建立了一套动态模型，它包含了三种以社会最优化为目标而被设计出来的监管机制，用于应对大银行的潜在倒闭和它的控股公司（BHC）的破产。这三种机制分别是外部救助、内部纾困，以及不进行监管干预——在这种情况下，银行被允许倒闭，BHC 则会破产。在余下的内容里，我们

将用银行破产/倒闭机制来指代作者们提出的最后一种机制，以将它和我们在下面将要讨论的容忍政策区分开来——容忍政策要涉及更少的监管干预，并且至少在短期不会导致银行破产或倒闭的状况出现。

作者们发现，在这三种监管机制中，只有经过最优设计的内部纾困会使银行在危机期间预防性地巩固自己的资本积累。这是因为，在陷入财务困境时，那些提前承诺实施再资本化的BHC，会受到市场以更低的贷款成本和更高的债务容量的形式提供的事前奖励。而作者们能够发现这种背后的机理，与他们采用的动态模型是密不可分的——使用静态模型是无法发现市场对于提前承诺的事前奖励的。

此外，这篇文章表明，在银行破产/倒闭机制下，BHC和社会其余部分的处境都会变得更差。BHC的处境变差，是因为BHC自身以及监管者都不会实施再资本化（不同于外部救助情况下的监管者）。在陷入财务困境时，BHC更有可能会破产，而银行则更有可能会倒闭。社会的其余部分的处境会在银行破产/倒闭机制下变得更差，是因为银行违约的可能性整体提高了。

最后，在基础的动态模型中，经过最优设计的外部救助和内部纾困会产生相似的社会福利价值。然而，当该模型包括了由使用公共纳税人的钱来冒险对私营部门的BHCs提供外部救助造成的社会福利成本和/或由提高及分配外部救助资金产生的交易成本时，内部纾困会比外部救助产生更高的社会福利价值。

通过使用一个静态结构模型，Leanza，Sbuelz和Tarelli（2019）研究了银行在不同的清算机制和资本要求之下的最优债务结构。与Berger，Himmelberg，Roman和Tsyplakov（2020）文章中的一项结果相似，作者们发现，与外部救助机制相比，内部纾困机制下的银行会选择更高的资本比率。因此，一项可靠的内部纾困机制能够内生地减少银行杠杆和违约风险。由于银行倒闭的成本被转移到了股东和债权人手中，因此银行的股价和债券价格会对银行风险更加敏感。然而，这篇文章背后的理论机制与我们在上面讨论的那篇文章的机制很不一样，因为前者采用的模型是静态的，而它不能够发现提前进行再资本化的承诺会给股东带来多大的价值。这篇文章的作者们还考虑了一项混合机制，让政府在有可被实施内部纾困的债务的情况下依然对银行采取外部救助。他们发现，内部纾困工具的可靠性是至关重要的。甚至在存在很小的风险调整的外部救助概率的情况下，股东们提高杠杆和从隐性的政府担保中获益的动机也会显著地影响最优债务结构。Clayton和Schaab（2019）将银行的资本结构表现为标准债务和可纾困债务的混合——前者会使银行受到清算处理，而后者可被勾销，以恢复银行机构的偿债能力。他们发现，在银行倒闭导致的贱卖造成负外部性和外部救助从而引发道德风险问题的情况下，相比于持有可纾困债务，银行有着更大的动机去选择持有过多的标准债务。因此，内部纾困机制是一项最优政策，并且可以完全替代外部救助的存在。此外，为了防止内部纾困可能在债务市场上引发的"自我实现"（Self - Fulfilling）危机，债务担保应该伴随着最后借款人政策一同出现。Pandolfi（2018）研究了与Clayton

和 Scaab（2019）的文章相关的动机问题，并发现，当内部纾困通过削弱银行的动机而限制了投资规模时，同步采用外部救助与内部纾困可能是更合适的举措。Keister 和 Mitkov（2017）也把研究的重心放在动机问题上。他们表示，当预计外部救助会发生时，银行不会对它们的债权人使用内部纾困。

同样以分析三种银行危机中的处置机制为侧重点，Klimek，Poledna，Farmer 和 Thurner（2015）使用了一套以代理人为基础的模型，来研究在面临银行倒闭时，购买和假设交易、外部救助，以及内部纾困这三种方案分别对经济和金融产生的潜在影响。作者们发现，对于提升金融系统的稳定性和生产力来说，何种方案才是最佳的银行处置机制，要取决于具体的经济形势。当经济陷入伴随着高失业率的衰退中时，内部纾困工具是最有效的处置机制，而当经济呈现出高生产力和低失业率的特点时，最优方案是通过购买和假设交易机制关闭陷入困境银行。这些发现表明，以纳税人作为资金来源的外部救助机制不如将私人部门包括进来的内部纾困表现得好。

最后，Dewatripont（2014）将目光集中于过去发生在全球的各种银行危机之上，并讨论了外部救助与内部纾困各自的优缺点。他强调，金融系统的不稳定性比外部救助的成本要更高，且以外部救助来实施快速的再资本化，会最小化对经济造成的不良影响。他还表示，在许多关于外部救助的案例之中，公共资金最终都被足额偿还了；而且，对于外部救助引发的道德风险问题和对纳税人造成的风险所带来的负面影响，能够以惩罚那些接受了外部救助的经理和股东的方式去应对。作者还认为，预先发放的外部救助不应该被排除在内部救助的替代品或补充之外，特别是在需要对负面的宏观冲击作出应对时。不过，他也建议，市场应该明白，内部纾困的风险集中在长期的银行债务中。

4.6　关于按照事前指示进行重组的理论研究

正如我们在第三章中讨论过的那样，《多德—弗兰克法案》提出了事前指示（也可被称作清算计划）方案，作为在不依靠政府或私人部门的援助的情况下，解决银行组织陷入的困境及随之而来的破产的一种替代手段。该方案要求，银行需提前认真、详细地制定出一套快速且有序的清算策略，以在面临财务困境或倒闭并进入破产程序时使用。从理论的角度来看，事前指示很像我们之前讨论过的银行破产或倒闭程序，只不过事前指示下的清算程序更加有序，且它有可能会使银行中更多财务前景良好的资产得以保留下来。

就我们所知，只有一篇论文涉及了事前指示方案在美国的使用——Cetorelli 和 Traina（2018）讨论了它对银行资本成本的影响。此外，关于事前指示可能会通过哪些途径取得成功并减少对于外部救助的需要，作者们也提出了一些直觉上的理论依据。他们认为，如果事前指示机制是可靠的，那么它的存在可以通过两种渠道降低体现在任由银行破产上的代理成本：（1）由于事前指示减少了对银行的破产成本产生的不确定性，监管者的谈判能力得以提高；（2）由于事前指示传递了监管者不希望使用外部救助的信号，外部救助的政治成本上升了。

4.7　关于容忍政策的理论研究

我们曾经在第三章提到过，"监管容忍"或"资本容忍"是对银行陷入财务困境的另一种应对手段，它指允许银行以很低的甚至负的资本比率继续运营，而不对其采取监管上的显著干预，或是让其倒闭。对该方案的使用，有时是为了节约银行的关闭成本，有时是为了将问题拖延至其他监管方介入时，有时则是寄希望于出现的问题能够随着时间的流逝而自然消失。不过，容忍政策可能会产生出明显的信用风险问题，并在长期给纳税人造成巨大的损失。

在美国的银行危机历史中，20世纪80年代，范围广泛的储贷机构（S&Ls）危机见证了容忍政策的应用和随之而来的危险。这场危机起始于1979年货币政策的紧缩，该政策在当时导致短期利率大幅提高。由于监管方面的要求和当时对于采用浮动利率的抵押贷款的限制，S&Ls都持有大量期限为30年的固定利率抵押贷款。因此，短期利率的巨大波动使它们在抵押贷款上收到的利息要远远低于它们在短期存款上支付的利息，这使得它们的资本水平大幅下跌。然而当时，无论是州政府还是联邦政府都在广泛地采取着容忍政策，这导致缺陷暴露在检查和监督手段之中，这些手段又以默许大量陷入麻烦的S&Ls以低水平甚至是负的股权资本继续运作为代表。不仅联邦储蓄和贷款保险公司（Federal Savings and Loan Insurance Corporation，FSLIC）没有关闭这些S&Ls并让它们造成损失，而且监督者们在大体上也没有选择这么做。在一些情况之中，低资本恶化了以承担过度的资产组合风险为代表的道德风险问题，甚至引发了一些犯罪活动和政治丑闻（例如，Charles Keating事件、Lincoln Savings and Loan Associations事件，以及"Keating Five"参议员事件）。

Kormendi，Bernard，Pirrong和Snyder（1989）认为，FSLIC在20世纪80年代的行动增加了对出现问题的S&Ls进行清算时产生的成本，因为为接管方带来的每1美元的税收优惠的增加，仅仅伴随着40美分的FSLIC成本的下降。因此，从给政府带来的总成本的估计来看，FSLIC的行动带来的负面效果要大于正面效果。

20世纪80年代的这些问题，最终得以被1989年的《金融机构改革，复兴和实施法案》（*Financial Institutions Reform，Recovery，and Enforcement Act*，FIRREA）解决，该法案关闭了FSLIC，并将S&Ls的存款保险转移给FDIC。与其他措施一起，该法案还创立了重组信托公司（Resolution Trust Corporation，RTC）。RTC接管了倒闭的S&Ls的资产，将不良资产和优良资产进行打包，并随着时间的推移，最终成功地将这些资产销售出去。

Kane（2003）讨论了从美国的 S&L 金融危机中得到的教训。他提出，主要的教训便是要意识到监管机构和银行的风险承担行为的相互促进有多么危险。一些银行长达数年缺乏偿付能力，可能暗示了监管者会保护某些银行不倒闭，且这些监管者至少隐秘地与内部和外部的审计者进行了密谋，来隐藏被保护银行的资产负债表中巨大的财务漏洞。这种行为，足以帮助出现问题的机构的放款政策逃脱普通市场和储户的约束。

参考文献

［1］Acharya, V. V. , Mehran, H. , & Thakor, A. V. （2016）. Caught between Scylla and charybdis? Regulating bank leverage when there is rent seeking and risk shifting. The Review of CorporateFinance Studies, 5（1）, 36 – 75.

［2］Acharya, V. V. , & Thakor, A. V. （2016）. The dark side of liquidity creation：Leverage and systemicrisk. Journal of Financial Intermediation, 28, 4 – 21.

［3］Acharya, V. V. , & Yorulmazer, T. （2007）. Too many to faildAn analysis of time – inconsistencyin bank closure policies. Journal of Financial Intermediation, 16（1）, 1 – 31.

［4］Acharya, V. V. , & Yorulmazer, T. （2008）. Cash – in – the – market pricing and optimal resolution ofbank failures. The Review of Financial Studies, 21（6）, 2705 – 2742.

［5］Admati, A. R. , DeMarzo, P. M. , Hellwig, M. F. , & Pfleiderer, P. C. （2013）. Fallacies, irrelevant facts, and myths in the discussion of capital regulation：Why bank equity is not sociallyexpensive（Working Paper）.

［6］Allen, F. , Carletti, E. , Goldstein, I. , & Leonello, A. （2018）. Government guarantees and financialstability. Journal of Economic Theory, 177, 518 – 557.

［7］Allen, L. , & Tang, Y. （2016）. What's the contingency? A proposal for bank contingent capitaltriggered by systemic risk. Journal of Financial Stability, 26, 1 – 14.

［8］Ammann, M. , Blickle, K. , & Ehmann, C. （2017）. Announcement effects of contingent convertiblesecurities：Evidence from the global banking industry. European Financial Management, 23（1）, 127 – 152.

［9］Avdjiev, S. , Bogdanova, B. , Bolton, P. , Jiang, W. , & Kartasheva, A. （2017）. CoCo issuance andbank fragility（Working Paper）.

［10］Avgouleas, E. , & Goodhart, C. （2016）. An anatomy of bank bail – inseWhy the eurozone needsa fiscal backstop for the banking sector. European Economy, 2, 75 – 90.

［11］Berger, A. N. （2018）. The benefits and costs of the TARP bailouts：A critical assessment. Quarterly Journal of Finance, 8（2）, 1 – 29.

［12］Berger, A. N. , & Bouwman, C. H. S. （2013）. How does capital affect bank performance during financial crises? Journal of Financial Economics, 109 （1）, 146 – 176.

［13］Berger, A. N. , Himmelberg, C. P. , Roman, R. A. , & Tsyplakov, S. （2020）. Bank bailouts, bailins, or no regulatory intervention?. A dynamic model and empiricaltests of optimal regulation （Working Paper）.

［14］Berger, A. N. , Makaew, T. , & Roman, R. A. （2019）. Do business borrowers benefit from bank bailouts? The effects of TARP on loan contract terms. Financial Management, 48 （2）, 575 – 639.

［15］Berger, A. N. , & Roman, R. A. （2015）. Did TARP banks get competitive advantages? Journal of Financial and Quantitative Analysis, 50 （6）, 1199 – 1236.

［16］Berger, A. N. , & Roman, R. A. （2017）. Did savingWall Street really save Main Street? The realeffects of TARP on local economic conditions. Journal of Financial and Quantitative Analysis, 52 （5）, 1827 – 1867.

［17］Berger, A. N. , Roman, R. A. , & Sedunov, J. （2020）. Did TARP reduce or increase systemic risk? The effects of government aid on financial system stability. Journal of Financial Intermediation. forthcoming.

［18］Besanko, D. , & Kanatas, G. （1996）. The regulation of bank capital: Do capital standards promotebank safety? Journal of Financial Intermediation, 5 （2）, 160 – 183.

［19］Bindal, S. , Bouwman, C. H. , Hu, S. , & Johnson, S. A. （2020）. Bank regulatory size thresholds, merger and acquisition behavior, and small business lending. Journal of Corporate Finance, 62, 101519.

［20］Black, L. K. , & Hazelwood, L. N. （2013）. The effect of TARP on bank risk – taking. Journal of Financial Stability, 9 （4）, 790 – 803.

［21］Bleich, D. （2014）. Contingent convertible bonds and the stability of bank funding: The case of partial write down （Working Paper）.

［22］Bouwman, C. H. S. , Hu, S. , & Johnson, S. A. （2018）. Differential bank behaviors around theDodd – Frank Act size thresholds. Journal of Financial Intermediation, 34, 47 – 57.

［23］Brown, C. O. , & Dinc, I. S. （2011）. Too many to fail? Evidence of regulatory forbearance whenthe banking sector is weak. The Review of Financial Studies, 24 （4）, 1378 – 1405.

［24］Calem, P. , & Rob, R. （1999）. The impact of capital – based regulation on bank risk – taking. Journalof Financial Intermediation, 8 （4）, 317 – 352.

［25］Calomiris, C. W. , & Herring, R. J. （2011）. Why and how to design a contingent convertible debt requirement （Working Paper）.

［26］ Carmassi, J., & Herring, R. J. (2015). Corporate structures, transparency and resolvability of global system ically important banks (Working Paper).

［27］ Cetorelli, N., & Traina, J. (2018). Resolving "too big to fail" (Working Paper).

［28］ Chan, S., & Van Wijnbergen, S. (2014). CoCos, contagion and systemic risk. Working Paper.

［29］ Chan, S., & Van Wijnbergen, S. (2017). CoCo design, risk shifting incentives and capital regulation. Working Paper.

［30］ Choi, D. B. (2014). Heterogeneity and stability: Bolster the strong, not the weak. The Review of Financial Studies, 27 (6), 1830 – 1867.

［31］ Clayton, C., & Schaab, A. (2019). Bail – ins, optimal regulation, and crisis resolution (Working Paper).

［32］ Cordella, T., & Yeyati, E. L. (2003). Bank bailouts: Moral hazard vs. value effect. Journal of Financial Intermediation, 12 (4), 300 – 330.

［33］ De Spiegeleer, J., Hocht, S., & Schoutens, W. (2015). Are banks now safer? What can we learn fromthe CoCo markets? (Working Paper).

［34］ Dewatripont, M. (2014). European banking, bailout, bail – in and state aid control. International Journal of Industrial Organization, 34, 37 – 43.

［35］ Dewatripont, M., & Tirole, J. (2018). Liquidity regulation, bail – ins and bail-outs (Working Paper).

［36］ Duchin, R., & Sosyura, D. (2014). Safer ratios, riskier portfolios: Banks' response to governmentaid. Journal of Financial Economics, 113 (1), 1 – 28.

［37］ Farhi, E., & Tirole, J. (2012). Collective moral hazard, maturity mismatch, and system icbailouts. The American Economic Review, 102 (1), 60 – 93.

［38］ Flannery, M. J. (2017). Stabilizing large financial institutions with contingent capital certificates. In The Most Important Concepts in Finance. Edward Elgar Publishing.

［39］ Fudenberg, D., & Tirole, J. (1986). A "signal – jamming" theory of predation. The RAND Journalof Economics, 366 – 376.

［40］ Grauwe, P. D. (2013). The new bail – in doctrine: A recipe for banking crises and depression in the Eurozone. Centre for European Policy Studies.

［41］ Gropp, R., Hakenes, H., & Schnabel, I. (2011). Competition, risk – shifting, and public bail – outpolicies. The Review of Financial Studies, 24 (6), 2084 – 2120.

［42］ Hadjiemmanuil, C. (2016). Bank resolution financing in the banking union (Working Papers).

［43］ Hart, O., & Zingales, L. (2011). A new capital regulation for largefinancial institutions. American Law and Economics Review, 13 (2), 453 –490.

[44] Hicks, J. R. (1935). Annual survey of economic theory: The theory of monopoly. Econometrica. Journal of the Econometric Society, 1 – 20.

[45] Kane, E. J. (2003). What lessons might crisis countries in Asia and Latin America havelearned from the S&L mess. Business Economics, 38 (1), 21 – 30.

[46] Himmelberg, C. P., & Tsyplakov, S. (2017). Optimal terms of contingent capital, incentive effects, and capital structure dynamics (Working Paper).

[47] Hoshi, T., & Kashyap, A. K. (2010). Will the U. S. bank recapitalization succeed? Eight lessonsfrom Japan. Journal of Financial Economics, 97, 398 – 417.

[48] Huser, A. C., Hałaj, G., Kok, C., Perales, C., & van der Kraaij, A. (2018). The systemic implicationsof bail – in: A multi – layered network approach. Journal of Financial Stability, 38, 81 – 97.

[49] Hwang, S. (2017). Does the CoCo bond effectively work as a bail – in tool? (Working Paper).

[50] Kashyap, A., Rajan, R., & Stein, J. (2008). Rethinking capital regulation. Maintaining stability in achanging financial system 43171.

[51] Keeley, M. C. (1990). Deposit insurance, risk, and market power in banking. The American Economic Review, 80 (5), 1183 – 1200.

[52] Keister, T., & Mitkov, Y. (2017). Bailouts, bail – ins and banking crises (Working Paper).

[53] Keister, T., & Narasiman, V. (2016). Expectations vs. fundamentals – driven bank runs: Whenshould bailouts be permitted? Review of Economic Dynamics, 21, 89 – 104.

[54] Kim, D., & Santomero, A. M. (1988). Risk in banking and capital regulation. The Journal ofFinance, 43 (5), 1219 – 1233.

[55] Klimek, P., Poledna, S., Farmer, J. D., & Thurner, S. (2015). To bail – out or to bail – in? Answersfrom an agent – based model. Journal of Economic Dynamics and Control, 50, 144 – 154.

[56] Koehn, M., & Santomero, A. M. (1980). Regulation of bank capital and portfolio risk. The Journal of Finance, 35 (5), 1235 – 1244.

[57] Kormendi, R. C., Bernard, V. L., Pirrong, S. C., & Snyder, S. A. (1989). Crisis resolution in the thrift industry: Beyond the December deals. In Report of the Mid – America Institute Task Force on the Thrift Crisis. University of Michigan.

[58] Leanza, L., Sbuelz, A., & Tarelli, A. (2019). Bail – in vs bail – out: Bank resolution and liabilitystructure (Working Paper).

[59] Li, L. (2013). TARP funds distribution and bank loan supply. Journal of Bank-

ing and Finance, 37 (12), 4777 – 4792.

［60］Lupo – Pasini, F. , & Buckley, R. P. (2015). International coordination in cross – border bank bailins: Problems and prospects. European Business Organization Law Review, 16 (2), 203 – 226.

［61］Merton, R. C. , & Thakor, R. T. (2019). Customers and investors: a framework for understanding the evolution of financial institutions. Journal of Financial Intermediation, 39, 4 – 18.

［62］Mitts, J. (2015). Systemic risk and managerial incentives in the Dodd – Frank Orderly Liquidation Authority. Journal of Financial Regulation, 1 (1), 51 – 94.

［63］Nosal, J. B. , &, Ordoñez, G. (2016). Uncertainty as commitment. Journal of Monetary Economics, 80, 124 – 140.

［64］Pandolfi, L. (2018). Bail – in vs. Bailout: A false dilemma? (Working Paper).

［65］Persaud, A. (2014). Why bail – in securities are fool's gold (Working Paper).

［66］Philippon, T. , & Schnabl, P. (2013). Efficient recapitalization. The Journal of Finance, 68 (1), 1 – 42.

［67］Roman, R. A. (2020). Winners and losers from supervisory enforcement actions againstbanks. Journal of Corporate Finance, 62.

［68］Telser, L. G. (1966). Cutthroat competition and the long purse. The Journal of Law and Economics, 9, 259 – 277.

［69］Walther, A. , & White, L. (2017). Bail – ins and bailouts in bank resolution (Working Paper).

［70］Zenios, S. A. (2016). Fairness and reflexivity in the Cyprus bail – in. Empirica, 43, 579 – 606.

［71］Zombirt, J. (2015). Contingent convertible bonds as an alternative to strengthen banks' abilityin financing a real economy. Entrepreneurial Business and Economics Review, 3, 135 – 149.

第二部分 不良资产救助计划的实证研究

第二部分 导言

第二部分讨论了问题资产救助计划（TARP）的实证研究，共11章。这里的材料涵盖了研究结果，但不包括前面第三章提供的不良资产救助计划的机构细节。本文回顾的研究仅涵盖 TARP 的主要组成部分——向银行控股公司和银行注资的 CPP（资本购买计划）——本文继续使用术语"TARP"来指代。如果你对其他救助和内部救助不太感兴趣，可以将这一部分内容作为 TARP 的独立入门读物来研究。

第二部分的知识树展示了本书这一部分共11章所有参考文献的成果。树叶逆时针方向排列，最终指向树的顶端，这两章讲述了关于 TARP 对该计划最终目标的影响——提振实体经济和降低金融体系的风险。每片树叶都展示了相应章节的主题以及该章节的参考文献，这些参考文献承载了有关该主题的知识成果。

作为第二部分的指南，第五章详细介绍了 TARP 实证文献中使用的主要方法。它总结了在大多数研究中使用的双重差分（DID），也包括工具变量（IV），倾向得分匹配（PSM），Heckman 样本选择模型，以及在一些 TARP 各方面的实证研究中使用的安慰剂检验。第六章回顾了申请和接受 TARP 和提前退出项目的决定因素的研究。第七章总结了项目对接收银行估值影响的研究结果。第八章研究了 TARP 对市场约束的影响。第九章是关于银行杠杆风险的研究。第十章讨论了问题资产救助计划（TARP）对银行竞争的影响。第十一章和第十二章分别讨论了 TARP 对银行信贷供应和投资组合风险的密切相关影响。第十三章讨论了该计划对接收银行信贷客户的影响，包括他们的市场价值、投资和其他支出影响的变化。最后，第十四章和第十五章分别总结了 TARP 在多大程度上实现了改善实体经济和降低系统性风险这两个主要目标。每一章包含一个简短的结论和警告部分，总结了本章中回顾的研究的含义。

重要的是，各章的主题并不是完全相互依赖的，TARP 在一个领域的直接影响对其他领域也有间接影响。例如，TARP 在一定程度上增加了银行信贷供给，银行投资组合风险和系统性风险可能也增加了，贷款客户可能得到了改善，实体经济可能受到了刺激。在下文中，我们只关注每一个直接研究结果一次，并在后面简单地承认间接影响。因此，当我们在第十一章涵盖银行信贷供应变化时，我们没有讨论这些变化对银行投资组合风险、贷款客户、实体经济和系统性风险的间接影响。我们将在后面的第十二章、第十三章、第十四章和第十五章分别提到这些间接影响。值得注意的是，后面几章中的一些间接影响也与前面几章研究的直接影响相反。例如，TARP 可能降低了系统性风险的程度上，银行信贷供应量可能有所增加，因为财务状况更健康的银行放贷的条件更好。在后面的章节中，我们再一次简单地承认这些间接影响。

5. 方法
Heckman, 1979; Wooldridge, 2002;Beck, Levine, and Levkov, 2010; Bayazitova and Shivdasani, 2012; Duchin and Sosyura, 2012, 2014; Li, 2013; Berger and Roman, 2015; Berger, Roman, and Sedunov, 2020.

6. 决定因素
Jordan, Rice, Sanchez, and Wort, 2009; Paletta and Enrich, 2009; Taliaferro, 2009; Pana and Wilson, 2010; Bayazitova and Shivdasani, 2012; Cadman, Carter, and Lynch, 2012; Wilson and Wu, 2012; Duchin and Sosyura, 2012, 2014; Cornett, Li, and Tehranian, 2013; Li, 2013; Blau, Brough, and Thomas, 2013; Liu, Kolari, Tippens, and Fraser, 2013; Berger and Roman, 2015, 2017; Calomiris and Khan, 2015; Ng, Vasvari, and Wittenberg-Moerman, 2015; Berger, 2018; Berger, Makaew, and Roman, 2019; Chavaz and Rose, 2019; Roman, 2019; Berger, Roman, and Sedunov, 2020.

7. 银行估值
King, 2009; Veronesi and Zingales, 2010; Bayazitova and Shivdasani, 2012; Kim and Stock, 2012; Farruggio, Michalak, and Uhde, 2013; Liu, Kolari, Tippens, and Fraser, 2013; Carow and Salotti, 2014; Zanzalari, 2014; Croci, Hertig, and Nowak, 2015; Ng, Vasvari, and Wittenberg-Moerman, 2015.

8. 市场准则
Berger, 1991; Flannery and Sorescu, 1996; Flannery, 1998; Flannery and Nikolova, 2004; BIS, 2005; Gropp, Vesala, and Vulpes, 2006; Flannery and Bliss, 2019; Forssbæck and Nielsen, 2016; Marsh and Roman, 2018; Berger, Koen, Lamers, and Roman, 2019; Berger, El Ghoul, Guedhami, and Roman, 2020.

9. 杠杆风险
Li, 2013; Duchin and Sosyura, 2014; Calabrese, Degl' Innocenti, and Osmetti, 2016; Acharya, Pedersen, Philippon, and Richardson, 2017; Berger, Roman, and Sedunov, 2020.

15. 系统性风险
Coffey, Hrung, and Sarkar, 2009; Nguyen and Enomoto, 2009; Huerta, Perez-Liston, and Jackson, 2011; Acharya, Engle, and Richardson, 2012; Farruggio, Michalak, and Uhde, 2013; Choi, 2014; Duchin and Sosyura, 2014; Adrian and Brunnermeier, 2016; Semaan and Drake, 2016; Acharya, Pedersen, Philippon, and Richardson, 2017; Berger and Roman, 2017; Brownlees and Engle, 2017; Del Viva, Kasanen, Saunders, and Trigeorgis, 2017; Berger, Roman, Sedunov, 2020.

14. 实体经济
Berger and Roman, 2017; Contreras, Delis, Ghosh, and Hasan, 2019; Contreras, Ghosh, and Kong, 2019.

13. 银行信贷客户
Norden, Roosenboom, and Wang, 2013; Sheng, 2016; Song and Uzmanoglu, 2016; Lin, Liu, and Srinivasan, 2017; Norden, Udell, and Wang, 2020; Berger, Molyneux, and Wilson, 2020.

12. 组合风险
Cordella and Yeyati, 1998; Cole and White, 2012; Black and Hazelwood, 2013; Duchin and Sosyura, 2014; Acharya and Ryan, 2016; Berger, Ambierowicz, and Rauch, 2016; Jungherr, 2016; Berger and Roman, 2017; Agarwal and Zhang, 2018; Berger, Makaew, and Roman, 2019; Bunkanwanicha, Di Giuli, and Salvadè, 2019; Cao-Alvira and Núñez-Torres, 2019; Chavaz and Rose, 2019; Kim, Kim, and Lee, 2019.

11. 信贷供给
Bain, 1959; Petersen and Rajan, 1995; Berger, Saunders, Scalise, and Udell, 1998; Boot and Thakor, 2000; Cetorelli and Strahan, 2006; Carbo-Valverde, Rodriguez-Fernandez, and Udell, 2009; Taliaferro, 2009; Berrospide and Edge, 2010; Ivashina and Scharfstein, 2010; Contessi and Francis, 2011; Cornett, McNutt, Strahan, and Tehranian, 2011; Black and Hazelwood, 2013; Li, 2013; Carpenter, Demiralp, and Eisenschmidt, 2014; Chang, Contessi and Francis, 2014; Duchin and Sosyura, 2014; Montgomery and Takahashi, 2014; Berger, Cerqueiro, and Penas, 2015; Puddu and Walchli, 2015; Wu, 2015; Berger and Bouwman, 2016; Koetter and Noth, 2016; Sheng, 2016; Berger, Black, Bouwman, and Dlugosz, 2017; Berger and Roman, 2017; Jang, 2017; Lin, Liu, and Srinivasan, 2017; Zheng, 2017; Berger and Black, 2019; Berger, Makaew, and Roman, 2019; Cao-Alvira and Núñez-Torres, 2019; Cortés, Demyanyk, Li, Loutskina, Strahan, 2019; Chu, Zhang and Zhao, 2019; Degryse, Morales-Acevedo, and Ongena, 2019; Bassett, Demiralp, and Lloyd, forthcoming.

10. 银行竞争者
Lerner, 1933; Beck, Levine, and Levkov, 2010; Hakenes and Schnabel, 2010;Congressional Oversight Panel, 2011; Berger and Roman, 2015; Koetter and Noth, 2016; Cao-Alvira and Núñez-Torres, 2019.

PART II:
关于TARP的
实证研究

第五章　TARP 的实证研究所使用的方法

本章覆盖了大部分关于 TARP 实证研究所采用的实证方法。如上文所述，大多数关于不良资产救助计划的研究通常采用双重差分方法（DID）作为主干，该方法将在 5.1 节中进行介绍。为了测试 DID 结果的稳健性并考虑内生性及样本选择问题，研究人员还使用了其他稳健性方法。其中，最重要的是在 5.2 节中描述的工具变量法（IV）、5.3 节中描述的倾向得分匹配（PSM）、5.4 节中涉及的 Heckman 样本选择模型及 5.5 节中讨论的安慰剂检验。简洁起见，本章中将不详细介绍其他的方法。5.6 节则提供了一些简短的结论和注意事项。

5.1　双重差分方法

DID 方法经常在银行和其他文献中被用来比较实验组和对照组在实验前后的情况。对于 TARP 研究，实验组通常由收到 TARP 资金的银行组成，而对照组则由其他没有收到资金的银行组成①。在一些研究中，这种实验是在州的层面上进行的，即该州接受 TARP 救助的银行所占比例。在一些情况下，实验则是在个体银行贷款层面进行的，即在 TARP 处理前后，对 TARP 标的银行和非 TARP 标的银行贷款的信贷条款做比较。出于说明的目的，我们从银行层面的 DID 模型开始，通常采用以下形式：

$$Y_{it} = \beta_0 + \beta_1 \cdot \text{TARP RECIPIENT}_i + \beta_2 \cdot \text{POST TARP}_t \times \text{TARP RECIPIENT}_i$$
$$+ \beta_3 \cdot X_{it-1} + \beta_4 \cdot \text{TIME}_t + \varepsilon_{it} \tag{5.1}$$

其中，i 代表银行，t 表示季度，Y_{it} 是目标结果变量，如竞争优势的衡量、贷款金额、系统性风险贡献、实体经济指标等。

TARP RECIPIENT$_i$是一个在银行获得了 TARP 的资金支持时等于 1 的虚拟变量，它被包括在回归中，对 TARP 标的银行和非 TARP 标的银行之间与 TARP 资金的获取无关但会影响 Y_{it} 的任何常数值或长期差异进行控制。在某些稳健性检验中，该虚拟变量被注入资金量的连续度量所代替。一些论文的主干方法或稳健性检验会在式（5.1）中加

---

① 大多数 TARP 研究覆盖了全部的美国私人和上市银行，并将 TARP 银行与非 TARP 银行进行了比较。一些研究只关注上市银行和银行控股公司，并将上市的 TARP 接受者与提交了 TARP 申请但未被批准的机构进行比较（例如，Duchin 和 Sosyura，2012，2014；Berger，Roman 和 Sedunov，2020）。他们将没有申请 TARP 的任何实体排除在分析之外，因为不知道它们是否因为被劝阻或是本身并不需要援助而不申请。这种方法有助于说明 TARP 标的银行的选择，不过只适用于上市机构。这些研究的作者通过阅读 2008 年第四季度至 2009 年第四季度所有符合 TARP 要求的上市银行和银行控股公司的季度文件、年度报告和代理声明，确定这一时段内这些机构的申请状态。

入银行固定效应。在这些情况下，该虚拟变量会被省略，因为它将与银行固定效应完全共线，而交互作用项保持不变。

POST TARP$_t$是一个在 TARP 项目启动后的时间段内等于 1，在 TARP 前阶段等于 0 虚拟值。在大多数情况下，TARP 时期被指定为从 2009 年第一季度开始。而大多数研究则将 TRAP 后时期的结束定在 2012 年第四季度。这些数据集通常起始于 2005 年第一季度或 2005 年第二季度，这样 TARP 启动前后的观测值大致相等。一些研究尝试将 2008 年第四季度作为新的 TARP 开始日期，也就是第一批银行接受 TARP 注资的时间。由于数据的可得性，一些早期研究会将 TARP 启动后时期的结束日期提前，这一操作基本上不改变结果。POST TARP$_t$不会以不连贯的形式出现在等式（5.1）的右侧，因为它被包含在下文描述的时间固定效应（TIME）中。

POST TARP$_t$·TARP RECIPIENT$_i$是捕捉了实验效果的 DID 项，即捕捉了该实验行为（TARP 注资）对受试者（TARP 标的银行）与非受试者（标的外银行）的影响的比较结果。这是我们所需的关键外生变量，且大多数需检验的假设都是关于它的系数 β_2。

小部分 TARP 的相关研究也以类似于 Beck、Levine 和 Levkov（2010）中的方式研究了 TARP 的动态效应。在这些研究中，DID 项 POST TARP·TARP RECIPIENT$_i$被一系列虚拟变量代替，如 POST TARP 2009$_t$·TARP RECIPIENT$_i$、POST TARP 2010$_t$·TARP RECIPIENT$_i$等，这样该效果就可以在 TARP 后时期中的每一年单独计算。在某些情况下，结果是以季度来衡量的，而不是以年为单位。在一些研究中，还估计了 TARP 前阶段的动态，以帮助排除计划的影响是预先开始的可能性。

X_{it-1}是一个控制变量向量，它考虑了影响结果变量 Y_{it}的其他因素，并缓解了可能导致系数估计偏差的潜在遗漏变量问题。虽然这些控制措施在不同研究中有所不同，但我们在后文会简要描述一项相当有代表性的研究（Berger 和 Roman，2015）中使用的控制措施，且在那篇文章中可以找到选择这些个体变量的理由。这几位学者遵照 CAMELS 以选择控制变量。CAMELS 是监管机构用来评估银行的一套公开的财务标准，包括用权益资本除以总资产（GTA）衡量的资本充足率[①]，使用不良贷款占总贷款比例衡量的资产质量，基于银行监管机构是否采取纠正措施的虚拟模型的管理质量，以资产收益率（ROA）衡量的收益，以现金与存款的比率来衡量的流动性，以短期资产和短期负债与 GTA 的绝对差额（缺口）之比来衡量的市场风险的敏感度。其他银行特征控制，包括按 GTA 自然对数计算的银行规模、商业银行或银行控股公司所拥有的最古老银行（当一家银行控股公司拥有多家银行时）的年龄（以年计），一家银行在危机期间是否收到了贴现窗口贷款或定期拍卖融资（TAF）资金的虚拟变量，一家银行是否收购了其他机构的虚拟变量，该实体是否属于银行控股公司的虚拟变量，该银行或其所属的银行控股公司是否公开上市的虚拟变量，银行大部分存款是否在大都会市场

---

① GTA 等于总资产加上贷款和租赁损失准备金以及分配的转移风险准备金（某些外国贷款的准备金）。财政决算中的总资产会扣除这两项用于弥补可能的信贷损失的准备金。这些储备被加回以衡量所融资资产的全部价值。

［大都会统计区（MSA）或新英格兰县大都会区（NECMAs）］的大都会虚拟变量，美国联邦存款保险公司（FDIC）存款汇总表中存款市场集中度数据的赫芬达尔指数（HHI）在银行本地存款市场的加权平均值，以及分行数量和 GTA 乘以 1000 的比率。

$TIME_t$ 是一系列年度季度的固定时间效应，但它考虑了随着时间推移发生的、影响所有银行的许多政策和经济变化。ε_{it} 表示误差项。

第二个回归模型在一些考虑到提前偿还 TARP 资金的银行可能与其他 TARP 标的银行的行为有所差异的 TARP 研究中使用。此模型通常采用以下形式：

$$Y_{it} = \delta_0 + \delta_1 \cdot TARP\ RECIPIENT\ NOT\ REPAID_i + \delta_2 \cdot TARP\ RECIPIENT\ REPAID_i$$
$$+ \delta_3 \cdot POST\ TARP_t \times TARP\ RECIPIENT\ NOT\ REPAID_i$$
$$+ \delta_4 \cdot POST\ TARP_t \times TARP\ RECIPIENT\ REPAID_i$$
$$+ \delta_5 \cdot X_{it-1} + \delta_6 \cdot TIME_t + \eta_{it} \tag{5.2}$$

方程式（5.2）中的全部变量基本与方程式（5.1）中的相同，不同的部分为以变量 $TARP\ RECIPIENT\ NOT\ REPAID_i$（银行并未在 2009—2010 年提前还付时为 1）和变量 $TARP\ RECIPIENT\ REPAID_i$（银行在 2009—2010 年提早还付时为 1）替代了变量 $TARP\ RECIPIENT_i$，以 η_{it} 替代 ε_{it} 作为误差项。$POST\ TARP_t \times TARP\ RECIPIENT\ NOT\ REPAID_i$ 和 $POST\ TARP_t \times TARP\ RECIPIENT\ REPAID_i$ 都是分别捕捉 TARP 项目在并未提早偿付和提早偿付的接受者身上产生的效果的 DID 项。δ_3 和 δ_4 可以用于比较和检验是否相等，看看 TARP 在这两组上所产生的影响是否不同。

5.2　工具变量（IV）法

工具变量（IV）法通常与方程式（5.1）和方程式（5.2）中的 DID 方法一起使用，因为 $TARP\ RECIPIENT_i$、$TARP\ RECIPIENT\ NOT\ REPAID_i$ 和 $TARP\ RECIPIENT\ REPAID_i$ 变量不是随机分配的，而可能是内源性的。由于美国财政部的 TARP 选择标准是"健康、有活力的机构"，TARP 资金可能更经常提供给实力最强、规模最大的银行，而且 TARP 资金最初确实支付给了上述最大的银行。这可能会导致 $TARP\ RECIPIENT_i$ 与等式中因变量 Y_{it} 之间存在虚假关系，因为实力较强的银行或规模较大的银行可能更容易获得竞争优势，放贷也更多等。$TARP\ RECIPIENT\ NOT\ REPAID_i$ 和 $TARP\ RECIPIENT\ REPAID_i$ 也可能同样存在内生性问题，因为只有处于相对良好的财务状况的银行才能尽早偿还资金，而这种银行的健康状况很可能与 Y_{it} 的结果相联系。

我们简要地描述文献中多次为 $TARP\ RECIPIENT_i$ 变量使用的三种工具变量：

（1）$SUBCOMMITTEES\ ON\ FINANCIAL\ INSTITUTIONS\ OR\ CAPITAL\ MARKETS_i$：虚拟变量，如果一家公司总部位于众议院议员所在地区，且该议员曾于 2008 年或 2009 年在众议院金融服务委员会金融机构小组委员会或资本市场小组委员会任职，则取值为 1；

（2）DEMOCRAT$_i$：虚拟变量，如果银行总部所在地的当地代表是 2007—2008 年竞选周期中的民主党人，则取值为 1；

（3）FED DIRECTOR$_i$：虚拟变量，如果该行的一名董事在 2008 年或 2009 年为 12 家联邦储备银行（FRB）或分行的董事会成员，则取值为 1。

更多的细节在此处不深入讨论，但（1）中的小组委员会在制定《经济稳定紧急法案》（EESA）过程中发挥了直接作用，他们就授权和扩大 TARP 向国会提出了投票建议，安排了银行与美国财政部的会议，并致函监管机构和欧洲经济安全局（EESA）制定者以帮助一些公司（Duchin 和 Sosyura，2012）。（2）中的民主党人一般更倾向于政府救助私营企业，而（3）中的董事可能对联邦储备委员会监管的银行（州特许成员银行和所有银行控股公司）有更大的影响力，这种影响可能导致更有利的申请评估过程。这些工具的详细论据可在使用这些工具的论文中找到（Bayazitova 和 Shivdasani，2012；Li，2013；Duchin 和 Sosyura，2014；Berger 和 Roman，2015）。即使这些论点表明这几个被提议的虚拟变量应该与 TARP 决策正向相关，但政治和监管工具不太可能与 TARP 实施后的银行行为直接相关，因此满足排除限制条件。

接下来我们再简要讨论关于 TARP RECIPIENT NOT REPAID$_i$ 和 TARP RECIPIENT REPAID$_i$ 的两个工具变量，分别是：

（1）CEO COMPENSATION$_i$：虚拟变量，如果一家银行的 CEO 在 2008 年的总薪酬超过 500000 美元，则虚拟值取 1；

（2）COINCIDENT INDEX$_i$：将四个州级指标（非农就业人数、制造业平均工作时间、失业率和消费物价指数缩减后的工资和薪金支出）结合起来，在一个单一的统计数据中总结出该州的经济状况，然后根据银行在美国的存款情况将其分配给银行。

简而言之，由于 TARP 对高管薪酬的限制，CEO COMPENSATION$_i$ = 1 的银行可能更容易提前退出 TARP，同时 COINCIDENT INDEX$_i$ 较高州的银行可能更可能提前偿还 TARP，因为它们可以更容易通过留存收益筹集资金。

用于估计方程式（5.1）和方程式（5.2）的工具变量法考虑到了潜在的内生解释变量 TARP RECIPIENT NOT REPAID$_i$ 和 TARP RECIPIENT REPAID$_i$ 是二元虚拟变量。这些研究采用虚拟内生变量模型，如 Wooldridge（（2002），sec. 18.4.1 段）。在一些研究中，方程式（5.1）的第一阶段使用了 probit 模型，TARP RECIPIENT$_i$ 虚拟值在政策或监管工具变量 SUBCOMMITTEES ON FINANCIAL INSTITUTIONS OR CAPITAL MARKETS$_i$、DEMOCRAT$_i$ 和 FED DIRECTOR$_i$ 上做回归，所有控制变量都来自该研究的主回归模型。从第一阶段得到的预测概率将作为最后阶段的工具变量。同样，对于方程式（5.2），第一阶段 TARP RECIPIENT NOT REPAID$_i$ 和 TARP RECIPIENT REPAID$_i$ 的 probit 回归也是在政治和监管的工具变量加上两个额外的关于从项目中早退的工具变量 CEO COMPENSATION$_i$ 和 COINCIDENT INDEX$_i$ 中的任意一个上进行的，该回归在研究相关控制变量中皆有应用，得到的预测概率再次作为最后阶段的工具变量。

5.3 倾向得分匹配（PSM）方法

如上文关于 IV 方法的讨论，TARP 标的机构的选择可能与方程式（5.1）和方程式（5.2）中因变量相关的其他变量系统相关。另一种在许多研究中使用的解决选择偏差潜在问题的方法是倾向分数匹配（PSM）。PSM 将回归样本中的非 TARP 标的银行集合缩小到与 TARP 标的银行有着近似的获得 TARP 资金的可能性的范围，目的是帮助消除竞争性等特性引起的差异，凸显 TARP 对因变量的影响。

利用 probit 回归，根据主回归控制变量中指定的银行在预处理期间的部分或全部特征，估计所有银行的倾向得分。倾向性得分是基于银行的预处理特征所得的银行收到 TARP 资金的概率。根据倾向性得分的绝对差异，每个 TARP 标的机构被分配到差异最小的一个非 TARP 标的机构组成配对。研究者分别采用替换和非替换的方式进行匹配。在非替换的方式中，研究人员将 TARP 标的机构与离其最接近的非 TARP 标的控制组机构进行配对。相反，在替换匹配中，每个标的机构会与离其最近的控制组银行进行匹配，即使后者已经多次与其他银行进行过匹配也不会删除掉。在大多数情况下，每个 TARP 标的机构会与 1 个、2 个或 3 个差异最小的机构相匹配。

5.4 Heckman（1979）样本选择模型

为了解决潜在的样本选择偏差，一些研究人员还将 Heckman（1979）两步法与 DID 主方法相结合。这种方法将 TARP 决策纳入计量估计以控制银行和政府对 TARP 的选择偏差。在第一步中，他们使用在工具变量法估计中相同或相似的 probit 模型。第二步以结果变量作为因变量，并将第一步中估计的自选参数（逆米尔斯比）包含在内。DID 变量上的系数表明了主要结果是否稳健，逆米尔斯比的系数在统计上显著性则表明样本选择偏差在这里是否是一个主要问题。

5.5 安慰剂效应检验

另外，可能有其他未知的混合因素导致 TARP 和非 TARP 标的银行的差异。因此，一些研究人员还结合 DID 框架进行安慰剂检验。在一种类型的实验中，研究人员虚构地假设 TARP 的参与发生在更早的时候，同时仍然根据"真正的"TARP 来区分接受和不接受 TARP 资金的银行。例如，Berger、Roman 和 Sedunov（2020）使用在 2000—2007 年的 TARP 之前的 8 年时间，并假设虚构的 TARP 后时期在实际计划之前 5 年开始。随后，他们使用安慰剂样本（2000—2007 年）重新进行回归分析，并将 TARP 之后的时期这一安慰剂定义为等于 2004—2007 年（虚构的 TARP 启动后时期）的一个虚拟值。如果他们的主要结果反映了真实的程序，并且不是由替代力量所驱动的，那么在安慰剂检验中，研究人员不应该在同一方向上发现 DID 项的显著结果。

在另一种类型的安慰剂检验中，研究人员将 TARP 实验随机分配给银行，然后用通过自举法（Bootstrap）置信区间对回归进行重新估计（如 Berger 和 Roman，2015）。同样，如果主要结果代表的是 TARP 的效果而不是其他因素的影响，那么在安慰剂检验中不应该有相同方向的显著结果。

5.6 关于方法的结论和注意事项

如上文第一部分所述，要找到一个令人信服的实证策略来确定救助的效果是具有挑战性的，这是因为我们无法观察到在没有救助的情况下经济和金融体系将如何运作的反事实。因此，研究人员通常能用的最好方法是 DID 方法，通过比较 TARP 银行、地点或贷款与未获得救助的银行、地点或贷款来衡量这些救助措施的效果。

从积极的一面来看，鉴于先前的情况反映出立法是否会获得通过的不确定性，且救助计划的实施形式对许多人来说是意外的，TARP 可能被视为合理的准自然实验。因此，这个结果很可能是由于 TARP 本身，而不是由于对其他早期事件或救助的预期，尽管内生性和样本选择问题可能仍然存在，且需要使用其他方法处理。

从消极的一面来看，也是我们在书中多次强调的，TARP 和其他救助和纾困计划也可能影响到其他银行、区域和贷款，因此侧重于差异的 DID 方法不一定能捕捉到全部的效果。例如，正如下文关于信贷供应的第十一章所讨论的，DID 计算的是 TARP 标的银行和非 TARP 标的银行的供给差异变化，而不是 TARP 标的银行和非 TARP 标的银行信贷变化的总和。非 TARP 银行可能由于没有收到资金或其他因素而减少了信贷。或者，这些其他银行可能已经从 TARP 提供的拯救实体经济或金融体系的计划中获益，并增加了它们的信贷。

在第二部分的剩余内容以及本书的其余部分中，我们将努力克服困难并得出可能的最佳结论，同时强调相关的注意事项。

参考文献

［1］Bayazitova, D. , & Shivdasani, A. （2012）. Assessing TARP. The Review of Financial Studies, 25 （2）, 377 – 407.

［2］Beck, T. , Levine, R. , & Levkov, A. （2010）. Big bad banks? The winners and losers from bank deregulation in the United States. The Journal of Finance, 65 （5）, 1637 – 1667.

［3］Berger, A. N. , & Roman, R. A. （2015）. Did TARP banks get competitive advantages? Journal of Financial and Quantitative Analysis, 50 (6), 1199 – 1236.

[4] Berger, A. N., Roman, R. A., & Sedunov, J. (2020). Did TARP reduce or increase systemic risk? The effects of government aid on financial system stability. Journal of Financial Intermediation. forthcoming.

[5] Duchin, R., & Sosyura, D. (2012). The politics of government investment. Journal of Financial Economics, 106 (1), 24 – 48.

[6] Duchin, R., & Sosyura, D. (2014). Safer ratios, riskier portfolios: Banks' response to government aid. Journal of Financial Economics, 113 (1), 1 – 28.

[7] Heckman, J. J. (1979). Sample selection bias as a specification error. Econometrica, 47 (1), 153e161. Li, L. (2013). TARP funds distribution and bank loan supply. Journal of Banking and Finance, 37 (12), 4777 – 4792.

[8] Wooldridge, J. M. (2002). Econometric analysis of cross section and panel data. MIT Press.

第六章　申请和接受 TARP 资金以及提前退出的决定因素

6.1　申请和接受 TARP 资金的决定因素

本章研究哪些银行申请了 TARP 资金，其中有哪些银行成功获得了资金，又有哪些银行提前退出了 TARP。第 6.1 节讨论了申请和接受 TARP 资金的决定因素。我们只关注自愿参与者，因为非自愿参与者必须接受资本注入。第 6.2 节讨论了银行决定提前退出计划的决定因素，包括自愿和非自愿参与者。第 6.3 节是结束语。

许多论文调查了影响银行申请 TARP 资金和/或美国财政部是否批准这些申请的因素。媒体上说 TARP 批准的既定选择标准是该计划以"健康状况良好、具有生存能力的机构"为目标，美国财政部在与主要银行监管机构协商后会对这些机构的健康状况进行评估，以确保该机构从安全和稳健的角度来看是令人满意的。具体来说，该评估是基于银行的"骆驼"（CAMELS）指标测试等级和其他财务业绩比率进行的。被其主要监管机构视为健康状况和生存能力最好的机构会把它的申请提交给美国财政部进行最终审批。

美国政府问责局（2010）对 TARP 申请的审批流程进行评估后发现，大多数机构都拥有令人满意或更好的健康状况。评估结果同样表明，用于审批的"骆驼"测试等级中，有 25% 的申请已超过一年，5% 已超过 16 个月，在他们修订后的 567 份申请中，大约 18% 的申请没有给出最近一次监管审核的日期。

然而，在所有接受评估的机构中，有 66 家或者说 12% 的机构存在财务缺陷，包括令人不满意的"骆驼"测试等级、财务比率和/或与安全和稳健问题相关的正式执法行动。因此，人们普遍猜测除了银行的健康状况和价值之外的自由裁量因素，尤其是监管和政治影响，可能也帮助一些银行获得了 TARP 资金。

一些案例很有启发性。Duchin 和 Sosyura（2012）提到了财经媒体报道的案例，在这些案例中，政治家们甚至修改了法律以拯救他们所在州的公司，以此回应那些财务实力不足以获得 TARP 资金的公司请愿（Paletta 和 Enrich，《华尔街日报》，2009 年 1 月 22 日）。例如，在 2008 年 9 月下旬，波士顿的 One United 银行由于贷款操作不当和薪酬滥用出现了资金问题，并收到了 FDIC 的终止令。尽管如此，在 2008 年 12 月，该银行从 TARP 中获得了 1206.3 万美元的资金。2009—2010 年，该银行未能向美国财政部支付股息。当地代表是金融服务委员会负责人 Barney Frank，他承认自己在美国《经济稳定紧急法案》（ESSA）的早期版本中授权了一项旨在帮助这家特定银行的 TARP 条款，尽管这一条款并未列入最终法案①。他还建议监管机构考虑将该银行纳入 TARP。该银行的律师承认，他不仅通过电话与 Frank 讨论了该银行的财务状况，还与代表人员 Maxine Waters（金融服务委员会和金融机构小组委员会的成员）进行了讨论，Maxine Waters 随后帮助安排了美国财政部和该银行管理层之间的会议。Waters 的丈夫 2004—2007 年任 OneUnited 的董事，在 TARP 实施时，他持有 OneUnited 超过 50 万美元的股票。2010 年，众议院道德委员会（the House Ethics Committee）发起了一项调查，调查众议员 Waters 在 TARP 中向 OneUnited 分配资本方面的影响，当年的晚些时候，该委员会建议对她提出三项违反众议院道德规则的指控。这些指控在 2012 年的晚些时候被澄清②。

2008—2009 年，TARP 资本投资的审计公布了外界对 56 家未披露银行申请的咨询记录③。外界对监管机构施加影响如此之大，以至于在 2009 年 1 月 27 日，美国财政部对游说者与 TARP 申请进行接触施加了正式限制，以"限制游说人员在联邦投资决策中的影响。"④

许多研究论文调查了在 TARP 申请和批准决定中政治和监管之间的可能关系。Duchin 和 Sosyura（2012）使用手工收集的关于上市银行申请 TARP 资金的数据，实证研究哪些机构参与该计划，以及政治决定因素是否在 TARP 申请决定和批准过程中发挥了重要作用。他们分析的一个关键部分是衡量银行与政治家和/或监管者之间的政治关系，他们以四种不同的方式衡量政治和监管影响。首先，他们认为如果一家银行在 2008—2009 年雇用了一名正在银行业监管机构或美国财政部任职，又或者此前在上述任一机构中有过工作经验的董事，该银行就被视作具有政治关系。在 TARP 申请的评估过程中，与监管机构有关系的银行可能会得到更优惠的待遇。其次，他

---

① OneUnited 持有大量房利美的优先股，在美国政府接管房利美后，OneUnited 遭受了巨大损失。TARP 法案（在那次会议后的几周内就通过了）的措辞中制定了三条符合 OneUnited 状况的标准。"（财政部的）部长应该考虑……向金融机构提供财务援助，"该法案中写到，（1）机构资产低于 10 亿美元，（2）在 2008 年 6 月 30 日，依据监管指引至少拥有充足的资本，（3）持有房利美和房地美的优先股并且在接管过程中遭受了巨大损失。该条法案还声明"服务中低收入人群以及其他弱势群体的机构"应当被纳入考虑范围内。具体细节参见：https：//www. propublica. org/article/bank－that－rep.－frank－helped－in－healthy－bank－bailout－now－struggling－730；https：//thehill. com/homenews/house/119099－bank－at－center－of－waters－controversy－got－12m－bailout。

② 参见 WSJ，2009 年 1 月 22 日， "银行外部救助中的政治干预"：http：//www. wsj. com/articles/SB123258284337504295。另外一个例子是 ProPublica，2009 年 6 月 30 日，"在拨打参议员 Inouye 的电话后，Small Hawaii bank 获得了美国政府的援助"：https：//www. propublica. org/article/senator－inouye－smallhawaii－bank－aid－630 以及 Business Insider，2009 年 7 月 1 日，"Hawaii bank 在拨打参议员电话后获得了 TARP 资金"：https：//www. businessinsider. com/hawaiibank－got－tarp－cash－after－senators－phone－call－2009－7.

③ 参见向 TARPSpecialInspectorGeneral 国会提交的季度报告：https：//www. sigtarp. gov/reports/congress/2009/October2009 _ Quarterly _ Report _ to _ Congress. pdf 。

④ 参见美国财政部，2009。财政部长任期伊始，新规定将加强透明度以限制游说人员在联邦投资决策中的影响。1 月 27 日的新闻稿：https：//www. treasury. gov/press－center/pressreleases/Pages/tg02. aspx。

们考虑了一家银行与众议院金融服务委员会及其两个小组委员会（金融机构小组委员会和资本市场小组委员会）成员之间的关系，这两个小组委员会在 2008 年 EESA 的发展和 2009 年的修订中发挥了关键作用，并负责为国会准备授权和扩大 TARP 的投票建议。在随后的一篇论文中，Duchin 和 Sosyura（2014）讨论了这些小组委员会的成员如何安排银行和财政部之间的会议，如何写信给监管机构，以及如何将条款写入 EESA 以帮助特定公司。在他们的论文中，如果银行的总部设在国会代表（他或她）的所在地区，那么该银行就被视作与国会代表有关联，这主要是考虑到当银行需要政府援助时，它们可以向当选的本地代表寻求帮助。Duchin 和 Sosyura（2012）使用的第三个衡量指标是银行在 2008—2009 年就银行业、财政或破产问题游说国会和银行监管机构并经规模调整后的美元支出额。最后，他们使用在 2008 年选举周期中经规模调整后的银行对众议院金融服务委员会的竞选捐款金额。这些变量代表了银行对参与制定和实施 TARP 政府官员的各种影响机制。这些作者还构建了一个包含上述四个代理变量的政治关系指数。

Duchin 和 Sosyura（2012）发现了几个重要的结果。他们发现竟然有 80.2% 的上市银行提交了 TARP 申请。他们认为这与人们对 TARP 的广泛认识以及该计划的低申请成本是一致的——TARP 的申请是一个简单的程序，银行在获得批准后可以拒绝接受这些资金。其余的 19.8% 是他们的样本中没有申请 TARP 的机构，这些机构的资本状况是最好的，因此对额外资本的需求较少。

这些作者还研究了监管机构批准 TARP 申请的决定因素。他们发现，在控制其他的银行基本面因素后，如"骆驼"等级的代理变量，银行监管和政治关系与 TARP 申请人获得资金批准的可能性之间存在着强有力的正向关系。这种强有力的正向关系既适用于申请者与立法者（负责制定 TARP 的国会委员会）的关系，也适用于申请者与监管机构和负责计划实施的美国财政部的关系。他们着眼于各种形式的政治影响的重要性。在控制其他因素的情况下，董事与监管机构有关联的银行获得 TARP 资金批准的可能性高出 9.1%。总部设在众议院金融委员会重要成员选举区的银行，获得批准的可能性高出 6.3%[①]。他们还发现，经规模调整后的美元游说支出额每增加一个标准差，获得批准的可能性就会增加 7.6%。而对于竞选捐款而言，该数字为 5.0%。通过利用政治关系的综合指数，这些作者发现，政治关系的银行指数每增加一个标准差，获得政府投资批准的可能性就会增加 7.1%。

Blau，Brough 和 Thomas（2013）还发现，具有政治关系的银行不仅更有可能获得 TARP 资金，而且相较于没有政治关系的银行，他们获得的资金也更多并且还能更早得到 TARP 的支持。总体而言，这些结果与拥有政治和监管关系的银行可以获得更加有利的申请待遇是一致的。

---

① Pana 和 Wilson（2012）证明了与信用社相关的结果，他们发现如果信用社的总部位于美国众议院金融服务委员会成员的所在地区，那么该信用社获得外部救助资金的可能性从 29% 上升至 81%。

Duchin 和 Sosyura（2012）还调查了基于政治和监管关系的 TARP 资金分配导致政府投资效率低下的程度。他们区分了两种对立的政治影响观点：（1）政治关系可能会以牺牲纳税人的利益为代价，使具有政治关系的银行受益，从而降低政府投资的效率；（2）政治关系可以通过解决投资过程中银行和外部投资者之间的信息不对称来提高政府投资的效率。作者使用了几个衡量政府投资事后绩效的指标——银行的净资产收益率（ROA）、托宾 Q 值、原始回报、经市场调整后的回报和经行业调整后的回报——作者给出的证据表明具有政治关系的银行表现不如没有政治关系的银行，这与第一种观点一致，从而证明了这种政治关系会扭曲投资效率。

其他一些研究论文也发现政治关系是获得 TARP 资金的重要决定因素，并在他们的分析中将其用作获得 TARP 资金可能性的工具变量（如 Li，2013；Duchin 和 Sosyura，2014；Berger 和 Roman，2016，2017；Berger、Makaew 和 Roman，2019；Chavaz 和 Rose，2019；Berger、Roman 和 Sedunov，2020）。所有的这些论文都证实，在金融机构和资本市场小组委员会中有一名当地代表可以显著增加获得 TARP 资金的机会，一些研究（如 Li，2013；Berger 和 Roman，2015；Chavaz 和 Rose，2019）同样证实，拥有一名在 12 家联邦储备银行（FRBS）或其 24 家关联分支机构中有现任或前任经验的董事，也可以显著增加获得 TARP 资金的可能性。例如，Li（2013）对私人银行和上市商业银行进行了全面的研究，结果表明政治和监管关系在 TARP 资金的分配中发挥了重要作用。他指出，在使用的各种工具中，如果一家银行的地方代表是监督联邦银行业监管机构的众议院小组委员会成员，那么该银行获得 TARP 资金的可能性会高出 14.45%。如果一名地方代表在 2007—2008 年选举周期中从当地的 FIRE（金融、保险和房地产）行业获得了更大比例的竞选捐款，那么该代表所在地区的银行获得 TARP 资金的可能性也将增加 1.20%。最后，如果一家银行的高管是其中一家联邦储备银行或其分支机构的董事，那么该银行获得 TARP 资金的可能性要高出 27.05%。两篇论文（Berger 和 Roman，2015；Ng、Vasvari 和 Wittenberg - Moerman，2015）还发现一些与当地代表政治意识形态有关的重要结果，因为共和党人通常更加反对政府对银行的救助。例如，Berger 和 Roman（2015）发现，在 2007—2008 年竞选周期中，让一名民主党人担任银行的当地代表，那么银行获得 TARP 资金的可能性将提高 3.9%。

另一篇论文（Bayazitova 和 Shivdasani，2012）分析了哪些银行申请并接受了 TARP 资金注入。这些作者在 TARP 参与中发现了自我选择的证据，但与 Duchin 和 Sosyura（2012）一样，他们发现，选择退出 TARP 的是实力雄厚的银行，而不是实力较弱的银行。因此，没有参与 TARP 的银行拥有更好的资本比率、更稳定的融资状况以及更高的资产质量，而且它们在经济条件更好的地方市场运营。关于 TARP 的批准，Bayazitova 和 Shivdasani（2012）发现，资本注入似乎是出于降低财务困境成本的愿望。获得批准的银行规模通常更大，能对金融体系造成更大风险，但它们也比没有获得批准的银行拥有更高的资产质量。与接受 TARP 资金注入的银行相比，获得批准但后来拒绝接受资金的银行拥有更高的资产质量，并在经济条件更好的地方市场运营，这为论述业绩表现更好的银行可能认为 TARP 资金的注入对它们来说成本太高提供了一些证据。为进一步支持这一观点，Bayazitova 和 Shivdasani（2012）表明，对 CEO（首席执行官）薪酬的限制（对薪酬超过 50 万美元的限制）以及这些政府限制所带来的相关 CEO 个人成本尤其被视为是代价高昂的。CEO 薪酬超过 50 万美元的银行获得批准的可能性将会降低 8%，申请获得批准后拒绝接受资金的可能性将提高 11%。之所以出现上述情况，是因为薪酬限制可能给非 TARP 银行带来了优势，这些银行可以在不受薪酬限制的条件下雇用更好的高管。Cadman、Carter 和 Lynch（2012）也证实了这一结论，他们发现将银行 CEO 的薪酬从下四分位数增加到上四分位数后，银行对接受 TARP 资金注入的厌恶程度提高了 1 倍。

Jordan，Rice，Sanchez 和 Wort（2009）发现，接受 TARP 资金的银行与不接受此资金的银行相比，前者拥有更低的市净率。这些作者发现，截至 2009 年 3 月 31 日，TARP 资金的接受、非应计资产与其他不动产之和占总资产的比率较高都与银行较低的市净率有关。

Taliaferro（2009）还研究了 TARP 参与行的特征，他发现，拥有高杠杆率和高预期监管降级成本（如经纪存款比例高）的银行倾向于参与该计划。那些由于先前的承诺或有前景的投资机会可能会增加贷款的银行，以及由于房地产贷款风险增加而即将面临资产负债表恶化的银行都更有可能获得 TARP 资金。但是他发现，同样表明资产负债表恶化的逾期贷款敞口却与 TARP 的参与负相关，这与财政部在这方面实施生存能力审查是一致的。

Cadman，Carter 和 Lynch（2012）还发现，接受 TARP 资金的银行后续会面临高管流动率更高且薪酬增长更低的问题，这与人们对 TARP 资金的接受可能会导致人才流失的担忧是一致的。此外，他们发现自私行为的代理与拒绝资金相关，这表明薪资的保留是一个潜在的动机。尽管拒绝资金的背后存在这种动机，但没有发现这种薪酬限制会约束基于银行的财务健康或贷款情况做出的计划目标，也没有发现这种限制会使得政府更有效地分配资金。

Cornett，Li 和 Tehranian（2013）研究了危机发生前银行的健康状况与接受 TARP 资金的概率之间的关系。他们发现，与接受 TARP 概率相关的财务特征在健康状况相对较好的银行（"优质银行"）和健康状况相对较差的银行（"劣质银行"）之间是不同的。这与 TARP 的目标是一致的，即帮助健康状况暂时不佳的银行渡过财务困境时期，他们发现 TARP 的"劣质银行"在收入创造方面存在缺陷并经历了流动性问题。相比之下，TARP 的"优质银行"表现良好，他们的贷款回报有所增加，但同样面临流动性问题（主要是因为流动资产和核心存款水平较低以及贷款承诺的提取），这种流动性问题损害了这些银行继续放贷的能力。①

6.2　提前退出 TARP 的决定因素

提前退出 TARP 是银行和财政部以及监管机构协商后的共同决定，希望提前将 TARP 资金返还给财政部的银行可以向其主要监管机构申请批准。它们必须证明自己处于安全可靠的状态，有时还必须在获准偿还资金和提前退出计划之前筹集私人资本。许多行业组织，例如美国银行家协会（American Bankers Association），积极游说以允许银行迅速偿还资金，他们宣称这样可以向存款人和投资者发出积极的信号，即美国的银行是健康的。②

让我们把目光转回到关于这个问题的研究，Bayazitova 和 Shivdasani（2012）分析了 2009 年 11 月 30 日前上市银行偿还 TARP 资金和退出该计划的决定因素。作者发现，与决定继续参与该计划的银行相比，提前偿还 TARP 资金的银行的规模更大、财务状况更健康（资本比率更高），而且拥有更好的资产质量。另一个重要的发现是，该计划实施前 CEO 薪酬超过 50 万美元是这些银行提前退出的关键因素，因为它使得银行提前还款的可能性增加了 15% ~ 17%。这与下面的观点是一致的，即 TARP 中关于 CEO 薪酬的限制已成为这些银行的重大担忧，促使它们提前退出 TARP。Bayazitova 和 Shivdasani（2012）同样发现了微弱的证据，以费城联邦储备银行同步指数（Federal Reserve Bank of Philadelphia Coincident Index）衡量经济增长，那些经济增长更快州的银行可能会更早退出 TARP，因为它们可以在当地市场筹集到更便宜的资金。

Berger and Roman（2015）利用更广泛的美国商业银行的数据证明了 CEO 薪酬和所在地经济状况对银行提前退出 TARP 的影响。这些作者还使用了一个银行薪酬超过 50 万美元的指标作为 2010 年第四季度之前 TARP 提前偿还的工具变量，并发现了强烈的正向影响（也就是说，如果银行 CEO 的薪酬超过 50 万美元，那么该银行提前退出 TARP 的可能性就更大）。

Wilson 和 Wu（2012）着眼于银行的特征，这些银行在 2009 年底之前都已经完全或部分偿还了美国财政部在 TARP（CPP 和 TIP）中的投资。与 Bayzitova 和 Shivdasani（2011）以及 Berger 和 Roman（2015）的观点一样，Wilson 和 Wu（2012）发现了强有力的证据，2008 年，高水平的 CEO 薪酬与银行退出 TARP 的可能性增加显著相关。此外，他们发现，如果以 ROA 衡量银行的会计业绩，那么会计业绩更佳、资本比率更好、资产质量更高的大型上市银行更有可能提前退出 TARP，那些在 2009 年筹集私人

---

①　按类似的方式，Liu、Kolari、Tippens 和 Fraser（2013）通过采用 TARP 银行的财务恢复动态模型并将正在恢复的银行与还未恢复的银行进行比较，他们发现，正在恢复的银行与还未恢复的银行相比，随着时间的推移拥有更好的总体财务状况，具体表现为更高的资本水平、贷款质量、利润、股息、流动性（如短期资产和利率敏感性资产都多于负债）以及资产规模。

②　https://www.cnbc.com/id/29991226/.

资本的银行也更有可能提前返还 TARP 资金。最初的 8 个非自愿的 TARP 银行相较于其他 TARP 银行而言，其普通股权益资本比率在 2008 年底较低，并在 2009 年筹集了普通股资本，而且这 8 个非自愿接受者都至少在 2009 年部分提前退出了该计划。

Cadman，Carter 和 Lynch（2012）还发现，在接受 TARP 资金的银行中，2009 年底前还款的可能性与 CEO 薪酬激励正相关。最后，Cornett，Li 和 Tehranian（2013）发现，提前还款的银行更有可能是大银行，而且它们在持有 TARP 资金期间的业绩有所改善。优质银行，尤其是那些大银行，更有可能偿还并能更快偿还 TARP 资金，它们都是那些在贷款组合质量和费用缩减方面有较大改善的银行。那些倾向于偿还 TARP 资金的"劣质银行"，它们的贷款组合质量也有所改善，而且存款增速得到了提高。

6.3　TARP 申请、接受和退出的研究结论及说明

这里回顾的研究表明，TARP 的决定是由银行以及美国财政部在与银行监管机构协商后做出的，后者的选择具有相当大的政治和监管影响。在大多数情况下，自愿选择 TARP 资金的银行通常是那些需要资金注入的银行，而不是那些资金充足的银行。选择提前退出 TARP 的银行是那些不再需要资金和/或受到高管薪酬限制的银行。

在一定程度上，证据表明，财政部通过救助"健康状况良好、具有生存能力的机构"来完成提高金融体系稳定性的任务。然而，也有大量证据表明，政治和监管关系可能在分配这些资源方面发挥了重要作用。后者的发现会产生许多不利的后果，包括可能的资金在经济上的不合理分配、增加各方花费实际资源来影响政府决策的动机，以及可能使得公众丧失对政府和金融体系公正性的信心。这些发现与其他 TARP 研究调查得出的结论一致（如 Calomiris 和 Khan，2015；Berger，2018；Roman，2019）。

本章的一个重要说明是，大多数 TARP 的申请、接受和退出决定都是私下作出的，因此这里提供的证据在很大程度上是间接的。例如，一些研究使用银行总部是否位于众议院议员的选区来衡量政治关系，这些议员就职于众议院金融服务委员会旗下的金融机构小组委员会或资本市场小组委员会。这种情形可能为利用政治关系获得 TARP 资金创造了机会，但这并不能作为此种政治关系会被使用的铁证。

参考文献

［1］Bayazitova, D. , & Shivdasani, A. （2012）. Assessing TARP. The Review of Financial Studies, 25（2）, 377 – 407.

［2］Berger, A. N. （2018）. The benefits and costs of the TARP bailouts：A critical assessment. Quarterly Journal of Finance, 8（2）, 1 – 29.

［3］Berger, A. N. , Makaew, T. , & Roman, R. A. （2019）. Do business borrowers benefit from bankbailouts? The effects of TARP on loan contract terms. Financial Management, 48 (2), 575 – 639.

[4] Berger, A. N. , & Roman, R. A. (2015). Did TARP banks get competitive advantages? Journal of Financial and Quantitative Analysis, 50 (6), 1199 – 1236.

[5] Berger, A. N. , & Roman, R. A. (2017). Did saving Wall street really save Main Street? The realeffects of TARP on local economic conditions. Journal of Financial and Quantitative Analysis, 52 (5), 1827 – 1867.

[6] Berger, A. N. , Roman, R. A. , & Sedunov, J. (2020). Did TARP reduce or increase systemic risk? The effects of government aid on financial system stability. Journal of Financial Intermediation. forthcoming.

[7] Blau, B. M. , Brough, T. J. , & Thomas, D. W. (2013). Corporate lobbying, political connections, and the bailout of banks. Journal of Banking and Finance, 37 (8), 3007 – 3017.

[8] Cadman, B. , Carter, M. E. , & Lynch, L. J. (2012). Executive compensation restrictions: Do theyrestrict firms' willingness to participate in TARP? Journal of Business Finance and Accounting, 39 (7 – 8), 997 – 1027.

[9] Calomiris, C. W. , & Khan, U. (2015). An assessment of TARP assistance to financia linstitutions. The Journal of Economic Perspectives, 29 (2), 53 – 80.

[10] Chavaz, M. , & Rose, A. K. (2019). Political borders and bank lending in post – crisis America. Review of Finance, 23 (5), 935 – 959.

[11] Cornett, M. M. , Li, L. , & Tehranian, H. (2013). The performance of banks around the receiptand repayment of TARP funds: Over – achievers versus under – achievers. Journal of Banking and Finance, 37 (3), 730 – 746.

[12] Duchin, R. , & Sosyura, D. (2012). The politics of government investment. Journal of Financial Economics, 106 (1), 24 – 48.

[13] Duchin, R. , & Sosyura, D. (2014). Safer ratios, riskier portfolios: Banks' response to governmentaid. Journal of Financial Economics, 113 (1), 1 – 28.

[14] Jordan, D. J. , Rice, D. , Sanchez, J. , & Wort, D. H. (2009). Taking TARP funds can be hazardous toyour bank's wealth (Working Paper).

[15] Li, L. (2013). TARP funds distribution and bank loan supply. Journal of Banking and Finance, 37 (12), 4777 – 4792.

[16] Liu, W. , Kolari, J. W. , Tippens, T. K. , & Fraser, D. R. (2013). Did capital infusions enhance bank recovery from the great recession? Journal of Banking and Finance, 37 (12), 5048 – 5061.

[17] Ng, J. , Vasvari, F. P. , &Wittenberg – Moerman, R. (2016). Media coverage

and the stock market valuation of tarp participating banks. European Accounting Review, 25 (2), 347 – 371.

[18] Paletta, D., & Enrich, D. (2009). Political interference seen in bank bailout decisions. WallStreet Journal January, 22.

[19] Pana, E., & Wilson, L. (2012). Political influence and TARP investments in credit unions. The Quarterly Journal of Finance, 2 (4), 1250017.

[20] Roman, R. A. (2019). Bank bailouts and bail – ins. In Oxford Handbook of banking (3rd Edition), 2019, 630 – 684.

[21] Taliaferro, R. (2009). How do banks use bailout money? Optimal capital structure, new equity, and the TARP (Working Paper).

[22] Wilson, L., & Wu, Y. W. (2012). Escaping TARP. Journal of Financial Stability, 8 (1), 32 – 42.

第七章　TARP 对接受行估值的影响

本章回顾了 TARP 对公开上市接受行市场估值影响的研究。本研究主要在关键的 TARP 事件日附近采用事件研究法，并偶尔通过长期股票回报的回归分析对其进行补充。绝大多数研究仅关注 TARP 对银行普通股回报的影响，考虑到 TARP 主要是通过发行优先股向银行注入资金来完成的，少数研究也关注 TARP 对银行优先股和/或整体财富效应的影响。

在不同的 TARP 事件日（TARP 的公告、TARP 资金的个别注入、不参与 TARP 或拒收 TARP 资金的公告、TARP 资金偿还）附近，TARP 对银行估值的影响应该至少是以下三组因素的结果。第一组重要因素包含第四章表 4.1 中列出的单个参与银行通过 13 个主要救助渠道所获得的收益和成本。七个渠道——安全性、特许权价值/平静生活假说、成本优势、资本缓冲、TBTF（大而不倒）、TITF（联而不倒）和 TMTF（多而不倒）——预示银行市场估值的增长。另外三个渠道——名誉受损、成本劣势、资本优先——预示银行市场估值的下降，而剩下的三个渠道——掠夺性、增加的道德风险和减少的道德风险——对银行市场估值的影响难以判断。第二组因素包括不参与 TARP 银行的收益和成本，因为其他银行可能会以牺牲自身利益为代价获得比较优势、市场份额以及市场势力，这些将在后面的第十章进行讨论。第三组因素包括所有银行因 TARP 外部救助使整个金融体系变得更安全或更危险所获得的收益和成本。我们试图在本章中尽可能地区分这三组因素，虽然这并不容易。

重要的是，从 TARP 中预期可以获得的收益和成本以及上述提到的三组因素的重要性可能会因不同的 TARP 事件、不同的银行类别（自愿参与 TARP 的银行、非自愿参与 TARP 的银行、非 TARP 银行）以及不同类别的股票（普通股、优先股）而有所差异。以不同的 TARP 事件为例，TARP 的公告、TARP 资金的实际注入和偿还可能就会产生不同的影响。TARP 资金的偿还可能会使得放弃参与该计划的银行丧失一些成本优势或劣势和/或因证明自己的偿还能力被认为安全性更高。

我们在 7.1 节中揭示 TARP 公告日前后的股市效应，在 7.2 节中揭示 TARP 资金个别注入前后的效应，在 7.3 节中揭示作出不申请 TARP 的决定和拒绝已获批资金前后的效应，在 7.4 节中揭示 TARP 资金偿还前后的效应。一些研究区分了自愿和非自愿参与者，当这种区分存在时，我们在文中提到了这些不同的结果。7.5 节是结束语。

7.1　TARP 公告日，TARP 对银行普通股、优先股、整体价值的估值影响

许多论文着眼于 2008 年 10 月 14 日 TARP 公告前后参与 TARP 的上市交易银行的估值，他们发现除了一种情况外，TARP 的公告都会带来正的股票回报。

Bayazitova 和 Shivdasani（2012）调查了与 2008 年 10 月 14 日 TARP 公告相关的初始以及后续参与者的原始和超额普通股回报，当时美国财政部宣布将购买最大机构的优先股①。他们发现，最初的大型非自愿接受者的两天（－1，0）平均超额收益率为 14.9%，而且这一结果很显著。这与本章导言中提及的第一组因素带来的净收益是一致的。两位作者还报告称，后来自愿接受 TARP 的机构在同一天的超额收益率显著为正，尽管当时还不知道这些机构是否会获得 TARP 资金。这与第三组因素的结果一致，原因是 TARP 通过降低金融系统的风险使得所有银行的股票估值得到了提高。

Kim 和 Stock（2012）研究了 TARP 公告对非自愿和自愿加入 TARP 的银行的现有优先股市场估值的影响。他们专注于两种不同类型的已发行优先股：（1）优先级高于 TARP 优先股的信托优先股；（2）与 TARP 优先股享有同等权利的非信托优先股。对于非自愿和自愿加入 TARP 的银行，他们发现由于不同的原因，在 10 月 14 日，即 TARP 公告日，信托优先股从 TARP 中所获得的价值增加比非信托优先股多。对于非自愿的 TARP 银行来说，作者认为这是因为 TARP 的发行为信托优先股提供了额外的资产基础（资本优先理论），超过了补偿非信托优先股违约风险更大程度的下降（违约理论）。对于自愿加入 TARP 的银行来说，正向的信托优先股效应可能是由于市场预期一些银行将在 10 月 14 日的公告后申请并获得 TARP 资金。两位作者得出结论，即 TARP 可能将财富从纳税人转移到了优先股股东手中，而且纳税人似乎特别补贴了所选定的实力较弱银行的优先股股东。其他的一些分析与 Bayazitova 和 Shivdasani（2012）得到了一致的结果，例如，Kim 和 Stock（2012）发现，非自愿和自愿加入 TARP 的银行的普通股也受到 10 月 14 日 TARP 公告的影响，而且这种影响显著为正。这与第三组因素再次保持一致，表明 TARP 总体上为银行带来了利益，从而使得美国大多数银行的股价上涨。

Farruggio，Michalak 和 Uhde（2013）还调查 TARP 公告日前后银行普通股的财富效应。他们发现，TARP 在 2008 年 9 月 19 日的首次公告、修订后的 TARP 在 2008 年 10 月 14 日的公告在公告日当天分别产生了大约 8.55% 和 3.95% 的超额收益率，而且这种超额收益率是显著的。在公告日附近设置 4 天的事件窗口期（－2；+2）后也得到了

---

① 美国财政部关于 TARP 的官方新闻稿：https：//www. treasury. gov/press － center/press － JFK releases/Pages/hp1207. aspx. 这篇新闻稿中提到"九家大型金融机构已经同意参与这项计划，它们反应迅速并且集体行动以表明该计划对于整个系统的重要性。这些健康状况良好的机构自愿同意以同样的条件参与该计划，这些条件将适用于全国中小型银行和储蓄机构。"

类似的正向反应,结果显示,分别产生了 10.81% 和 16.92% 的累积超额收益率,而且这种累计超额收益率是显著的。这与帮助 TARP 银行的第一组和第三组因素一致①。

Zanzalari(2014)研究了投资者对 TARP 关键事件的反应是否会因银行的规模而有所差异。作者发现,在 TARP 公告前后的五天里,几乎所有银行,即 TARP 的参与者和非参与者都获得了正向的市场反应。总体而言,参与 TARP 的银行的超额收益率为6.01%,而未参与 TARP 的银行的超额收益率为 1.82%。投资者的反应程度因银行规模而有所差异。在 TRAP 公告前后的五天里,非自愿参与 TARP 的银行的投资者获得了10.67% 的超额收益率,而其他大型银行的收益率为 10.17%,中型银行投资者获得的超额收益率为 5.60%,后续将获得 TARP 资金的小型银行的超额收益率为 1.59%。重要的是,和 Bayazitova 和 Shivdasani(2012)及 Kim 和 Stock(2012)的发现一样,作者发现非 TARP 银行也出现了正的超额收益率。例如,大型未参与 TARP 的银行的超额收益率为 7.61%,而中型银行的超额收益率为 4.87%,唯一的例外是小型未参与 TARP的银行,它们获得了很小的负收益。在 2008 年 10 月 14 日,即 TARP 公告日,未参加TARP 且股票收益率为正的银行的投资者可能将 TARP 的公告视为一个积极信号。这可能是因为他们预期这些银行最终将参与 TARP 并从中获益和/或他们认为整个银行业会从一个更安全的金融系统中获益。

Veronesi 和 Zingales(2010)估计了前十大银行在 TARP 修订计划宣布前后(从2008 年 10 月 10 日到 10 月 14 日)的普通股和优先股价值。通过使用实际的市场贝塔系数来调整单只银行股票的市场变动,他们发现在所考虑的公告期内,银行的普通股股东没有从该计划中受益,反而遭受了 28 亿美元的损失。然而,不同银行间的差异很大。虽然摩根大通的股东损失了 340 亿美元,但是摩根士丹利的股东却获利 110 亿美元,花旗集团和高盛的股东各获利约 80 亿美元。作者还对优先股进行了类似的事件研究分析,相比之下,优先股的价格上涨了 36%,远高于 11% 的市场回报率,而且在计划公告日,优先股的总体价值增加了 67 亿美元。这表明从 TARP 的公告中获益最多的是优先股持有者而不是普通股持有者。

此外,Veronesi 和 Zingales(2010)还计算了资产负债表右侧三个最易变动部分的价值总和,并将其作为由于 TARP 的公告而带来的银行整体价值的增长。他们发现债务的市场价值增加了 1190 亿美元,衍生品负债总额增加了 55 亿美元,优先股市值增加了67 亿美元,但是普通股市值却减少了 28 亿美元。因此,他们估计,由于该计划的实施,前十大银行的金融债权总额增加了 1280 亿美元。对纳税人为 TARP 支付的预期成本进行调整后,他们发现,在不考虑系统性影响的情况下,TARP 以花费纳税人 150亿 ~ 470 亿美元的成本将银行的金融债权价值增加了 1320 亿美元,因此,如果不包括TARP 对金融体系和实体经济的其他影响,该计划为这些银行提供了 840 亿 ~ 1070 亿美

---

① 这些结果也与 King(2009)在美国市场的发现一致,他的结果表明 TARP 会被资本市场投资者看作是个别银行提供必要流动性以及防止金融市场进一步扭曲的工具。

元的净财务收益。这种净收益是下列两个因素的混合：（1）政府干预使银行的价值下降了2.5%，这可能是由政府施加的低效率约束所带来的结果；（2）TARP资金的注入通过降低破产概率提升了银行的安全性，而这种破产本会使银行的价值下降22%。

同样，与TARP外部救助所赋予的潜在价值相关，Croci，Hertig和Nowak（2015）还发现，TARP在避免为不具生存能力的银行提供资金的同时，阻止了银行的进一步倒闭。然而，他们也认为，采取更宽松的标准对自愿的TARP银行进行救助本可以避免更多银行发生倒闭，从而降低FDIC的清算成本。

7.2　TARP注资日，TARP对接受行估值的影响

一些研究者着眼于上市交易的TARP银行在个别资本注入前后的普通股财富效应。TARP公告的估值效应在大多数情况下产生了正回报，与其形成鲜明对比的是，在个别资本注入前后的普通股回报大多不显著或者显著为负。正如前文所述，反映收益和成本的预期并影响银行股票估值的因素会随着时间以及不同的事件变化。因此，个别资本注入的效果可能更多地反映了参与该计划的成本而不是收益。

Bayazitova和Shivdasani（2012）发现，自愿加入TARP的银行在资本注入确切宣布日前后的超额收益率在统计上是不显著的。他们认为，这些公告日的收益既不支持正面认证或安全效应，也不支持不利信号或污名效应，以阻止银行参与该计划。此外，利用控制其他因素的回归方法，作者发现在TARP进行资本注入后，银行的超额收益与资本比率正相关。这与市场会奖励资本更多的银行一致。

Farruggio，Michalak和Uhde（2013）发现，TARP资本确切注入日的超额收益率显著为负，大小为-1.03%，而在TARP资本注入日前后，主要事件窗口期（-2，+2）的累积超额收益率显著为负，大小为-2.26%。作者认为，这些负面反应是由投资者对政府资本援助效果的怀疑态度驱动的，即政府资本援助不一定有利于减轻TARP银行的违约风险。

Zanzalari（2014）研究了投资者对TARP资本注入的反应是否会因银行规模而产生差异。总的来说，作者发现在TARP进行资本注入时，所有银行的累计超额收益率均为负。TARP资本接受行的累积超额收益率约为-2.45%，而未参与银行的收益率为-1.98%。更有趣的是，当将整体效应分解到具体的银行类别时，非自愿加入TARP的银行的累积超额收益率为-7.10%，而其他大型加入TARP的银行的累积超额收益率为-7.62%，小型加入TARP的银行的累计超额收益率仅为-3.38%。没有获得TARP资本的大型银行仅获得了-4.27%的超额收益率。TARP资本接受行的投资者可能对资本注入作出了负面反应，可能是因为上文第一组因素中的一个或多个负面渠道，或是因为政府优先股在破产中的优先级高于普通股。

Ng，Vasvari和Wittenberg－Moerman（2016）利用《华尔街日报》上发表的文章来

捕捉媒体对 TARP 及其参与银行的负面报道程度。他们调查这种媒体情绪是否影响了 2008 年 10 月至 2009 年 12 月上市交易银行控股公司的普通股估值。他们发现，在这段时间里，大约40%的已发表文章对 TARP 持负面态度。他们还记录了负面的媒体情绪使得 2008 年 11 月至 2010 年 1 月 TARP 和非 TARP 银行的股票收益率大幅降低，但对 TARP 银行的估值产生了更大的影响（负面影响大于48%）。媒体情绪一个标准差的增加导致 TARP 银行的月度股票收益率比非 TARP 银行低 1.59%。因此，媒体情绪对 TARP 银行普通股业绩的负面影响比非 TARP 银行大48%，表明媒体情绪对 TARP 银行的收益施加了下行压力，对其估值产生了不利影响。

TARP 相关媒体情绪导致的股票负回报的结果可能是由于 TARP 银行面临着巨大的估值不确定性，因为上文提到的第一组因素中的几个竞争成本给它们的估值增加了难度。除了 TARP 银行股价的整体下行压力之外，Ng，Vasvari 和 Wittenberg – Moerman（2016）还表明，媒体报道对大型 TARP 银行股票回报的影响更大，但这种影响并不随银行的贷款组合质量而发生变化。

Carow 和 Salotti（2014）的一项研究发现，TARP 资本注入的公告帮助了实力较弱的银行，但并没有帮助健康状况良好的银行。这与 TARP 证明实力较弱银行是具有生存能力以及 TARP 资金对它们来说可能是"低成本"一致，在宣布这些银行被 TARP 接受后，它们的异常股票收益显著增加约 1.82%。相比之下，健康状况良好的银行在它们的接受公告日前后经历的异常收益为负且不显著。

Kim 和 Stock（2012）发现证据表明，自愿参与银行的优先股在随后宣布 TARP 优先股发行时获得了正回报。这表明，由于上文讨论的一种或多种渠道，市场可能已经将 TARP 优先股的发行视为对优先股股东有利的信息，尽管政府对银行所有权的干预令许多投资者担忧。与上面 Bayazitova 和 Shivdasani（2012）得出的结论类似，Kim 和 Stock（2012）也发现，个别资本注入时的普通股回报没有受到显著影响。

Liu，Kolari，Tippens 和 Fraser（2013）着眼于一个较其他研究更广泛的事件窗口来评估 TARP 资本注入的影响，他们发现，与没有提前偿还 TARP 资金的银行一样，在 2010 年底之前提前偿还资金的自愿和非自愿加入 TARP 的银行（作者将其称为"正在恢复"的银行），这些银行在收到 TARP 资金之前以及之后的季度里都获得了显著的负回报或不显著的回报。然而，这种负回报的程度对不偿还资金的银行来说更大，相对于"正在恢复"的 TARP 银行 – 2.29% 的不显著超额收益率，它们的超额收益率显著并高达 – 6.27%。这与投资者可能在 TARP 资金偿还前就能在一定程度上识别实力较弱银行的想法一致。

7.3　不参与 TARP 或拒绝已批准资金的公告日前后，TARP 对接受行估值的影响

一篇论文研究了上市交易银行在其宣布不参与 TARP 和/或拒绝预先批准的 TARP

资金时的估值。Bayazitova 和 Shivdasani（2012）发现，银行宣布拒绝参与 TARP 以及在获得初步批准后拒绝 TARP 资金时的超额收益率在统计上均不显著。这与上述的资金注入效应相似并反映了第一组因素，这些结果既不支持正面认证或安全效应，也不支持负面信号或污名效应，从而阻止银行参与 TARP。

7.4 TARP 还款日，TARP 对接受行估值的影响

最后，一些研究人员调查了已上市交易的银行在宣布偿还 TARP 资金附近的财富效应，并一致记录了普通股股东对股市的积极反应。随着银行退出 TARP，偿还资金可以消除该计划的一些成本优势或劣势。TARP 还款日的股市效应可能既反映了投资者对表明自己有能力偿还资金的健康银行的反应，也反映了政府通过允许这些银行偿还资金来表示对它们的信心。这些影响还可能反映出与该计划相关的任何污名和其他不利因素，例如成本劣势或高管薪酬限制，都可能在很大程度上被消除。

Liu，Kolari，Tippens 和 Fraser（2013）使用非自愿和自愿的参与者的组合样本衡量从接受 TARP 资金日到后续还款日之间的财富效应。他们发现，从接受资金到偿还资金期间，TARP 银行的买入持有回报为 4.7% 并且显著，买入持有财富收益显著而且在经济上更显著，为 14.02%，等价于在 TARP 资金偿还后的一个季度内增加了 3290 亿美元。当作者将非自愿参与者排除在外并重新分析后，上述结果仍然成立。他们认为，这种正面结果部分反映了银行的财务状况是不透明的，因为投资者只能在它们的还款日前部分识别出正在恢复的银行。另外的横截面分析显示，还款日后的正回报与取消薪酬限制和不断改善的财务状况有关，这与概述中第一组因素所带来的好处一致。

Liu，Kolari，Tippens 和 Fraser（2013）也发现，那些在 2010 年底之前没有偿还 TARP 资金的银行也会产生类似的效应。在获得资金一年后，没有偿还资金的 TARP 银行继续获得显著为负的季度平均异常收益率，大约为 -3.69%，所以这些银行没有获得财富收益。他们从这些发现中推断出，投资者在某种程度上能够识别出没有处于恢复状态的 TARP 银行。作者以 Duffie、Saita 和 Wang（2007）的方式开发了一个动态风险恢复模型，该模型利用了解释性协变量中的时间序列运动，并估计了 TARP 银行偿还资金的概率或相对于其他 TARP 银行的季度"恢复强度"。利用这些估计方法，Liu，Kolari，Tippens 和 Fraser（2013）还发现，TARP 银行的预计财富收益与其平均恢复强度之间存在显著的正相关关系，表明 TARP 可能促进了股价的恢复。此外，他们发现这种关系对于不偿还 TARP 资金的银行最为强烈，这表明投资者可能正在根据这些银行的财务状况对它们的潜在恢复能力形成预期。

Farruggio，Michalak 和 Uhde（2013）发现，银行股票异常收益率在还款日不显著，大约为 0.04%，而在还款日主要事件窗口期间（-2，+2）的累积超额收益率显著为

正，大小为 0.90％。股票价格对资金偿还作出了略微的正向反应，这表明资本市场投资者可能将银行偿付 TARP 资金视为金融恢复的大体信号。

Zanzalari（2014）研究了投资者对 TARP 资金偿还的反应是否取决于银行规模。作者发现，TARP 银行对 TARP 资金偿还的总体反应显著为正。投资者对 TARP 资金的偿还作出了正向反应，将所有 TARP 银行作为一个整体，该整体获得了 1.85％的异常收益率。当将该整体分解成单个组别时，作者发现被要求接受 TARP 的银行的异常收益率为 1.75％，接受 TARP 资金的其他大型银行的异常收益率为 0.73％，接受 TARP 资金的小型银行的异常收益率为 3.52％。Zanzalari（2014）认为，投资者可能对非自愿的 TARP 银行的资金偿还做出正向反应，因为这些银行不太可能因为薪酬限制而失去现有的管理团队。有趣的是，在这个事件窗口期内，获得较高累计平均异常收益率是偿还 TARP 资金的小型银行而不是大型银行。TARP 银行的投资者可能已经将 TARP 偿还视为一个积极的信号，即银行的资本状况有所改善。此外，投资者在破产程序中不必再排在政府之后，而且银行向政府支付高额股息的义务以及其他限制也将终止。

Bayazitova 和 Shivdasani（2012）研究了银行偿还 TARP 资金的第一轮公告（95 项公告，不包括当天股票没有交易的银行），发现在（-1，0）区间内的平均超额收益率为 0.5％，但它们在统计上不显著。然而，当将样本分为伴有股票发行的公告和没有这种股票发行消息的公告时，他们发现了截然不同的结果。那些发布还款公告时未受股票发行消息影响的银行获得了显著为正的异常收益率，平均为 1.9％，而发布还款公告且同期披露股票发行的银行获得了显著的异常收益率，平均为 -2.2％。作者认为，这些回报可能低估了 TARP 资金偿还的影响，因为大量媒体和股票分析师关注和猜测 TARP 银行偿还资金的可能性。市场在前期参与者发布还款公告前后做出的正向反应与去除因参与 TARP 而增加的成本是一致的，而被批准偿还 TARP 资金可能标志着有关还款银行财务健康状况的正面信息。

7.5　TARP 股票估值研究的结论和说明

本章总结的研究表明，TARP 关键事件对参与该计划的银行产生了一些重要的估值效应，几乎在所有情况下，对 TARP 和非 TARP 银行而言，在发布 TARP 公告前后都存在显著为正的普通股异常收益率，并且在所有分析的案例中，都存在显著为正的优先股异常收益率。这与 TARP 可能通过降低金融崩溃的风险而使银行业变得更强大的想法是一致的。银行估值的提高被视为降低系统性风险的一个渠道，这将在第十五章中进一步讨论。然而，个别资本注入前后的普通股收益大多不显著或者显著为负，这与人们对计划状况或银行状况的各种担忧是一致的。因此，TARP 对整个金融体系的帮助可能超过了接受资金注入的单个银行。在宣布不参与 TARP 或拒绝已获批资金前后的普通股收益不显著，表明既没有正面认证效应也没有负面信号效应来阻止银行参与 TARP。最后，银行偿还资金时的普通股收益一致为正，这与下面的想法是一致的，即偿还 TARP 资金的银行被视为资本更充足且健康状况更好，也可能反映出投资者的一些担忧被消除的好消息，这种担忧主要来自与 TARP 相关的薪酬和其他限制。

然而，强调一些与事件研究法相关的局限性是很重要的，事件研究法是本章使用的主要研究方法。特别是，TARP 事件日前后的估值变化也可能在一定程度上由其他混杂的银行特征或宏观条件驱动，这些特征和条件与 TARP 没有具体关联，但可能与 TARP 相关并且在事件研究中无法被控制。只有少数论文采用回归分析补充了事件研究法，回归分析可以控制 TARP 关键事件发生时的银行和市场特征。因此，我们需要对一些结果进行谨慎的解释。

参考文献

[1] Bayazitova, D., & Shivdasani, A. (2012). Assessing TARP. The Review of Financial Studies, 25 (2), 377 – 407.

[2] Carow, K. A., & Salotti, V. (2014). The US Treasury's Capital Purchase Program: Treasury's selectivity and market returns across weak and healthy banks. Journal of Financial Research, 37 (2), 211 – 241.

[3] Croci, E., Hertig, G., & Nowak, E. (2016). Decision – making during the credit crisis, did thetreasury let commercial banks fail? Journal of Empirical Finance, 38, 476 – 497.

[4] Duffie, D., Saita, L., & Wang, K. (2007). Multi – period corporate default prediction with stochastic covariates. Journal of Financial Economics, 83, 635 – 665.

[5] Farruggio, C., Michalak, T. C., & Uhde, A. (2013). The light and dark side of TARP. Journal of Banking and Finance, 37 (7), 2586 – 2604.

[6] Kim, D. H., & Stock, D. (2012). Impact of the TARP financing choice on existing preferred stock. Journal of Corporate Finance, 18 (5), 1121 – 1142.

[7] King, M. R. (2009). The cost of equity for global banks: A CAPM perspective from 1990 to 2009. September: BIS Quarterly Review.

[8] Liu, W., Kolari, J. W., Tippens, T. K., & Fraser, D. R. (2013). Did capital infusions enhance bank recovery from the great recession? Journal of Banking and Finance, 37 (12), 5048 – 5061.

[9] Ng, J., Vasvari, F. P., &Wittenberg – Moerman, R. (2016). Media coverage and the stock market valuation of TARP participating banks. European Accounting Review, 25 (2), 347 – 371.

[10] Veronesi, P. , & Zingales, L. (2010) . Paulson's gift. Journal of Financial Economics, 97 (3) , 339 – 368.

[11] Zanzalari, D. (2014) . Does bank size matter? Investor reactions to TARP (Working Paper) .

第八章 TARP 对市场约束的影响

银行业的市场约束大致定义为私人部门代理人吸收银行承担的风险中不断增加的成本并根据这些成本采取行动的程度。这些行动可能采用收取明确费用的形式，例如，提高向风险较高的银行提供资金时的利率或降低为这些银行提供金融担保或衍生品时支付的费用。这些行动也可能是撤回商业机会，如拒绝购买风险较高的银行发行的证券。这种约束可能是由存款人、其他债权人、表外客户或股东制定的（Berger，1991）。市场约束在银行业中非常重要，因为它有助于抵消由存款保险制度和政府为银行提供的安全网中其他要素造成的道德风险激励（Flannery，1998；Flannery 和 Nikolova，2004；Flannery 和 Bliss，2019）[①]。

正如第四章所讨论的，TARP 可以通过几种渠道被视为市场的正面或负面信号。正面渠道通常表明 TARP 银行可能更安全，这可能会减少利益相关方监督银行并对其证券和投资进行适当定价的动机（Flannery 和 Sorescu，1996；Gropp、Vesala 和 Vulpes，2006）。而负面渠道可能意味着更多的银行风险，并导致市场约束的加强，因此 TARP 对市场约束的影响是一个重要的实证问题。

现有的实证文献涵盖了股东、次级债券持有人和存款人（包括受到存款保险保障和未受到存款保险保障的存款人）的市场约束，我们分别在 8.1 节、8.2 节和 8.3 节进行了回顾。8.4 节给出了这项研究的一些简要结论和说明。

8.1 股东的市场约束

Berger、El Ghoul、Guedhami 和 Roman（2020）使用了 Duchin 和 Sosuura（2014）在 2006—2010 年确定的公开上市银行样本，并侧重于银行股东对 TARP 银行的约束效应。他们发现，投资者通过向银行要求更高的股本价格来对 TARP 银行施加约束，这与外部救助会带来更多的市场约束相一致。他们的发现似乎是由更高的银行风险、更严格的救助限制（如高管薪酬限制）和以不同方式衡量的银行治理不善推动的。

第七章讨论的 TARP 导致银行的市场估值发生变化的研究也可能意味着市场约束的改变。第七章的结果表明，TARP 的公告会带来正面的影响，接受 TARP 资金的公告带

---

① 市场约束是巴塞尔协议的三大支柱之一，另外两大支柱分别为最低资本要求、外部监管。市场约束支柱建立了最低透明度标准，帮助市场参与者评估银行风险并帮助确定资本充足率［国际清算银行（2006），226 页，Marsh and Roman，2018］。

来的大多是不显著的或负面的影响，提前退出 TARP 的公告所带来的影响是正面的，这些结论表明银行系统安全性的增加总体上降低了市场约束，然而在某些情况下，由于该计划或者这些银行的一些成本或状况，TARP 银行的市场约束有所提高。

8.2 次级债券持有人的市场约束

Forssbæck 和 Nielsen（2015）通过使用 2004—2013 年 123 家银行控股公司的样本分析了次级债券持有人对 TARP 的约束效应。预测的困境风险对次级债券的利差有持续的正面且显著的影响，表明了市场约束的存在。更高的外部救助概率显著降低了整个样本利差的风险敏感性，表明了再资本化的道德风险效应。然而，从样本中剔除掉规模最大的银行后，这些效应不复存在。他们的结果还表明，这些影响只是短暂的。

8.3 存款人的市场约束

最后，Berger，Koen，Lamers 和 Roman（2019）着眼于存款人，分析了存款人是否对 TARP 银行施加了或多或少的市场约束。他们通过考察存款数量和价格的变化来观察存款供给和需求的变化，并揭示了一些意料之外的效应。他们的结论显示，存款总额显著下降，这完全是由受到存款保险保障的存款人推动的，表明存款需求或供给有所下降，或者二者都有所下降。通过从美国商业银行季度监管报表计算得到的存款风险溢价以及从 RateWatch 计算得来的实际存款利率可以看出存款的价格较低，他们进一步发现存款需求有所减少。这些结果与 TARP 接受者对存款的需求减少相一致，而 TARP 接受者存款需求的减少主导了由于市场约束带来的存款供给的减少。因此，TARP 银行似乎有意减少存款，而不是经历了由于市场约束所带来的存款挤兑或流失。

8.4 市场约束研究的结论和说明

关于 TARP 市场约束的研究证据似乎良莠不齐，而且这些证据取决于利益相关者的类型和分析的时期。从很大程度上来说，它表明在 TARP 实行后和/或某些特定事件发生期间，可能对风险更加敏感的股票持有人和次级债券持有人向 TARP 银行施加了市场约束。相比之下，存款人没有表现出明显的约束性，可能是因为他们大多受到存款保险制度和其他政府安全网条款的保护。

这里的一个重要说明是，因为关于市场约束主题的研究太少，所以无法得出任何强有力的结论。我们将在后面的第二十九章继续探讨这个问题。

参考文献

［1］Bank for International Settlements. （2006）. Basel II：International Convergence of Capital Measurement and Capital Standards：A Revised Framework – Comprehensive Version. Bank for International Settlements, June. Available at：https：//www. bis. org/publ/bcbs128. pdf.

［2］Berger, A. N. （1991）. Market discipline in banking. In Proceedings of a Conference on Bank Structure and Competition （pp. 419e437）. Chicago, Illinois：Federal Reserve Bank of Chicago.

［3］Berger, A. N., El Ghoul, S., Guedhami, O., & Roman, R. A. （2020）. Risk or financial costs of strings attached：An evaluation of TARP and banks' cost of equity capital. Working Paper.

［4］Berger, A. N., Lamers, M., Roman, R. A., & Schoors, K. （2020）. Unexpected effects of bank bailouts：Depositors need not apply and need not run. Working Paper.

［5］Duchin, R., & Sosyura, D. （2014）. Safer ratios, riskier portfolios：Banks' response to government aid. Journal of Financial Economics, 113 （1）, 1 – 28.

［6］Flannery, M. （1998）. Using market information in prudential bank supervision：A review of the us empirical evidence. Journal of Money, Credit and Banking, 30, 273 – 305.

［7］Flannery, M. J., & Bliss, R. R. （2019）. Market discipline in regulation, pre – and post – crisis. In The Oxford Handbook of Banking. Oxford：OUP.

［8］Flannery, M. J., & Nikolova, S. （2004）. Market discipline of U. S. financial firms：Recent evidence and research issues, Chapter 9 in Market discipline across countries and industries. Cambridge：The MIT Press.

［9］Flannery, M. J., & Sorescu, S. M. （1996）. Evidence of bank market discipline in subordinated debenture yields：1983e1991. The Journal of Finance, 51, 1347 – 1377.

［10］Forssbaeck, J., & Nielsen, C. Y. （2015）. TARP and market discipline, Evidence on the moral hazard effects of bank recapitalizations. Working Paper.

［11］Gropp, R., Vesala, J., & Vulpes, G. （2006）. Equity and bond market signals as leading indicators of bank fragility. Journal of Money, Credit, and Banking, 38, 399 – 428.

［12］Marsh, W. B., & Roman, R. A. （2018）. Bank financial restatements and market discipline. Economic Review, 25 – 53. Quarter II.

第九章　TARP 对银行杠杆风险的影响

如上所述，TARP 的两个终极目标之一是降低系统性风险，其中一个方法是降低个别 TARP 标的银行的杠杆风险。本章调查了这种情况可能发生的程度。

美国财政部 TARP 注入的优先股是一级资本的一部分，这是一种监管度量。因此，该计划机械地提高了监管比率，包括分子中的一级资本、一级风险资本比率、一级杠杆比率和总（一级加二级）风险资本比率。因此，除非银行减少普通股或一级资本的另一部分，或大幅提高监管比率的分母，否则银行可以在监管基础上更好的资本化。我们了解到的一篇论文证实，与非 TARP 银行相比，TARP 银行的一级风险资本比率有所提高（Li，2013）。

然而，在银行研究和系统性风险研究文献中普遍使用的杠杆比率是以市场或以会计为基准的普通股度量得出的，并不包括优先股。因此，在本章中，我们重点讨论基于普通股的杠杆风险。第 9.1 节解释了优先股的注入对普通股没有直接或机械的影响。尽管如此，TARP 计划可能会使普通股增加或减少。因此，基于普通股杠杆比率，TARP 银行可能会变得更安全或更具风险。第 9.2 节和第 9.3 节分别总结了衡量 TARP 对基于市场和基于会计的普通股杠杆率影响的部分研究。重要的是，第 9.2 节的部分讨论回顾了第七章中总结的 TARP 对银行股价影响的研究，这也影响了基于市场的杠杆率。第 9.4 节给出了调查结果的结论和注意事项。

9.1　为什么 TARP 会根据普通股比率降低或增加杠杆风险

第四章的表 4.1 显示了许多 TARP 等救助措施降低或增加市场杠杆风险的渠道，这些渠道中的许多也适用于基于会计的杠杆风险。仅举两个例子，由于来自安全渠道的信心增强，现有普通股的市值可能会增加，而市场杠杆风险可能会降低。此外，信心增强可能会使银行更容易筹集更多普通股，这将降低市场和会计杠杆率及风险。污名渠道将产生相反的效果，降低市场和会计普通股比率，并增加这两类杠杆风险。

9.2　TARP 对基于市场的杠杆比率的影响

在第十五章将进行更深入的讨论——银行对系统性风险的贡献在很大程度上取决

于其基于市场的杠杆作用。我们关注一种特定的基于市场的杠杆率，称为 LVG，这在系统性风险文献中经常使用。由于负债的市场价值很难衡量，研究人员通常使用如下的银行 i 在时间 t 时的负债账面价值进行计算：

$$LVG_{i,t} = \frac{(Book\ Assets_{i,t} - Book\ Equity_{i,t}) + Market\ Equity_{i,t}}{Market\ Equity_{i,t}}$$

因此，LVG 是负债账面价值加上权益的市场价值的和再除以权益的市场价值（Acharya、Pedersen、Philippon 和 Richardson，2017）。需要说明的是，LVG 只能用于上市银行机构（其中大多数是银行控股公司），因为大多数银行无法获得股本的市场价值。为了方便说明，我们继续将这些组织称为银行。如第十五章所述，系统性预期缺口（SES），即衡量银行对系统性风险的贡献最广泛的衡量指标之一，是 LVG 和边际预期缺口（MES）的线性组合，其中 MES 衡量的是银行在困境时期的股票收益如何随市场收益变化。

Berger，Roman 和 Sedunov（2020）使用 DID 方法，发现 TARP 导致杠杆风险显著降低（以 LVG 衡量，相对于非 TARP 银行）。明确地说，LVG 的下降是相对的，而不是绝对的。TARP 和非 TARP 银行的杠杆风险都有所增加，但 TARP 银行的杠杆率风险上升幅度要小得多。换言之，DID 结果表明，TARP 显著降低了在没有该计划的情况下的杠杆风险。这一下降主要影响 MES 的变化，这也是使系统风险度量 SES 相对其他情况降低的主要原因（如第十五章所述）。作者进一步发现，这主要是通过改变现有普通股的价格，而不是通过发行新的普通股或削减股息来保留更多的普通股。同样，需要说明的是，TARP 银行的普通股价格并没有上涨，而是下跌幅度低于其他可比的非 TARP 银行。

该研究中使用的 DID 方法很可能低估了 TARP 导致的杠杆风险降低，因为 DID 只衡量 TARP 银行相对于非 TARP 银行的 LVG 降低。然而很可能的是，TARP 可能同样也阻止了非 TARP 银行的 LVG 的上升。在某种程度上，TARP 降低了系统性风险，并防止了金融系统进一步崩溃（第十五章将对此进行更详细的讨论），非 TARP 银行的股票价格也可能因 TARP 而高于其他情况。因此，非 TARP 银行的 LVG 也可能相对于其他情况下的 LVG 有所下降，因此报告的 DID 结果可能低估了 TARP 带来的风险降低。

9.3 TARP 对基于会计的杠杆比率的影响

Duchin 和 Sosyura（2014）、Calabrese，Degl'Innocenti 和 Osmetti（2016）以及 Berger，Roman 和 Sedunov（2020）这三项研究衡量了 TARP 对基于会计的普通股权益与资产比率的影响。这些是银行文献中使用的基于会计的标准资本比率，是衡量杠杆率的反向指标。这三项研究都发现，TARP 银行的这些标准资本比率显著提高，与基于会计的杠杆风险降低相一致。Berger，Roman 和 Sedunov（2020）还发现，整个增长是由留存收益增加的内部股本推动的，而不是通过新的普通股发行筹集外部资本。[①]

9.4　关于 TARP 对银行杠杆风险影响的结论和注意事项

本章回顾的研究表明，与非 TARP 银行相比，TARP 降低了 TARP 银行的市场和会计杠杆风险。然而，有两个重要的事项需要注意。第一，如第二十九章所述，关于这一主题的研究很少，即需要更多的研究。第二，第七章中回顾的一些事件研究表明，TARP 银行的初始股价下跌，而 Berger，Roman 和 Sedunov（2020）的结果表明，股价在较长时间内上涨，从而降低了 TARP 银行的 LVG。不同的结果可能是由于时间段的不同或其他因素所引起的，这也需要更多的研究。

参考文献

［1］Acharya, V. V., Pedersen, L. H., Philippon, T., & Richardson, M.（2017）. Measuring systemic risk. The Review of Financial Studies, 30（1），2 –47.

［2］Berger, A. N., Roman, R. A., & Sedunov, J.（2020）. Did TARP reduce or increase systemic risk? The effects of government aid on financial system stability. Journal of Financial Intermediation. forthcoming.

［3］Calabrese, R., Degl' Innocenti, M., & Osmetti, S. A.（2017）. The effectiveness of TARP – CPP on the US banking industry：A new copula – based approach. European Journal of Operational Research, 256（3），1029 –1037.

［4］Duchin, R., & Sosyura, D.（2014）. Safer ratios, riskier portfolios：Banks' response to government aid. Journal of Financial Economics, 113（1），1 –28.

［5］Li, L.（2013）. TARP funds distribution and bank loan supply. Journal of Banking and Finance, 37（12），4777 –4792.

---

①　由于 TARP 对非 TARP 银行的留存收益的影响很小，因此由非 TARP 银行资本的变化而引起的低估 TARP 对 TARP 银行的影响与以会计为基准的度量关联度不大。

第十章 TARP 对银行竞争的影响

正如前面在第一章和其他地方所讨论的，TARP 的主要目的是降低系统性风险和改善实体经济。然而，就像政府政策经常出现的情况一样，可能会产生意想不到的后果。在本章中，我们评估了有关 TARP 在扭曲银行竞争方面可能产生的意外后果的经验证据。

关于银行业监管干预的一般文献认为，公共担保常常扭曲竞争（如 French，Baily，Campbell，Cochrane，Diamond，Duffie，Kashyap，Mishkin，Rajan，Scharfstein，Shiller，Shin，Slaughter，Stein 和 Stulz，2010；Gropp，Hakenes 和 Schnabel，2011；Calderon 和 Schaeck，2012）。从理论上讲，TARP 这样的外部救助可能会导致接受救助的银行获得竞争优势而使其竞争对手处于劣势。

在本章中，我们描述了据我们所知仅有的三项实证研究，它们估计了这些影响，并在可能的范围内调查了结果背后的传导机制有哪些。第 10.1 节讨论了 Berger 和 Roman（2015）以及 Cao – Alvira 和 Núñez – Torres（2019）关于银行将在多大程度上从 TARP 项目中获得竞争优势的研究结果。第 10.2 节讨论了 Koetter 和 Noth（2016）关于没有接受救助资金的银行的竞争扭曲的研究结果。第 10.3 节总结和讨论了一些额外的问题和注意事项。

10.1 TARP 银行的竞争优势

Berger 和 Roman（2015）从两方面衡量 TARP 的竞争优势。第一，他们使用由加权平均的本地市场资产份额来衡量的市场份额变化，其中的权重是不同地方市场的存款比例，这些市场包括大都市统计区（MSAs）、新英格兰县大都市区（NECMAs）或农村县。第二，他们采用由银行总资产（GTA）勒纳指数衡量的市场力量变化[①]（Lerner，1933），这是用 ［（价格 – 边际成本）/价格］ 这一公式计算出的，其中价格是由总收益（利息和非利息收入）与 GTA 的比率所代表的 GTA 的价格，MC 代表 GTA 的边际成本。完全竞争条件下的银行勒纳指数值为 0 或者无市场势力（价格 = 边际成本），而有市场势力条件下的银行勒纳指数值为正。Berger 和 Roman（2015）提供了这些衡量指

[①] GTA 等于总资产加上贷款和租赁损失的备抵和分配转移风险准备金（针对某些外国贷款的准备金）。报告中的总资产扣除了这两项准备金，这两项准备金是用来弥补潜在的信贷损失的。两位作者将这些储备加回去，以衡量融资资产的全部价值。

标的细节。

这两位作者也是第一个创建渠道方法来检验第四章所讨论的关于 TARP 影响假设的学者。Berger 和 Roman（2015）提出三个潜在的渠道：掠夺渠道（TARP 银行可能会更积极地竞争），安全渠道（TARP 银行可能被认为是安全的）和成本优势渠道（TARP 的基金可能比非 TARP 的基金更便宜），通过这些渠道 TARP 可能会导致该项目接受者占据更高的市场份额。相反，他们为 TARP 银行可能会导致较低的市场份额提供了三个不同的渠道：特许权价值/宁静生活渠道（救助可能增加特许权价值和促使他们有一个更"平静的生活"），耻辱渠道（人们会认为 TARP 银行风险更高）和成本劣势渠道（TARP 基金可能比非 TARP 基金更昂贵）。值得注意的是，其中一些渠道是相互对立的（如安全渠道和耻辱渠道），并且在给定的时间内，一个给定的银行只能对应一个对立渠道中的一种。

作者接下来提出的四个基于勒纳指数的渠道可能会提高市场支配力，其中三个也会影响市场份额（安全渠道、特许权价值/宁静生活渠道和成本优势渠道），第四种渠道是道德风险增加渠道（纪律的降低导致向风险更高的投资组合转移）。TARP 银行相对于非 TARP 银行，可能会降低其市场支配力，原因有四种不同的渠道，其中三种渠道也会影响市场份额（掠夺渠道、耻辱渠道和成本劣势渠道），再加上道德风险降低渠道（资本增加导致向更安全的投资组合转移）。道德风险增加渠道和道德风险降低渠道是对立的，在给定的时间内一个给定的银行只能对应其中一种渠道。

他们的双重差分（DID）结果表明，接受了 TARP 救助的银行确实获得了竞争优势，市场份额和市场势力均有所增加。他们的研究结果在经济上也具有重要意义，表明接受 TARP 救助的企业在当地的市场份额增加了 9.14%，其勒纳市场势力指数（相对于市场份额平均值和勒纳指数）增加了 74.85%。当按是否提前偿还资金来划分 TARP 参与者时，他们发现，竞争优势主要或完全在于提前偿还资金的受助人。

作者还能够通过分析不同的结果集来评估上述哪些渠道是最强和最弱的，因为这些渠道的预测会因不同的结果变量和银行集而不同。具体来说，作者对以资产衡量的市场份额、勒纳指数衡量的市场力量、勒纳指数的价格和边际成本组成部分、提前还款的银行和没有提前还款的银行等的研究结果进行了区分。他们发现：（1）道德风险渠道似乎并不重要，因为价格的变化几乎不像边际成本那么大，而且对于那些提前还款和不提前还款的银行来说，它们会走向两个不同的方向；（2）成本劣势渠道似乎较成本优势渠道占优，至少对提前还款的银行来说是这样，因为当提前还款成本效应降低时，竞争优势会放大；（3）安全渠道，唯一剩下的对市场份额和市场势力都有积极影响的渠道，似乎较耻辱渠道和成本劣势渠道占优，这对两者都有消极影响。

Berger 和 Roman（2015）还研究了 TARP 和非 TARP 银行的竞争优势指标之间的动态关系，其方式类似于 Beck，Levine 和 Levkov（2010），如第五章所述。它们包括一系列季度 DID 效应，以追踪 TARP 在一段时间内对 TARP 受助者竞争指标的影响。

他们发现，TARP 对市场份额的影响需要一段时间才能实现，只有在 2010 年第一季度才显著增强，持续到样本期 2012 年第四季度结束，在此期间这种影响维持高位。这可能表明，从竞争对手手中夺取市场份额是一个中长期战略过程。至于 TARP 对市场势力的影响，TARP 实施后，银行的市场势力从接受 TARP 救助后的第一季度（2009 年第一季度）迅速增加，可能是因为它会立即影响银行的资金成本，这种影响最终将在 2011 年消退。因此，市场份额和市场势力在接受 TARP 救助后出现了不同的增长模式。

Cao－Alvira 和 Núñez－Torres（2019）使用十四家 TARP 和十家非 TARP 银行的一个样本复制了一些市场势力分析。具体来说，他们将重点放在参与了房利美（Fannie Mae）掉期和证券化计划的银行身上，作为分析 TARP 对这些银行影响的一部分，以及第十一章和第十二章中描述的它们的抵押贷款供应和修改行为。为了便于表述，我们简单地描述了他们的发现与 Berger 和 Roman（2015）的全样本分析的异同。

在 Cao－Alvira 和 Núñez－Torres（2019）的研究中，大部分的结果与先前描述的结果相一致。这些作者发现，按照勒纳指数（Lerner Index）衡量，TARP 提高了 TARP 银行的市场影响力，主要是由于融资成本下降。然而，关键的区别是，这些作者发现偿还了 TARP 资金的银行和那些没有偿还的银行的勒纳指数增加程度是一样的，与 Berger and Romans（2015）发现的竞争优势主要或完全由于接受者提前偿还的结论相反。

10.2 非 TARP 银行的竞争扭曲

Koetter 和 Noth（2016）也发现了 TARP 导致的竞争扭曲，但在他们的案例中，他们关注的是对健全的、没有得到支持的 TARP 银行的救助预期的间接影响，即这些国家实际上并没有获得救助资金。他们与其他研究的不同之处在于，他们关注的是价格作为竞争扭曲的证据，而不是市场份额或勒纳指数（尽管勒纳指数部分基于价格）。Koetter 和 Noth（2016）没有使用实际的救助数据，而是根据参数估计，将接受 TARP 救助的银行与因失败而退出市场的银行分开，从而推断出对健康银行的救助预期。他们从银行收取的统一银行业绩报告和 TARP 计划结束后银行的交易量变化中，对衍生贷款和存款利率产生的救助预期进行回归。他们的研究结果与 Hakenes 和 Schnabel（2010）发现的理论渠道相吻合，这些理论渠道用于救助受支持银行之间竞争加剧导致的无支持银行之间的竞争扭曲。他们发现，对救助预期较高的银行会提高贷款利率，尤其是贷款总额和工商（C&I）贷款，并在 TARP 后期（2010 年第一季度至 2013 年第三季度）降低存款利率。

在经济意义方面，Koetter 和 Noth（2016）发现，未受救助的银行的救助预期每增加一个标准差，贷款利率只会增加 2.65 个基点。这些利差上升的影响在 TARP 刚刚实施之后最为明显，2010 年之后在统计上就变得无足轻重了，这表明没有得到救助的银行之间的竞争扭曲现象似乎是小规模和短暂的。他们发现贷款额几乎没有变化。

10.3　关于 TARP 和竞争的结论和附加说明

结合这些研究结果，Koetter 和 Noth（2016）表明，Berger 和 Roman（2015）及 Cao-Alvira 和 Núñez-Torres（2019）的结果可能有些低估了 TARP 银行的竞争扭曲，这是因为这些结果是基于接受了 TARP 救助的银行与未接受 TARP 救助的银行的差异效应。因此，在某种程度上，Koetter 和 Noth（2016）表明的 TARP 的银行获得市场支配力，TARP 对 TARP 银行的竞争力的影响可能大于 Berger 和 Roman（2015）及 Cao-Alvira 和 Núñez-Torres（2019）的估计。

所有这些都表明，由于实际的 TARP 注资而增加的市场份额和市场支配力所带来的竞争优势，以及由于救助预期未实现而导致的非受助者的价格变化，都呈现出竞争扭曲，从而导致 TARP 的资源配置不当和增加社会成本。从社会的观点来看，理想的资源应该由奖励效率最高的银行的市场支配力来决定，而不是由政府救助来决定。

最后，我们提到了一个关于 TARP 对银行竞争的影响的附加问题，这个问题尚未得到充分调查。TARP 可能改变了大银行和小银行的相对市场支配力。如前所述，大银行接受 TARP 救助的情况多于小银行，其中大部分资金被给予了最初的 9 家非常大型的非自愿 TARP 参与者（八家银行控股公司和一家后来被其中一家银行控股公司收购的独立投资银行）。这增加了 TARP 可能帮助大银行获得相对于小银行而言更大市场支配力的可能性，国会监督小组（Congressional Oversight Panel，2011）提出了这一担忧。我们将在第二十九章的未来研究主题中回答这个问题。

参考文献

［1］Beck, T., Levine, R., & Levkov, A.（2010）. Big bad banks? The winners and losers from bank deregulation in the United States. The Journal of Finance, 65（5），1637-1667.

［2］Berger, A. N., & Roman, R. A.（2015）. Did TARP banks get competitive advantages? Journal of Financial and Quantitative Analysis, 50（6），1199-1236.

［3］Calderon, C., & Schaeck, K.（2012）. Bank bailouts, competitive distortions, and consumerwelfare. World Bank Working Paper.

［4］Cao-Alvira, J. J., &Núñez-Torres, A.（2019）. On TARP and agency securitization. International Finance, 22（2），186-200.

［5］Congressional, Oversight Panel（2011）. March Oversight Report. Available at：https：//www. govinfo. gov/content/pkg/CHRG-112shrg64832/pdf/CHRG-112shrg64832. pdf.

［6］French, K. R., Baily, M. N., Campbell, J. Y., Cochrane, J. H., Diamond, D. W., Duffie, D., Kashyap, A. K., Mishkin, F. S., Rajan, R. G., Scharfstein, D. S., Shiller, R. J., Shin, H. S., Slaughter, M. J., Stein, J. C., & Stulz, R. M. (2010). The Squam Lake Report, Fixing the Financial System. University Press: Princeton, NJ: Princeton.

［7］Gropp, R., Hakenes, H. a, & Schnabel, I. (2011). Competition, risk – shifting, and public bail – outpolicies. The Review of Financial Studies, 24 (6), 2084 – 2120.

［8］Hakenes, H., & Schnabel, I. (2010). Banks without parachutes: Competitive effects of government bail – out policies. Journal of Financial Stability, 6 (3), 156 – 168.

［9］Koetter, M., & Noth, F. (2016). Did TARP distort competition among sound unsupported banks? Economic Inquiry, 54 (2), 994 – 1020.

［10］Lerner, A. P. (1933). The concept of monopoly and the measurement of monopoly power. Review of Economic Studies, 1, 157 – 175.

第十一章　TARP 对银行信贷供应的影响

TARP 对银行信贷供应的影响是 TARP 研究文献中研究最多的一个主题。本研究的大部分，但不是全部，使用了第五章讨论的双重差分法（DID），有些还使用了工具变量（IV）、倾向评分匹配（PSM）、Heckman 样本选择模型和安慰剂测试来检验研究结果的稳健性。

这些研究大多集中在广延边际的信贷供应，即通过改变信贷供应的数量产生影响。对于信贷量是在银行层面还是在借款人层面进行衡量，以及所提供的信贷是通过表内贷款还是通过表外贷款承诺，研究的结果差异很大。在某些情况下，小型银行与大型银行、小型借贷者与大型借贷者的结果有所不同。也有一些关于集约边际层面信贷供应的研究，通过对获得银团贷款的大型借款人或多或少优惠的贷款合同条款（利差、金额、期限、抵押品和契约）来获得。我们在本章中涵盖了所有这些主题。

在上文第二部分的引言中，我们注意到 TARP 对某一特定经济或财务结果的直接影响，在某些情况下会对其他结果产生间接影响，在后面章节中，我们将讨论这些关于其他结果的间接影响。按照这种方法，第 11.1 节研究了第十章中记录的由 TARP 引发的银行竞争变化对信贷供应的影响。第 11.2 节和第 11.3 节分别涵盖了 TARP 在广延边际和集约边际上对信贷供应的直接影响的研究结果。第 11.4 节提供了本研究的结论以及从研究结果中得出有力结论的附加说明。

这里没有涉及的一个主题是，在第四章中讨论的不同理论渠道在多大程度上可能是信贷供应研究背后的渠道。到目前为止，我们所知的关于信贷供应的实证研究中，没有一项能够确定潜在的渠道，我们将在第二十九章对此进行更多的探讨。

值得注意的是，除了发现信贷供应数量的广延边际和信用条款的集约边际，也有论文研究信贷供应的变化在多大程度上是偏向于高风险或安全的借款人。我们直到第十二章才对这项研究进行介绍，该章总结了 TARP 对接受救助银行的投资组合风险的影响。我们也保留到第十三章讨论信贷供应的变化对银行贷款客户的影响。正如前面所讨论的，信贷供应的变化也会对 TARP 是否实现了其改善实体经济和降低系统风险的主要目标产生间接影响，我们将在第十四章和第十五章分别讨论这些间接影响。

11.1　TARP 引发的银行竞争变化对信贷供应的影响

在第十章中，TARP 银行的市场支配力和市场份额有所增加，这一发现对信贷供应产生了不确定的结果。这些影响取决于用于服务信贷客户交易和关系借贷技术，以及在几种可供选择的信贷供应理论中哪一种与数据最一致。

在 Bain（1959）提出的传统的结构—行为—绩效（SCP）假设下，TARP 银行的竞争优势可能导致对客户的信贷供应减少，主要原因是 TARP 银行通过使用交易贷款技术对客户进行了筛选和监控。与任何其他的商品或服务交易相似，市场支配力的增强意味着不利的价格和对交易客户的信贷供应的减少。

相反，这可能对关系借款人有利。根据 Petersen 和 Rajan（1995）的模型，较高的市场支配力和市场份额可能会鼓励 TARP 银行投资于那些允许它们执行隐性合同关系的客户，在这些关系中，银行在短期内补贴借款者，随后收取更多费用。因此，由于市场势力的增强，关系借款人的信贷供应可能会增加。

相比之下，Bain（1959）的 SCP 模型适用于只做交易贷款的银行，Petersen 和 Rajan（1995）的模型适用于只提供关系贷款的银行，但似乎同一家银行经常同时提供这两种贷款。由于这两种类型的贷款之间的替代可能性，这可能会导致不同的结果。Boot 和 Thakor（2000）对提供这两种信贷的银行，模拟了来自其他银行以及资本市场竞争的影响。

在 Boot 和 Thakor（2000）的模型中，来自外部（如 TARP）的市场支配力增加，将主要增加银行相对于交易性借款人的市场支配力。这是因为银行在为关系借款人提供服务时，已经在一定程度上受到保护，不受竞争的影响。因此，接受 TARP 救助的银行可能有动机通过从关系贷款转向交易贷款来获取更多租金，这与考虑银行仅提供交易信贷或仅提供关系信贷的模型的结论相反。[1]

现存的关于银行竞争对信贷供给影响的实证文献和理论文献一样缺乏定论。一些研究发现，银行竞争对信贷供应有积极的影响（如 Cetorelli 和 Strahan，2006），同时也有研究发现负面的影响（如 Petersen 和 Rajan，1995），另外的一些研究结果取决于采用何种方式来度量竞争（如 Carbo - Valverde，Rodríguez - Fernández 和 Udell，2009），还有其他的研究发现贷款类型的不同会产生不同的结果（如 Berger，Cerqueiro 和 Penas，2015）。[2] 此外，虽然大多数实证文献关注的是信用关系借款人，但这些借款人并不总是容易与交易借款人区分开来。

在接下来有关 TARP 和信贷供应的实证研究部分，我们在可能的情况下对大型企业贷款和小型企业贷款进行了区分，这是区分交易借款人与关系借款人的一种非常粗略和不完美的近似方法。

---

① Boot 和 Thakor（2000）模型中来自资本市场竞争的变化，会产生与由 TARP 所引起的银行间竞争变化截然不同的结果。

② 更多信息请参见 Berger 和 Black（2019）和 Degryse，Morales - Acevedo 和 Ongena（2019）。

11. 2　TARP 对广延边际信贷供给影响的实证研究结果

关于 TARP 对大规模信贷供应的影响，多数研究都发现，它对大银行和小银行向大公司、小企业和消费者发放的信贷数量都产生了积极影响，但也有相当一部分研究没有发现影响，或者发现负向影响。

这些结果有时会因银行规模、大公司贷款与小企业贷款以及方法、样本期和数据集的不同而有所不同。在某些情况下，信贷数据仅来自缺乏借款人信息的银行业绩报告，而在其他情况下，额外的数据可能来自 DealScan 的企业信贷数据、社区再投资法案（CRA）的小企业贷款数据、针对大型企业和小型企业贷款的银行贷款调查（ST-BL）数据和 HMDA 的住宅抵押贷款数据。

我们首先介绍发现积极的信贷供应效应的研究。需要明确的是，多数研究使用 DID 框架发现的正向信贷供应，并不一定意味着 TARP 银行增加了绝对贷款。在某些情况下，这可能意味着在注入 TARP 资金后，这些银行削减贷款的幅度低于非 TARP 银行。

Li（2013）的研究涵盖了几乎所有的美国银行，发现 TARP 银行扩大了信贷供应，增加了所有主要类型的贷款的数量。平均而言，接受 TARP 救助的银行动用了约三分之一的 TARP 资金来支持新贷款。Taliaferro（2009）使用了一个涵盖所有规模的银行的匹配样本，发现接受 TARP 救助增加了银行贷款，并且每增加 1 美元 TARP 资金约增加 13 美分的贷款。Berrospide 和 Edge（2010）关注大型银行控股公司（BHCs），并使用银行资本对贷款的影响模型来预测 TARP 注资对贷款的影响，发现注资可能推动银行控股公司的贷款增长几个百分点。Puddu 和 Waelchli（2015）使用了 CRA 数据，其中涵盖了大部分资产超过 10 亿美元的银行对小企业的贷款。他们发现，在其他条件相同的情况下，接受 TARP 救助的银行比没有接受 TARP 救助的银行发放了更多的小企业贷款。Chavaz 和 Rose（2019）使用 HMDA 抵押贷款数据集和 CRA 数据集中的所有美国银行数据。他们发现，TARP 增加了住房抵押贷款和小企业贷款，但这些贷款的增加在很大程度上受政治考虑的影响。具体来说，更多的贷款是在他们的家乡——众议员所在的选区内分配的，特别是如果众议员支持 TARP 计划、随后再次当选，且从金融业获得更多政治捐款，会表现得更为明显。Jang（2017）也使用了 CRA 数据，并发现由于 TARP 的实施，在陷入困境的县和非陷入困境的县都有业务的 TARP 银行增加了其在非陷入困境县的小企业贷款发放额。这表明 TARP 缓解了问题从贫困地区向非贫困地区的传播。Black 和 Hazelwood（2013）使用 STBL 中的 C&I 借贷。他们发现，接受了 TARP 救助的小型银行的未偿 C&I 贷款增加了。Carpenter，Demiralp 和 Eisenschmidt（2014）也使用了 STBL，但包括 TARP 以及短期拍卖工具（TAF）数据，发现两者都有效地增加了 C&I 的供应。Berger 和 Roman（2017）将美国所有银行的业绩报告加总到州一级进行研究，发现 TARP 增加了银行对 C&I 的贷款，对商业房地产（CRE）贷款的影响甚至更大。Chu，Zhang 和 Zhao（2019）利用 DealScan 数据对大型银行的大型商业贷款进行分析，发现大型银行在接受 TARP 资金后增加了对银团贷款的贡献。Berger，Makaew 和 Roman（2019）发现，在 TARP 资金注入后，加入 TARP 的银行继续向其加入 TARP 前就存在关系贷款客户放贷的可能性要高得多。此外，Sheng（2017）通过 DealScan 数据发现，企业的贷款在统计上和经济上都有显著增长，当使用 PSM 比较加入 TARP 的银行和类似的没有加入 TARP 的银行时，这一发现变得更加有力。Contessi 和 Francis（2011）同时考虑了银行和储蓄机构，发现在所有类型的贷款和银行资产水平方面，加入 TARP 的机构比没有加入 TARP 的机构经历了更少的贷款收缩，其中对房地产贷款的影响最为显著。Zheng（2017）发现，接受的 TARP 资金越多，银行持有的流动性越少，流动性创造越高。[①] 总而言之，这些研究发现，接受 TARP 救助的银行相对于未接受 TARP 救助的银行增加了信贷供应。研究结果对大型和小型银行、大型和小型企业以及住宅抵押贷款都适用。

与这些研究形成对比的是，一些研究发现，TARP 对贷款基本上没有任何积极影响。Duchin 和 Sosyura（2014）研究了大型上市银行，发现大型企业贷款或住宅抵押贷款的信贷供应数量没有变化。Bassett，Demiralp 和 Lloyd（2017）采用了一种不同的方法，将 TARP 和其他几种政府支持结合成一个总政府支持（TGS）变量。他们将 TGS、贷款增长的滞后项和其他控制变量对贷款增长进行回归，而不是使用 DID 方法。他们发现政府支持没有显著增加贷款供应。Wu（2015）利用国家共享信贷（SNC）数据库研究了 TARP、贴现窗口和 TAF 对大额银团贷款的不同影响，发现这些项目只有很小的增长，但没有显著影响。

最后，三项研究发现，接受了 TARP 救助的银行的信贷供应有所减少。Montgomery 和 Takahashi（2014）利用业绩报告数据发现，银行贷款的大幅减少与 TARP 有关。Bassett，Demiralp 和 Lloyd（2017）以及 Montgomery 和 Takahashi（2014）在控制贷款滞后变化的同时，研究了贷款的变化。Lin，Liu 和 Srinivasan（2017）使用了 DealScan 的大企业贷款数据，重点研究了从 TARP 前到 TARP 后对同一借款人的贷款变化。他们发现，相对于非 TARP 银行，TARP 银行的贷款数量受到了显著的负面影响，而对于那些未来将面临监管罚款的银行，这种影响更为明显。此外，上述引用的 Black 和 Hazelwood（2013）研究发现，大型 TARP 银行的未偿 C&I 贷款相对于大型非 TARP 银行有所减少。

以上提到的三项关于大规模信贷供应的研究也包括表外担保，这种担保是指银行有义务在一定条件下向交易对手提供未来所需或要求的资金合同。贷款承诺占美国银行表外担保的大部分（Berger 和 Bouwman，2016）。Li（2013）使用了信贷总额，贷款与表外未使用贷款承诺之和。这可能被认为是衡量总信贷供应的一种更好的方法，因

---

① 与此一致的是，Chang，Contessi 和 Francis（2014）发现，接受 TARP 资金的银行保持低现金/资产比率（从而降低超额准备金比率）。

为有些贷款可能不是自愿的，而是通过提取未使用的承诺而受到客户需求的驱动（如 Ivashina 和 Scharfstein，2010；Cornett，McNutt，Strahan 和 Tehranian，2011；Berger，Black，Bouwman 和 Dlugosz，2017）。由于贷款的增加完全被未使用的贷款承诺的减少所抵消，因此这一指标不受从资产负债表外转移到资产负债表的客户驱动的影响。Li（2013）发现 TARP 对总信贷的影响甚至大于其对贷款的影响，表明 TARP 也增加了资产负债表外的信贷供应。Duchin 和 Sosyura（2014）发现 TARP 对大型银行向大型企业借款人的贷款承诺没有影响。Berger 和 Roman（2017）研究了 TARP 对各种类型表外担保的影响，发现了对一些贷款承诺的积极影响，尤其是与房地产相关的贷款承诺。因此，三项研究中有两项发现，TARP 通过表外贷款承诺对信贷供应产生了更积极的影响，而第三项研究发现，对大型企业借款人没有影响。

11.3 TARP 对集约边际信贷供给影响的实证研究结果

有关 TARP 对集约边际信贷供应影响的实证研究，据我们所知仅有两项。上述引用的 Berger，Makaew 和 Roman（2019）的论文还发现，使用 DealScan 数据集，TARP 通常会为 TARP 中的大型银行的大型商业借贷者带来更优惠的信贷条件，从而在集约边际上增加信贷供应。在信贷条件的其他决定因素的影响下，接受 TARP 救助的银行在五个维度上向借款人提供更优惠的贷款：更低的利差、更大的金额、更长的期限、更少的抵押品和更宽松的限制条件。无论银行之前是否与借款者有贷款关系，上述结果都是成立的，这与 TARP 银行利用救助资金接触新的和现有借款者的观点是一致的。规模较小和未上市的借款人受益更少，这意味着财务拮据的企业受益更少。作者还追踪了 TARP 实施后四年的效果，发现合同条款方面的大部分改善都是相对长期的。

Cao - Alvira 和 Núñez - Torres（2019）发现，TARP 银行降低了对房利美（Fannie Mae）证券化的合格住宅抵押贷款的利差，这增加了集约边际层面的信贷供应。然而，与上述 C&I 贷款的一个关键区别是，证券化的抵押贷款不会被银行长期持有——它们最终会出现在房利美（Fannie Mae）和其他投资者的资产负债表上。相比之下，大多数商业贷款交易都是银团交易，主要银行通常持有部分此类贷款。

11.4 TARP 对信贷供应的研究结论和附加说明

这里回顾的绝大多数研究使用 DID 框架。多数（但并非全部）表明，TARP 银行相对于非 TARP 银行，无论是对大银行还是小银行，对大的还是小的贷款客户，以及对贷款和贷款承诺的信贷供应都有所增加。少量的研究发现，基本上没有信贷供应影响或负面影响。从不同研究的角度来看，在上述论文中，有十二篇发现贷款供给在广延边际层面增加，有两篇发现表外贷款承诺信贷供给在广延边际层面增加，另有两篇发现贷款供给在集约边际层面增加。相比之下，3 个广延边际的研究没有发现贷款供给变化，3 个发现贷款供给呈现负变化，1 个发现贷款承诺信贷供给没有变化。在少数情况下，具有多个结果的研究不止一次被包含在这些列表中（如 Black 和 Hazelwood，2013，对大银行和小银行的研究结果不同）。不同研究结果的差异可能是由于使用了不同的方法、时间段、数据集以及银行和借款人样本，但追踪不同结果的详细原因超出了我们的调查范围。

一些重要的附加说明也适用于这些发现。首先，DID 研究没有检验 TARP 是否增加了总信贷供应。DID 框架计算的是 TARP 银行和非 TARP 银行供应差额的变化，而不是 TARP 银行和非 TARP 银行信贷变化的总和。如果没有接受 TARP 救助的银行也减少了相当数量的贷款，那么总体影响可能不会是积极的。之所以出现这种情况，可能是因为接受了 TARP 救助的银行变得更加激进，从没有接受 TARP 救助的银行手中夺取了市场份额，但放贷总额没有增加。美国财政部对 TARP 申请的"健康和可行银行"的批准标准，可能无意中把非 TARP 银行打上了"不健康"或"不可行"的标签，从而减少了这些银行的放贷。这一问题可能更适用于广延边际信贷供应，没有接受过 TARP 救助的银行似乎不太可能在集约边际下大幅恶化其贷款合同条款。Koetter 和 Noth（2016）关于非 TARP 银行行为所做的研究也支持这一结论。研究发现，这些银行的贷款利率上调幅度很小，而且是暂时性的。正如第十五章所讨论的，从 TARP 降低了系统性风险的程度来看，非 TARP 银行也可能因该计划而变得更好，并可能增加了它们的贷款。

重要的是，据我们所知，除了 Koetter 和 Noth（2016）之外，没有其他论文讨论过 TARP 对非 TARP 银行信贷供应的影响。其他银行信贷供应文献研究了其他本地银行对银行并购的信贷供应反应（Berger，Saunders，Scalise Udell，1998）和压力测试（如 Cortés，Demyanyk，Li，Loutskina 和 Strahan，2020）。在第二十九章中，我们建议业内人士解决问题，以了解 TARP 对其他地方银行信贷供应的影响。

关于这类文献的另一组说明是，即使 TARP 增加了银行贷款总额，也不一定意味着借款人的境况有所改善，或者 TARP 提振了实体经济。这些问题将分别在第十三章和第十四章中进一步讨论。

参考文献

［1］Bain, J. S.（1959）. Industrial Organization（2nd ed.）. New York：John Wiley.

［2］Bassett, W., Demiralp, S., & Lloyd, N.（2017）. Government support of banks and bank lending. Journal of Banking and Finance, 105177.

［3］Berger, A. N., & Black, L. K.（2019）. Small business lending：the roles of technology and regulation from pre‑crisis to crisis to recovery（3rd ed., pp. 431–469）

Book chapter in Oxford Handbook of Banking.

[4] Berger, A. N., Black, L. K., Bouwman, C. H. S., & Dlugosz, J. (2017a). Bank loan supply responses to Federal Reserve emergency liquidity facilities. Journal of Financial Intermediation, 32, 1 – 15.

[5] Berger, A. N., & Bouwman, C. H. S. (2016). Bank liquidity creation and financial crises. Elsevier North Holland.

[6] Berger, A. N., Cerqueiro, G., & Penas, M. F. (2015). Market size structure and small business lending: Are crisis times different from normal times? Review of Finance, 19 (5), 1965 – 1995.

[7] Berger, A. N., Makaew, T., & Roman, R. A. (2019). Do business borrowers benefit from bank bailouts? The effects of TARP on loan contract terms. Financial Management, 48 (2), 575 – 639.

[8] Berger, A. N., & Roman, R. A. (2017). Did saving wall street really save main street? Thereal effects of TARP on local economic conditions. Journal of Financial and Quantitative Analysis, 52 (5), 1827 – 1867.

[9] Berger, A. N., Saunders, A., Scalise, J. M., & Udell, G. F. (1998). The effects of bank mergersand acquisitions on small business lending. Journal of Financial Economics, 50 (2), 187 – 229.

[10] Berrospide, J. M., & Edge, R. M. (2010). The effects of bank capital on lending: What do weknow, and what does it mean? (Working Paper).

[11] Black, L. K., & Hazelwood, L. N. (2013). The effect of TARP on bank risk – taking. Journal of Financial Stability, 9 (4), 790 – 803.

[12] Boot, A. W. A., & Thakor, A. V. (2000). Can relationship banking survive competition? The Journal of Finance, 55 (2), 679 – 713.

[13] Cao – Alvira, J. J., & Núñez – Torres, A. (2019). On TARP and agency securitization. International Finance, 22 (2), 186 – 200.

[14] Carbo – Valverde, S., Rodriguez – Fernandez, F., & Udell, G. F. (2009). Bank market power and SME financing constraints. Review of Finance, 13 (2), 309 – 340.

[15] Carpenter, S., Demiralp, S., & Eisenschmidt, J. (2014). The effectiveness of non – standard monetary policy in addressing liquidity risk during the financial crisis: The experiences of the federal reserve and the European Central Bank. Journal of Economic Dynamics and Control, 43, 107 – 129.

[16] Cetorelli, N., & Strahan, P. E. (2006). Finance as a barrier to entry: Bank competition and industry structure in local US markets. The Journal of Finance, 61 (1), 437 – 461.

［17］Chang, S. - H. , Contessi, S. , & Francis, J. L. （2014）. Understanding the accumulation of bankand thrift reserves during the US financial crisis. Journal of Economic Dynamics and Control, 43, 78 - 106.

［18］Chavaz, M. , & Rose, A. K. （2019）. Political borders and bank lending in post - crisis America. Review of Finance, 23 （5）, 935 - 959.

［19］Chu, Y. , Zhang, D. , & Zhao, Y. E. （2019）. Bank capital and lending: Evidence from syndicatedloans. Journal of Financial and Quantitative Analysis, 54 （2）, 667 - 694.

［20］Contessi, S. , & Francis, J. L. （2011）. TARP beneficiaries and their lending patterns during the financial crisis. Federal Reserve Bank of St. Louis Review, 93 （2）, 105 - 125.

［21］Cornett, M. M. , McNutt, J. J. , Strahan, P. E. , & Tehranian, H. （2011）. Liquidity risk management and credit supply in the financial crisis. Journal of Financial Economics, 101 （2）, 297 - 312.

［22］Corte's, K. R. , Demyanyk, Y. , Li, L. , Loutskina, E. , & Strahan, P. E. （2020）. Stress testsand small business lending. Journal of Financial Economics, 136 （1）, 260 - 279.

［23］Degryse, H. , Morales - Acevedo, P. , & Ongena, S. （2019）. Competition in the banking sector. InThe Oxford handbook of banking. Oxford: OUP.

［24］Duchin, R. , & Sosyura, D. （2014）. Safer ratios, riskier portfolios: Banks - nrevog ot esnopser'ment aid. Journal of Financial Economics, 113 （1）, 1 - 28.

［25］Ivashina, V. , & Scharfstein, D. （2010）. Bank lending during the financial crisis of 2008. Journalof Financial Economics, 97 （3）, 319 - 338.

［26］Jang, K. Y. （2017）. The effect of TARP on the propagation of real estate shocks: Evidence from geographically diversified banks. Journal of Banking and Finance, 83, 173 - 192.

［27］Koetter, M. , & Noth, F. （2016）. Did tarp distort competition among sound unsupportedbanks? Economic Inquiry, 54 （2）, 994 - 1020.

［28］Li, L. （2013）. TARP funds distribution and bank loan supply. Journal of Banking and Finance, 37 （12）, 4777 - 4792.

［29］Lin, Y. , Liu, X. , & Srinivasan, A. （2017）. Unintended consequences of government bailouts, evidence from bank - dependent borrowers of large banks （Working Paper）.

［30］Montgomery, H. , & Takahashi, Y. （2014）. The economic consequences of the TARP: The effectiveness of bank recapitalization policies in the US. Japan and the World Economy, 32, 49 - 64.

〔31〕Petersen, M. A. , & Rajan, R. G. (1995) . The effect of credit market competition on lending relationships. The Quarterly Journal of Economics, 110 (2), 407 – 443.

〔32〕Puddu, S. , & Waelchli, A. (2015) . TARP effect on bank lending behaviour: Evidence from thelast financial crisis (Working Paper) .

〔33〕Sheng, J. (2017) . The real effects of government intervention: Firm – level evidence from TARP. Working Paper.

〔34〕Taliaferro, R. (2009) . How do banks use bailout money? Optimal capital structure, new equity, and the TARP (Working Paper) .

〔35〕Wu, D. (2015) . The effects of government capital and liquidity support programs on bank lending: Evidence from the syndicated corporate credit market. Journal of Financial Stability, 21, 13 – 25.

〔36〕Zheng, C. (2017) . Three essays on bank liquidity (Ph. D. dissertation) . Curtin University.

第十二章　TARP 对银行投资组合风险的影响

　　如前所述，降低系统性风险是 TARP 的一个关键的终极目标。我们在第九章讨论了其中的一个组成部分，即 TARP 银行的杠杆风险。本章考察影响系统风险的另一个因素，即 TARP 银行的投资组合风险。

　　第十一章的研究强烈表明，TARP 增加了银行信贷供应，这应该对投资组合风险产生一阶效应。资产负债表上的贷款越多，表外贷款承诺越多，越可能会增加 TARP 银行的投资组合的风险，除非新贷款的风险相对较低，而且它们的回报率与现有贷款的回报率呈负相关。商业信贷的信贷风险，特别是 TARP 增加的商业房地产信贷，被普遍认为是银行组合风险的一个关键来源，并对观察到的银行倒闭有重要的贡献。如下文所示，证据表明 TARP 银行转向了风险相对较高的商业信贷。

　　在本章中，我们重点关注接受 TARP 的银行可能改变其投资组合风险的另外三种方式。第 12.1 节讨论了 TARP 银行在多大程度上转向了更安全，或者风险更高的信贷。第 12.2 节描述了改变贷款和贷款承诺合同条款对投资组合风险的影响。第 12.3 节处理了这些合同条款的变化在更安全的借款人和风险更大的借款人中的区别。第 12.4 节提供了本研究的结论和附加说明。值得注意的是，在投资组合风险章节中回顾的许多研究论文在第十一章信贷供应部分也进行了回顾，因为这些论文既研究了信贷供应，也研究了借款者的风险。

12.1　TARP 对转向更安全与风险更高信贷的影响

　　对 TARP 银行转向更安全或更有风险信贷的研究，大多来自对广延边际的研究。Duchin 和 Sosyura（2014）利用《住房抵押贷款披露法案》（HMDA）数据，发现大型上市 TARP 银行批准风险更高的住宅抵押贷款。具体来说，他们发现，在计划生效后，贷款收入比较高的抵押贷款更有可能被 TARP 银行批准。Duchin 和 Sosyura（2014）通过使用 DealScan 数据集同样发现，这些 TARP 银行批准了风险更高的大型企业贷款。在这种情况下，信用风险的衡量指标是借款人的现金流波动率、无形资产和利息覆盖率，这些指标在之前的研究中已经表明与企业违约风险相关。[①] 与这些发现一致的是，Duchin 和 Sosyura（2014）也发现不良资产救助银行在资本注入后的贷款冲销增加。Black 和 Hazelwood（2013）使用银行对个别商业贷款的内部风险评级，这些贷款来自商业贷款条款调查（STBL）数据集，以观察 TARP 银行是否发放了风险更高或更安全的贷款。他们发现，大银行的高风险贷款和小银行的低风险贷款结果好坏参半，这再次表明，大银行倾向于转向高风险信贷，但小银行则不然。第十一章讨论中，Berger 和 Roman（2017）使用银行业绩报告数据发现 TARP 银行的商业贷款增加大多是在 CRE 类别以及大多数贷款承诺为房地产贷款（未在业绩报告数据中按商业和住宅划分）。CRE 贷款被广泛认为风险很高且与银行倒闭密切相关（Cole 和 White，2012；Berger，Imbierowicz 和 Rauch，2016）。

两篇论文研究了 TARP 银行和非 TARP 银行所发放贷款的事后贷款绩效问题。Chavaz 和 Rose（2019）发现，两年后，TARP 银行有更高的不良贷款，这些银行增加了住房地区贷款，这与向风险更高的借款人放贷相一致。Agarwal 和 Zhang（2018）研究了住房抵押贷款，发现 TARP 比非 TARP 的银行对这些抵押贷款进行了更多的修改（如利率降低、期限延长和本金减记）。然而，作者将这一发现归因于接受 TARP 救助的银行增加流动性的事后行为，而非抵押贷款的事前风险。也就是说，TARP 的优先股注资导致 TARP 银行更经常地修改抵押贷款，而不是取消抵押品赎回权。

最后，另外两篇论文研究了 TARP 银行的信贷风险后果，研究了这些银行透明度的变化或首席执行官的留任做法。Kim，Kim 和 Lee（2019）检验了 TARP 是否影响接受救助银行的透明度。许多理论表明，高风险银行可能会降低透明度，以从事道德风险行为（Cordella 和 Yeyati，1998；Acharya 和 Ryan，2016；Jungherr，2018）。Kim，Kim 和 Lee（2019）发现，在政府注入资金后，TARP 银行相对于非 TARP 银行，其透明度显著降低，原因是相对于当前和未来不良贷款的实际变化，它们对较小且较不及时的贷款损失拨备（LLP）进行了确认。TARP 银行也增加了相对于非 TARP 银行的自由裁量准备金。这些银行的业绩主要受到没有提前偿还资金的 TARP 银行的推动。这些发现表明，TARP 可能增加了银行的信贷风险，这与之前的结果一致。Bunkanwanicha，Di Giuli 和 Salvade（2019）发现，那些留任了高风险首席执行官而不是解雇他们的 TARP 银行加剧了它们的道德风险问题。从贷款损失拨备比率等会计指标和股票回报波动性等市场风险指标来看，这些银行的风险有所增加。

因此，大量证据表明，大型银行转向了风险较高的信贷。只有 Black 和 Hazelwood 的研究发现，小银行可能通过转向更安全的商业借款者来降低其投资组合风险。

---

① Duchin 和 Sosyura（2014）也使用了电话报告数据，发现每美元贷款和租赁的利息加费用收入略有显著提高。他们将这一发现解释为向高风险借款人转移的迹象。然而，在这种回归中，他们不控制贷款类型（抵押贷款、C&I、CRE、政府贷款等）或借款人风险（没有对借款人特征进行控制），因此，不能排除贷款类型的改变或对某些类型的借款人信贷供应的减少。

12. 2　TARP 对放松或收紧信贷合同条款的影响

据我们所知，只有两篇文章研究了接受问题资产救助计划的银行在多大程度上放松或收紧了信贷合同条款，即 Berger，Makaew 和 Roman（2019）以及 Cao‑Alvira 和 Núñez‑Torres（2019）。Berger，Makaew 和 Roman（2019）使用的 DealScan 数据集主要涵盖了大型银行对大型借款人的贷款。他们对第十一章所讨论的集约边际信贷供应的研究发现，与非 TARP 银行相比，即使在控制了借款人风险之后，TARP 银行也放松了对大型企业借款人的贷款合同条款。也就是说，大型 TARP 银行中有一定信用风险的借款人利差较低，信贷规模较大，期限较长，抵押品较少，限制条款也较少。这些研究结果表明，投资组合风险的增加是因为合同条款对银行的风险保护较少。成功贷款用于弥补问题贷款损失的利息收入更少，期限更长的信贷敞口更大，对抵押品和契约损失的保护更少。研究结果再次表明，接受了 TARP 的大型银行面临更高的投资组合风险。

Cao‑Alvira 和 Núñez‑Torres（2019）同样发现 TARP 银行对房利美（Fannie Mae）证券化的合格住宅抵押贷款的利差较低，暗示这些贷款的风险更高。然而，一个重要的区别是，很大一部分 DealScan 的 C&I 贷款最终被纳入 TARP 银行的投资组合（牵头银行通常保持贷款投资组合的一部分），而房利美（Fannie Mae）证券化抵押贷款的信贷风险实际上全部由房利美（Fannie Mae）承担，对 TARP 银行的投资组合风险并无显著影响。

12. 3　TARP 对向更安全、风险更高的借款人修改信贷合同条款的影响

Berger，Makaew 和 Roman（2019）还发现，在 TARP 银行中，风险较高的借款人的贷款合同条款比安全借款人的贷款合同条款更好。这一集约边际的证据与第 12.1 节中关于大型 TARP 银行将其增加的信贷供应转向风险更高的借款人的结果一致，增加了 TARP 银行的投资组合风险。

相比之下，Cao‑Alvira 和 Núñez‑Torres（2019）发现，住房抵押贷款证券化抵押贷款息差下降，更多的借款人 FICO 信用评分越高，表明信贷供应转向更安全的抵押贷款。如上所述，这对 TARP 银行的投资组合风险影响甚微，因为这些证券化抵押贷款的信贷风险主要由房利美（Fannie Mae）承担。

12. 4　投资组合风险研究的结论和附加说明

本章及第十一章的信贷供应的研究强烈表明，大型 TARP 银行显著增加了其投资组

合的风险。这是基于如下调查结果：信贷供应增加，信贷向风险较高的借款人转移，对借款人放宽信贷条件，对风险较高的借款人放宽更多限制。关于小银行的信息少得多，而且情况更加复杂。

然而，在前面章节中讨论的类似说明也适用于这里。DID 研究衡量了 TARP 银行和非 TARP 银行之间的差异，我们无法确定非 TARP 银行可能改变了它们的投资组合风险。我们还注意到，大型银行投资组合风险的增加并不一定意味着这些银行的风险增大以及增加了系统性风险。正如第九章所述，接受了 TARP 救助的银行似乎降低了它们的杠杆风险，正如前面所讨论的，对系统性风险的贡献也取决于对其他银行的影响。第十五章提供了 TARP 对系统性风险影响的更完整分析。

参考文献

［1］Acharya, V. V., & Ryan, S. G. (2016). Banks' financial reporting and financial system stability. Journal of Accounting Research, 54 (2), 277 – 340.

［2］Agarwal, S., & Zhang, Y. (2018). Effects of government bailouts on mortgage modification. Journal of Banking and Finance, 93, 54 – 70.

［3］Berger, A. N., Imbierowicz, B., & Rauch, C. (2016). The roles of corporate governance in bank failures during the recent financial crisis. Journal of Money, Credit, and Banking, 48 (4), 729 – 770.

［4］Berger, A. N., Makaew, T., & Roman, R. A. (2019). Do business borrowers benefit from: bank bailouts? The effects of TARP on loan contract terms. Financial Management, 48 (2), 575 – 639.

［5］Berger, A. N., & Roman, R. A. (2017). Did saving Wall Street really save Main Street? The real effects of TARP on local economic conditions. Journal of Financial and Quantitative Analysis, 52 (5), 1827 – 1867.

［6］Black, L. K., & Hazelwood, L. N. (2013). The effect of TARP on bank risk – taking. Journal of Financial Stability, 9 (4), 790 – 803.

［7］Bunkanwanicha, P., Di Giuli, A., & Salvadè, F. (2019). The effect of bank bailouts on CEO careers (Working Paper).

［8］Cao – Alvira, J. J., & Núñez – Torres, A. (2019). On TARP and agency securitization. International Finance, 22 (2), 186 – 200.

［9］Chavaz, M., & Rose, A. K. (2019). Political borders and bank lending in post – crisis America Review of Finance, 23 (5), 935 – 959.

［10］Cole, R. A., & White, L. J. (2012). Déjà vu all over again: Che causes of US commercial bank failures this time around. Journal of Financial Services Research, 42

（1 - 2），5 - 29.

［11］Cordella, T. , & Yeyati, E. L. （1998）. Public disclosure and bank failures. Staff Papers, 45（1）, 110 - 131.

［12］Duchin, R. , & Sosyura, D. （2014）. Safer ratios, riskier portfolios：Banks' response to government aid. Journal of Financial Economics, 113（1）, 1 - 28.

［13］Jungherr, J. （2018）. Bank opacity and financial crises. Journal of Banking & Finance, 97, 157 - 176.

［14］Kim, J. , Kim, M. , & Lee, J. H. （2019）. The effect of TARP on loan loss provisions and bank transparency. Journal of Banking and Finance, 102, 79 - 99.

第十三章 TARP 对接受救助银行的
信贷客户的影响

本章涵盖 TARP 对获得贷款和贷款承诺的 TARP 银行的信贷客户的影响的关键问题。这一点很重要,因为这些客户是 TARP 可能影响实体经济的主要渠道。正如第四章所讨论的,只有当 TARP 和非 TARP 银行的信贷供应增加,并且获得额外信贷的借款人增加其正净现值(NPV)投资、就业和其他在商品和服务上的支出,TARP 才能显著改善实体经济。

有关 TARP 对信贷客户影响的证据,远远少于 TARP 对信贷供应影响的证据。也就是说,有关贷款和表外承诺的证据,要比有关这种信贷对接受者的影响的证据多得多。此外,在对信贷客户的研究中,只有一部分研究提供了他们在投资、就业或其他可能有助于实体经济的商品和服务方面的支出信息。这与其他关于银行对实体经济影响的文献形成了鲜明对比,比如对美国银行业放松地理管制的研究(Berger, Molyneux 和 Wilson, 2020)。

与本书第二部分的安排一致,我们在本章开始时简要地回顾一些前一章提及的直接证据。具体而言,第 13.1 节简要讨论了 TARP 对信贷供应(第十一章)影响的结果对信贷客户的影响。第 13.2 节讨论了 TARP 对公开交易关系企业借款人的股票市场回报的两项影响研究,以及一篇关于信用违约互换(CDS)对此类借款人利差影响的论文。第 13.3 节回顾了关于 TARP 对 TARP 银行的企业借款人发放的支出和贸易信贷的影响的少量研究。第 13.4 节通过讨论附加说明和结论来结束本章。

13.1 信贷供应变化对 TARP 银行信贷客户的影响

在第十一章中,大多数关于 TARP 对信贷供应影响的文献表明,与非 TARP 银行相比,TARP 银行的信贷供应以广泛边际和集约边际形式增加,这似乎意味着至少对一些借款人有利。然而,这些结果可能并不能证明,由于 TARP 的实施,信贷客户的整体状况显著改善,至少有三个原因。第一,如第十一章所讨论的,大多数研究使用的双重差分法(DID)没有衡量 TARP 与非 TARP 银行的信贷供应总量,总信贷供应可能没有增加,因为非 TARP 银行可能减少了它们的信贷供应。正如所讨论的,这对于研究集约边际的信贷供应可能不是一个问题,但我们仍然不能确定银行信贷供应总体上有显著增长。第二,银行信贷供应的任何增加都可能被资本市场(如债券和股票市场)提供的外部资金减少所抵消。也就是说，企业可能已经用银行信贷替代了其他融资。[①] 第三，总体资金的增加并不一定意味着借贷公司福利的大幅提高，因为一些公司可能只是在非常不确定的时期借钱来增加流动性，而受益相对较少。

13.2 TARP 对公开交易关系企业借款人的股市回报率和 CDS 利差的影响

这两篇关于 TARP 对公开交易的关系企业借贷者股票市值影响的论文，给出了截然相反的结果。Norden，Roosenboom 和 Wang（2013）利用 DealScan 数据和关系银行的 TARP 参与情况，根据危机前的银行关系，用干预评分来衡量企业对 TARP 的暴露程度。研究发现，在干预事件前后，公司与银行之间的股票收益存在正异常，且公司的干预得分与平均日股票收益存在正相关关系。无论关系银行是自愿还是非自愿参与 TARP，结果都是成立的。Norden，Roosenboom 和 Wang（2013）也发现高风险公司的股票回报收益更强，这与第十二章中记载的向高风险借款人放贷的转变一致。

Lin，Liu 和 Srinivasan（2017）发现与 Norden，Roosenboom 和 Wang（2013）的结果截然相反。与之前的论文类似，Lin，Liu 和 Srinivasan（2017）利用 DealScan 数据确定每家公司的主要关系银行，以及该银行是否接受了 TARP 救助。研究人员发现，在 TARP 批准公告前后，与接受 TARP 救助的银行有主要关系的公司在股市上的估值损失明显高于与非接受 TARP 救助的银行有关联的公司。这与第十一章中发现的这些借款人的贷款减少的结果一致，也与下文第 13.3 节总结的关于借款人现金流敏感性和投资的一些发现一致。

Song 和 Uzmanoglu（2016）研究了 TARP 最初宣布前后，来自 11 家最大的 TARP 贷款人的大型企业的 CDS 价差。CDS 价差被广泛用于衡量市场对企业信贷风险的看法。作者检验了这 280 家大型企业从 TARP 银行借款及从健康的关系银行借款后的 CDS 利差的变化，以及财务状况（杠杆、利息支出和股票收益）的假设。例如，作者预测，来自健康银行的借款人将受益对 CDS 息差下降，而来自不健康银行的借款人可能会出现相反的效果，这与健康银行在向借款人（尤其是最脆弱的借款人）提供流动性缓解方面更有效的结论一致。他们的实证研究结果证实了其预期，对于大型企业借款人的投资者是否在 TARP 中受益，结果尚无定论。

13.3 TARP 对关系企业借款人的支出和贸易信贷的影响

少数对来自 TARP 银行的企业借款人的支出和贸易信贷行为的研究，也得出了相互

---

① Sheng（2016）发现，TARP 银行的企业借款人的企业投资、就业和研发支出基本没有变化。

矛盾的结论。第一种是显著的负面影响，第二种是基本没有显著影响，第三种是积极影响。

具体而言，Lin，Liu 和 Srinivasan（2017）发现借款人在财务上变得更加拮据，现金流对现金的敏感性增强。这些企业还减少了资本投资支出，这可能会对实体经济产生负面影响。相比之下，Sheng（2016）发现，在投资、就业或研发方面，TARP 银行的企业借款人与非 TARP 银行的借款人没有任何实际活动差异，这表明对实体经济没有重大影响。最后，Norden，Udell 和 Wang（2020）考虑了 TARP 对向美国各银行商业借款人客户，提供贸易信贷的影响。两位作者发现，接受 TARP 银行贷款的企业增加了贸易信贷供应，而从非 TARP 银行贷款的企业则没有增加贸易信贷供应。这些交易对手中的大多数，似乎都将部分资金花在了实体经济产品和服务上。因此，与前两项研究相反，第三项研究表明，TARP 可能对提振实体经济起到了正向作用。

13.4　关于 TARP 对接受救助银行信贷客户影响的结论和附加说明

本章总结的研究显然是复杂的，也很大程度上受制于第十一章关于从 DID 研究中得出结论的附加说明。另一个限制是，所提供的证据是针对来自最大银行的大型企业借款人。我们尚不知道有关未上市小企业借款人或中小银行借款人的直接证据。因此，很难就 TARP 对信贷客户或信贷客户支出的总体影响（这些影响可能会影响实体经济）得出重要结论。然而，第十四章提供的有关实体经济的一些证据表明，至少一些贷款客户受益并增加了实际支出。

参考文献

［1］Berger，A. N.，Molyneux，P.，& Wilson，J. O. S.（2020）. Banks and the real economy：An assessment of the research. Journal of Corporate Finance，62.

［2］Lin，Y.，Liu，X.，& Srinivasan，A.（2017）. Unintended consequences of government bailouts，evidencefrom bank‐dependent borrowers of large banks（Working Paper）.

［3］Norden，L.，Roosenboom，P.，& Wang，T.（2013）. The impact of government intervention inbanks on corporate borrowers' stock returns. Journal of Financial and Quantitative Analysis，48（5），1635–1662.

［4］Norden，L.，Udell，G. F.，& Wang，T.（2020）. Do bank bailouts affect the provision of tradecredit? Journal of Corporate Finance，60，101522.

［5］Sheng，J.（2016）. The real effects of government intervention：Firm‐level evidence from TARP. Working Paper.

[6] Song, W. - L. , & Uzmanoglu, C. (2016) . TARP announcement, bank health, and borrowers' credit risk. Journal of Financial Stability, 22, 22 - 32.

第十四章　TARP 对实体经济的影响

接下来，我们将回顾最后两章关于 TARP 的两个主要目标和最终预期结果的实证研究。本章和第十五章分别包含了改善实体经济和降低系统性风险的研究。这两个问题也是 TARP 中研究最少的，每一个都只有一篇论文直接衡量和测试 TARP 对实体经济和系统性风险的影响，这似乎令人惊讶。另外，不那么令人惊讶的是，我们无法观察到在没有 TARP 的情况下，整个经济和整个金融体系会发生什么样的反事实。因此，需要对方法进行一些改变，以直接解决这些问题，这些问题将在这些章节中讨论，并结合这些研究的结果一起讨论。

我们在这一章开始讨论 TARP 和实体经济，回顾 TARP 可能改善实体经济的两条途径。两者都涉及增加信贷供应，这反过来可能有助于信贷客户增加他们的实际支出，以促进实体经济。直接途径始于通过主要渠道，TARP 银行增加其信贷供应，接下来该信贷的接收方在投资、就业和其他实物和服务方面的支出增加。间接途径始于通过救助那些可能倒闭或威胁金融体系的银行来降低系统性风险。更安全的金融体系，更健康、资本更充足的银行，可能会增加 TARP 和非 TARP 银行的信贷供应，进而导致这两类银行借款人的实际支出增加。本章余下部分将回顾该计划通过这两种途径成功的证据。

第 14.1 节从上述第十一章和第十三章关于 TARP 银行及其信贷客户信贷供应的证据，简要回顾了对实体经济的影响。第 14.2 节讨论了直接衡量 TARP 对实际经济成果的影响的研究论文的方法和结果。第 14.3 节简要回顾了另外两篇关于银行倒闭对实际结果影响的相关研究论文，这些论文对 TARP 的影响有一些次要的发现。第 14.4 节得出结论，并简要展望第十五章中系统性风险结果的意义。

14.1　TARP 对银行信贷供应和信贷客户的影响以及对实体经济的作用

第十一章总结的大部分研究表明，相对于非 TARP 银行，TARP 银行对大型和小型银行以及大型和小型贷款客户的信贷供应增加，但关于 TARP 对非 TARP 银行的信贷供应影响的信息很少。第十三章所总结的有关 TARP 银行信贷客户的研究文献较少，大多仅限于大型银行的大型公司客户，而不同研究结果在客户是否更富裕，以及哪些客户的实际支出增加或减少方面存在冲突。

因此，前几章中总结的研究结果，关于 TARP 对实体经济的潜在影响方面是非常有限的。基本上既没有提供 TARP 可能通过第二条途径改善非 TARP 银行的贷款条件来提振实体经济的信息，也没有提供 TARP 对小企业的影响的信息，而这些小企业则被视为经济增长和就业的引擎。由于这些缺陷，我们得出结论，评估 TARP 对实体经济影响的唯一方法是跳过对信贷供应和借贷公司的分析，直接估算 TARP 银行对当地实体经济影响的简化模型，我们将在第 14.2 节中对此进行说明。

14.2　TARP 对实体经济影响的直接测度方法及结果

如上所述，直接衡量 TARP 对实体经济的影响需要一种不同于先前的分析方法（DID），该分析侧重于对比 TARP 银行和非 TARP 银行两者的处理效果。首先，实体经济的结果不能与单个银行挂钩，正如本书第二部分研究的其他结果一样，比如单家银行的贷款。其次，实体经济通过直接和间接途径受到 TARP 和非 TARP 银行信贷供应的影响，因此此两类银行间的差异在实体经济问题上并不是很有启迪作用的。

Berger 和 Roman（2017）使用 DID 方法解决这些问题，该方法调查了 TARP 对当地市场经济条件的影响。这与上文所述的分析方法形成对比，后者分析了单个银行的产出与是否收到 TARP 进行了计量分析。如果 TARP 改善了实体经济，那么包含更多 TARP 银行的地区应该比含有较少或没有 TARP 银行的地区改善效果更为显著。这种方法直接将 TARP 与实体经济联系起来，并包括了 TARP 和非 TARP 银行的影响。然而，正如在本章末尾所讨论的，这种方法仍然低估了 TARP 对实体经济的影响，因为 TARP 也有益于金融系统，这在第十五章中进行了研究。

Berger 和 Roman（2017）主要运用州级的经济结果进行分析，因为州级的可用数据比县级的多，但与具有不同因变量的县级分析结果一致。为了捕捉"拯救华尔街就拯救了实体经济"，其作为 TARP 的一个关键目标，最初由美国财政部长亨利·保尔森（Henry Paulson）提出并支持实施，作者选择了平均反映美国人福利的变量作为收益变量。他们选择了净就业机会、净招聘机构、企业和个人破产，每一个变量都以人均维度进行测度。

作者发现所有变量都有很强的统计和经济意义，并且可靠，这表明 TARP 改善了实体经济，使美国人受益。数据显示，州内平均每1000人中就有8.09个新工作岗位，多1.6个创造就业岗位的机构，少0.052个企业破产和1.08个个人破产。相对于样本均值，这些是很大的变化幅度。Berger 和 Roman（2017）对此结果进行了动态影响分析，发现大多数创造就业和雇佣建立的结果集中在 2009 年和 2010 年，而破产结果则更持久。

作者还提供了一些辅助性的结果，这些结果有助于解释第十三章提及的大公司不能很好地反映实体经济影响效应。Berger 和 Roman（2017）发现，驱动此结果的主要

212

机制是商业房地产贷款和表外房地产担保的增加，其中大多数是针对小型企业，而非大型企业。工商业贷款和金融信用证也受到积极影响。此外，当按银行规模对结果分类时，资产规模在 10 亿~30 亿美元的中型银行的结果最为显著，这些银行规模太小，无法提供大型银团企业贷款。因此，TARP 对实体经济的益处可能源于小企业信贷，而非大公司，即使在这方面还需要更多的研究才能得出明确的结论。在后面的第二十九章中，我们将对必要研究进行讨论。

14.3　TARP 实体经济影响的其他相关研究

另外两篇专注于银行倒闭的负面影响的研究论文，也包括了一些有关 TARP 在缓冲负面影响方面的发现。Contreras，Delis，Ghosh 和 Hasan（2019）研究了银行倒闭对地方企业建立和净就业增加的影响，发现银行倒闭对这两个指标都存在负面影响。Contreras，Ghosh 和 Kong（2019）估计了银行倒闭对以专利和引用为度量的企业创新的影响。这两项研究中，都包括了与当地 TARP 银行有关的交互项，而且这两种情况下，都发现了缓解的效应。因此，TARP 似乎可以减轻银行倒闭对实体经济的负面影响。

14.4　关于 TARP 对实体经济影响的结论和注意事项

本章报告的研究在统计上和经济上都有显著的结果，表明 TARP 对经济产生了积极的影响，这可能主要是通过小企业贷款来实现的，但也有必要提出强烈的警告。显然，在得出强有力的结论之前，还需要进行更多的研究。此外，由于 DID 框架的局限性，就调查结果正确的程度而言，它们可能低估了对实体经济的全部积极影响。调查结果表明，拥有更多 TARP 银行的地区，其经济表现优于那些接受 TARP 银行较少的地区。不过，只要金融体系得到了拯救，各地的银行或许都能够发放更多贷款，从而改善实体经济。在接下来的第十五章中，我们将通过考察 TARP 对系统性风险的影响来探讨这个问题。

参考文献

[1] Berger, A. N., & Roman, R. A. （2017）. Did saving Wall Street really save Main Street? The real effects of TARP on local economic conditions. Journal of Financial and Quantitative Analysis, 52 （5）, 1827 – 1867.

[2] Contreras, S., Delis, M., Ghosh, A., & Hasan, I. （2019）. Bank failures, Local business dynamics, and government policy（Working Paper）.

[3] Contreras, S., Ghosh, A., & Kong, J. H. （2019）. Financial crisis, bank failures, and corporate innovation（Working Paper）.

第十五章　TARP 对系统性风险的影响

这一章节将讨论该计划对系统性风险的影响。理想情况下，我们想知道 TARP 是否拯救了金融体系，使其免予崩溃，或者至少阻止了金融体系进一步的恶化，但从根本上说没有发生的事件是无法观察到的。然而，正如本章中所展示的，研究可以提供一致的、具有高度统计意义和经济意义的结果，表明 TARP 计划是否降低了上市 TARP 银行的系统性风险。本文仅在第十四章中就这些系统性风险的度量进行了探讨。然而，一些其他的研究为这一重要问题提供了有用的补充资料。

从基本面开始，如第四章所述和表 4.3 所示，系统性风险因银行股票估值上升而降低，因银行杠杆风险、信贷供应、投资组合风险和系统重要性的增加而增加。我们将在本章中讨论这些影响。表 4.4① 还表明，经济衰退期间实体经济的改善可能有助于降低系统性风险。

第 15.1 节讨论了 TARP 对系统性风险的基本影响的实证研究。这一过程的主要部分是回顾第七章银行杠杆风险、第十一章银行信贷供应、第十二章银行组合风险和第十四章关于实体经济的实证结果的影响。第 15.2 节回顾了一些关于 TARP 对银行风险以及导致系统性风险的市场风险的影响测度研究。第 15.3 节讨论了研究的方法和结果，直接衡量了 TARP 对 TARP 银行系统性风险的影响。第 15.4 节得出结论并给出建议，并简要回顾了系统性风险对实体经济影响的研究。

15.1　TARP 对系统性风险基本影响的实证研究

从银行杠杆风险开始，我们简要回顾了第七章关于 TARP 对上市银行市场估值影响的研究结果。这些估值直接影响到银行的杠杆风险，更高的估值会降低银行的杠杆风险。正如第七章所讨论的，大多数研究发现，随着 TARP 计划的宣布，以及对非自愿参与者的优先股注资，参与者的股票将获得正回报。这些发现表明，TARP 降低了系统性风险。请注意，这些研究通常不会区分 TARP 和非 TARP 银行，因为获得 TARP 资金的多数决定在宣布之日还没有作出。

相比之下，大多数关于 TARP 银行在被注资前后估值的研究结果要么极不显著，要么显著为负。此外，不参与 TARP 或注资不断减少，对银行估值的影响并不显著。

---

① 问题资产救助计划的其他中间结果（市场纪律、竞争、贷款客户估值和行为）对银行系统性风险贡献的影响不明确——在这里没有涉及。

TARP 的提前偿还通常有积极的影响，这可能反映了偿还或取消 TARP 限制的能力，而不是该计划带来的风险。

综合来看，估值研究表明，TARP 计划可能降低了金融体系的风险，但个别 TARP 银行可能没有从中受益那么多。但是，由于在第七章末尾已经提出了关于 TARP 影响银行估值变化的局限性，因此我们提醒不要从这些事件研究中得出有力的结论，这些局限性可能部分由其他混杂的银行特征或宏观经济状况或 TARP 的其他影响所驱动。如前所述，很少有研究包括控制其他银行和市场特征的回归分析。

第十一章和第十二章对 TARP 银行的信贷供给和投资组合风险的研究更清楚地表明，TARP 银行相对于非 TARP 银行增加了投资组合风险。第十一章的大部分研究发现，与非 TARP 银行相比，TARP 银行的信贷供应增加，这几乎肯定会增加其投资组合的信贷风险。第十二章的大部分论文发现，大型 TARP 银行将信贷转向风险较高的借款人，并对风险较高的借款人放宽更多的信贷条款。有关小型银行的信息比较缺乏，而且混杂，但我们注意到，大银行一般对系统性风险更为重要。大型银行通常有更多的交易对手，因而会因其减值而面临信贷损失。就系统性风险的影响而言，这些研究的一个明显局限性是，它们衡量的是 TARP 和非 TARP 银行之间的差异，而不是这两类银行的系统性风险贡献程度。

如第四章所述，随着银行系统重要性的提高，系统性风险不断增加，但我们没有专门用一章研究这一问题，因为很少有实证研究关注这一问题。如第三章所述，以及表 3.9 所示，美国财政部针对 TARP 的年度资本使用调查表明，2009 年 664 名受访者中有 82 家（占 12.4%）使用 TARP 资本购买另一家金融机构或从另一家金融机构购买资产。Berger，Roman 和 Sedunov（2020）对 TARP 对银行规模影响的一项双差分（DID）研究分析表明，在实施 TARP 后，TARP 银行相对于非 TARP 银行的总资产增加了。

在金融危机期间，许多其他大型金融机构在得到政府批准后变得更大、更具系统重要性，尽管不一定与 TARP 挂钩。美国银行前首席执行官 Kenneth D. Lewis 声称，在美国财政部的压力下，该行完成了与美林的合并，此前他从美国财政部获得了 200 亿美元的额外资本金。[①] 在危机期间，美联储还加速了与其他大型金融机构的一系列大型银行合并，如美国银行与美国国家金融服务公司的合并、摩根大通与贝尔斯登和华盛顿互惠银行的合并，以及富国银行与美联银行的合并。美联储也迅速批准了包括高盛和摩根士丹利在内的大型投资银行转型为金融控股公司，这是一种特殊类型的银行控股公司。

因此，一些具有系统重要性的大型银行变得更大、更具系统重要性，这意味着更大的系统性风险。然而，这些行动不仅仅使银行的规模和系统重要性增加了。通过将

---

① https：//www.nytimes.com/2009/06/12/business/12bank.html.

弱小和濒临破产的机构置于更健康的组织的控制之下，并让大型投资银行获得更好的流动性，金融体系可能会变得更安全。

第十四章的研究表明，TARP 的实施改善了实体经济。如第四章第 4.4 节和表 4.4 所述，实体经济的改善可以降低衰退期间的系统性风险。更好的经济可以减少银行的信贷问题，从而降低它们的投资组合风险，增加银行收益，从而增加其资本并降低杠杆风险。除了存在非常不寻常的相互关联的情况，更安全的单个银行几乎肯定会降低系统性风险。

总的来说，导致系统性风险的决定因素的证据较为混杂。单家银行的投资组合风险的上升增加了系统性风险，但实体经济似乎有所改善，又降低了系统性风险。其他关于杠杆风险和系统重要性的研究结果对系统性风险的影响也不那么明确。在第 15.2 节中，我们转而研究银行风险和市场风险的衡量标准，然后在第 15.3 节中介绍对系统性风险贡献的度量。

15.2 银行风险与市场风险测度的实证研究

一些研究论文使用了更完整的衡量个体银行风险和市场风险的方法。这项研究可能会进一步阐明 TARP 是降低了还是增加了金融系统风险这个问题，但它没有采用系统性风险的直接衡量方法。

Duchin 和 Sosyura（2014）发现，与明显相似的非 TARP 银行相比，个别 TARP 银行的总体风险显著增加。他们根据会计和市场数据使用了几种不同的测度指标。这些指标包括银行 Z 评分（金融破产的倒数）、收益波动率、股票波动率和股市贝塔系数。Del Viva, Kasanen, Saunders, and Trigeorgis（2017）发现，利用银行股票具有"彩票"性质的可能性，并将风险转移作为衡量银行风险的指标，TARP 带来了更高的银行风险。他们的测度考虑到了银行股的特殊波动性和偏斜性。研究发现，在 TARP 之后，"彩票型"银行股票的风险更大。Seman 和 Drake（2016）提供的证据表明，接受 TARP 救助的银行的感知风险（最显著的特殊风险），在发放救助资金后四年内仍高于未接受 TARP 资金的银行，这与 TARP 导致的长期道德风险行为一致。Farruggio, Michalak 和 Uhde（2013）基于 TARP 关键事件进行事件研究，并记录了在 TARP 宣布和资本偿还时银行系统风险的下降，但在资本注入时没有。将银行的系统性风险分解为各个组成部分，可以发现，在公布 TARP 和注资前后（但不包括资本偿还），银行股票与市场的相关性成分增加，表明 TARP 带来的风险增加。与这些表明和 TARP 相关的总体银行风险更高的研究相反，Berger, Roman 和 Sedunov（2020）就 TARP 对几种总体银行风险衡量指标的影响进行了分析，包括预期违约概率、Z 得分、夏普比率，分析发现与非 TARP 银行相比，TARP 银行在项目实施后降低了风险。

关于市场风险的衡量，Coffey, Hrung 和 Sarkar（2009）研究表明，在 TARP 宣布

后，覆盖利率的平价偏差减少，这表明国际资本市场上的套利交易由于交易对手信用风险降低而减少。Nguyen 和 Enomoto（2009）使用 GARCH（1，1）模型，发现在 2008年 10 月 14 日 TARP 公布后，股指收益的波动性有所降低。Huerta，Perez Liston 和 Jackson（2011）使用事件研究方法，研究了 TARP 对股票市场波动性和"恐惧指数"的影响，包括芝加哥期权交易所波动性指数（VIX）。他们发现这两类指标都有显著下降。虽然他们的指标并不是系统性风险的直接衡量指标，但他们的证据支持了这样一种观点，即 TARP 平息了金融市场和投资者的担忧，从而可能在短期内降低了系统性风险。这里讨论的单个银行风险和较低的市场风险的好坏参半的结果，并不能说明一个明确的结论，即 TARP 是否使整个金融系统变得更安全或更具风险。下一步，我们将使用系统性风险贡献的直接衡量指标来探讨这一问题的更直接证据。

15.3 TARP 对银行系统性风险贡献程度影响的测度方法和结果

Berger，Roman 和 Sedunov（2020）使用的 DID 方法与大多数其他 TARP 研究基本相同，并使用新开发的系统性风险测度指标作为因变量。因此，虽然我们无法观察到在没有 TARP 的情况下金融系统可能会如何崩溃的反事实，但这项研究使我们能够观察到接受 TARP 资金的银行对系统性风险的贡献程度是减少还是增加了。

本节主要考察了问题资产救助计划（TARP）对标准化条件资本缺口（normalized conditional capital ratio，NSRISK）和系统预期资本缺口（Systemic Expected capital ratio，SES）两个指标的影响。SRISK 衡量的是银行在危机中需要筹集的资金，以维持给定的资本资产比率，是用股票市场数据和财务报表中的负债信息来衡量的（Acharya，Engle，and Richardson，2012；Brownlees 和 Engle，2017）。NSRISK 通过银行市值将 SRISK 规范化，因此它衡量危机中所需的资本增长比例。

系统性预期缺口衡量银行在系统资本不足时的倾向（Acharya，Pedersen，Philippon 和 Richardson，2017）。系统性预期缺口是边际预期缺口（MES）和杠杆（LVG）的线性组合。边际预期缺口估计了当总回报率较低时，单个机构的股票收益率如何与整个市场（包括非金融机构）协同变化。近似杠杆率为负债的账面价值与权益市价值之和除以权益的市场价值。

Berger，Roman 和 Sedunov（2020）发现，与样本平均值相比，由于 TARP，标准化条件资本缺口（NSR/SK）和系统预期缺口（SE）的平均值分别减少了 76.4% 和 43.0%，具有统计学和经济意义。他们还发现了另一个系统性风险衡量指标 $\Delta CoVaR$ 的一致性结果，$\Delta CoVaR$ 评估了危机事件下，单一机构对金融系统整体损失的贡献程度（Adrian 和 Brunnermeier，2016）。

作者关于降低系统性风险的研究结果也适用于许多不同的工具研究，包括但不限于工具变量分析、TARP 替代测度和系统性风险控制等。结果似乎主要由 TARP 银行推动，这些银行规模更大、更安全，而且位于事前经济状况较好的地区，这与 Choi（2014）的理论模型一致，后者发现，对实力较强的银行而不是较弱的银行进行资本重组更能有效地降低系统性风险。

动态研究表明在金融危机期间，TARP 收益显著，但在长期内可能发生逆转。也就是说，在 TARP 实施前后使用 DID，就 2009 年而言系统性风险下降明显，而样本年 2012 年，对系统性风险的影响逐渐消失并最终走向相反的方向。后一项发现与危机后更高的道德风险激励结果一致。

Berger，Roman 和 Sedunov（2020）还进行了一些额外的分析，以更好地确定结果的来源。他们分别对 SES 的 MES 和 LVG 因子进行了测试，发现几乎所有的效果都来自 LVG 的降低，表明这些银行的普通股市值相对于正常情况下的市值大幅上升。这些市值的增长不包括财政部注入优先股的任何直接或机制效应，后者不属于杠杆（LVG）的一部分。进一步分析显示，市场价值上升的来源是 TARP 银行相对于非 TARP 银行的股价上涨，而不是任何新发行的股票或股息的变化。这一发现表明，市场对这些银行的信心有所增强，而这对金融稳定至关重要。

这些发现可能与事件研究的一些发现相冲突，即在注资前后，TARP 银行的市场回报要么微不足道，要么显著负向。然而，不同的方法使得研究结果很难比较。事件研究方法通常只涵盖几天时间，通常无法控制其他银行和市场特征，也不会将 TARP 银行与可比较的非 TARP 银行进行比较。相比之下，Berger，Roman 和 Sedunov（2020）使用季度数据，控制许多银行和市场特征，并比较了 TARP 和非 TARP 银行。

15.4 关于 TARP 对系统性风险影响的结论和注意事项

本章报告的许多与个别 TARP 银行风险相关的研究结果都有混杂或相互矛盾的结果。然而，对市场风险的研究以及对 TARP 计划整体公告的研究表明，TARP 可能已经稳定了金融市场。此外，本文讨论的一项使用对系统性风险贡献的直接衡量的研究表明，与非 TARP 银行相比，TARP 银行对系统性风险的贡献大幅减少，如果最后一项研究是正确的，它可能严重低估了 TARP 计划对系统性风险的降低程度。相对于非 TARP 银行，采用的 DID 框架措施仅减少了对 TARP 银行的系统风险的贡献，但几乎可以肯定的是，非 TARP 银行也更加安全。

我们结束了第十五章关于 TARP 实证研究和本书第二部分的讨论，提醒大家的是任何系统性风险降低意味着第十四章关于 TARP 对推动实体经济的影响的研究结果也可能被低估。Berger 和 Roman（2017）的研究结果在第十四章中所述，比较了 TARP 银行存在较多和较少的州，排除了那些有很少或没有 TARP 银行的州的系统性风险收益。拯救金融体系意味着所有州的银行都可以提供更多的信贷，促进实体经济的发展。

参考文献

［1］Acharya, V. V., Engle, R., & Richardson, M. (2012). Capital shortfall: A new approach to ranking and regulating systemic risks. The American Economic Review, 102 (3), 59 – 64.

［2］Acharya, V. V., Pedersen, L. H., Philippon, T., & Richardson, M. (2017). Measuring systemic risk. The Review of Financial Studies, 30 (1), 2 – 47.

［3］Adrian, T., & Brunnermeier, M. K. (2016). CoVaR. The American Economic Review, 106 (7), 1705.

［4］, A. N., & Roman, R. A. (2017). Did saving Wall street really save Main street? The real effects of TARP on local economic conditions. Journal of Financial and Quantitative Analysis, 52 (5), 1827 – 1867.

［5］Berger, A. N., Roman, R. A., & Sedunov, J. (2020). Did TARP reduce or increase systemic risk? The effects of government aid on financial system stability. Journal of Financial Intermediation. forthcoming.

［6］Brownlees, C., & Engle, R. F. (2017). SRISK: A conditional capital shortfall measure of systemic risk. The Review of Financial Studies, 30 (1), 48 – 79.

［7］Choi, D. B. (2014). Heterogeneity and stability: Bolster the strong, not the weak. The Review of Financial Studies, 27 (6), 1830 – 1867.

［8］Coffey, N., Hrung, W. B., & Sarkar, A. (2009). Capital constraints, counterparty risk, and deviations from covered interest rate parity (Working Paper).

［9］Del Viva, L., Kasanen, E., Saunders, A., & Trigeorgis, L. (2017). Bank lottery behavior and regulatory bailouts (Working Paper).

［10］Duchin, R., & Sosyura, D. (2014). Safer ratios, riskier portfolios: Banks' response to government aid. Journal of Financial Economics, 113 (1), 1 – 28.

［11］Farruggio, C., Michalak, T. C., & Uhde, A. (2013). The light and dark side of TARP. Journal of Banking and Finance, 37 (7), 2586 – 2604.

［12］Huerta, D., Perez – Liston, D., & Jackson, D. (2011). The impact of TARP bailouts on stock market volatility and investor fear. Banking and Finance Review, 3 (1), 45 – 54.

［13］Nguyen, A. P., & Enomoto, C. E. (2009). The Troubled Asset Relief Program (TARP) and the financial crisis of 2007 – 2008. Journal of Business and Economics Research, 7 (12).

［14］Semaan, E., & Drake, P. P. (2016). TARP and the long – term perception of risk. Journal of Banking and Finance, 68, 216 – 235.

第三部分　经验数据：
除 TARP 外的不良资产外部救助、内部纾困和其他的解决方法

概　述

第三部分回顾了除不良资产外部救助计划（TARP）以外的，其他方法来解决陷入财务困境银行组织的经验数据。本书的这一部分包括三章。第十六章介绍了除不良资产外部救助计划（TARP）以外的其他有关银行外部救助的实证研究，第十七章回顾了有关内部纾困的实证研究结果，第十八章总结了其他解决方案的研究结果。此处的内容涵盖了研究结果，但不包括第三章中提供了这些解决方法的详细机构信息。

第三部分的知识树显示了这三章所有参考文献，这些是树上的"果实"。至于本书的其他部分，每片"叶子"表示相应章节的主题以及该章的参考文献，这就产生了关于该主题的"硕果"。

作为第三部分的指南，第十六章讨论了有关不良资产外部救助计划（TARP）以外的其他援助的经验研究，其讨论涵盖了全球金融危机期间美国其他几次外部救助的结果，包括美联储扩大贴现窗口（DW）和定期拍卖工具（TAF）流动性计划、联邦存款保险公司临时债务担保计划（TDGP）、小企业贷款基金（SBLF）、联邦住房贷款银行（FHLB）预付款以及美联储的量化宽松计划（QE）。在美国之外，我们对其他国家或地区的外部救助进行了研究，其中包括政治决定因素、竞争、信贷供应、银行风险、实体经济和系统性风险等方面。第十七章中对内部纾困机制的实证研究集中在美国的 OLA 内部纾困以及其他国家的内部纾困机制，如欧盟的 BRRD 指令。它还包含其他内部纾困工具，如或有可转换债券（Co-Cos）和双重负债，以及 1998 年对冲基金长期资本管理（LTCM）的决议，该决议案涉及一系列外部救助和内部纾困机制。最后，第十八章讨论了其他的解决方法，涵盖了有关破产或倒闭的解决方案、"生前遗嘱"、监管容忍以及对具有系统重要性的大型机构进行拆分的研究。每章以一个简要的结论和附加说明作为结尾。

16. 除不良资产救助计划以外的外部救助的实证研究

Eichengreen and Mody, 2001; Dell'Ariccia, Schnabel, and Zettelmeyer, 2002; Barro and Lee, 2005; Lee and Shin, 2008; Stojanovic, Vaughan, and Yeager, 2008; Ashcraft, Bech, and Frame, 2010; Bernal, Oosterlinck, and Szafarz, 2010; Jin-Wei, Zhang, and Du, 2010; Thornton, 2010; Gropp, Hakenes, and Schnabel, 2011; Wu, 2011; Dam and Koetter, 2012; Cyree, Griffiths, and Winters, 2013; Giannetti and Simonov, 2013; King, 2013; Körner and Schnabel, 2013; Acharya, Drechsler, and Schnabl, 2014; Carpenter, Demiralp, and Eisenschmidt, 2014; Correa, Lee, Sapriza, and Suarez, 2014; Cortes and Milington, 2014; Fischer, Hainz, Rocholl, and Steffen, 2014; Gropp, Gruendl, and Guettler, 2014; Hryckiewicz, 2014; Wang, 2014; Ghysels, Sarkar, and Shrader, 2015; Puddu and Wälchli, 2015; Wu, 2015; Berger, Bouwman, Kick, and Schaeck, 2016; Bersch, Degryse, Kick, and Stein, 2016; Bian, Haselmann, Kick, and Vig, 2016; Blau, Hein, and Whitby, 2016; Brandao-Marques, Correa, and Sapriza, 2016; Calderon and Schaeck, 2016; Davidson and Simpson, 2016; Drechsler, Drechsel, Marquez-Ibanez, and Schnabl, 2016; Homar, 2016; Rodnyansky and Darmouni, 2016; Amel and Mach, 2017; Berger, Black, Bouwman, and Dlugosz, 2017; Helwege, Boyson, and Jindra, 2017; Homar and van Wijnbergen, 2017; Kandrac and Schlusche, 2017; Gerhardt and Vander Vennet, 2017; McAndrews, Sarkar, and Wang, 2017; Nistor Mutu and Ongena, 2017; Bui, 2018; Gropp, Gruendl, and Saadi, 2018; Kleymenova, 2018; Ali, 2019; Acrey, Lee, and Yeager, 2019; Bowe, Kolokolova, and Michalski, 2019; Buch, Krause, and Tonzer, 2019; Carbó-Valverde, Cuadros-Solas, and Rodríguez-Fernández, 2019; Chakraborty, Goldstein, and MacKinley, 2019; Sedunov, 2019; Bassett, Demiralp, and Lloyd, forthcoming.

17. 内部纾困机制的实证研究

Macey and Miller, 1992; Evans and Quiggley, 1995; Esty, 1998; Kho, Lee, and Stulz, 2000; Furfine, 2001; Grossman, 2001; Telfah, Hassan, and Kilic, 2001; Hickson and Turner, 2003; Kabir and Hassan, 2005; Beck, 2011; Bai, Cabanilla, and Middeldorp, 2012; Avdjiev, Kartasheva, and Bogdanova, 2013; Grossman and Imai, 2013; Mitchener and Richardson, 2013; Moody's Investor Services, 2013, 2015; Government Accountability Office, 2014; Iseklint and Bengtsson, 2014; De Spiegeleer, Hocht, and Schoutens, 2015; Schmidt and Azarmi, 2015; Standard & Poor's Rating Services, 2015; Allen and Tang, 2016; Bodenhorn, 2016; Duhonj and Sivertsen, 2016; Eisen, 2016; Flannery, 2016; Grodecka and Kotidis, 2016; Hesse, 2016; Neuberg, Glasserman, Kay, and Rajan, 2016; Pigrum, Reininger and Stern, 2016; Schafer, Schnabel, and Weder, 2016; Ammann, Blickle and Ehmann, 2017; Avdjiev, Bolton, Jiang, Kartasheva, and Bogdanova, 2017; Boccuzzi and De Lisa, 2017; Fajardo and Mendes, 2017; Giuliana, 2017; Leone, Porretta, and Riccetti, 2017; Lindner and Redak, 2017; Salter, Veetil, and White, 2017; Afonso, Blank, and Santos, 2018; Anderson, Barth, and Choi, 2018; Bonfin and Santos, 2018; Brown, Evangelou, Stix, 2018; Koudijs, Salisbury, and Sran, 2018; Neuberg, Glasserman, Kay, and Rajan, 2018; Beck, Da-Rocha-Lopes, and Silva, 2019; Berger, Himmelberg, Roman, and Tsyplakov, 2019.

Part III:
经验数据：除TARP以外的外部救助、内部纾困和其他救助计划

18. 其他解决方法的实证研究

Barth, Brumbaugh, Sauerhaft, and Wang, 1985; Hunter and Timme, 1986, 1991; Berger, Hanweck, and Humphrey, 1987; Barth and Bradley, 1989; Kane, 1987; Pizzo, Fricker, and Muolo, 1989; Barth, Bartolomew, and Bradley, 1990; O'Hara and Shaw, 1990; Bartholomew, 1991; Benston, Carhill, and Olasov, 1991; White, 1991; Barth and Brumbaugh, 1994; Benston and Carhill, 1992; Bauer, Berger, and Humphrey, 1993; Pyle, 1995; Hermalin and Wallace, 1994; Petersen and Rajan, 1994; Kane and Yu, 1995; DeGennaro and Thomson, 1996; Hughes, Mester, and Moon, 1996; Berger and Mester, 1997; Demsetz and Strahan, 1997; Bhargava and Fraser, 1998; Berlin and Mester, 1999; Cyree, 2000; Martinez-Peria and Schmukler, 2001; Frame, Srinivasan, and Woosley, 2001; Cornett, Ors, and Tehranian, 2002; Petersen and Rajan, 2002; Akhigbe and Whyte, 2004; Berger, Miller, Petersen, Rajan, and Stein, 2005; Drucker and Puri, 2005, 2007; Mamun, Hassan, and Maroney, 2005; Stiroh and Rumble, 2006; Berger and Udell, 2006; Brevoort and Hannan, 2006; Bharath, Dahiya, Saunders, and Srinivasan, 2007; Laeven and Levine, 2007; Deng and Elyasiani, 2008; Laeven and Valencia, 2008; LePetit, Nys, Rous, and Tarazi, 2008; Liberti and Mian, 2009; Feng and Serlitis, 2010; Berger and Black, 2011; DeYoung, Frame, Glennon, and Nigro, 2011; Canales and Nanda, 2012; Chakrabarty and Zhang, 2012; Fernando, May, and Megginson, 2012; De Haas and Van Horen, 2012; Iyer and Puri, 2012; Wheelock and Wilson, 2012, 2016; Dijkstra, 2013; Hughes and Mester, 2013; Iyer, Puri, and Ryan, 2013; Filson and Olfati, 2014; Osili and Paulson, 2014; Santos, 2014; Berger, Cerqueiro, and Penas, 2015; Gandhi and Lustig, 2015; Oliveira, Schiozer, and Barros, 2015; Goetz, Laeven, and Levine, 2016; Kysucky and Norden, 2016; Cole and White, 2017; El Ghoul, Guedhami, and Roman, 2017; Bouwman, Hu, and Johnson, 2018; Cetorelli and Traina, 2018; Mester, 2018; Berger, Bouwman, and Kim, 2019; Berger, Zhang, and Zhao, 2019; Bindal, Bouwman, Hu, and Johnson, 2020; Berger, Irresberger, Roman, forthcoming.

222

第十六章　除不良资产救助计划以外的外部救助实证研究

第十六章回顾了有关不良资产救助计划（TARP）以外的外部救助在美国的救助效果，以及其他国家的救助效果的实证研究。所有这些救助计划在第三章中已经进行了介绍，它们的最终目标都与美国 TARP 相同——恢复金融稳定并降低对实体经济的损害。如上文第二部分对 TARP 的研究所述，其他救助的研究同样涵盖了项目的若干决定因素及其结果。第 16.1 节回顾了有关美国其他外部救助的研究，第 16.2 节讨论了关于其他国家外部救助的研究。由于一段时间内有非常多的外部救助，所以我们只关心相对近期的一些外部救助。基于下文讨论的原因，我们以不同的方式组织第 16.1 节和第 16.2 节。第 16.3 节总结了本章研究内容并附加说明。

16.1　实证研究：美国 TARP 外的其他外部救助

在本节中，我们关注在全球金融危机期间美国非 TARP 的外部救助。在全球金融危机的大背景下，美国大部分的外部救助着眼于为银行提供流动性，而非根据 TARP 进行优先股本注入。在美国，非 TARP 外部救助的数量相对较少，因此我们将其按计划划分为小节。我们对每个计划的所有决定因素和结果进行探讨，并在每小节中对该计划进行实证研究。具体而言，我们专注于以下方面的实证研究：第 16.1.1 节中的美联储贴现窗口（DW）和定期拍卖工具（TAF），第 16.1.2 节中的联邦存款保险公司临时债务担保计划（TDGP），第 16.1.3 节中的小企业贷款基金（SBLF），第 16.1.4 节中的联邦住房贷款银行（FHLB）垫款，以及第 16.1.5 节中的美联储量化宽松政策（QE）。

16.1.1　美联储贴现窗口（DW）和定期拍卖工具（TAF）的研究

首先，我们通过扩大的贴现窗口（DW）和定期拍卖工具（TAF）查看美联储流动性准备金普遍的使用情况。其次，我们总结了一些关于这些流动性的注入对银行声誉、风险和贷款造成影响的研究结果。

Berger, Black, Bouwman 和 Dlugosz（2017）发现，在全球金融危机期间，DW 和 TAF 的使用非常特殊。在危机期间，约 62% 的资产超过 10 亿美元的美国大型银行和 20% 的小银行参与到此项计划中，在危机期间它们平均每日借款 2210 亿美元。几家最大的机构在几天内获得了超过 300 亿美元的资金。作者还发现，无论是大型银行还是小型银行，DW 和 TAF 计划都不能实质上替代或补充其他资金来源，这表明这些计划通常会增加接受方的银行资金。Bui（2018）发现 DW 和 TAF 以及其他美联储流动性计划均表现为"事前"效率高，因为它们针对的是低核心稳定资金的非流动性银行。他们的研究还表明，大型银行及危机前未履行义务较多的银行更有可能参与此项目中。与这些发现相反，Helwege，Boyson 和 Jindra（2017）得出结论：与美国机构相比，DW 和 TAF 计划相对为外国银行缓解了更多的流动性问题。

正如前文于第三章所述，通过 DW 向最后贷款人借款在历史上与"污名"联系在一起。这种耻辱可能会损害参与银行的声誉并赶走其他市场参与者，从而抵消额外流动性带来的好处。创建 TAF 主要是为了避免这种污名化并鼓励银行参与其中。通过调查与这些项目相关的银行估值的变化，许多论文阐述了这种耻辱持续的程度与被消除的程度。Blau，Hein 和 Whitby（2016）发现，当美联储在金融危机后最终公布了银行参与 DW 和 TAF 的细节时，股市并无重大反应。然而，进一步地调查显示，上市银行在 DW 和 TAF 借贷开始前后经历了显著的股价下跌和负累计异常回报，这对借贷资金最多的银行影响最大。这表明，尽管美联储试图将信息保密，但投资者仍能及时获得有关美联储计划的信息，而且该计划确实使借款人蒙受耻辱。相反，Kleymenova（2018）发现 DW 披露产生了正面的增量市场信息，并降低了银行的权益成本和债务资本。然而，银行在披露后避免使用 DW 融资，这与前文提到的污名存在性一致。同样与污名化问题有关，Armantier，Ghysels，Sarkar 和 Shrader（2015）研究表明，银行愿意支付相对较大的溢价从其他来源借款，以避免在危机期间从 DW 计划借款。他们还发现，与未参与 DW 计划的银行相比，这些银行股价有所下跌。Cyree，Griffiths 和 Winters（2013）估计了 DW 和 TAF 以及美联储其他流动性计划在金融危机期间对各种金融机构的财富效应。作者们发现，在金融危机最严重时期，TAF 对上市银行的财富产生了负效应，这与人们的耻辱感是一致的。对于大型银行来说，DW 最初被认为是积极的，但继续使用则大多被认为是消极的。Helwege，Boyson 和 Jindra（2017）发现，大多数健康的美国银行在需要流动性时倾向于避免参与 DW 和 TAF 计划。

也有人研究 TAF 的公告和操作是否缓解了银行间融资市场的流动性问题，从而可能降低了银行的流动性风险。调查结果喜忧参半。这些研究大多采用基于市场的流动性风险度量定期和隔夜银行间拆借利率之间的利差，即伦敦银行同业拆借利率（LIBOR）－隔夜指数掉期（OIS）利率之间的息率差。Thornton（2010）发现，TAF 的公告增加了风险溢价和其他债券利率，表明市场参与者将该公告解释为一个信号，即危机比先前所认为的更为严重。相反，Wu（2011），McAndrews，Sarkar 和 Wang（2017）发现，TAF 与 LIBOR—OIS 利差的下行相关，与缓解银行间融资市场压力的计划一致。Pudu 和 Wälchli（2015）评估了 TAF 计划对银行流动性风险的影响，发现 TAF 银行参与者在第一次使用 TAF 基金后已大幅降低资金流动性风险。Bui，Scheule 和 Wu（2019）发现，DW 和 TAF 项目由于上述的污名性增加了道德风险激励和崩溃风险。

Sedunov（2019）分析了这些流动性计划以及美联储在危机期间采取的其他外部救助对系统性风险措施的影响，研究发现，DW 和 TAF 对系统性风险的影响参差不齐。

最后，我们转向对 DW 和 TAF 的信贷供应影响的研究，这对于这些计划是否对实体经济有促进作用至关重要。Berger，Black，Bouwman 和 Dlugosz（2017）发现，使用 DW 和 TAF 的银行在短期和长期以及大多数贷款类别中整体上增加了贷款。小银行增加了对小企业的贷款，同时大银行加强了对大企业的贷款。Bui，Scheule 和 Wu（2019）还发现，DW 和 TAF 项目的参与者在项目实施后显著增加了贷款和流动性创造，利用这些资金向借款人发放贷款和提供表外担保业务。另有三篇论文将 DW 和 TAF 的数据与其他计划结合起来，然后对贷款进行了研究。Carpenter，Demiralp 和 Eisenschmidt（2014）将 TAF 和 TARP 包括在内，发现两者都成功增加了商业和工业（C&I）贷款的供应。如上文第十一章所述，Bassett，Demiralp 和 Lloyd（即将出版）使用了包括 DW 和 TAF 在内的多个不同政府项目的综合数据，发现接受政府扶持的机构的贷款并没有增加。最后，Wu（2015）使用美联储共享国家信贷（SNC）数据评估了包括 DW 和 TAF 在内的三个政府项目对银行银团贷款的影响，并发现这些项目仅导致银行银团贷款小幅增加。

16.1.2 联邦存款保险公司临时债务担保计划（TDGP）的研究

Ali（2019）研究了联邦存款保险公司临时债务担保计划（TDGP）的影响。文章区分了项目参与机构和非项目参与机构，考察了机构参与项目前后贷款供给的变化。该报告发现，TDGP 增加了参与者的流动性而减少了其贷款供应，这表明 TDGP 的干预可能有助于银行偿还如 TARP 等其他计划的资金。

16.1.3 小企业贷款基金（SBLF）的研究

还有一项研究着眼于小企业贷款基金（SBLF）的影响，该基金是 2010 年《小企业就业法案》（*Small Business Jobs Act*）的一部分，旨在解决小企业信贷供应明显不足的问题。截至 2019 年第二季度，美国财政部报告称，与当前和以前所报告的 SBLF 参与者基准数量相比，自 2011 年以来，SBLF 参与者每年增加小企业贷款 10 亿至 151 亿美元。[①] Cortes 和 Millington（2014）也表明，自银行收到 SBLF 资金以来，小企业贷款总量每季度都在增加。截至 2014 年第一季度，整个样本的平均贷款额比平均基线贷款额高出 142%，美国所有的地区都出现了增长。Amel 和 Mach（2017）使用了来自社区银行和储蓄机构的美国商业银行季度监管报表数据，发现 SBLF 计划的参与者比未参与计划的增加了约 10% 的小企业贷款。然而，据估计，对小企业贷款持续增长路径的控制表明，SBLF 的参与对小企业贷款没有统计上的显著影响，留下的问题多于答案。

---

① https：//www. treasury. gov/resource-center/sb-programs/DocumentsSBLFTransactions/LGR% 20Oct% 202019% 20Final% 2010 – 01 – 2019% 20Clean% 20v6. pdf.

16.1.4　联邦住房贷款银行（FHLB）预付款的研究

几篇文章探讨了全球金融危机期间有关 FHLB 预付款的问题。Ashcraft，Bech 和 Frame（2010）发现，在危机期间，美联储和 FHLB 系统的流动性工具互为补充、相互竞争。几篇论文对 FHLB 预付款的风险影响发现了好坏参半的结果。Stojanovic，Vaughan 和 Yeager（2008）发现，加入 FHLB 后，银行流动性和杠杆风险适度增加，利率风险有所下降，信贷风险和整体银行破产风险基本未受影响。Davidson 和 Simpson（2014）发现对于违约概率相对正常的银行，FHLB 预付款与较低的银行利率风险相关。反之，对于违约概率较高的银行，FHLB 预付款与较高的银行风险相关。最后，Acrey，Lee 和 Yeager（2019）发现，几家收到预付款的大银行最终都失败了。

16.1.5　美联储量化宽松政策（QE）的研究

最后，有几篇论文研究了危机期间及之后量化宽松政策的影响。我们将其视为银行外部救助，因为其涉及大量购买有毒的 MBS 证券，部分是为了帮助改善持有这些证券的银行的状况。这是美国财政部没有遵循的计划，即 TARP 的最初计划。

有几篇论文研究量化宽松计划对银行贷款和实体经济的影响。Kandrac 和 Schlusche（2017）发现，为应对量化宽松政策带来的储备增加，银行增加了贷款并转向风险更高的贷款，如商业房地产、建筑、C&I 和消费贷款，与上文第十一章和第十二章所述的 TARP 影响的部分发现类似。Chakraborty，Goldstein 和 MacKinley（2019）发现，在量化宽松政策下购买 MBS 并从中获益的银行增加了抵押贷款的发放。然而，他们也发现这些银行减少了商业贷款，并且从这些银行借款的公司减少了他们的投资。购买美国国债的影响要么是积极的，要么是不显著的。他们的研究结果表明，购买组合造成了这种扭曲。Rodnyansk 和 Darmouni（2016）还发现，银行对不同的量化宽松计划以及每个量化宽松计划下的目标资产类型的反应是不同的。他们发现，第三轮量化宽松对资产负债表上抵押贷款支持证券持有量最为集中的商业银行产生了强大的信贷供给效应。

一篇论文研究了由量化宽松政策提供的货币刺激对流动性创造的影响。Bowe，Kolokolova 和 Michalski（2019）发现，在所有规模的银行类别中，QE 政策在鼓励银行创造流动性方面都是无效的。[①]

16.2　经验研究：其他国家的外部援助

正如前文第三章所述，美国以外的许多国家都有银行外部救助，这些国家也有许

---

① Wang（2014）研究了量化宽松政策、操作扭曲和前瞻性指引对企业信贷市场的影响，而非对银行的影响。研究结果喜忧参半，包括第一轮量化宽松对降低非金融企业风险溢价的有利影响，以及第二轮量化宽松对芝加哥期权交易所（CBOE）VIX"恐惧指数"的不利影响。

多不同的计划。鉴于这些客观存在，本节将探讨不同于前一节的组织形式（非 TARP 美国外部救助）。为了简单起见，我们将讨论分为几个小部分，以几个关键决定因素和救助结果为基础，而不是按国家或救助类型进行安排。我们尽可能按照与上文第二部分 TARP 章节相同的顺序来安排这些子章节，但这里涵盖了一些不同类别的决定因素和结果。我们偶尔会超越全球金融危机和欧洲主权债务危机的范畴，因为一些国家的外部救助发生在欧美国家特有的危机期间。具体而言，我们重点对第 16.2.1 节中的非美援助、第 16.2.2 节中的竞争、第 16.2.3 节中的信贷供应、第 16.2.4 节中的银行风险、第 16.2.5 节中的实体经济以及第 16.2.6 节中的系统风险的政治决定因素进行了实证研究。

16.2.1 其他国家外部救助的政治决定因素

Bian，Haselman，Kick 和 Vig（2016）分析了德国储蓄银行业的外部，包括与银行有关的地方政府有权影响救助的机制。他们发现，与银行关系密切的地方政治家，会因个人考虑而扭曲其所做的决策。因此，与当地储蓄银行协会支持的银行相比，当地政客救助的银行的表现要差得多。

16.2.2 其他国家的外部救助和竞争

一些文献关注外部救助对竞争的影响。Gropp，Hakenes 和 Schnabel（2011）使用来自 OECD 国家的银行数据发现，通过鼓励被救助机构的竞争对手承担更多风险使其更具侵略性，从而导致市场扭曲风险上升。Calderon 和 Schaeck（2016）使用了 124 个国家的数据，发现政府干预，如流动性支持、资本重组和国有化，大幅增加了银行系统的竞争（勒纳指数和净息差下降）。此外，干预频率越高，经济净值为负的"僵尸银行"的市场份额就越大，这体现了一种不利的社会扭曲，同时也会增加市场风险。King（2013）研究了五个国家在 2008 年 10 月宣布的银行救助计划的传染性和竞争效应，并发现政府的救助与受资助银行的竞争优势相关，这种现象反映在股票价格上。Carbó - Valverde，Cuadros - Solas 和 Rodríguez - Fernández（2019）采用了来自迪罗基债务资本市场数据库的 121 家发行固定公司债券的承销商作为样本，研究了银行救助对承销业务竞争的影响。通过对 2006—2013 年活跃于欧洲企业债券市场的承销商采取的所有救助措施，他们发现拥有大量市场份额的银行（声誉良好的银行）在被救助后会遭受市场份额的损失，而资本注入对市场份额较小的公司（非知名承销商）的市场份额却有正面影响。

16.2.3 其他国家的外部救助及信贷供应

Homar（2016）分析了欧洲银行资本重组对 2000—2013 年借贷、资金和资产质量的影响，并发现接受足够大笔注资的银行可以增加信贷供应、获取补充存款并改善资产负债表，而注资额较小的银行则表现出相反的效果。他的结果强调，银行的救助资格和实际注资额对信贷供应的结果都很重要。

Giannetti 和 Simonov（2013）研究了 20 世纪 90 年代日本银行危机期间银行救助对信贷供应的影响。他们发现，根据注资规模的不同，结果差异很大。大量的注资会导致向信誉良好的关系借款人提供更多的贷款，并减少对低质量或"僵尸"公司的风险敞口；反之，少量的注资则会给僵尸公司带来更多的信贷。

16.2.4　其他国家的外部救助和银行风险

有大量的研究表明这种外部救助导致了更高的风险。Dam 和 Koetter（2012）关注的是德国的外部救助，即银行从其负责任的银行业协会的保险基金中接受资本注入。[①]作者发现，接受救助的可能性越高，银行的风险承担程度就越高，这与道德风险的增加是一致的。其影响主要由于德国的互助合作银行。Hryckiewicz（2014）使用 23 个国家在 23 次金融危机中获得救助的银行数据，研究了外部救助对银行风险的影响。作者发现，外部救助大大增加了银行风险，而全面担保、国有化和资产管理公司是增加风险的最主要原因。Brandao - Marques，Correa 和 Sapriza（2016）以 53 个国家为样本研究发现，与救助导致的道德风险效应类似，政府扶持的越多其风险越大。作者还提出，限制银行的活动范围可以缓解政府扶持引起的道德风险问题。Gerhardt 和 Vander Vennet（2017）比较了全球金融危机期间获得国家扶持之前和之后的 114 家欧洲银行。他们发现，被救助的银行在获得政府援助后的几年中几乎没有改善其绩效指标，这表明外部救助可能无法恢复银行的健康。Drechsler，Drechsel，Marquez - Ibanez 和 Schnabl（2016）分析了欧洲主权债务危机期间的最后贷款人（LOLR）贷款。研究结果表明，LOLR 资金导致了风险资产（如不良主权债务）的重新分配，即从有实力的银行转移到了弱资本的银行，这使得金融体系更具风险。

其他研究表明，通过救助降低了银行风险，或者产生了好坏参半的结果。Berger，Bouwman，Kick 和 Schaeck（2016）使用了德国的数据和政府对银行的各种干预及政府和银行家协会注资的数据进行研究。作者发现，监管干预和资本支持都能显著地降低风险。他们还发现，监管干预能显著减少流动性创造。Homar 和 van Wijnbergen（2017）分析了 1980—2014 年发生的 69 次系统性银行危机之后的经济衰退。他们发现银行资本重组对经济复苏的可能性具有积极而显著的影响，但其他救助措施却没有影响。Körner 和 Schnabel（2013），Fischer，Hainz，Rocholl 和 Steffen（2014）以及Gropp，Gruendl 和 Guettler（2014）这三篇研究在德国使用了相同的准自然实验，根据该实验，外部救助被有效撤销。政府取消了对八家德国银行的公共担保，以保护德国

---

① 正如第三章所讨论的，这种注资可以被认为是外部救助，因为资金来自一个共同的组织而不是个别银行的交易对手；或者被视为自救机制，因为它们不是由政府实体或政府扶持的组织提供的。我们只是选择像文献中通常提到的外部援助那样对待它们。

储蓄银行的债权人。前两项研究发现，银行增加了对高风险借款人的贷款。然而，与外部救助相关的特许权价值，促使银行选择更安全的投资组合。所以，Gropp，groundl 和 Guettler（2014）使用相同的实验，发现银行降低了投资组合风险，这表明救助与更多风险而非更少风险相关。

接下来，我们将对主权风险问题进行一些研究，该研究会反馈到银行风险。当政府花费大笔资金救助银行时，它们会产生巨额赤字，从而增加其主权债务的风险。许多银行对此类债务进行了大量投资，因此这些主权风险问题可能会大大增加银行风险。正如后面第二十章中简要讨论的那样，在全球金融危机爆发之前和期间生效的巴塞尔协议Ⅰ和巴塞尔协议Ⅱ，国际资本协议中对有风险的主权债务持有的资本要求很少或根本不需要，相当于鼓励银行来承担这些风险。

Acharya，Drechsler 和 Schnabl（2014）使用 2007—2011 年欧元区的银行和国家的数据，研究了银行救助与主权信用风险之间的联系。他们发现，更大的金融困境预示着更大的银行外部救助、更高的主权信用风险以及各国之间更高的债务与 GDP 比率。他们还发现，按欧洲主权国家的信用违约掉期（CDS）利率衡量，银行外部救助导致了 2008 年欧元区国家的主权信用风险上升，进而削弱了金融业。他们还记录了即使在控制了信贷利差总量和银行层面的决定因素后，政府救助后主权信用违约掉期的变化解释了银行信用违约掉期的变化，也证实了银行—主权反馈循环的存在。与这些发现一致的是，Correa，Lee，Sapriza 和 Suarez（2014 年）使用了 1995—2011 年 37 个国家的银行数据研究发现，主权信用评级下调会对预期政府扶持率较高银行的股票回报造成更大的负面冲击。①

16.2.5 其他国家的外部救助和实体经济

Gropp，Gruendl 和 Saadi（2018）利用上述在德国进行的撤销担保的准自然实验，并利用银行—公司匹配来检验政府担保的实际效果。他们发现，这些担保将银行信贷有效地引导给生产力低下、效率低下的公司，并使生产力不高的公司经营过久，从而导致金融资源的配置效率低下。

Bersch，Degryse，Kick 和 Stein（2016）分析了 2000—2013 年，对德国公司及银行进行的救助的实际效果。他们发现潜在的非生产性贷款会增加关联公司的违约概率。他们还发现，接受救助的关系银行和交易银行产生的银行风险效应截然不同。尽管交易银行导致风险中值以上的公司的违约可能性增加，但关系银行似乎可以使高风险公

---

① 在金融危机期间，新兴国家通常依靠国际货币基金组织（IMF）等国际机构对国家的救助资金支持。其中一些资金可能会流向银行部门。与美国的 TARP 类似，一个国家的政治关系也对 IMF 救助的可能性和规模产生积极影响（Barro 和 Lee，2005），在金融危机期间，IMF 救助通常能够恢复而不是降低投资者的信心（Jin - Wei，Zhang 和 Du，2010）。但是，IMF 的救助对道德风险的影响喜忧参半，有些论文发现道德风险有所降低（例如，Eichengreen 和 Mody，2001；Dell'Ariccia，Schnabel 和 Zettelmeyer，2002），而另一些论文则发现道德风险有所增加（例如，Dell'Ariccia，Schnabel 和 Zettelmeyer，2002；Lee 和 Shin，2008；Bernal，Oosterlinck 和 Szafarz，2010）。

司降低违约概率，进而导致高质量公司的违约概率更高。因此，陷入困境的关系银行很可能会使其质量较低的客户常青，也不太有能力为质量较高的公司提供关系贷款。

16.2.6 其他国家的外部救助和系统性风险

最后，有两篇文献研究了外部救助在系统性风险方面的影响。Buch，Krause 和 Tonzer（2019）使用 2005—2013 年来自 15 个欧盟国家的约 80 家欧洲公开银行的市场数据来衡量每家银行对国家和欧盟的系统性风险（SRISK）的贡献。他们发现，无论是在国家层面还是欧盟层面，接受救助的欧洲银行都增加了其系统性风险，但是各个国家和银行之间存在很大的差异性。Nistor Mutu 和 Ongena（2017）分析了来自 22 个欧洲国家的 110 家银行机构的样本以及 2008—2014 年特定于银行的外部救助事件。他们区分了不同类型的救助方案。研究发现占欧盟大部分救助资金的担保费用，很难发挥出降低系统性风险的效果。相反，资本重组会立即减少银行对系统性风险的贡献。但是，这种作用通常是短暂的，与上文第十五章提供的 TARP 证据一致。

16.3 TARP 以外的救助研究的结论和附加说明

本章总结了美国和世界各国对非 TARP 外部救助的研究情况，得出了一个好坏参半、不完整的结论。许多研究表明，某些类型的救助措施在增加银行贷款方面是成功的，但这往往是有代价的。外部救助似乎常常使银行蒙羞，增加了它们的风险，它们的贷款往往会支撑那些无助于实体经济的非生产性借贷公司。

当我们在下文第二十七章中计算社会成本和收益，并在第二十八章讨论政策含义时，我们会再次探讨这些问题。与 TARP 相比，对其他外部救助的研究也明显少得多。这表明未来需要对此进行更多的研究，特别是针对实体经济和系统性风险这两个最重要的问题，如下文第二十九章将进一步讨论的那样。

参考文献

［1］Acharya, V. V., Drechsler, I., & Schnabl, P. (2014). A pyrrhic victory? Bank bailouts and sovereign credit risk. The Journal of Finance, 69 (6), 2689 – 2739.

［2］Acrey, J. C., Lee, W. Y., & Yeager, T. J. (2019). Can Federal Home Loan Banks effectively selfregulate lending to influential banks? Journal of Banking Regulation, 20 (2), 197 – 210.

［3］Ali, M. (2019). Three essays on banking policy and government interventionin the US banking sector (Ph. D. dissertation). Bangor University.

［4］Amel, D., & Mach, T. (2017). The impact of the small business lending fund on community bank lending to small businesses. Economic Notes, Review of Banking, Finance and Monetary Economics, 46 (2), 307 – 328.

［5］Armantier, O. , Ghysels, E. , Sarkar, A. , & Shrader, J. (2015). Discount window stigma during the 2007 – 2008 financial crisis. Journal of Financial Economics, 118 (2), 317 – 335.

［6］Ashcraft, A. , Bech, M. L. , & Frame, W. S. (2010). The Federal Home Loan Bank system: The lender of next – to – last resort? Journal of Money, Credit, and Banking, 42 (4), 551 – 583.

［7］Barro, R. J. , & Lee, J. – W. (2005). IMF programs: Who is chosen and what are the effects? Journal of Monetary Economics, 52 (7), 1245 – 1269.

［8］Bassett, W. , Demiralp, S. , & Lloyd, N. (2020). Government support of banks and bank lending. Journal of Banking and Finance, 112, 105177.

［9］Behn, M. , Haselmann, R. , Kick, T. , & Vig, V . (2016). The political economy of bank bailouts (Working Paper).

［10］Berger, A. N. , Black, L. K. , Bouwman, C. H. S. , & Dlugosz, J. (2017). Bank loan supply responses to Federal Reserve emergency liquidity facilities. Journal of Financial Intermediation, 32, 1 – 15.

［11］Berger, A. N. , Bouwman, C. H. S. , Kick, T. , & Schaeck, K. (2016). Bank liquidity creation following regulatory interventions and capital support. Journal of Financial Intermediation, 26, 115 – 141.

［12］Berger A. N. , Li X. , Morris C. and Roman R. A. The effects of cultural values on bank failures around the world. Journal of Financial and Quantitative Analysis, Forthcoming.

［13］Bernal, O. , Oosterlinck, K. , &Szafarz, A. (2010). Observing bailout expectations during a total eclipse of the sun. Journal of International Money and Finance, 29 (7), 1193 – 1205.

［14］Bersch, J. , Degryse, H. , Kick, T. , & Stein, I. (2020). The real effects of bank distress: Evidence from bank bailouts in Germany. Journal of Corporate Finance, 60, 101521.

［15］Blau, B. M. , Hein, S. E. , & Whitby, R. J. (2016). The financial impact of lender – of – last – resort borrowing from the Federal Reserve during the financial crisis. Journal of Financial Research, 39 (2), 179 – 206.

［16］Bowe, M. , Kolokolova, O. , & Michalski, M. (2019). Too big to care, too small to matter: Macro financial policy and bank liquidity creation (Working Paper).

［17］Brandao – Marques, L. , Correa, M. R. , & Sapriza, M. H. (2016). International evidence on government support and risk taking in the banking sector (Working

Paper).

[18] Buch, C. M., Krause, T., & Tonzer, L. (2019). Drivers of systemic risk: Do national and European perspectives differ? Journal of International Money and Finance, 91, 160 – 176.

[19] Bui, C. (2019). Bank regulation and financial stability. Doctoral dissertation. Sydney: University of Technology.

[20] Calderon, C., & Schaeck, K. (2016). The effects of government interventions in the financial sector on banking competition and the evolution of zombie banks. Journal of Financial and Quantitative Analysis, 51 (4), 1391 – 1436.

[21] Carbó – Valverde, S., Cuadros – Solas, P., & Rodriíguez – Fernández, F. (2019). Do bank bailouts have an impact on the underwriting business? (Working Paper).

[22] Carpenter, S., Demiralp, S., &Eisenschmidt, J. (2014). The effectiveness of non – standard monetary policy in addressing liquidity risk during the financial crisis: The experiences of the Federal Reserve and the European Central Bank. Journal of Economic Dynamicsand Control, 43, 107 – 129.

[23] Chakraborty, I., Goldstein, I., & MacKinlay, A. (2020). Monetary stimulus and bank lending. Journal of Financial Economics, 136 (1), 189 – 218.

[24] Correa, R., Lee, K. – H., Sapriza, H., & Suarez, G. A. (2014). Sovereign credit risk, banks' government support, and bank stock returns around the world. Journal of Money, Credit, and Banking, 46 (s1), 93 – 121.

[25] Cort's, K., & Millington, S. (2014). Gauging the impact of the small business lending fund. Federal Reserve Bank of Cleveland. Economic Trends.

[26] Cyree, K. B., Griffiths, M. D., & Winters, D. B. (2013). Federal Reserve financial crisis lending programs and bank stock returns. Journal of Banking and Finance, 37 (10), 3819 – 3829.

[27] Dam, L., & Koetter, M. (2012). Bank bailouts and moral hazard: Evidence from Germany. The Review of Financial Studies, 25 (8), 2343 – 2380.

[28] Davidson, T., & Simpson, W. G. (2016). Federal Home Loan Bank advances and bank risk. Journal of Economics and Finance, 40 (1), 137 – 156.

[29] Dell'Ariccia, G., Mr, Zettelmeyer, J., Mr, & Schnabel, I., Ms (2002). Moral hazard and international crisis lending: A test. International Monetary Fund.

[30] Drechsler, I., Drechsel, T., Marques – Ibanez, D., & Schnabl, P. (2016). Who borrows from the lender of last resort? The Journal of Finance, 71 (5), 1933 – 1974.

[31] Eichengreen, B., & Mody, A. (2001). Bail – ins, bailouts, and borrowing costs (Working Paper).

［32］Fischer, M. , Hainz, C. , Rocholl, J. , & Steffen, S. (2014). Government guarantees and bank risk taking incentives (Working Paper).

［33］Gerhardt, M. , & Vander Vennet, R. (2017). Bank bailouts in Europe and bank performance. Finance Research Letters, 22, 74 – 80.

［34］Giannetti, M. , & Simonov, A. (2013). On the real effects of bank bailouts：Micro evidence from Japan. American Economic Journal：Macroeconomics, 5 (1), 135 – 167.

［35］Gropp, R. , Gruendl, C. , & Guettler, A. (2014). The impact of public guarantees on bank risktaking：Evidence from a natural experiment. Review of Finance, 18 (2), 457 – 488.

［36］Gropp R. , Guettler A. and Saadi V . , Public bank guarantees and allocative efficiency. Journal of Monetary Economics, Forthcoming.

［37］Gropp, R. , Hakenes, H. , & Schnabel, I. (2011). Competition, risk – shifting, and public bail – out policies. The Review of Financial Studies, 24 (6), 2084 – 2120.

［38］Helwege, J. , Boyson, N. M. , & Jindra, J. (2017). Thawing frozen capital markets and backdoor bailouts：Evidence from the fed's liquidity programs. Journal of Banking and Finance, 76, 92 – 119.

［39］Homar, T. (2016). Bank recapitalizations and lending：A little is not enough (ESRB Working Paper).

［40］Homar, T. , & van Wijnbergen, S. J. G. (2017). Bank recapitalization and economic recovery after financial crises. Journal of Financial Intermediation, 32, 16 – 28.

［41］Hryckiewicz, A. (2014). What do we know about the impact of government interventions in the banking sector? An assessment of various bailout programs on bank behavior. Journal of Banking and Finance, 46, 246 – 265.

［42］Kandrac, J. , & Schlusche, B. (2017). Quantitative easing and bank risk taking：Evidence from lending (Working Paper).

［43］King, M. R. (2013). The contagion and competition effects of bank bailouts announced in October 2008 (Working Paper).

［44］Kleymenova, A. (2018). Consequences of mandated bank liquidity disclosures. In Chicago Booth Research Paper, No. 16 – 04.

［45］Komer, T. , & Schnabel, I. (2013). Abolishing public guarantees in the absence of market discipline (Working Paper).

［46］Lee, J. W. , & Shin, K. (2008). IMF bailouts and moral hazard. Journal of International Money and Finance, 27 (5), 816 – 830.

［47］McAndrews, J. , Sarkar, A. , & Wang, Z. (2017). The effect of the Term Auction Facility on the London Interbank Offered Rate. Journal of Banking and Finance, 83, 135 – 152.

[48] Nistor Mutu, S., & Ongena, S. (2019). The impact of policy interventions on systemic risk across banks (Working Paper).

[49] Puddu, S., & A. (2015). TARP effect on bank lending behaviour: Evidence from the last financial crisis (Working Paper).

[50] Rodnyansky, A., & Darmouni, O. M. (2017). The effects of Quantitative Easing on bank lending behavior. The Review of Financial Studies, 30 (11), 3858 – 3887.

[51] Sedunov, J. (2019). The Federal Reserve's impact on systemic risk during the financial crisis (Working Paper).

[52] Stojanovic, D., Vaughan, M. D., & Yeager, T. J. (2008). Do Federal Home Loan Bank membership and advances increase bank risk – taking? Journal of Banking and Finance, 32 (5), 680 – 698.

[53] Thornton, M. (2010). Hoover, Bush, and great depressions. Quarterly Journal of Austrian Economics, 13 (3), 86.

[54] Wang, L. (2014). The impact of unconventional monetary policies: Evidence from corporate credit markets (Working Paper).

[55] Wei, S. – J., Zhang, Z., & Du, Q. (2010). Does the global fireman inadvertently add fuel to the fire? New evidence from institutional investors' response to IMF program announcements. Journal of International Money and Finance, 29 (4), 728 – 741.

[56] Wu, T. (2011). The U. S. money market and the Term Auction Facility in the financial crisis of 2007 – 2009. The Review of Economics and Statistics, 93, 617 – 631.

[57] Wu, D. (2015). The effects of government capital and liquidity support programs on bank lending: Evidence from the syndicated corporate credit market. Journal of Financial Stability, 21, 13 – 25.

第十七章 内部纾困机制的实证研究

第十七章讨论银行内部纾困效应的实证研究，即由私营部门为陷入困境的银行提供援助。第 17.1 节回顾了美国通过有序清算局（OLA）进行的内部纾困研究。第 17.2 节回顾了几个欧洲国家通过银行恢复和决议指令（BRRD）进行的内部纾困研究。第 17.3 节涵盖了一些欧洲国家使用的可转换债券（CoCos）。第 17.4 节和第 17.5 节讨论了其他历史事件，例如"大萧条"时期，类似的内部纾困机制（第 17.4 节），以及 1998 年对冲基金长期资本管理公司（LTCM）的解决案例（第 17.5 节）。第 17.6 节提供了一些结论性意见。

17.1 美国 OLA 内部纾困机制研究

尽管关于 OLA 决议的政策辩论由来已久，但对其实证研究甚少，因为迄今为止，OLA 决议下的内部纾困机制尚未触发。我们首先讨论了 OLA 内部纾困框架是否会影响银行行为的一些证据，然后我们回顾有关 OLA 的市场认知。

为研究 OLA 内部纾困预期对银行资本结构行为的影响，Berger，Himmelberg，Roman，Tsyplakov（2020）利用全球金融危机爆发前的救助时期（2000 年第三季度至 2007 年第二季度）的前 50 家美国上市银行控股公司的数据进行了实证检验，当时大型机构最有可能获得救助；以及内部纾困期（2010 年第三季度至 2017 年第二季度）至 2010 年《多德—弗兰克法案》（*Dodd - Frank Act*）引入了 OLA 后，这是大型机构最有可能希望获得内部纾困的时期。他们将全球系统重要性银行（G - SIB）的八家非常大型、复杂的美国银行控股公司（BHC）作为实验组，因为它们最有可能受到救助和进行内部纾困。研究表明，从危机前的救助预期转向危机后的内部纾困预期，会改善银行控股公司的资本激励机制。并发现，当从外部救助期过渡到内部纾困期时，实验组中 G - SIBs 的资本比率在统计上和经济上都显著高于对照组。此外，G - SIBs 在从救助期到纾困期的调整速度提高了 1 倍以上，而对照组的调整速度没有显著改变，这与内部纾困机制提供了资本重组激励的预测一致。

其他研究调查了 OLA 的市场认知。虽然传统上，最大的银行及其利益相关者享有 TBTF（"大而不倒"）政府保护，但 OLA 的部分意图是消除对这些保护措施的认识，并鼓励市场参与者对银行进行更严格的监督和约束（如 Eisen，2016）。这些机构已从《多德—弗兰克法案》（*Dodd - Frank Act*）OLA 决议实施后对政府支持的预期中剔除了对全球系统重要性银行评级的"提升"。[1] 标准普尔和穆迪精确地引用了美联储的 OLA 决议监管作为这样做的基础（穆迪投资者服务，2013，2015；标准普尔评级服务公司，2015）。此外，政府问责办公室（Government Accountability Office）（2014）的一项研究表明，在 2007—2009 年金融危机期间，成本较低的大型银行的竞争优势在《多德—弗兰克法案》OLA 实施后，最近几年有所下降或逆转，再次与政府对这些银行的扶持预期降低一致。

Bai，Cabanilla 和 Middeldorp（2012）发现，OLA 决议制度将 CDS 市场对 G－SIB 的违约预期提高了约 20 个基点，或提高了大约这些机构平均 CDS 隐含违约概率的五分之一。这一发现与 CDS 市场考虑到高级债券持有人可能在银行清算中承担更多损失的情况一致。然而，Afonso，Blank 和 Santos（2018）发现，债券和 CDS 市场参与者对于 OLA 的可信度和有效性，与信用评级机构的看法并不一致。

17.2　其他国家内部纾困机制的研究

美国以外的国家现有的关于内部纾困的实证研究大多集中在内部纾困对市场约束的影响上。利用内部纾困措施对银行进行资本重组，可以鼓励银行债权人和其他利益相关者更好地监测和评估风险，同时也可以改善银行管理层的事前行为，以避免内部纾困的发生。所有这些最终可能有助于降低大型机构的道德风险、降低系统性风险。正如下文所讨论的那样，文献发现几个利益相关者（存款人、债券持有人、股东和 CDS 持有人）加强了市场约束。

Brown，Evangelou 和 Stix（2018）研究了 2013 年塞浦路斯银行危机后家庭储户行为的变化。如上文第三章所述，在这场危机中，该国两家最大的银行通过对无保险储户和债券持有人进行内部纾困得以解决。作者使用了匿名的调查数据，其中包括对银行有不同敞口的家庭：无保险储户、次级债券持有人和股东。他们发现，危机过后，家庭大幅减少了在有问题银行的各种产品持有量，增加了现金持有量。对于经历过存款或次级债务纾困的家庭，这种行为要多于持有股权或没有遭受任何损失的家庭。

Bonfin 和 Santos（2018）还将 2013 年的塞浦路斯内部纾困事件作为准自然实验，研究表明，即使在其他未受影响的欧盟国家，内部纾困事件也可以产生不可忽视的溢出效应，并加强市场约束。为了应对塞浦路斯危机，2013 年 3 月 16 日，欧洲当局公布了所有塞浦路斯银行存款的损失，包括塞浦路斯存款保险计划投保的存款（超过 10 万

---

[1] 看第十九页 https：//home. treasury. gov/sites/default/files/2018 － 02/OLA ＿ REPORT. pdf，https：// www. capitaliq. com/CIQDotNet/CreditResearch/RenderArticle. aspx？ articleId ＝ 1490452&SctArtId ＝ 357868&from ＝ CM&nsl ＿ code ＝ LIME&sourceObjectId ＝ 9438258&sourceRevId ＝ 1&fee ＿ ind ＝ N&exp ＿ date ＝ 20251202 － 14：59：54 和 https：//libertystreeteconomics. newyorkfed. org/2015/06/what － do － rating － agencies － think － about － too － big － to － fail － since － dodd － frank. html。例如，穆迪指出："今天的评级行动反映了受《多德—弗兰克法案》推动的美国银行决议工具的增强，这影响了穆迪对美国政府扶持的假设。"

欧元的投保人损失 6.7%，未投保人损失 9.9%）。这一声明后来在 3 月 25 日被推翻，只有未参保的储户遭受损失，但最初的声明不仅在塞浦路斯，还在其他欧盟国家造成恐慌和蔓延，这挑战了存款保险在欧洲的信誉。作者发现，葡萄牙的储户对这一事件的反应是提取存款，即使二者没有强有力的直接经济或金融联系。对于那些资金较弱、利润较低、实力也弱的银行持有的存款，反应更强烈，这些银行破产的可能性更大，这表明存款人会根据银行的财务状况作出反应。

Boccuzzi 和 De Lisa（2017）记录了储户和债权人对 BRRD 于 2015 年首次在意大利对四家倒闭银行实施内部纾困的反应。利用意大利存款担保计划（Italian Deposit Guarantee Scheme）的专有数据，他们发现，自银行内部纾困决议开始以来，存款人和债权人急剧逃离，而解决问题的银行则遭受了资金总额的重大损失。没有保险的存款比有保险的存款更容易流失。市场约束也延伸到那些有偿付能力但发出疲软信号（资本短缺）的银行的存款，这些银行的存款也会受到影响。

Giuliana（2017）专注于债券持有人的约束。作者使用了六个主要欧洲国家（意大利、西班牙、英国、德国、奥地利和法国）的金融机构的债券数据，研究发现债券持有人对银行的市场约束有所增强，围绕的是与内部纾困立法程序相关的事件，以及内部纾困实际强制实施的事件。首先，一些事件表明，政府加大了对内部纾困机制的承诺，加大了无担保债券（接受内部纾困的债券）和有担保债券（不接受内部纾困的债券）之间的收益率差异，这与当局对内部纾困原则上可信的承诺相一致。其次，实际的内部纾困增加了投资者将某家银行的违约概率纳入其证券价格的动机，这与市场约束的改善同样是一致的。

Schafer，Schnabel 和 Weder（2016）提供了关于股东约束的证据。这些作者利用了欧洲银行在重组过程中对债权人进行了内部纾困的案例，并记录了塞浦路斯内部纾困事件后银行股价下跌的情况，这符合股东的市场约束。

有两篇论文利用信用违约互换（CDS）数据测试了在内部纾困事件中的市场约束。上述 Schafer，Schnabel 和 Weder（2016）发现了内部纾困事件后 CDS 价差增加的证据，尤其是塞浦路斯的内部纾困事件后。他们发现，对于财政能力较低的国家，银行的反应更为强烈，这些国家可能更倾向于使用内部纾困而非外部救助来解决银行问题。此外，正如预期的那样，实际的内部纾困措施导致的市场反应比法律实施内部纾困决议机制更强烈。相反，Neuberg，Glasserman，Kay 和 Rajan（2018）使用 CDS 溢价来提取市场暗示的政府扶持的可能性。他们发现，尽管市场对政府扶持的期望最初有所下降，市场约束有所增强，但自 2016 年以来，期望再次上升至改革前的水平。这表明，引入 BRRD 可能不会降低政府对不良银行扶持的预期，这对内部纾困的可信度产生了怀疑。

有两篇论文都探讨了市场对内部纾困的反应，它们研究了欧盟银行可接受纾困的债权人的组成及其所有权，并得出了相反的结论。在内部纾困事件中，这些债权人可能是受影响最大的。Lindner 和 Redak（2017）重点研究了内部纾困对欧盟地区家庭的潜在影响。通过使用欧洲家庭金融和消费调查（HFCS），他们发现家庭参与可内部纾困工具，特别是银行债券的比率相当低，为 0.2% ~ 5.5%。两位作者认为，这些家庭的收入通常较高，所以他们对资产贬值冲击的韧性相当强。相比之下，Pigrum，Reininger 和 Stern（2016）利用欧洲央行的证券持有量统计数据，分析了每个欧元区国家的可内部纾困银行债务证券的供求结构。他们发现，欧元区家庭部门持有大量可接受内部纾困的银行债务证券，约占总额的四分之一。这意味着，内部纾困申请可能对家庭产生一些负面影响，可能对金融稳定和消费者保护产生影响。

一种有效的银行处置方法，需要在强制实行市场纪律和尽量减少银行倒闭对金融体系其余部分和实体经济的影响之间进行权衡（如 Beck，2011）。内部纾困应该能最大限度地减少这种权衡，因为银行的部分业务仍在继续运营，而在出现困境时，由于债权人对被纾困的预期有所提高，道德风险有所降低（如 Neuberg，Glasserman，Kay 和 Rajan，2016；Giuliana，2017）。然而，这能否实现是一个经验问题。关于内部纾困对更广泛的系统性风险和实体经济的影响，几乎没有什么经验证据。Conlon 和 Cotter（2014）关注系统性风险的影响，在全球金融危机期间欧洲银行倒闭的背景下，回顾性地应用了内部纾困的框架。他们宣称，通过限制储户挤兑的影响，使银行债务对风险更加敏感，内部纾困可以有效降低系统性风险。他们的分析表明，如果在上次危机中实施内部纾困，破产的欧洲银行使得其股东和次级债券持有人变成最主要的输家。高级债券持有者的损失将很小，储户将不会遭受损失。Boccuzzi 和 De Lisa（2017）（上文引用）发现，当危机不是系统性的时候，内部纾困的效果可能最好。然而，在出现系统性危机的情况下，资金外流规模可能会非常大，削弱市场信心，并影响其他债权人，对金融体系的稳定产生不利影响。Leone，Porretta 和 Riccetti（2017）使用面板数据分析了一个大型欧洲银行的样本发现，在 2016 年，随着 BRRD 内部纾困制度的引入，股票市场波动有所增加。意大利股市的波动更为明显，可能是因为该国拥有银行股的散户投资者数量庞大，可能是在 2015 年 11 月四家意大利银行分担风险之后，他才明白这与 BRRD 相关。

Beck，Da - Rocha - Lopes 和 Silva（2019）聚焦于内部纾困的真正影响，发现了一些不太有利的后果。他们使用了一个准自然实验，该实验涉及葡萄牙一家主要银行，即圣灵银行（Banco de Espirito Santo）出人意料的破产和内部纾困机制；以及使用了一个独特的数据集，该数据来自葡萄牙信用记录中的信用风险敞口。他们发现，受内部纾困影响较大的银行在冲击后显著减少了信贷供应，同时受内部纾困影响较大的企业（尤其是中小企业）由于内部纾困导致的不确定性增加、信贷条件收紧、投资和就业减少。但是，这些公司后来能够通过其他机构提供的资金来弥补信贷危机。他们认为，已发现的负面实际影响表明，内部纾困机制并非解决所有问题的灵丹妙药。

17.3　其他内部纾困工具：或有可转换债券（CoCos）

如本书第一部分所述，或有可转换债券（CoCos）是一种具有损失吸收能力的特殊混合债券。这些工具被提议作为内部纾困工具。当发行银行的资本低于某一水平时，债券可以减记或转换为股权。自 2009 年首次发行可转换债券以来，该市场持续增长，至 2015 年规模已超过 1200 亿欧元（De Spiegeleer，Hocht 和 Schoutens，2015）。

一些关于 CoCos 的研究调查了哪些投资者和银行使用了这些工具。Avdjiev，Kartasheva 和 Bogdanova（2013）发现，CoCos 的大部分需求来自小投资者，同时 CoCos 对其他次级债的利差很大程度上取决于其触发水平和损失吸收机制。与 CDS 利差和股票价格相比，CoCos 利差与其他次级债务的利差相关性更强。Fajardo 和 Mendes（2017）发现，发行可转换债券的银行通常规模较大、杠杆率较高，旨在满足巴塞尔协议Ⅲ的要求且以股权融资取代债务融资。Avdjiev，Bolton，Jiang，Kartasheva 和 Bogdanova（2017）也发现具有相对充足的核心资本基础的大型银行是早期采纳 CoCos 的机构。

与其他内部纾困研究类似，CoCos 的文献发现，这些工具也与市场约束的提高有关（Iseklint 和 Bengtsson，2014；Duhonj 和 Sivertsen，2016；Hesse，2016；Flannery，2016）。例如，Iseklint 和 Bengtsson（2014）对 2009 年第一期至 2014 年的 CoCos 市场进行了分析，涵盖了 118 个或有可转换债券的样本。他们找到了一些市场约束的事实，表明投资者对发行银行的风险状况非常敏感，并且一些合约特征与这些工具的价差存在显著关系。Avdjiev，Bolton，Bogdanova，Jiang 和 Kartasheva（2017）也分析了 CoCos 发行后银行的证券定价，并表明 CoCos 的投资者认为这些工具有风险，并且存在很大的转换可能性。同样，Hesse（2016）发现，投资者意识到减记 CoCos 债券产生的激励问题，要求具有此功能的债券的收益溢价。

然而，与其他内部纾困类似，CoCos 对风险的影响是模糊的。一些论文发现稳定性效应增加（如 Allen 和 Tang，2016；Ammann，Blickle 和 Ehmann，2017；Avdjiev，Bolton，Bogdanova，Jiang，Kartasheva，2017）。例如，Allen 和 Tang（2016）发现，如果触发机制设计得当，CoCos 可以在金融危机期间自动调整银行资本结构，从而降低系统性风险。他们提出了一种双重触发机制，该机制基于银行系统中的总体系统风险（CAT-FIN），以及单个银行对整体系统风险的贡献（ΔCoVaR）。这种双重触发机制与全系统的资不抵债风险和价格系统风险高度相关。如果采用 99% 的触发机制，雷曼兄弟和贝尔斯登发行的系统性 CoCos 将在 2007 年 11 月触发，比它们实际破产早几个月。Avdjiev，Bolton，Bogdanova，Jiang 和 Kartasheva（2017）一致认为，CoCos 发行降低了银行信用风险，导致发行人的 CDS 利差下降。Ammann，Blickle 和 Ehmann（2017）调查了 34 家全球银行在 2009 年 1 月至 2014 年 6 月发行 CoCos 债券的影响。他们发现，在公告发布后不久，股票的异常回报为正、CDS 价差为负，这表明代价高昂的银行破产程序发生的可能性较低。

其他论文发现，CoCos 可能会降低财务稳定性。例如，Schmidt 和 Azarmi（2015）分析了劳埃德银行集团（Lloyds Banking Group）2009 年在欧洲革命性使用 CoCos 的影响。这些论文表明，在宣布有意发行 CoCos 之后，该银行的市值下降，CDS 价差上升。

17.4　其他历史上的内部纾困机制：双重负债

如第一部分所述，在 1933 年联邦存款担保引入之前，双重负债在美国很普遍，美国许多州将这种双重甚至更多的债强加给银行股东，作为其银行章程的一个特征，以限制道德风险和保护储户。18 世纪，类似的制度在世界其他地方也有实施，比如在 1825 年通过了《银行合作管理法》（*Banking Copartnership Regulation Act*）的苏格兰，以及在 1826 年通过了《银行合作法》（*Banking Copartnership Act*）的英格兰。[①] 全球金融危机使这一机制重新受到关注，成为增加银行所有者参与博弈的潜在途径。

许多研究调查了双重负债是否能让银行更安全，结果喜忧参半。一些研究发现，双重负债有助于降低银行风险。Grossman（2001）基于横截面研究，将单一责任制与扩展责任制进行了比较，对美国 1892—1930 年的银行倒闭进行了调查，发现扩展责任制降低了银行倒闭的风险。Mitchener 和 Richardson（2013）发现，在多重负债状态下经营的银行更安全，因为它们更少使用杠杆，将每一美元资本转换成更少的贷款，因此，比在有限负债状态下经营的银行能承受更大的贷款损失（作为其投资组合的一部分）。Esty（1998）对加利福尼亚州的 27 家银行进行了调查，这些银行从无限责任制转变为双重负债制，发现负债规则较严格的州，银行资产负债表中的股本和资产波动性较低，风险资产所占比例较低，并且净资产下降时它们不太可能增加对风险资产的投资。这些发现与更严格的责任限制银行冒险的观点一致。Evans 和 Quiggley（1995）研究了自由银行业时期的一组苏格兰银行的资本比率。他们发现，在 1885 年，四大无限责任银行的资本比率是有限责任银行的 3 倍，这表明，在银行倒闭的情况下，大型无限责任银行对充分承担责任的义务所产生的激励作出了强烈的反应。Koudijs, Salisbury 和 Sran（2018）发现，管理层对银行下行风险敞口越大的银行，其风险承担程度就越低。Grossman 和 Imai（2013）利用了第一次世界大战前英国银行不同程度的扩展责任制，得出结论是，更严格的负债规则与更低风险的银行行为有关。最后，Hickson 和 Turner（2003）检验了 Walter Bagehot 的假设，即无限责任银行的股东通过将股票所有权转让给穷人，将银行变成事实上的有限责任公司，可以从中提取租金。他们调查了 19 世纪爱尔兰的银行体系，发现即使银行更有可能陷入困境的时候，也没有发现这种转移的证据。

---

① 参见 Salter, Veetil 和 White（2017）了解更多关于银行双重负债的国际经验。

相反，一些研究发现双重负债可以增加银行风险。例如，Macey 和 Miller（1992）表明，与没有双重负债的银行相比，具有双重负债的银行能够以较低的资本比率运营。Bodenhorn（2016）还发现，在采用双重负债规定后，银行的杠杆率有所提高，他认为这是因为双重负债规定提供了额外的表外担保，银行债权人对这种变化感到满意。Grodeckay 和 Kotidisz（2016）研究了加拿大在1934—1950 年取消双重负债要求对银行风险承担的影响，并发现这种废除并没有增加银行承担的风险。Anderson，Barth 和 Choi（2018）使用了一种新的识别策略，比较了纽约州（双重负债下经营）和新泽西州（单一或有限责任下经营）的州联邦储备银行和国家银行，以检验双重负债是否有效地减缓了银行风险。他们发现，没有证据表明双重负债在大萧条之前降低了风险。然而，他们发现，在大萧条期间，双重负债银行的存款更具黏性，表明双重负债银行的股东面临的银行挤兑风险较小。他们的结果与存款人将损失转嫁给股东、削弱市场约束以及在博弈中减弱风险的影响相一致。

17.5　其他历史上的内部纾困机制：长期资本管理公司（LTCM）

第一部分也提到，另一个历史上的内部纾困案例涉及 1998 年全球最大的对冲基金长期资本管理公司（LTCM），它的解决方案包括外部救助和内部纾困。纽约联邦储备银行（Federal Reserve Bank of New York）帮助 14 家银行和私营经纪机构安排融资。[①]

现有的关于 LTCM 的经验证据并没有区分长期资本管理公司濒临破产时的外部救助和内部纾困阶段，但我们试图从对这一事件的少数研究中做出尽可能多的推断。由于 LTCM 对冲基金的庞大规模及其在商业银行和投资银行的杠杆头寸，LTCM 头寸的接近崩溃或平仓可能会影响到其对手方或其他有 LTCM 敞口的银行。有几篇论文评估了长期资本管理公司（LTCM）接近破产事件的银行估值效应，几乎一致地发现不同类型机构之间存在显著的负面市场反应。

Kho，Lee 和 Stulz（2000）基于银行的风险敞口或参与对该基金的救助，研究了长期资本管理公司危机及其外部救助对美国银行股票收益的影响。事件研究结果显示，9 月 2 日前后的三天，有敞口银行下跌 11.04%，没有敞口银行实际上涨。有 LTCM 敞口的银行在这三天的表现比没有敞口的银行差 14.24%。然而，在协议公布时，尽管两种类型的银行都作出了负面反应，但敞口银行却产生了 3.59% 的负且显著的异常收益。研究结果表明，市场能够区分有风险敞口的银行和没有风险敞口的银行。

Telfah 和 Hassan 和 Kilic（2001）使用市场模型框架研究了 1998 年 9 月长期资本管理公司濒临崩溃对金融机构股票收益的影响。他们发现，长期资本管理公司濒临倒闭

---

① 更多详情参见 https：//www.federalreservehistory.org/essays/ltcm_near_failure。

对所有类型的金融机构都产生了负面影响，但银行业受到的影响最大。他们进一步发现，美联储的参与成功地减少了危机的负面影响，并在市场接近崩溃时遏制了预期中的过度波动。

Kabir 和 Hassan（2004）表明，在长期资本管理公司濒临崩溃的重大事件发生时，有长期资本管理公司敞口的商业银行和投资银行的市场价值显著下降。投资银行遭受的损失远远高于商业银行。规模较小的存贷银行和规模较大的保险公司也受到了危机的影响，这意味着金融领域存在某种形式的传染效应。然而，他们发现，在美联储（Fed）参与长期资本管理公司（LTCM）的情况下，市场的反应变得积极起来，尽管从统计上看，除了投资银行以外，其他所有银行的反应都不显著。后一种结果与市场所感知的 TBTF 分辨率一致。

Furfine（2001）使用了 164 家借贷银行的数据，其中包括在联邦基金市场上部分救助长期资本管理公司的九家商业银行。作者发现，部分救助 LTCM 的债权银行在危机高峰期减少了借款，但这种减少并非由供给引起，而是债权银行自愿减少净借款。他们还发现，在外部救助之前，向不知情的银行借款没有明显增加，这表明市场没有意识到债权人银行有违约的危险。然而，在外部救助之后，债权银行并没有改变它们的借贷水平，而大型银行则减少借贷。这表明，银行间市场上的贷款人采取了不同的市场处理方式，要求对 LTCM 债权人银行提供风险溢价。

17.6　关于内部纾困的实证研究的结论

内部纾困的实践和研究都还处于起步阶段。现有的关于 OLA 和 BRRD 内部纾困的实证研究表明，二者有利有弊。从积极的方面来看，内部纾困可以通过诱导银行持有更高的资本比率，并加快调整以适应目标资本，从而为银行提供更好的资本激励。内部纾困还可能增强包括储户、债券持有人、股东和 CDS 持有人在内的几个利益相关者群体的市场约束。

内部纾困对系统性风险的影响好坏参半，一些文章报告称，内部纾困降低了系统性风险，而其他文章则报告称，内部纾困增加了股市的波动性。从不那么乐观的一面看，内部纾困可能还会损害其他利益相关者，减少对有关联借款人的信贷供应，对不了解其风险敞口、没有做好监控和提供市场约束准备的债务人和存款人家庭造成损失。CoCos 工具证实了内部纾困的市场约束效应，也显示了银行风险的混合效应。但是，它们的效益和有效性可能取决于它们的设计和实施方法。历史上类似内部纾困工具的使用也反映出好坏参半的情况。对股东双重负债的研究发现，其对财务稳定的影响好坏参半。关于对冲基金长期资本管理公司（LTCM）的处置包括外部救助和内部纾困，可能加剧了对关联方的传染效应。

参考文献

［1］Afonso, G. , Blank, M. , & Santos, J. A. C. （2018）. Did the Dodd – Frank Act end "Too Big to Fail"? Federal Reserve Bank of New York, Liberty Street Economics. Available at: http：// libertystreeteconomics. newyorkfed. org/2018/03/did – the – dodd – frank – act – end – too – big – tofail. html.

［2］Allen, L. , & Tang, Y. （2016）. What's the contingency? A proposal for bank contingent capital triggered by systemic risk. Journal of Financial Stability, 26, 1 – 14.

［3］Ammann, M. , Blickle, K. , & Ehmann, C. （2017）. Announcement effects of contingent convertible securities: Evidence from the global banking industry. European Financial Management, 23 （1）, 127 – 152.

［4］Anderson, H. , Barth, D. , & Choi, D. B. （2018）. Reducing moral hazard at the expense of market discipline: The effectiveness of double liability before and during the great depression. Office of Financial Research Research Paper, No. 18 – 06.

［5］Avdjiev, S. , Bogdanova, B. , Bolton, P . , Jiang, W. , & Kartasheva, A. （2017）. CoCo issuance and bank fragility. Working Paper National Bureau of Economic Research, No. w23999.

［6］Avdjiev, S. , Kartasheva, A. V . , & Bogdanova, B. （2013）. CoCos: A primer （Working Paper）.

［7］Bai, J. , Cabanilla, C. , & Middeldorp, M. （2012）. The new bank resolution regimes and "too big to fail". Liberty Street Economics. Available at https：//libertystreeteconomics. newyorkfed. org/2012/10/the – new – bank – resolution – regimes – and – too – big – to – fail. html.

［8］Beck, T. （2011）. Chapter3 Bank resolution: A conceptual framework. In Financial regulation at the crossroads, implications for supervision, institutional design and trade. Kluwer law international B. V .

［9］Beck, T. , Da – Rocha – Lopes, S. , & Silva, A. （2019）. Sharing the Pain? In Credit Supply and Real Effects of Bank Bail – ins （Working Paper）.

［10］Berger, A. N. , Himmelberg, C. P . , Roman, R. A. , & Tsyplakov, S. （2020）. Bank bailouts, bailins, or no regulatory intervention?. In A dynamic model and empirical tests of optimal regulation （Working Paper）.

［11］Boccuzzi, G. , & De Lisa, R. （2017）. Does bail – in definitely rule out bailout? Journal of Financial Management, Markets and Institutions, （1）, 93 – 110. Bodenhorn, H. （2016）. Double liability at early American banks （Working Paper）.

［12］ Bonfim, D. , & Santos, J. A. C. (2018). The importance of deposit insurance credibility (Working Paper).

［13］ Brown, M. , Evangelou, I. , & Stix, H. (2018). Banking crises, bail – ins and money holdings. Central Bank of Cyprus Working Paper, No. 2017 – 2.

［14］ Conlon, T. , & Cotter, J. (2014). Anatomy of a bail – in. Journal of Financial Stability, 15, 257 – 263n we l.

［15］ De Spiegeleer, J. , S. , & Schoutens, W. (2015). Are banks now safer? What caearn from the CoCo markets? (Working Paper).

［16］ Duhonj, B. , &Sivertsen, T. R. (2016). Designmatters, an event study of Co-Cobond offering announcements: How does design affect equity and credit markets perception of CoCo's? (Working Paper).

［17］ Eisen, B. (2016). A new worry for bank investors: Bail – in risk. Wall Street Journal.

［18］ Esty, B. C. (1998). The impact of contingent liability on commercial bank risk taking. Journal of Financial Economics, 47 (2), 189 – 218.

［19］ Evans, L. T. , & Quigley , N. C. (1995). Shareholder liability regimes, principal – agent relationships, and banking industry performance. The Journal of Law and Economics, 38 (2), 497 – 520.

［20］ Fajardo, J. , & Mendes, L. (2017). On the propensity to issue Contingent Convertible (CoCo) Bonds (Working Paper).

［21］ Flannery, M. J. (2016). Stabilizing large financial institutions with contingent capital certificates. Quarterly Journal of Finance, 6 (2), 1650006.

［22］ Furfine, C. (2001). The costs and benefits of moral suasion: Evidence from the rescue of LTCM. BIS Working Paper, No. 103, Bank of International Settlements.

［23］ Giuliana, R. (2017). Bail – in's effects on banks' bond yields and market discipline. A natural experiment (Working Paper).

［24］ Grodecka, A. , &Kotidis, A. (2016). Double liabilityina branch banking system: Historical evidence from Canada. Sveriges Riksbank Working Paper Series, No. 316.

［25］ Grossman, R. S. (2001). Double liability and bank risk taking. Journal of Money, Credit, and Banking, 33 (2), 143 – 159.

［26］ Grossman, R. S. , & Imai, M. (2013). Contingent capital and bank risk – taking among British banks before the First World War. The Economic History Review, 66 (1), 132 – 155.

［27］ Hesse, H. (2016). CoCo bonds and risk: The market view (Working Paper).

［28］ Hickson, C. R. , & Turner, J. D. (2003). The trading of unlimited liability bank shares in nineteenth – century Ireland: The Bagehot hypothesis. The Journal of Economic History, 63 (4), 931 –958.

［29］Iseklint, D. , & Bengtsson, D. (2014) . Global evaluation of contingent convertibles: Testing for evidence of market discipline in the CoCo market (Working Paper) .

［30］Kabir, M. H. , & Hassan, M. K. (2005) . The near – collapse of LTCM, US financial stock returns, and the Fed. Journal of Banking & Finance, 29 (2), 441 –460.

［31］Kho, B. C. , Lee, D. , & Stulz, R. M. (2000) . US banks, crises, and bail-outs: From Mexico to LTCM. The American Economic Review, 90 (2), 28 –31.

［32］Koudijs, P. , Salisbury, L. , & Sran, G. (2018) . For richer, for poorer: Bankers' liability and risk – taking in New England, 1867 – 1880. National Bureau of Economic Research.

［33］Leone, P. , Porretta, P. P. , & Riccetti, L. (2017) . Determinants of European large bank stock market volatility: Is there a bail – in effect? (Working Paper) .

［34］Lindner, P. , & Redak, V . (2017) . The resilience of households in bank bail – ins. OeNB Financial Stability Report 33 (pp. 88 – 101) . Macey, J. R. , & Miller, G. P . (1992) . Double liability of bank shareholders: History and implications (Working Paper) .

［35］Mitchener, K. J. , & Richardson, G. (2013) . Shadowy banks and financial contagion during the Great Depression: A retrospective on Friedman and Schwartz. The American Economic Review, 103 (3), 73 –78.

［36］Moody's Investor Service. (November 14, 2013) . Ratingaction: Moody's concludesreview of eight large US banks. Available online at https: //www. moodys. com/ credit – ratings.

［37］Moody's Investor Service, U. S. (November 9, 2015) . U. S. TLAC Proposal Falls Within Expectations; Banks Able to Comply. Available online at https: // www. moodys. com/creditratings.

［38］Neuberg, R. , Glasserman, P. , Kay, B. , & Rajan, S. (2019) . The market – implied probability of government support for distressed European banks (Working Paper) .

［39］Pigrum, C. , Reininger, T. , & Stern, C. (2016) . Bail – in: Who invests in noncovered debt securities issued by euro area banks. Financial Stability Report 32 (pp. 101 –119) .

［40］Salter, A. W. , Veetil, V . , & White, L. H. (2017) . Extended shareholder liability as a means to constrain moral hazard in insured banks. The Quarterly Review of Economics and Finance, 63, 153 –160.

［41］Schäfer, A. , Schnabel, I. , & Weder, B. (2016) . Bail – in expectations for

European banks: Actions speak louder than words (Working Paper).

[42] Schmidt, C., & Azarmi, T. (2015). The impact of CoCo bonds on bank value and perceived default risk: Insights and evidence from their pioneering use in Europe. Journal of Applied Business Research, 31 (6), 2297 – 2306.

[43] Standard and Poor's Rating Services. (December 2, 2015). U. S. global systemically important bank holding companies downgraded based on uncertain likelihood of government support. Available at https://emma.msrb.org/ER933061 – ER728601 – ER1130090. pdf.

[44] Telfah, A., Hassan, K., & Kilic, O. (2001). The near collapse of long – term management (LTCM) and its bail out effect on the US financial institutions (Working Paper).

[45] U. S. Government Accountability Office. (July 2014). Report to Congressional Requesters. Large Bank Holding Companies: Expectations of Government Support. Available online at https://www.gao.gov/assets/670/665162. pdf.

第十八章　其他解决方法的实证研究

第十八章回顾了除外部救助和内部纾困以外的其他解决方法的实证研究。第 18.1 节涵盖了破产/倒闭的影响（BHC 破产和具有系统重要性的银行破产）。第 18.2 节讨论了《多德—弗兰克法案》规定的使用"生前遗嘱"对控股公司（BHC）进行重组的影响。第 18.3 节回顾了关于监管宽容（保持银行在很少或没有资本的情况下运营）影响的研究，并将重点放在美国储蓄贷款（S&L）危机的例子上。第 18.4 节讨论了拆分具有系统重要性的大型机构的影响。第 18.5 节提供了一些结论。

18.1　破产/倒闭方案的研究

如上文第一部分所述，破产/倒闭方案意味着，根据美国众议院通过的《2017 年金融选择法案》，具有系统重要性的 BHC 破产，其商业银行也将破产。尽管对这类决议案存在长期的政策辩论，但尚未颁布实施，因此没有直接证据和研究。最接近这种经验和解决方案的是 2008 年 9 月雷曼兄弟（Lehman Brothers）的破产，但要注意的是该机构不拥有商业银行。这是美国第四大投资银行，其总资产超过 6000 亿美元，这起破产申请也是美国历史上最大的破产申请。对雷曼兄弟破产案例的研究发现，其对与该机构有关的其他各方存在显著的负传染效应。

Chakrabarty 和 Zhang（2012）测试了雷曼兄弟破产影响其他公司的信贷传染渠道。利用市场微观结构变量来衡量传染效应的各个维度，他们提供了支持交易对手风险渠道的证据，在交易对手风险渠道下，受影响企业的流动性会恶化。他们发现，与未受雷曼影响的公司相比，受雷曼影响的公司遭受了更严重的负面影响——买卖价差更大、价格影响更高、信息不对称更严重、卖出压力更大。

Fernando，May 和 Megginson（2012）通过研究雷曼破产如何影响从雷曼兄弟获得承销、咨询、分析师和做市服务的公司，检验公司是否从投资银行关系中获得价值的这一长期问题。他们发现，在雷曼兄弟破产后的 7 天里，股票承销客户产生了显著的负收益，平均负收益约为 −5%，经风险调整后的总损失达 230 亿美元。对于那些与雷曼拥有更强、更广泛证券承销关系的公司，或者那些规模更小、更年轻、财务状况更紧张的公司，损失更为严重，而其他客户群体没有受到损害。

De Haas 和 Van Horen（2012）发现 2008 年 9 月雷曼兄弟申请破产后，跨境银行贷款急剧萎缩。为了解释这种信贷紧缩的严重程度和变化，他们分析了 59 个国家 75 家银行跨境银团贷款的详细数据。他们发现，那些不得不减记次级资产的银行为大量长期债务进行了再融资，它们的市净率急剧下降，并通过减少海外贷款将这些冲击传播到其他国家。作者进一步发现，风险敞口最大或受冲击最大的银行之间的区别在于，它们将贷款更多地限制于较小而不是较大的借款人。

Berger，Zhang 和 Zhao（2019）也发现了雷曼破产对二级市场银团贷款的损害。他们调查了机构定期贷款（ITLs）市场，这是一种主要由机构投资者提供资金的银团贷款。他们发现，在雷曼兄弟破产后，与其他主要银行发行的捆绑信贷额度的 ITLs 相比，与雷曼兄弟捆绑信贷额度的 ITLs 在二级市场的买卖价差显著上升。

18.1.1 "生前遗嘱"的研究

接下来，我们将讨论，根据 2010 年《多德—弗兰克法案》使用"生前遗嘱"对 BHC 重组效果的实证研究。第一部分提到过，"生前遗嘱"是各组织事先设计的一项决议计划，以便在发生困难和破产的情况下恢复财政实力和生存能力。据我们所知，美国只有一篇论文论述了银行"生前遗嘱"的影响。Cetorelli 和 Traina（2018）使用一种综合控制研究设计来调查"生前遗嘱"监管对银行资本成本的影响。他们发现，"生前遗嘱"监管在统计和经济上显著增加了银行的年度资本成本。对于在该法规宣布之前被视为具有系统重要性的银行，这种影响更为明显。这一发现与降低 TBTF 保证补贴价值的"生前遗嘱"规则一致。当将资本成本分解为股权和债务部分时，作者发现对股权成本的影响更多，而对存款成本的影响在统计上几乎为零。

18.2 监管容忍研究

另外，我们回顾了监管容忍的相关研究。我们主要关注本书第一部分所述的储蓄和贷款（S&L）危机，但我们也讨论了一篇有关全球金融危机时的容忍的论文，以及一篇关于国际背景下的容忍的论文。

如本书第一部分所提到的，20 世纪 80 年代 S&L 崩溃的主要原因是使用了长期的固定利率抵押贷款（法律不允许调整利率），当时抵押贷款规则鼓励了这种抵押，货币政策导致短期利率急剧上升。由于 S&L 一直坚持以短期高利率存款为长期、低利率抵押贷款融资，加上标准普尔的多元化不足，扩大了利率风险和信贷风险。这些最终摧毁了整个 S&L 行业，因为 S&L 耗尽了资本比率并损失了大部分或全部净资产。

在 20 世纪 80 年代的 S&L 危机期间，监管机构延迟关闭大量表现出监管容忍的资不抵债 S&L，其解决成本可能更高，因为它们允许资本少或没有资本的机构和道德风险高的机构有充足的时间来赌博式的复苏，从而将问题推到了未来。[1] Barth 和 Bradley

---

① 关于 S&L 危机的回顾，见 Plye（1995）。

（1989）确定了 S&L 危机的三个不同阶段：1980—1982 年、1983—1984 年和 1985—1988 年。围绕这三个时期，Barth，Bartholomew 和 Bradley（1990）为 S&L 危机中的监管容忍提供了实证证据。他们的数据表明，监管方式在 20 世纪 80 年代发生了实质性的变化，1985—1988 年，也即在 1989 年的 FIRREA 决议之前，监管方式变得更加糟糕。具体来说，他们发现，在 3097 家储蓄机构中，有 564 家（18.2%）机构在这段时期的经营净资产为负，比 20 世纪 80 年代早些时候还要多，这是监管容忍的明显证据。此外，这些作者还提供证据表明，监管净值大大低估了负市值净值的规模。

许多论文关注的是，与选择采用快速解决方案相比，这种监管容忍对纳税人最终成本的影响，研究发现结果好坏参半。White（1991）、Benston 和 Carhill（1992）发现监管容忍造成的成本并没有增加，Kane（1987）、Bartholomew（1991）、Kane 和 Yu（1995）、Barth 和 Brumbaugh（1994）、DeGennaro 和 Thomson（1996）发现监管容忍造成的成本大幅增加。Kane（1987）发现，无论是事前还是事后，容忍策略都奖励了少数幸运机构的管理者和所有者，同时增加了纳税人为解决那些最终倒闭的储蓄机构所预期的账单。Bartholomew（1991）发现，对于 1980—1990 年关闭的 1130 家储蓄机构以及 1991 年可能关闭的储蓄机构来说，容忍策略增加了 660 亿美元的解决成本（以1990 年美元计算）。Kane 和 Yu（1995）用破产时的市值计价规则来定义监管容忍，发现在 20 世纪 80 年代后半期，这种制度每年都会增加大约 80 亿美元的最终清理成本。Degennaro 和 Thompson（1996）还使用了 Kane 和 Yu（1995）的综合市场价值方法来估算未达到基于会计最低资本标准的，被保险储蓄机构账面上的嵌入损失。他们对解决1980 年 S&L 破产的估计成本与 1994 年 8 月 31 日之前关闭的解决破产的实际成本进行了比较。研究了与 372 家旧机构延迟关闭相关的直接成本。这些机构后来作为独立机构而关闭，他们发现，监管部门的容忍对纳税人来说是一个糟糕的赌注，最终成本比迅速解决问题的预期成本高出 160 多亿美元（1979 年的美元）。

尽管许多个别因素可能仍是监管环境的产物，但也有一些论文关注的是 S&L 在个人层面上导致大规模破产的原因，而不是立法和监管失灵。例如，Benston 和 Carhill（1992）、Pizzo，Fricker 和 Muolo（1989）以及 Barth，Brumbaugh，Sauerhaft 和 Wang（1985）都认为 S&L 依赖经纪人存款是导致 S&L 问题的一个重要因素。Benston 和 Car-hill（1992）、Benston，Carhill 和 Olasov（1991）以及 Barth 和 Bradley（1989）进一步发现，一些储蓄贷款机构在放松管制后面临破产问题，因为它们发展得太快了。

Hermalin 和 Wallace（1994）对 S&L 的原因进行了仔细的调查，并试图第一次解释 S&L 的效率，然后在分析中使用效率指标作为 S&L 破产的预测因素。他们有几个重要发现。他们第一次揭示了 S&L 所从事的业务和投资领域，特别是新的解除管制的业务领域，如服务公司投资、商业房地产抵押贷款，而实际资本（如办公室和土地）与他们的效率显著负相关，而这种低效率导致了他们的破产。然而，作为其传统业务的住宅房地产投资被发现与其效率正相关而非负相关。从标的证券所持有的资产类型来看，他们发现快速增长的标的证券是股份公司，使用的经纪存款较多，有形净值较低，并且位于加利福尼亚州、佛罗里达州，而得克萨斯州（允许最广泛地使用解除管制的资产）更可能从事效率较低的解除管制业务。作者进一步表明，效率较低的 S&L 更有可能失败。

一篇研究了上次全球金融危机期间监管容忍的论文。Cole 和 White（2017）基于反事实的关闭机制，估计了联邦存款保险公司在 2007—2014 年关闭 433 家商业银行的延迟成本。他们发现银行监管机构关闭财务困难银行的行动太慢。联邦存款保险公司早些时候关闭那些濒临倒闭的银行，本可以节省其预计关闭成本的 37%（约 185 亿美元）。

在国际背景下，Laeven 和 Valencia（2008）发现，在他们分析的 42 个跨国危机事件中，监管容忍是一种常见的危机管理方法。他们发现，在所分析的危机中，约有三分之二的危机持续时间较长。作者还讨论到，容忍会导致银行净值的下降，削弱救助银行的税收负担，并可能导致更严重的信贷紧缩和经济衰退。

18.3　关于拆分具有系统重要性的大型机构的研究

对于具有系统重要性的大型机构，还有一个经常被提出的解决方案是拆分这些机构。一部分建议要求将大型机构拆分为几个较小的组织；另一部分提案呼吁分拆不同类型的银行活动，或废除 1999 年的《金融服务现代化法案》（*Gramme – Leach – Bliley Act*），回归《格拉斯—斯蒂格尔法案》（*Glass Steagall Act*），对商业银行和投资银行的合并进行限制。

从第一部分建议开始，我们没有研究过一个大型机构的拆分会对银行行为、金融体系和经济造成什么影响，因为这种解决方案从未实施过。然而，我们可以从银行业研究中推断出一些潜在的影响。这些研究评估大银行与小银行的相对比较优势，以了解缩小机构规模是否会产生积极或消极的结果。由于规模经济和安全意识，大银行通常被认为相对于小银行更具有比较优势，而小银行往往更擅长关系借贷，可能更容易受到家庭的信任［如 Berger，Irresberger，Roman（即将发表）］。由规模较小的机构到规模较大的机构所产生的总体净收益或成本可以表明这种解决方案是否可取、是否值得。

首先，我们回顾了一些关于大型银行的比较优势的研究，这些优势可能会因拆分而丧失。利用 20 世纪 80 年代和 90 年代初的数据对银行规模经济的研究发现，小银行属于中等规模经济，大银行属于中等规模不经济（如 Hunter 和 Timme，1986，1991；Berger，Hanweck 和 Humphrey，1987；Berger 和 Humphrey，1991 年；Bauer，Berger 和 Humphrey，1993）。但从 20 世纪 90 年代中期开始到现在的研究表明，规模经济甚至存在于大型银行中，包括最大的机构（如 Berger 和 Mester，1997；Feng 和 Serlitis，2010；Wheelock 和 Wilson，2012，2016；Dijkstra，2013；Hughes 和 Mester，2013）。这些变化可能主要是由于信息和贷款技术的进步或监管变化，如分支机构放松管制，这可能使银行在更大范围内更有效地运作。

其次，Berger，Irresberger，Roman（即将发表）认为，大银行可能比小银行更安全，因为它们有更好的多样化，更审慎的监管和监督，以及更多获得政府隐性救助担保的渠道。关于美国地域多样化对银行风险的影响的文献是混杂的，有些发现对风险没有影响（如 Hughes，Mester 和 Moon，1996；Demsetz 和 Strahan，1997），有些发现风险有所降低（如 Deng 和 Elyasiani，2008；Goetz，Laeven 和 Levine，2016）。此外，美国银行的国际多元化被发现增加而不是减少银行风险（如 Berger，El Ghoul，Guedhami 和 Roman，2017）。大银行也比小银行受到更谨慎的监管和监督。例如，《多德—弗兰克法案》对大型银行提出了更严格的要求。因此，资产超过 100 亿美元的银行要接受消费者金融保护局的执法和检查，还要接受每年自我管理的压力测试。资产超过 500 亿美元的银行要接受半年一次的自我管理压力测试，并且直到 2018 年还要接受美联储管理的压力测试（如 Bouwman，Hu 和 Johnson，2018；Bindal，Bouwman，Hu 和 Johnson，2020）。[①] 随着 2018 年 5 月通过的《经济增长、监管救济和消费者保护法案》（又称 Crapo 法案），压力测试的规模门槛已提高至 2500 亿美元，该法案为资产低于 2500 亿美元和非银行资产低于 750 亿美元的 BHC 提供了即时监管救济。第二十二章提供了有关这些法规改变的更多细节。

最后，大型银行通常被认为是 TBTF，并且更有可能得到政府担保，因此拆分它们可能会降低提供 TBTF 担保的一些社会成本。一些文献发现股票和债券对 TBTF 银行有积极的影响（如 O'hara 和 Shaw，1990；Santos，2014；Gandhi 和 Lustig，2015）。其他文献表明，大型银行较少受到存款取款和银行挤兑的影响，并可能在金融危机期间受益于存款流入（如 Martinez – Peria 和 Schmukler，2001；Iyer 和 Puri，2012；Iyer，Puri 和 Ryan，2013；Osili 和 Paulson，2014；Oliveira，Schiozer，Barros，2015）。

接下来，我们回顾的一些研究表明，大银行和小银行都有一些独特的比较优势。这些可能转化为重要的经济利益，并对拆分大型银行的提议产生影响。大银行倾向于专攻硬技术，更擅长为不透明的大公司提供服务。相比之下，小银行往往更擅长使用软的、定性的信息技术，比如关系贷款，因此更擅长为不透明的、规模较小的企业提供服务。大量文献支持这些观点（如 Stein，2002；Cole，Goldberg 和 White，2004；Berger，Miller，Petersen，Rajan 和 Stein，2005；Liberti 和 Mian，2009；Canales 和 Nanda，2012；Berger，Cerqueiro 和 Penas，2015；Kysucky 和 Norden，2016）。因此，分拆大银行可能会减少对更透明的大公司的信贷供应，反之可能增加对较小公司的信贷供应。然而，其他研究表明，近年来硬信息技术（如信用评分和固定资产贷款）的进步帮助大型银行提高了竞争力，并使其更容易利用硬信息服务于不透明的小型企业（如

---

① 有关 2010 年《多德—弗兰克法案》对不同规模银行控股公司变更的更多详情，请访问：https：// corpgov. law. harvard. edu/2010/07/07/summary – of – dodd – frank – financial – regulation – legislation/。

Frame，Srinivasan 和 Woosley，2001；Petersen 和 Rajan，2002；Berger 和 Udell，2006；Brevoort 和 Hannan，2006；Berger 和 Black，2011；DeYoung，Frame，Glennon 和 Nigro，2011）。两项研究表明，尽管技术进步，小型银行在服务小企业方面仍具有比较优势。Berger，Cerqueiro 和 Penas（2015）发现，在正常时期，更多的小银行业务可以显著增加对新兴企业的信誉，降低企业破产率。Berger，Bouwman 和 Kim（2019）运用小企业管理者对财务约束的看法研究发现，小型银行在缓解这些约束方面仍然具有比较优势。[①]

我们讨论了第二部分分离商业与投资活动或回归《格拉斯—斯蒂格尔法案》的建议的研究。目前还没有直接证据表明以这种方式拆分金融机构会产生何种影响。但是，关于将两者合并或将业务多样化到非传统业务中的好处和成本已有研究存在。这种多样化是通过随后的几项监管变化而得以实现的，这些变化在第二十三章中有详细说明。下面我们将讨论其中两个变化。第 20 条允许银行从 1987 年开始设立分支机构从事投资银行业务，而在 1999 年通过的《格雷姆—里奇—比利雷法案》则允许商业银行、投资银行、证券公司和保险公司进行合并。下面回顾的证据表明，竞争和效率的提高对客户有利，银行的福利价值增加了，以及对银行风险的影响好坏参半。

Drucker 和 Puri（2005，2007）发现，自从银行进入证券承销业务以来，由于范围内的信息经济，竞争和效率方面的收益有所增加，为客户带来了巨大的收益。尤其是他们发现小型公司的资本获得增加，承销费用降低，客户贷款利差降低，新发行定价不足的程度降低。最后，他们发现并发贷款和承销可以帮助承销商建立关系，从而增加接受当前和未来业务的可能性。

Bharath，Dahiya，Saunders 和 Srinivasan（2007）发现，商业银行和投资银行业存在不同类型的范围经济。他们的研究结果表明，关系贷款人被选择提供债务和股票承销服务的可能性很小。

有三项研究表明，放松管制的活动可以带来明显的价值收益。Cyree（2000）发现，随着附属机构权力的增加，BHC 的股价出现正增长，并且与小型区域银行相比，对货币中心银行、之前拥有附属机构的银行和大型区域性商业银行的影响更大。Cornett，Ors 和 Tehranian（2002）考察了商业银行在设立子公司时的绩效，发现这些银行开展的业务活动增加了经营现金流和资产回报率，这主要是由于来自非商业性银行活动的收入。与此同时，他们发现样本银行的风险度量没有显著变化。Filson 和 Olfati（2014）还发现，2001—2011 年，美国 BHC 收购带来了正的异常收益；这表明，根据 1999 年的《金融服务现代化法案》（*Gramm - Leach - Bliley Act*），投资银行、证券经纪和保险业务的多元化创造了市场价值。对于前一年回报为负的大型收购方来说，它们

---

① 芝加哥布斯/凯洛格商学院金融信托指数调查（Wave 24）凸显了小银行的其他比较优势，该调查表明，与大银行相比，小银行可能更受家庭信任（Mester，2018；Berger，Irreberger，Roman，即将出版）。Wave 24 在 ht-tp：//www. financialtrustindex. org/resultswave24. htm。

的影响最为强烈。

一项研究发现了市场价值的好坏参半的结果。Bhargava 和 Fraser（1998）研究了联邦储备委员会（Federal Reserve Board）四项决定的市场回报和风险影响，以允许银行控股公司通过子公司从事投资银行业务。他们发现，在美联储最初授予的有限权力范围内，商业银行获得了正的异常回报，但在授权从事公司债券和股权的承销方面产生了负面影响，并增加了风险，随后承销业务的潜在收入也会扩大。

关于对风险的影响，在 1999 年的《格雷姆—里奇—比利雷法案》颁布之后，有两项研究发现其对银行风险的影响降低或没有影响。Mamun，Hassan 和 Maroney（2005）发现，该行为为银行业带来了价值收益，其中货币中心和超区域银行受益最大。他们还发现，不同类别的银行的系统性风险敞口在该法通过后有所下降，这意味着该法成功地控制了风险并创造了分散风险的机会。Cornett，Ors 和 Tehranian（2002）发现，这些银行进行的业务活动导致运营现金流量和资产收益增加，而这并没有显著改变样本银行的风险度量。

相比之下，另外两项研究发现在《格雷姆—里奇—比利雷法案》实施后风险增加。Akhigbe 和 Whyte（2004）发现，无论商业银行是否采取措施积极参与投资银行业务，它们的风险都在增加，保险公司的风险也在增加，而证券公司的风险在减少。他们认为，商业银行和保险公司的风险的增加是由于他们参与证券业务的风险相对更高，而证券公司风险的下降是由于将多元化机会扩展到风险相对较低的商业银行和保险中而引起的。Filson 和 Olfati（2014）发现，1999 年之后美国 BHC 收购的规模和过往表现的收购方特征可能会带来一些不利后果。大型资产与系统风险增加有关，而收购方价值下降则与特殊风险增加有关。最后，一些更广泛的关注银行产品多样化的研究也发现了对风险的混合效应（如 Stiroh 和 Rumble，2006；Laeven 和 Levine，2007；LePetit，Nys，Rous 和 Tarazi，2008）。

许多人认为，全球金融危机是由银行的商业和投资活动合并造成的，尽管实际上合并它们可能是解决危机的一部分办法。引发危机的主要公司可能是雷曼兄弟、贝尔斯登和美林等独立的投资银行，Countrywide 和 IndyMac 等储蓄机构，以及保险业巨头美国国际集团（AIG）。独立的大型投资银行似乎无法在一场严重的流动性危机中生存下来，因此，根据《格雷姆—里奇—比利雷法案》的允许，它们成为拥有商业银行的金融控股公司的一部分，从而帮助它们度过了这场危机。因此，拆分它们可能会加剧系统性风险，并导致未来类似雷曼兄弟破产那样的金融灾难。

18.4　结束语

本章回顾了对大型系统重要性机构进行外部救助和内部纾困的四种备选解决方案——破产/倒闭、"生前遗嘱"、监管容忍和拆分大型机构。每一种方法的经验都是有限的，相应的关于其潜在效力和后果的实证研究也是有限的。显然，我们需要更多的研究，正如我们在后面第二十九章中所提到的。

到目前为止，这一研究似乎表明，破产/倒闭、监管容忍和拆分大型机构可能加剧金融领域的传染问题和系统性风险，并且导致银行效率下降。这些影响可能对银行客户产生不利的实际经济影响。至于"生前遗嘱"，目前唯一的研究似乎表明，这可能是一种潜在有用的方法，可以让大型机构做好准备，以防它们倒闭。这还可能增加银行的透明度，并可能减少传统的解决方法（如外部救助）产生或加重的 TBTF 补贴。然而，目前尚不确定的是，单独采取这一措施或与其他措施结合起来，是否足以成功地解决危机，而不会危及金融体系和实体经济。总而言之，我们需要更多的经验和证据来评估这些外部援助和内部纾困的替代方法。

参考文献

［1］Akhigbe, A. , & Whyte, A. M. （2004）. The Gramm – Leach – Bliley Act of 1999: Risk implications for the financial services industry. Journal of Financial Research, 27 （3）, 435 – 446.

［2］Barth, J. R. , Bartholomew, P. F. , & Bradley, M. G. （1990）. Determinants of thrift institution resolution costs. The Journal of Finance, 45, 731 – 745.

［3］Barth, J. R. , & Bradley, M. D. （1989）. Evidence of the real interest rate effects on money, debt, and government spending. Quarterly Review of Economics and Business, 29 （1）, 49 – 58.

［4］Barth, J. R. , & Brumbaugh, R. D. , Jr. （1994）. Moral – hazard and agency problems: Understanding depository institution failure costs. Research in Financial Services, 6, 61 – 102.

［5］Barth, J. R. , Brumbaugh, R. D. , Sauerhaft, D. , & Wang, G. （1985）. Thrift institution failures: Causes and policy issues. In Federal Reserve Bank of Chicago proceedings.

［6］Bartholomew, P. F. （1991）. The cost of forbearance during the thrift crisis （Staff memorandum）. Washington D. C: Congressional Budget Office.

［7］Bauer, P. W. , Berger, A. N. , & Humphrey, D. B. （1993）. Efficiency and productivity growth in US banking. In Harold O. Fried, C. A. Knox Lovell, & Shelton S. Schmidt （Eds. ）, The Measurement of Productive Efficiency: Techniques and Applications （pp. 386 – 413）. Oxford University Press.

［8］Benston, G. , & Carhill, M. （1992）. The thrift disaster: Tests of the moral – hazard, deregulation, and other hypotheses. Atlanta: Emory University.

［9］ Benston, G. J. , Carhill, M. , & Olasov, B. (1991) . The failure and survival of thrifts: Evidence from the southeast. In Financial markets and financial crises. University of Chicago Press, 305 - 84.

［10］ Berger, A. N. , & Black, L. K. (2011) . Bank size, lending technologies, and small business finance. Journal of Banking and Finance, 35 (3), 724 - 735.

［11］ Berger, A. N. , Bouwman, C. H. , & Kim, D. (2017) . Smallbank comparative advantages in alleviating financial constraints and providing liquidity insurance over time. The Review of Financial Studies, 30 (10), 3416 - 3454.

［12］ Berger, A. N. , Cerqueiro, G. , & Penas, M. F. (2015) . Market size structure and small business lending: Are crisis times different fromnormal times? Review of Finance, 19 (5), 1965 - 1995.

［13］ Berger, A. N. , El Ghoul, S. , Guedhami, O. , & Roman, R. A. (2017) . Internationalization and bank risk. Management Science, 63 (7), 2283 - 2301.

［14］ Berger, A. N. , Hanweck, G. A. , & Humphrey, D. B. (1987) . Competitive viability in banking: Scale, scope, and product mix economies. Journal of Monetary Economics, 20 (3), 501 - 520.

［15］ Berger, A. N. , & Humphrey, D. B. (1991) . The dominance of inefficiencies over scale and product mix economies in banking. Journal of Monetary Economics, 28 (1), 117 - 148.

［16］ Berger, A. N. , Irresberger, F. , & Roman, R. A. (2020) . Bank size and household financial sentiment: Surprising evidence from the University of Michigan Surveys of Consumers. Journal of Money, Credit, and Banking. Forthcoming.

［17］ Berger, A. N. , & Mester, L. J. (1997) . Inside the black box: What explains differences in the efficiencies of financial institutions? Journal of Banking and Finance, 21, 895 - 947.

［18］ Berger, A. N. , Miller, N. H. , Petersen, M. A. , Rajan, R. G. , & Stein, J. C. (2005) . Does function follow organizational form? Evidence from the lending practices of large and small banks. Journal of Financial Economics, 76 (2), 237 - 269.

［19］ Berger, A. N. , & Udell, G. F. (2006) . A more complete conceptual framework for SME finance. Journal of Banking and Finance, 30 (11), 2945 - 2966.

［20］ Berger, A. N. , Zhang, D. , & Zhao, Y. E. (2019) . Bank specialness, credit lines, and loan structure (Working Paper) .

［21］ Bharath, S. , Dahiya, S. , Saunders, A. , & Srinivasan, A. (2007) . So what do I get? The bank's view of lending relationships. Journal of Financial Economics, 85 (2), 368 - 419.

［22］Bhargava, R. , &Fraser, D. R. （1998）. On the wealth and risk effects of commercial bank expansion into securities underwriting: An analysis of section 20 subsidiaries. Journal of Banking and Finance, 22 （4）, 447 – 465.

［23］Bindal, S. , Bouwman, C. H. S. , Hu, S. , & Johnson, S. A. （2020）. Bank regulatory size thresholds, merger and acquisition behavior, and small business lending. Journal of Corporate Finance, 101519.

［24］Bouwman, C. H. S. , Hu, S. , & Johnson, S. A. （2018）. Differential bank behaviors around the DoddeFrank Act size thresholds. Journal of Financial Intermediation, 34, 47 – 57.

［25］Brevoort, K. P. , & Hannan, T. H. （2006）. Commercial lending and distance: Evidence from Community Reinvestment Act data. Journal of Money, Credit, and Banking, 1991 – 2012.

［26］Canales, R. , & Nanda, R. （2012）. A darker side to decentralized banks: Market power and credit rationing in SME lending. Journal of Financial Economics, 105 （2）, 353 – 366.

［27］Cetorelli, N. , & Traina, J. （2018）. Resolving "too big to fail" （Working Paper）.

［28］Chakrabarty, B. , & Zhang, G. （2012）. Credit contagion channels: Market microstructure evidence from Lehman Brothers' bankruptcy. Financial Management, 41 （2）, 320 – 343.

［29］Cole, R. A. , Goldberg, L. G. , &White, L. J. （2004）. Cookie cutter vs. character: Themicro structure of small business lending by large and small banks. Journal of Financial and Quantitative Analysis, 39 （2）, 227 – 251.

［30］Cole, R. A. , & White, L. J. （2017）. When time is not on our side: The costs of regulatory forbearance in the closure of insolvent banks. Journal of Banking and Finance, 80, 235 – 249.

［31］Cornett, M. M. , Ors, E. , & Tehranian, H. （2002）. Bank performance around the introduction of a Section 20 subsidiary. The Journal of Finance, 57 （1）, 501 – 521.

［32］Cyree, K. B. （2000）. The erosion of the Glasse Steagall Ac: Wtinners and losers in the banking industry. Journal of Economics and Business, 52 （4）, 343 – 363.

［33］DeGennaro, R. P. , & Thomson, J. B. （1996）. Capital forbearance and thrifts: Examining the costs of regulatory gambling. Journal of Financial Services Research, 10 （3）, 199 – 211.

［34］De Haas, R. , & Van Horen, N. （2012）. International shock transmission after the Lehman Brothers collapse: Evidence from syndicated lending. The American Economic Review, 102（3）, 231 - 237.

［35］Demsetz, R. S. , & Strahan, P . E. （1997）. Diversification, size, and risk at bank holding companies. Journal of Money, Credit, and Banking, 300 - 313.

［36］Deng, S. , & Elyasiani, E. （2008）. Geographic diversification, bank holding company value, and risk. Journal of Money, Credit, and Banking, 40（6）, 1217 - 1238.

［37］DeYoung, R. , Frame, W. S. , Glennon, D. , & Peter, N. （2011）. The information revolution and small business lending：The missing evidence. Journal of Financial Services Research, 39（1 - 2）, 19 - 33.

［38］Dijkstra, M. （2013）. Economies of scale and scope in the European banking sector 2002 - 2011. University of Amsterdam（Working Paper）.

［39］Drucker, S. , & Puri, M. （2005）. On the benefits of concurrent lending and underwriting. The Journal of Finance, 60（6）, 2763 - 2799.

［40］Drucker, S. , & Puri, M. （2007）. Banks in capital markets. In Handbook of empirical corporate finance.

［41］Elsevier, 189 - 232. Feng, G. , & Serletis, A. （2010）. Efficiency, technical change, and returns to scale in large US banks：Panel data evidence from an output distance function satisfying theoretical regularity. Journal of Banking and Finance, 34（1）, 127 - 138.

［42］Fernando, C. S. , May, A. D. , & Megginson, W. L. （2012）. The value of investment banking relationships：Evidence from the collapse of Lehman Brothers. The Journal of Finance, 67（1）, 235 - 270.

［43］Filson, D. , & Olfati, S. （2014）. The impacts of Gramme Leache Bliley bank diversification on value and risk. Journal of Banking and Finance, 41, 209 - 221.

［44］Frame, W. S. , Srinivasan, A. , & Woosley, L. （2001）. The effect of credit scoring on smallbusiness lending. Journal of Money, Credit, and Banking, 813 - 825.

［45］Gandhi, P . , & Lustig, H. （2015）. Size anomalies in US bank stock returns. The Journal of Finance, 70（2）, 733 - 768.

［46］Goetz, M. R. , Laeven, L. , & Levine, R. （2016）. Does the geographic expansion of banks reduce risk? Journal of Financial Economics, 120（2）, 346 - 362.

［47］Hermalin, B. E. , & Wallace, N. E. （1994）. The determinants of efficiency and solvency in savings and loans. The RAND Journal of Economics, 361 - 381.

［48］Hughes, J. P . , Lang, W. , Mester, L. J. , & Moon, C. - G. （1996）. Efficient banking under interstate branching. Journal of Money, Credit, and Banking, 28（4）, 1045 - 1071.

［49］Hughes, J. P . , & Mester, L. J. （2013）. Who said large banks don't experience scale economies? Evidence from a risk - return - driven cost function. Journal of Financial Intermediation, 22 (4), 559 – 585.

[50] Hunter, W. C., & Timme, S. G. (1986). Technical change, organizational form, and the structure of bank production. Journal of Money, Credit, and Banking, 18 (2), 152 – 166.

[51] Hunter, W. C., & Timme, S. G. (1991). Technological change in large US commercial banks. Journal of Business, 339 – 362.

[52] Iyer, R., & Puri, M. (2012). Understanding bank runs: The importance of depositor – bank relationships and networks. The American Economic Review, 102 (4), 1414 – 1445.

[53] Iyer, R., Puri, M., &Ryan, N. (2013). Do depositors monitor banks? National Bureauof Economic Research.

[54] Kane, E. J. (1987). Dangers of capital for bearance: The case of the FSLIC and "Zombie" S&Ls. Contemporary Economic Policy, 5 (1), 77 – 83.

[55] Kane, E. J., & Yu, M. T. (1995). Measuring the true profile of taxpayer losses in the S&L insurance mess. Journal of Banking & Finance, 19 (8), 1459 – 1477.

[56] Kysucky, V., & Norden, L. (2016). The benefits of relationship lending in a cross – country context: A meta – analysis. Management Science, 62 (1), 90 – 110.

[57] Laeven, L., & Levine, R. (2007). Is there a diversification discount in financial conglomerates? Journal of Financial Economics, 85 (2), 331 – 367.

[58] Laeven, M. L., & Valencia, F. (2008). The use of blanket guarantees in banking crises. International Monetary Fund.

[59] Lepetit, L., Nys, E., Rous, P., & Amine, T. (2008). Bank income structure and risk: An empirical analysis of European banks. Journal of Banking and Finance, 32 (8), 1452 – 1467.

[60] Liberti, J. M., & Mian, A. R. (2009). Estimating the effect of hierarchies on information use. Review of Financial Studies, 22 (10), 4057 – 4090.

[61] Mamun, A., Hassan, M. K., & Maroney, N. (2005). The wealth and risk effects of the Gramm Leach – Bliley Act (GLBA) on the US banking industry. Journal of Business Finance and Accounting, 32 (1 – 2), 351 – 388.

[62] Martinez Peria, M. S., & Schmuckler, S. L. (2001). Do depositors punish banks for bad behavior? Market discipline, deposit insurance, and banking crises. The Journal of Finance, 56 (3), 1029 – 1051.

[63] Mester, L. J. (2018). A practical viewpoint on financial system resiliency and monetary policy (Working Paper).

[64] O' Hara, M., & Shaw, W. (1990). Deposit insurance and wealth effects: The

value of being "too big to fail". The Journal of Finance, 45 (5), 1587 – 1600.

[65] Oliveira, R. D. F., Schiozer, R. F., & Barros, L. A. D. C. (2015). Depositors' perception of "too big – to – fail". Review of Finance, 19 (1), 191 – 227.

[66] Osili, U. O., & Paulson, A. (2014). Crises and confidence, systemic banking crises and depositor behavior. Journal of Financial Economics, 111 (3), 646 – 660.

[67] Petersen, M. A., & Rajan, R. G. (2002). Does distance still matter? The information revolution in small business lending. The Journal of Finance, 57 (6), 2533 – 2570.

[68] Pizzo, S., Fricker, M., & Muolo, P. (1989). Inside job: The looting of America's savings and loans. New York: McGraw – Hill.

[69] Pyle, D. H. (1995). The US savings and loan crisis. Handbook in Operations Research and Management Science, 9, 1105 – 1125.

[70] Santos, J. A. (2014). Evidence from the bond market on banks' "too big to fail" subsidy'. Federal Reserve Bank of New York. Economic Policy Review.

[71] Stein, J. C. (2002). Information production and capital allocation: Decentralized versus hierarchical firms. The Journal of Finance, 57 (5), 1891 – 1921.

[72] Stiroh, K. J., & Rumble, A. (2006). The dark side of diversification: The case of US financial holding companies. Journal of Banking and Finance, 30 (8), 2131 – 2161.

[73] Wheelock, D. C., & Wilson, P. W. (2012). Do large banks have lower costs? New estimates of returns to scale for US banks. Journal of Money, Credit, and Banking, 44 (1), 171 – 199.

[74] Wheelock, D. C., & Wilson, P. W. (2016). The evolution of scale economies in U. S. banking. Federal Reserve Bank of St Louis. Paper No. FEDLWP2015 – 021.

[75] White, L. J. (1991). The S&L debacle: Public policy lessons for bank and thrift regulation. USA: Oxford University Press, 1991.

第四部分 避免外部救助、内部纾困和其他解决方案的"第一道防线"

第四部分 简介

第四部分总结了"第一道防线"的概念、机制和研究成果，政府可以使用"第一道防线"的工具来降低银行陷入财务困境的可能性，进而避免对银行实施外部救助、内部纾困和其他解决方案。"第一道防线"非常重要，因为它们有助于避免各种解决方案产生的极高社会成本。然而，正如下面几章所讨论的，这些工具在作用效果上有很大的不同，某些情况下甚至不起作用。如本书导言所述，第四部分可以视作对全球银行审慎监管理论、实践和政策的一个相对全面的回顾，有兴趣的读者可以把这一部分当作这个主题的入门读物或教材。

第四部分知识树的叶子展示了这部分八章内容的参考文献。考虑到我们的目标是为银行审慎监管提供相对全面的入门课程，因此本书的这一部分引用了大量的参考文献。

作为第四部分的开篇，第十九章阐述了"第一道防线"在降低银行陷入财务困境的可能性方面的三种机制，分别是审慎机制、认证机制和补贴机制。我们使用"机制"一词以避免与前文用来形容外部救助、内部纾困和其他解决方案效果的"渠道"一词混淆。防线的每一种工具涉及这些机制的不同组合。其余七章分别介绍了"第一道防线"的每一种工具，这些工具主要通过哪些机制发挥作用，全球范围内使用这些"防线"的实例，以及这三种机制作用效果的实证研究。

本文所述的"第一道防线"具体包括资本要求（第二十章）、流动性要求（第二十一章）、压力测试（第二十二章）、审慎监管活动限制（第二十三章）、审慎监管（第二十四章）、存款保险（第二十五章）和政府对银行的直接所有权（第二十六章）。我们承认，各国政府也在从事其他活动来保护银行的安全，但为了简洁起见，我们把重点放在这些主要工具上。

19. 机制

Keeley, 1980.

20. 资本要求

Modigliani and Miller, 1958; Koehn and Santomero, 1980; Kim and Santomero, 1988; Avery and Berger, 1991; Bhattacharya and Thakor, 1993; Haubrich and Wachtel, 1993; Berger and Udell 1994; Hancock, Laing, and Wilcox, 1995; Peek and Rosengren, 1994, 1995; Berger, 1995; Berger, Herring, and Szegö, 1995; Miller, 1995; Peek and Rosengren, 1995; Thakor, 1996, 2014, 2018, 2019; Allen and Santomero, 1998; Blum, 1999; Calem and Rob, 1999; Diamond and Rajan, 2000, 2001; Mishkin, 2000; Calomiris and Wilson, 2004; Von Thadden, 2004; Berger, DeYoung, Flannery, Lee, and Öztekin, 2008; Freixas and Rochet, 2008; Van den Heuvel, 2008; Berger and Bouwman, 2009, 2013; Berrospide and Edge, 2010; Fungacova, Weill, and Zhou, 2010; Hakenes and Schnabel, 2011; Mehran and Thakor, 2011; Aiyar, Calomiris, and Wieladek, 2012; Beltratti and Stulz, 2012; Farhi and Tirole, 2012; Francis and Osborne, 2012; Osborne, Fuertes, and Milne, 2012; Admati, DeMarzo, Hellwig, and Pfleiderer, 2013; Carlson, Shan, and Warusawitharana, 2013; Distinguin, Roulet, and Tarazi, 2013; Horvath, Seidler, and Weill, 2013; Baker and Wurgler, 2015; Nguyen, 2015; Acharya and Thakor, 2016; Ferrari, Pirovano, and Kaltwasser, 2016; Berger and Sedunov, 2017; Deli and Hasan, 2017; Gorton and Winton, 2017; Bouwman, Kim, and Shin, 2018; Donaldson, Piacentino, and Thakor, 2018; Klein and Turk-Ariss, 2018; Berger, Zhang, and Zhao, 2019; Chu, Zhang, and Zhao, 2019; De Jonghe, Dewachter, and Ongena, 2020.

21. 流动性要求

Friedman, 1948; Diamond and Dybvig, 1983; Berger and Bouwman, 2009, 2016; Basel Committee on Bank Supervision, 2010, 2013, 2014; Ivashina and Scharfstein, 2010; Campello, Giambona, Graham, and Harvey, 2011; Calomiris, Heider, and Hoerova, 2013; Lee, 2013; Banerjee and Hio, 2014; Duijm and Wierts, 2014; Hong, Huang, and Wu, 2014; Adrian and Boyarchenko, 2018; Bai, Krishnamurthy, and Weymuller, 2018; Roberts, Sarkar, and Shachar, 2018; Thakor, 2018; Bouwman, 2019.

26. 政府对银行的直接所有权

Gerschenkron, 1962; Stiglitz, 1993; Banerjee, 1997; Hart, Shleifer, and Vishny, 1997; Schmidt, 1998; Shleifer, 1998; Demirguc-Kunt and Detragiache, 1999; Berger, DeYoung, Genay, and Udell, 2000; Fernandez, Fonseca, and Gonzalez, 2000; Robaschik and Yoshino, 2000; Caprio and Martinez Peria, 2002; La Porta, Lopez-de-Silanes, and Schleifer, 2002; Sapienza, 2002; Bonin, Hasan, and Wachtel, 2005; Boubakri, Cosset, Fischer, and Guedhami, 2005; Cornett, Guo, Khaksari, and Tehranian, 2005; Megginson, 2005; Nakane and Weintraub, 2005; Faccio, Masulis, and McConnell, 2006; Micco, Panizza, and Yanez, 2007; Levy, Yeyati, and Micco, 2007; Beck, Hesse, Kick and von Westernhagen, 2009; Berger, Hasan, and Zhou, 2009; Berger, Klapper, Peria, and Zaidi, 2008; Borisova and Megginson, 2011; Brown and Dinc, 2011; Hossain, Borisova, and Megginson, 2011; Adrianova, Demetriades, and Shortland, 2012; Bonis, Pozzolo, and Stacchini, 2012; Cull and Martinez Peria, 2012; Jabko and Massoc, 2012; Pennathur,Subrahmanyam, and Vishwasrao, 2012;Shen and Lin, 2012; Jain, and Mitra, 2013; Iannotta, Nocera, and Sironi, 2013; Piatkowski, 2013; Bertay, Demirgüç-Kunt, and Huizinga, 2014; Coleman and Feler, 2014; Davydov, 2016; Lassoued, Sassi, and Attia, 2016; Bircan and Saka, 2018; Cull, Peria, and Verrier, 2018, 2019; Berger, Molyneux, and Wilson, 2020.

25. 存款保险

Merton, 1977; Diamond and Dybvig, 1983; Ronn and Verma, 1986; Chari and Jagannathan, 1988; Jacklin and Bhattacharya, 1988; Berlin, Saunders, and Udell, 1991; John, John, and Senbet, 1991; European Union, 1994; Wheelock and Wilson, 1994; Berger, Herring, and Szegö, 1995; Kane, 1995, 2000; Calomiris, 1996; Flannery and Sorescu, 1996; Allen and Gale, 1998, 2000; Bhattacharya, Boot, and Thakor, 1998; Cornett, Mehran, and Tehranian, 1998; Karels and McClatchey, 1999; Cooper and Ross, 2002; Demirgüç-Kunt and Detragiache, 2002; Laeven, 2002; Gropp and Vesala, 2004; Nier and Baumann, 2006; Wagster, 2007; Demirgüç-Kunt, Kane, Karacaovali, and Laeven, 2008; Angkinand, 2009; Ioannidou and Penas, 2010; Chernykh and Cole, 2011; DeLong and Saunders, 2011; Iyer and Puri, 2012; Barth, Caprio, and Levine, 2013; Anginer, Demirgüç-Kunt and Zhu, 2014; Demirgüç-Kunt, Kane, and Laeven, 2014; Berger and Turk-Ariss, 2015; Acharya, Anginer, and Warburton, 2016; Calomiris and Chen, 2016; Ngalawa, Tchana, and Viegi, 2016; Bonfim and Santos, 2017; Lambert, Noth, and Schüwer, 2017; Martin, Puri, and Ufier, 2017; Flannery and Bliss, 2019.

24. 审慎监管

Sinkey, 1978; Whalen and Thompson, 1988; Mishkin 1996, 1999, 2001; O'Keefe and Dahl, 1997; Berger and Davies, 1998; Cole and Gunther, 1998; Corsetti, Pesenti, and Roubini, 1998; Jordan, Peek, and Rosengren, 1999; Berger, Davies, and Flannery, 2000; Berger, Kyle, and Scalise 2001; DeYoung, Flannery, Lang, and Sorescu, 2001; DeYoung, Hughes, and Moon, 2001; Shleifer and Vishny, 2002; Collier, Forbush, Quintyn and Taylor, 2003; Wheelock and Wilson, 2005; Barth, Caprio, and Levine, 2006; Wahlen, 2010; Board of Governors of the Federal Reserve System, 2012; Kiser, Prager, and Scot, 2012; Commercial Bank Examination Manual Supplement 45, 2016; Berger, Cai, Roman, and Sedunov, 2019; Roman, 2020.

Part IV:
第一道防线

22. 压力测试

Morgan, Peristiani, and Savino, 2010; Petrella and Resti, 2013; Acharya, Engle, and Pierret, 2014; Choi, 2014; Schuermann, 2014; Covas, 2017; Flannery, Hirtle, and Kovner, 2017; Georgescu, Gross, Kapp, and Kok, 2017; Acharya, Berger, and Roman, 2018; Connolly, 2018; Cornett, Minnick, Schorno, and Tehranian, 2018; Berrospide and Edge, 2019; Cortés, Demyanyk, Li, Loutskina, and Strahan, forthcoming.

23. 监管活动限制

Keeley, 1990; Simons, 1993; Cyree, 2000; Claessens and Klingebiel, 2001; Godlewski and Weill, 2008; Laeven and Levine, 2009; Turk and Swicegood, 2012; Berger, El Ghoul, Guedhami, and Roman, 2017; Schenck and Shi, 2017; Kim, Plosser, and Santos, 2018.

第十九章 "第一道防线"的机制

在这里，我们简要介绍三种机制，通过这些机制，"第一道防线"可以降低银行陷入财务困境的可能性，而这些财务困境可能会引发外部救助、内部纾困或其他解决方案。我们还通过描述这些机制之间的一些相互依赖关系，来阐述这些机制并非完全独立。

为了帮助读者理解第四部分，我们用表 19.1 说明了这三种机制，并指出了七类工具中哪些能起作用，哪些不适用于"第一道防线"。与我们在上文第四章中对外部救助和内部纾困渠道的处理类似，表 19.1 中的列代表"第一道防线"的七类工具，行代表它们可能用来减轻财务困境的三种机制。每一行中，"＋"表示防线可以通过对应的机制发挥作用，"－"表示可能会产生相反的效果，"?"表示一种模糊的效果，而"N/A"则意味着不起作用。A 组中的符号表明了理论预测的机制作用方向，而 B 组展示了第四部分第二十章至第二十六章中回顾的大量实证研究的结果。A 组中大量的"?"表明，在大多数情况下，这些理论对审慎机制和认证机制给出了相互矛盾的预测。而 B 组中总结的实证研究结果表明，"第一道防线"的大多数工具都能通过这两种机制发挥正向作用，对应的是表中的"＋"。在下文第二十章至第二十六章中，我们还会对表19.1 中 A、B 两组表格的相应列进行简要回顾。

表 19.1 "第一道防线"的机制

A 组：理论预测

序号	"第一道防线"的机制	资本要求	流动性要求	压力测试	审慎监管活动限制	审慎监管	存款保险	直接政府的所有权
1	审慎机制	?	?	?	?	?	-/＋	-/＋
2	认证机制	?	?	?	?	?	＋	＋
3	补贴机制	N/A	N/A	N/A	N/A	－	＋	＋

B 组：实证结果

序号	"第一道防线"的机制	资本要求	流动性要求	压力测试	审慎监管活动限制	审慎监管	存款保险	直接政府所有权
1	审慎机制	＋	＋	＋	＋	＋	?	-/＋
2	认证机制	＋	?	＋	?	＋	＋	＋
3	补贴机制	N/A	N/A	N/A	N/A	－	＋	＋

注：该表显示的是"第一道防线"的七类工具，行表示的是可以降低银行陷入财务困境可能性的三种机制。"＋"表示该项工具可以通过该机制发挥正向作用，"－"表示可能会产生相反的效果，"?"表示一种模糊的效果，而"N/A"则意味着不起作用。

19.1　审慎机制

为了降低银行陷入财务困境的可能性，最直接的方法就是通过审慎机制降低银行风险。在这一机制下，大多数防线旨在直接降低银行的个体性风险，这些风险主要由银行管理层控制，如杠杆风险、流动性风险以及信贷风险①。由于这些风险的降低，银行不太可能陷入财务困境，也可能会降低它们引发系统性风险的可能性。

在接下来的章节中，我们将清楚地看到，资本要求主要是为了降低杠杆风险而设计的，流动性要求主要是为了降低流动性风险而设计的，而业务限制和审慎监管主要集中在控制信贷风险上。这些第一道防线通常也会对其他类型的风险产生继发效应（Secondary Effects）。例如，一些资本要求规定了资本与风险加权资产的比率，其中的权重主要是基于信贷风险确定的，因此这些资本要求也将降低信贷风险。

19.2　认证机制

在认证机制下，一些防线保证了公众在银行的投资安全。这降低了主要由非银行公众成员驱动的银行的风险。这些风险包括由存款人、其他负债持有人、表外贷款承诺和衍生品交易对手方引发的挤兑。这种挤兑可能会导致银行陷入财务困境，因为即使是一家经营状况良好的银行，如果其流动资产少于流动债权，一旦发生全面挤兑，该银行也将遭受毁灭性的损失。此外，一家银行的挤兑可能会蔓延到其他机构并形成系统性风险。

认证机制还通过降低股东快速抛售或其他人卖空银行股票的可能性来发挥作用，股东和其他人的这种行为可能会降低银行的市值和/或增加银行在财务困境中募集股本的难度。正如上文第十五章中关于不良资产救助计划（TARP）对系统性风险的影响中所讨论的，银行市值的下跌增加了它们的市场杠杆率，而且增大了它们引发系统性风险的可能性。因此，"第一道防线"不仅可以通过认证机制避免市场估值下跌，而且可以使整个金融体系更加安全，并降低实施大范围外部救助、内部纾困或其他解决方案的可能性。

通过认证机制运作的一道防线是压力测试。银行通过压力测试可能会提高公众对银行安全的认知，降低银行挤兑或市值大幅下跌的可能性。然而，银行未通过压力测试可能会产生相反的影响。存款保险制度和政府对银行的直接所有权也清楚地证明了

---

①　银行还承担许多其他类型的风险，其中一些风险也是"第一道防线"的目标。这些风险包括利率风险、市场风险、表外风险、外汇风险、国家或主权风险、操作风险、技术风险、合规和法律风险以及声誉风险。我们认识到，这些风险并不都是相互排斥的。例如，利率风险和一些由衍生品导致的表外风险同属于市场风险，而国家或主权风险一般与信用风险相关。

银行的安全性，并降低了发生银行挤兑的可能性。

19.3　补贴机制

在与"第一道防线"相关的补贴机制下，政府通过多种方式为银行提供补贴。这些补贴不仅可以对银行提供支持并阻止其财务困境的发生，还可以增加银行的资本并降低其杠杆风险。

通过补贴机制运作的两道防线是存款保险制度和政府对银行的直接所有权。由于政府的保护，存款保险允许银行以接近无风险利率的成本借款。如下文所述，即使保险的精算定价是公平的，这也是一种补贴。直接政府所有权的补贴来自政府资金和/或纳税人资金的隐性担保，这些资金可被用于弥补信贷损失。

19.4　三种机制的内在联系

三种机制间存在相互依赖的关系，即一种机制可以产生与其他机制互补的效果。我们用例子来说明这一点。

第一，审慎机制可能在认证银行或银行体系的质量方面起次要作用，是认证机制的补充。也就是说，只要资本要求、流动性要求、业务限制和审慎监管通过审慎机制使银行更加安全，公众就可能对个别银行和/或银行体系产生信心。这降低了存款人、其他负债持有人、表外交易对手引发挤兑的可能性，也减少了银行股票的减值抛售。

第二，认证机制和补贴机制使银行的市场估值提高，可能会产生额外的审慎利益。正如第四部分其他几章所讨论的，银行估值较高可能与银行特许权价值的增加有关。较高的特许权价值可能会鼓励银行采取审慎的行为，例如，降低投资组合的风险以保护特许权价值（Keeley，1990）。因此，认证机制和补贴机制作为审慎机制的补充，可以鼓励银行降低风险。

参考文献

Keeley, M. C. (1990). Deposit insurance, risk, and market power in banking. The American Economic Review, 80 (5), 1183–1200.

第二十章　资本要求

本章讨论的资本要求（也称为资本标准），是防止银行陷入财务困境的关键工具，而财务困境可能迫使银行进行内部纾困、或接受外部援助及其他解决方案。第20.1节讨论了资本要求的概念，第20.2节概述了资本要求通过三种机制能否起到避免银行陷入财务困境的作用。第20.3节简要介绍了国际通用的银行资本要求，以及一些国家标准与国际准则的主要差别。第20.4节梳理了资本要求在避免银行财务困境方面的机制有效性的经验证据。第20.5节回顾了资本要求对银行流动性创造和盈利能力影响的证据。尽管这些问题不一定与银行陷入财务困境密切相关，但因为它们提供了反对高资本要求的主要论据，所以具有较高的讨论价值。

重要的是，虽然我们本章讨论的是正式的银行监管资本要求，但同时银行资本比率也是银行监管的主要目标。监管机构不仅执行法规要求的最低比率，而且还对个别银行采取进一步的措施。针对个别银行，一般是那些被认为存在个体性风险或易造成巨大系统性风险的银行，监管机构要求的资本比率通常远高于监管规定的最低资本比率，正式的监管资本要求与维持或提高资本比率的非正式监督要求的效果基本相同。因此，本章关于资本要求影响的讨论实际上同时包括了正式的监管措施和对资本比率的非正式监督措施的影响。

20.1　资本要求的含义

资本要求通常是指某些资本比率的最低监管标准。这些比率通常是根据会计信息计算得到的：可以是杠杆率或基于风险指标的比率①。这两种比率的分子都是权益的账面价值，但在某些情况下，采用的是银行倒闭时还款优先级较低的其他金融工具和债务金融工具。分子旨在衡量能够吸收银行风险承担活动相关损失的能力，以免银行因这些损失陷入财务困境。杠杆率的分母通常是未加权的资产，有时也可能是表外业务。基于风险的比率的分母是风险加权资产和表外业务，其中的权重大致反映了以信贷风险为主的金融工具风险，分子中的资本缓冲是用来保护银行以避免其受到分母所代表的风险的负面影响。

银行通常需要同时满足多种不同的资本要求。例如，根据下面讨论的美国版巴塞

---

① 原则上，监管者和监管机构也可以对上市银行设定市场资本比率，但通常情况下不会这样做。

尔协议Ⅲ的资本要求，美国银行必须满足至少四种不同的最低资本比率要求，其分子和分母各不相同。多种比率的应用可能会降低监管套利或"钻空子"的可能性。有时，根据银行的系统重要性，适用的资本要求会有所不同。例如，30家全球最具系统重要性的银行被称为全球系统重要性银行（G-SIBs），适用于某些最严格的资本要求①。

必须认识到银行资本比率是由市场力量以及正式或非正式的资本监管共同决定的。Berger，Herring和Szegö（1995）将银行的"市场资本要求"定义为在缺乏正式或非正式的资本监管时，使银行价值最大化的资本比率。它在很大程度上是通过权衡与Modigliani和Miller（1958）所提的无摩擦情形偏离的价值效应来决定的。在无摩擦情形下，信息和市场都是完全的，企业的资本结构并不影响其价值，而对无摩擦情形的偏离包括税收、财务困境成本、交易成本、信息不对称和无资本监管。Miller（1995）认为，这些缺陷可能不足以推翻Modigliani和Miller提出的资本结构无关紧要的命题。

监管机构要求的最低资本要求可能高于或低于针对个别银行的"市场要求"，并可能提高银行应持有的最优比率。银行可能持有略高于最低监管要求的资本缓冲，以免意外损失将资本比率拉低至最低要求之下，并产生不利的监管回应，如下文第二十四章所述。然而，在实践中，银行通常持有超过监管要求的资本缓冲，并对其进行谨慎地管理。这也适用于那些经常高声抱怨资本要求的大型银行（Berger，DeYoung，Flannery，Lee和Öztekin，2008）。然而，这些大量的资本缓冲并不意味监管没有对资本比率施加影响，而是代表着市场也在发挥着重要作用。

20.2 资本要求与避免银行陷入财务困境的三种机制

资本要求旨在通过审慎机制和认证机制降低银行陷入财务困境的可能性，但下面的理论表明，它们可能会产生相反的效果。资本要求不通过补贴机制发挥作用。这些影响反映在表19.1中A组的资本要求一栏中，其中"？"代表同时具有审慎机制和认证机制，"N/A"代表补贴机制。

20.2.1 资本要求的审慎机制

虽然资本要求基本上全球通用，但并非所有人都认同资本要求的功效。一个关键的问题是，资本要求能否通过审慎机制使银行变得更加安全。如前文第十九章所述，

---

① 截至2019年，全球系统重要性银行及其相应的G-SIB附加资本缓冲（除2021年1月1日生效的其他资本要求外）如下：摩根大通（2.5%的G-SIB附加资本缓冲）、花旗集团和汇丰银行（2.0% G-SIB附加资本缓冲）、美国银行、中国银行、巴克莱银行、法国巴黎银行、德意志银行、高盛、中国工商银行、三菱日联金融集团和富国银行（1.5%的G-SIB附加资本缓冲）、中国农业银行、纽约梅隆银行、中国建设银行、瑞士信贷、英国商业银行集团、法国农业信贷银行、荷兰国际集团、瑞穗金融集团、摩根士丹利、加拿大皇家银行、桑坦德银行、法国兴业银行、渣打银行、美国道富银行、三井住友金融集团、多伦多道明银行、瑞银集团和裕信银行（1.0%的G-SIB附加资本缓冲）。详见https：//www.fsb.org/wp-content/uploads/P221119-1.pdf。

这一机制涉及降低由银行管理层控制的银行个体性风险。

通常，经济学家认为资本要求使银行更安全的原因如下：第一，较高的资本起到吸收预期和非预期损失、降低杠杆风险的缓冲作用。第二，较高的资本也可能减少道德风险激励。道德风险包括承担过度的信贷风险和其他类型的风险，而股东和银行所受到的风险激励主要源于保护股东和银行免受重大损失的制度或政策。例如有限责任制度、存款保险制度、"大而不倒""多而不倒"和"太过关联而不倒"政策以及其他政府担保和外部救助等。通过强制要求股东为"冒险"承担更多损失可以减弱这些道德风险激励（Admati，DeMarzo，Hellwig 和 Pfleiderer，2013；Thakor，2014，2018，2019；Nguyen，2015）。第三，银行会选择信贷风险权重较低的资产和表外业务作为资本比率中的分母，来满足基于风险的资本比率要求。其有效程度取决于风险权重是否有效反映了实际信贷风险[①]。较高的资本比率也可能降低系统性风险（Farhi 和 Tirole，2012；Acharya 和 Thakor，2016）。

然而，也有人认为，银行可能会对更高的资本标准作出反应，承担更多的投资组合风险，以抵消强制降低杠杆风险的影响（Koehn 和 Santomero，1980；Kim 和 Santomero，1988；Calem 和 Rob，1999）。一位作者在动态模型中发现了类似的结果——对未来资本要求的预期增加了当前选择的投资组合风险（Blum，1999）。资本要求还可以通过提升银行的市场势力来增加银行风险，进而推升贷款利率并鼓励更多的借款人承担风险（Hakenes 和 Schnabel，2011）。最后，资本要求在某种程度上损害了银行的盈利能力，也可能降低银行的特许权价值并增加风险。对这些理论的回顾表明，前文提及的资本要求降低风险这一观点通常占主导（Freixas 和 Rochet，2008），但我们保留对审慎机制的看法，直到下文第 20.4 节中对实证证据进行回顾。

20.2.2　资本要求的认证机制

如第十九章所述，"第一道防线"也可通过认证机制运作，该机制通过确保公众银行安全，来降低银行陷入财务困境的可能性。认证机制通过减少风险敏感交易对手的破坏性挤兑，以及系统性风险的银行价值下降来降低来自非银行公众的风险。

在资本要求的审慎机制发挥作用的情况下，增加资本可以降低银行风险，认证机制也有可能发挥作用。在这种情况下，公众可能会对资本充足率较高的银行进行奖励，因为它们的挤兑次数较少，而且能够顺利进入债务、股权和其他风险敏感型金融工具（如表外担保和衍生品）的市场，并降低所有这些金融工具的成本。然而，在资本要求的审慎机制使银行风险更大的情况下，认证机制可能通过鼓励更多的挤兑或使获得风险敏感工具的机会恶化，增大银行的风险。与上文类似，我们保留对这一机制的判断，

---

① 对基于风险的资本比率的分析表明，这些比率确实包含了简单杠杆率中不涉及的有价值的信息（Avery 和 Berger，1991）。这项研究使用了基于风险的比率生效之前的数据，避免了银行对比率的风险反应中可能存在的混杂效应。

直到在第 20.4 节中对实证证据进行回顾。

20.3 不同资本要求的描述

资本要求有着悠久的历史，本书从 20 世纪 80 年代末开始并一直持续至今的国际资本要求的演变说起。当时，人们认识到传统的资本要求即基于未加权资产分母的简单杠杆率限制存在三个基本问题。第一，资本要求并不是基于风险确定的——从非常安全的美国国债到高风险的次级贷款，所有资产都需要相同数量的资本。第二，尽管表外担保和衍生工具的风险日渐明显且不断增加，但银行并不需要针对表外业务计提资本。第三，对于总部位于不同国家的银行来说，存在着不公平的竞争环境，来自资本要求较低国家的银行在监管方面具有相对于其他国家的竞争优势。

下文所述的国际资本要求巴塞尔协议旨在解决这些问题。大多数发达国家和许多发展中国家的银行必须遵守某种形式的规则。为简洁起见，我们只讨论巴塞尔协议在美国的实施情况，更多细节可以在任何一本银行教科书中查阅。我们还将简要讨论逆周期资本标准。

20.3.1 国际通用资本要求：巴塞尔协议

巴塞尔银行监管委员会（BCBS）于 1974 年由 G10 国家的中央银行共同成立，这些国家希望建立新的国际金融结构，以取代布雷顿森林体系。BCBS 的总部设在瑞士巴塞尔的国际清算银行（BIS）内。截至 2019 年，BCBS 由 28 个不同国家或地区的中央银行和其他银行监管机构组成，共有 45 个成员[①]。

巴塞尔银行监管委员会制定了一系列极具影响力的政策，被称为"巴塞尔协议"，这些政策为委员会成员及其他国家的银行资本要求奠定了基础。第一个巴塞尔协议，即下文讨论的巴塞尔协议Ⅰ，于 1988 年定稿，1992 年在 G10 国家部分实施。在当时，该协议并不具备法律效力，因此成员国完全依靠道德激励在本国实施协议规定的相关标准。巴塞尔协议Ⅰ之后，巴塞尔银行监管委员会又相继出台了其他几项协议，对资本要求进行调整，以进一步按规定降低银行风险，这些协议被称为巴塞尔协议Ⅱ、Ⅲ和Ⅳ，我们将在后文对其展开讨论。虽然并非每个国家/地区都签署了巴塞尔协议，但大多数拥有跨国银行的国家/地区仍然遵循巴塞尔协议规定的资本标准。

20.3.1.1 巴塞尔协议Ⅰ

巴塞尔协议Ⅰ阐述了与引入杠杆率相关的三个问题，即对信用风险更高的资产设定更高的资本要求、将杠杆率要求引入表外业务和资产、将这些要求应用于 BIS 成员

---

① 委员会成员来自阿根廷、澳大利亚、比利时、巴西、加拿大、中国、法国、德国、中国香港、印度、印度尼西亚、意大利、日本、韩国、卢森堡、墨西哥、荷兰、俄罗斯、沙特阿拉伯、新加坡、南非、西班牙、瑞典、瑞士、土耳其、英国和美国。

国及其他实施巴塞尔协议的非成员国。

巴塞尔协议 I 要求一级资本占风险加权资产的比重不低于 4%，总资本（即一级资本与二级资本的和）占风险加权资产的比重不低于 8%。分子中的一级资本等于普通股的账面价值、永久优先股、银行在子公司中持有的少数股东权益这三者之和减去商誉，而二级资本包括贷款损失准备金（上限为风险调整资产的 1.25%）与各种可转债、次级债的上限之和。分母中的风险加权资产是表内资产和表外业务的风险加权之和，对信用风险越大的项目赋予的权重也就越高。所有的表内资产被赋予四个不同的风险权重，分别是 0%、20%、50% 和 100%。例如，美国国债被赋予 0% 的权重，意味着基本没有信用风险；而商业贷款被赋予 100% 的权重。住房抵押贷款的风险权重为 50%，这其中暗含着一个假设，即住房抵押贷款的信用风险只有商业贷款的一半。对于表外业务，协议中设定了转换因子，将表外业务转换为表内信用等值额，并乘上适当的风险权重。

在美国，巴塞尔协议 I 于 1990 年部分实施，于 1992 年全面实施。此外，还有银行杠杆率，其分子是一级资本，分母是未加权的总资产。

20.3.1.2 巴塞尔协议 II

巴塞尔协议 II 是对巴塞尔协 I 的取代，在 2004 年出台了几项修订，2005 年又发布了新的规则。巴塞尔协议 II 由相辅相成的"三大支柱"组成：第一大支柱是根据信用风险、市场风险和操作风险计算的最低资本要求；第二大支柱是明确监管审查的重要性，以确保管理资本充足率的内部程序健全；第三大支柱是基于改善市场约束的目标，对银行资本充足率的披露进行详细指导。

第一大支柱有三种不同形式的资本标准：标准法、基于内部评级的基础法（F – IRB）和基于内部评级的高级法（A – IRB）。标准法与巴塞尔协议 I 相似，但风险权重略有不同。标准法将信用评级机构的评估纳入新的协议中，包括对信用评级最差者的风险权重设定为 150%，这扩大了两者衡量的信用风险的差异。F – IRB 和 A – IRB 是指银行根据信用风险度量技术建立自己的实证风险模型。

如第二章第 2.4.1 小节所述，在全球金融危机之前，欧洲国家过渡到巴塞尔协议 II，而巴塞尔协议 II 被认为是危机蔓延到欧洲的部分原因。基于次级抵押贷款的 AAA 级抵押贷款支持证券被赋予了较低的风险权重，这鼓励了对高风险证券的投资，而且使得一些高风险国家的主权债务获得了较高的评级。

A – IRB 适用于美国大型的国际活跃银行，但却从未被完全实施。这一方法预计将导致这些机构的平均资本比率大幅下降。当全球金融危机袭来时，这一方法正在应用过程中，但最终由于《多德—弗兰克法案》（*Dodd – Frank Act*）禁止在金融监管中使用信用评级而基本失效。

20.3.1.3 巴塞尔协议 III

目前全面实施的巴塞尔协议 III 要求银行满足四种不同的资本比率：普通股一级资

本充足率、一级资本充足率、总资本充足率和银行杠杆率。一级资本充足率和总资本充足率与巴塞尔协议Ⅰ中的定义一致，只是风险权重略有不同。一级资本充足率的要求调整为6%，略高于巴塞尔协议Ⅰ的要求，而总资本充足率的要求调整为8%，与巴塞尔协议Ⅰ的规定相同。普通股一级资本充足率与一级资本充足率类似，只是它排除了一些资本项目，并且最低要求为4.5%。银行杠杆率是一级资本除以总风险敞口，总风险敞口也即总资产（少数采用高级法的银行除外，还需涵盖调整后的表外业务），该比率的最低要求为4%。巴塞尔协议Ⅲ还调整了抵押贷款和主权债务的风险权重。所有美国银行和所有资产超过5亿美元的银行控股公司都必须在2019年1月前分阶段实施巴塞尔协议Ⅲ的要求。

20.3.1.4 巴塞尔协议Ⅳ

巴塞尔协议Ⅳ于2017年达成，旨在对巴塞尔协议Ⅲ进行补充，并缓解巴塞尔协议Ⅱ中以内部评级为基准（IRB）的模型可能导致的资本减少问题。巴塞尔协议Ⅳ实施了标准化下限，规定了资本要求必须为巴塞尔协议Ⅱ中标准法要求的72.5%及以上，还同时降低了低风险抵押贷款的标准化风险权重。此外，巴塞尔协议Ⅳ要求银行遵守几个资本比率的改变，包括提高杠杆率、将全球系统重要性银行（G-SIB）的风险调整资本增加50%，以及更为详细地披露准备金和其他金融统计数据。巴塞尔银行监管委员会提出用9年时间落实巴塞尔协议Ⅳ的要求，其中包括4年的准备期和5年的分阶段实施期，实施期自2022年1月开始，到2027年1月结束。

20.3.2 美国资本要求的演变

2018年10月和2019年4月，美国联邦储备委员会（Federal Reserve Board）根据《2018年经济增长、监管救助和消费者保护法案》（2018*Economic Growth*, *Regulation Relief*, *and Consumer Protection Act*）的提议对银行监管要求进行修改，其中包括实施严格的资本要求。考虑到金融体系的稳定性，这些修改将大型银行机构按照风险划分为四个类别，并对不同类别的银行实施不同的资本要求。这些风险类别的划分依据包括规模、跨国业务、对短期批发融资的依赖、非银行资产和表外业务等因素。

新规定将根据上述因素将美国大型银行分为以下四类。第一类为美国的全球系统重要性银行，它们将继续适用最严格的资本标准。第二类为资产规模在7000亿美元及以上或跨国业务规模在750亿美元及以上的美国中间控股公司（及任何存款机构子公司），它们适用严格的审慎资本标准。第三类为除第二类外、资产规模在2500亿美元及以上或非银行资产、加权短期批发融资或表外风险敞口这三项指标中任意一项规模超过750亿美元的美国中间控股公司（及任何存款机构子公司），它们适用于高风险的审慎资本标准。第四类为合并资产规模在1000亿美元及以上且不属于第二类或第三类的美国中间控股公司（及任何存款机构子公司），它们适用于降低资本、流动性和风险管理要求的资本标准。

美联储的这些规则的变化最终将使得资本要求下降大约 0.6%（约 115 亿美元）。资本调整规则于 2019 年 10 月 10 日获美联储批准[①]。

20. 3. 3　逆周期资本缓冲

如前所述，逆周期资本缓冲（CCyBs）可以被监管机构用作额外的资本缓冲。具体而言，巴塞尔协议Ⅲ新增了逆周期资本缓冲。这种缓冲可以在经济看似景气的时期设立，以便在经济下行的时候使用。逆周期资本缓冲设置在总风险加权资产的 0 ~ 2.5%，适用于所有银行，以反映其投资组合的地理组成和管辖范围内的信贷风险敞口。银行必须满足 CET1 的资本缓冲要求，否则将受到分配限制。虽然目前美国不要求增加任何缓冲，但包括捷克共和国、冰岛、英国和瑞典在内的 12 个欧洲国家已经实施了此类逆周期资本缓冲要求，比率在 0.25% ~ 2.5%[②]。

20. 4　资本要求作用机制的实证研究

接下来，我们回顾关于资本要求如何通过审慎机制和认证机制发挥作用的经验证据。如上所述，资本要求不通过补贴机制发挥作用。这一节非常简短，几乎没有参考文献，但这并不是因为研究很少，而是因为参考文献在书中其他地方已经提及，我们希望避免不必要的重复。

20. 4. 1　资本要求审慎机制的实证研究

资本要求审慎机制的最重要的经验证据在前文第二章第 2. 4 小节关于银行倒闭的部分中已有回顾。正如前文所述，几乎所有的实证研究都表明，低资本比率会提高银行倒闭的概率。这是支持资本要求审慎机制的有力证据，并且尚未发现任何反例表明资本充足率与银行风险之间存在正相关关系。这些结果在表 19. 1B 组的资本要求的审慎机制中列示为“ + ”。

20. 4. 2　资本要求认证机制的实证研究

在资本要求的认证机制有效的情况下，银行债权人、股东和其他对风险敏感的交易对手将以更多低成本资金奖励资本要求更高的银行。我们没有发现关于资本要求效果的经验证据，但有文献研究了市场参与者对待资本比率较高的银行是否会有所不同。如果市场参与者对资本更为充足的银行给予奖励，我们认为这是支持认证机制的证据；

---

①　详见 https：//www. federalreserve. gov/newsevents/pressreleases/brainard – statement – 20191010. htm，https：//www. federalreserve. gov/newsevents/pressreleases/bcreg20191010a. htm，以 及 https：//www. nytimes. com/2019/10/10/business/economy/federal – reserve – bank – regulations. html。

②　详见 https：//www. esrb. europa. eu/national _ policy/ccb/html/index. en. html。

反之，如果市场参与者对资本更为充足的银行进行惩罚，则认证机制不成立。

与上述审慎机制一样，实证证据对认证机制的支持也是片面的。下文第二十五章第25.4.2节中有文献讨论了存款人和其他债权人对银行的市场约束，这类文献考虑了银行资本，结论是银行资本对债权人的影响要么显著有利，要么不显著，但尚未发现债权人会对资本更为充足的银行进行惩罚。因此，我们在表19.1 B组的资本要求的认证机制中列示为"＋"。

在股东对银行的市场约束方面，Mehran 和 Thakor（2011）对银行收购案的数据进行研究，发现银行的股权资本与其价值之间存在正相关关系，再次表明了市场参与者会对资本更为充足的银行给予奖励。下文第20.5.2 小节提供了其他证据表明拥有更多资本的银行将获得更高的市场回报。

20.5 银行资本要求、流动性创造和盈利能力的其他问题

任何有关资本要求的严肃讨论，都需要面对银行流动性创造和盈利能力等其他问题。如上所述，就通过审慎机制和认证机制降低银行陷入财务困境的概率这一问题而言，资本要求的好处相对来说没有什么争议。因此，除非资本要求还有其他成本，否则我们几乎没有理由反对100%的最低资本要求，因为这基本上避免了银行陷入财务困境的可能。如果维持高资本要求的成本高昂，例如银行需要为此牺牲其为公众创造流动性以及为股东创造利润（银行的业绩）的能力，那么从社会全局的视角来看，保持相对较低的资本要求、承担银行倒闭和发生系统性危机的风险，以换取较高水平的流动性创造和利润，可能是明智的。我们现在就来研究这些问题。

20.5.1 银行资本要求和流动性创造

正如第二章简要介绍的那样，银行的基本职能之一是创造流动性。流动性创造是衡量银行通过表内业务和表外业务向公众提供流动性的综合性指标（Berger 和 Bouwman，2009）。它的主要组成部分包括存款、贷款和贷款承诺。银行流动性创造也是衡量银行产出的一个相对完整的指标，被认为对实体经济有积极影响（Berger 和 Sedunov，2017）。因此，在资本要求可能减少银行流动性创造的层面上，它们将在实施高资本要求带来金融稳定的好处和银行产出减少以及对实体经济产生负面影响的成本之间进行权衡。当我们讨论银行流动性创造这一宽泛的话题时，许多作者只狭义地关注银行流动性创造的借贷部分。

关于资本要求对流动性创造的影响，理论给出了不同的预测。一些人认为，更高的资本充足率降低了金融脆弱性，这是驱使银行承诺对借款人进行监督所必需的，从而减少了表内和表外信贷供给（Diamond 和 Rajan，2000，2001）。其他人则认为，更多

的资本会挤占存款（Van den Heuvel，2008；Gorton 和 Winton，2017）。这两种观点都预示了资本要求对银行流动性创造的负面影响。与上述观点相反，一些学者认为拥有更多资本的银行更努力地对信贷进行筛选和监控，从而创造更多流动性（Franklin，Carletti 和 Marquez，2011；Donaldson，Piacentino 和 Thakor，2018）。另一些人认为，还有一个原因能够解释更多的资本创造更大的流动性，即更多的资本提高了银行吸收与增加流动性创造相关风险的能力（Bhattacharya 和 Thakor，1993；Allen 和 Santomero，1998；Von Thadden，2004）。这一论点是基于市场力量提出的，即银行的债权人和股东希望银行有足够的资本来支持他们承担风险，否则他们可能会向这些机构收取更高的利率或配给资金。

当然，现实世界远比理论世界复杂得多，这使银行资本和流动性创造方面的实证研究极具复杂性。银行资本对银行流动性创造的影响可能在以下方面存在异质性：（1）资本要求以及由市场力量决定的资本比率；（2）短期和长期；（3）表内和表外流动性创造；（4）银行规模等。

当前的实证研究在部分问题上已经获得了一些有意义的发现，但正如后文第二十九章所述，还需要更多的研究。实证文献中一个相对明确的结果是，在短期内，提高资本要求会降低银行流动性创造的贷款部分。对 20 世纪 90 年代初美国信贷紧缩的原因进行分析，通常认为当时资本要求的提高减少了信贷供给。然而，基于杠杆比率的显性或隐性监管资本标准与基于巴塞尔协议 I 风险资本标准实施的监管资本标准的影响很难被准确区分（Haubrich 和 Wachtel，1993；Berger 和 Udell，1994；Peek 和 Rosengren，1994，1995；Hancock，Laing 和 Wilcox，1995；Thakor，1996）。同样，Aiyar，Calomiris 和 Wieladek（2012）发现，英国最低资本要求的提高与大多数银行的贷款减少有关，尽管其中一些贷款是由外国银行的子公司提供的。Deli 和 Hasan（2017）比较了不同国家的资本监管，研究结果表明，实施更严格的资本要求对贷款的负面影响不大。Ferrari，Pirovano 和 Kaltwasser（2016）发现，当选用的指标是贷款利差而非贷款数量时，增加资本要求适度削减了比利时的抵押贷款供给。DeJonghe，Dewachter 和 Ongena（2020）使用企业借款人的详细数据研究了比利时的资本要求变化，发现较高的资本要求降低了信贷供给。

大量基于美国和全球数据集的研究表明，诸如贷款损失这类负面冲击导致的资本变化，形成了资本和贷款的正向关系（Peek 和 Rosengren，1995；Calomiris 和 Wilson，2004；Berrospide 和 Edge，2010；Francis 和 Osborne，2012；Carlson，Shan 和 Warusawitharana，2013；Klein 和 Turk Aris，2018；Chu，Zhang 和 Zhao，2019）。两组强有力的调查结果表明，资本要求可能会在短期内减少银行贷款，但长远来看，这些要求规定的较高资本比率可能会增加贷款规模，因为较高的资本为吸收未来的贷款损失提供了缓冲。

此外，还有少部分关于银行资本与更为全面的流动性创造指标的实证研究，但这些文献一般不直接涉及资本要求。Berger 和 Bouwman（2009）通过使用美国的数据发现，大型银行的资本要求和流动性创造呈正相关关系，而流动性创造的增加主要由表外贷款承诺推动，然而，对小型银行而言，资本要求和流动性创造的相关性为负。欧洲银行的表外业务通常比美国银行要少得多，有关它们的研究也大多发现银行资本与流动性创造之间存在负相关关系（Fungacova，Weill 和 Zhou，2010；Distinguin，Roulet 和 Tarazi，2013；Horvath，Seidler 和 Weill，2014）。这些研究结果表明，任何关于银行资本要求对流动性创造长期影响的结论都应当细致入微，而且需考虑银行的类型和流动性创造的组成部分。

20.5.2　银行资本要求和业绩

如上所述，银行家们经常辩称，提高资本要求会损害银行的盈利能力和市场回报。但事实上，这些银行家通常选择持有远高于要求的资本（Mishkin，2000）。我们首先讨论账面利润的研究，然后提供关于市场回报的一些发现。

如 Berger（1995）所言，根据信息对称的完美资本市场的一阶段标准模型，银行的资本占总资产的比率与其税后净资产收益率（ROE）之间的相关性（ROE 是衡量盈利能力的常用会计指标）应为负，这与传统观点保持一致。较高的资本会降低股权风险，从而降低投资者要求的预期股本回报率。较高的资本还降低了利息支出税前抵扣的税盾效应，也降低了获得政府存款保险和其他政府保护的价值，而这些政府保护措施往往会补贴银行的冒险行为。

尽管有这些观点，但大部分美国数据显示，银行资本与收益之间存在正相关关系，有学者还提供了一些额外的观点和实证分析来支持这些发现。放松一阶段的假设后，提高资本比率会增加银行收益，但前提是较高的收益没有完全用股息支付。放松资本市场是完美的这一假设后，更高的资本会降低未保险债务成本中包含的银行陷入财务困境或破产清算的预期成本，进而提高预期收益。放松信息对称的假设，可以让那些期望获得更好业绩的银行通过持有更高的资本来传递这一信息。我们在此补充一个论点，即为应对后文第二十四章提及的监管约束会产生一定成本，而持有较高的资本可以减少其中的部分成本。Berger（1995）还认为，单个银行在平衡收益和成本后，可能拥有使其实现价值最大化的最优资本水平。当实际资本低于最优水平时，银行资本与收益的关系为正；当实际资本高于最优水平时，二者关系为负。

作者对资本充足率与净资产收益率进行格兰杰因果关系检验，并控制了许多其他因素以及银行和时间固定效应，发现对大多数样本而言，不论是资本充足率对净资产收益率，还是净资产收益率对资本充足率，都存在正向的格兰杰因果关系。收益对资本的正向格兰杰因果关系并不令人惊讶，这与银行留存部分收益的情况是一致的。关于资本要求的争论，更为重要的是资本对收益的正向格兰杰因果关系，这直接挑战了传统的观点。进一步证据表明，资本增加后带动收益增加，主要是通过降低未投保基金的利率实现的。这些发现对于那些资本充足率较低而投资组合风险较高的银行最为显著，这表明资本的增加不仅提高了这些银行的资本头寸，而且降低了它们的投资组合风险。这与上述的观点一致，即这些银行的资本比率低于最优资本水平。当银行的资本比率高于最优水平时，结果似乎并不成立。这些研究结果表明，资本要求可能会提高个别银行的盈利能力，尤其是在银行风险相对资本头寸较高的时期，反之则相反。

Osborne，Fuertes 和 Milne（2012）研究了更长的时间段，并根据目标资本比率对银行进行了区分，结果与 Berger（1995）的观点一致。具体而言，他们发现对于实际资本比率高于目标资本比率的银行而言，资本对业绩有着负面影响，但当银行的实际资本比率低于目标资本比率时，则资本对业绩的负面影响较小，或二者呈正相关关系。

Berger 和 Bouwman（2013）研究了资本比率对业绩的影响，他们将样本期间划分为正常时期及不同形式的金融危机时期，结合银行规模进行了异质性讨论。从盈利能力和市场份额（以及本书其他部分所述的生存能力）两方面分析银行业绩。他们发现，提高资本在任何时候都会增加小型银行的盈利能力和市场份额，而大型银行的业绩提高主要发生在银行危机期间，这里的银行危机被定义为源自银行业的金融危机。这些学者提供了一个潜在的解释：小型银行可能在任何时候都处于危险之中，因此通常会从较高的资本中获益，这与小银行的数量在金融危机和正常时期都不断减少的现象是一致的。相比之下，大型银行往往只在银行业危机期间才从较高的资本中获得显著的业绩，因为只有这些时候才是这些大银行面临危机的时期。

关于股东的股票市场回报，鉴于小银行一般不上市交易，该类研究大多仅限于大型银行。Bouwman，Kim 和 Shin（2018）发现，在经济不景气时期，资本充足率较高的银行比资本充足率较低的银行获得更高的风险调整回报，而在其他时期两类银行的回报则相近。正如 Berger 和 Bouwman（2013）报告的那样，这与大型银行只有在银行危机期间才表现出更好的业绩是一致的。Beltratti 和 Stulz（2012）同样发现，在危机期间，全球金融危机前一级资本比率较高的银行的股票表现更好。Baker 和 Wurgler（2015）发现，40 年来，资本较高的上市银行拥有更低的贝塔系数以及更高的股票回报率。Berger，Zhang 和 Zhao（2019）发现，资本比率较高的牵头银行发起的银团贷款在二级市场的流动性更大，从而带来额外的业绩收益。

总体而言，本书梳理的研究似乎与通常认为的较高的资本要求会损害银行盈利能力的观点不一致。较高的资本通常，但并非总是与盈利能力的改善有关，而且没有证据表明它在其他时期会产生严重的负面影响。

参考文献

［1］Acharya，V. V.，& Thakor，A. V.（2016）. The dark side of liquidity creation：Leverage and systemic risk. Journal of Financial Intermediation，28，4 – 21.

［2］ Admati, A. R. , DeMarzo, P. M. , Hellwig, M. F. , & Pfleiderer, P. C. (2013) . Fallacies, irrelevant facts, and myths in the discussion of capital regulation: Why bank equity is not socially expensive (Working Paper) .

［3］ Aiyar, S. , Calomiris, C. W. , &Wieladek, T. (2012) . Does macro – pru leak? Evidence from a UK policy experiment. National Bureau of Economic Research.

［4］ Allen, F. , & Santomero, A. M. (1998) . The theory of financial intermediation. Journal of Banking and Finance, 21, 1461 – 1485.

［5］ Avery, R. B. , & Berger, A. N. (1991) . Risk – based capital and deposit insurance reform. Journal of Banking and Finance, 15 (4 – 5), 847 – 874.

［6］ Baker, M. , & Wurgler, J. (2015) . Do strict capital requirements raise the cost of capital? Bank regulation, capital structure, and the low – risk anomaly. The American Economic Review, 105 (5), 315 – 320.

［7］ Beltratti, A. , & Stulz, R. M. (2012) . The credit crisis around the globe: Why did some banks perform better? Journal of Financial Economics, 105 (1), 1 – 17.

［8］ Berger, A. N. (1995) . The relationship between capital and earnings in banking. Journal of Money, Credit and Banking, 27, 432 – 456.

［9］ Berger, A. N. , & Bouwman, C. H. S. (2009) . Bank liquidity creation. The Review of Financial Studies, 22 (9), 3779 – 3837.

［10］ Berger, A. N. , & Bouwman, C. H. S. (2013) . How does capital affect bank performance during financial crises? Journal of Financial Economics, 109 (1), 146 – 176.

［11］ Berger, A. N. , DeYoung, R. , Flannery, M. J. , Lee, D. , &Öztekin, Ö. (2008) . How do large banking organizations manage their capital ratios? Journal of Financial Services Research, 34 (2 – 3), 123 – 149.

［12］ Berger, A. N. , Herring, R. J. , & Szegö, G. P. (1995) . The role of capital in financial institutions. Journal of Banking and Finance, 19 (3 – 4), 393 – 430.

［13］ Berger, A. N. , & Sedunov, J. (2017) . Bank liquidity creation and real economic output. Journal of Banking and Finance, 81, 1 – 19.

［14］ Berger, A. N. , & Udell, G. F. (1994) . Did risk – based capital allocate bank credit and cause a "credit crunch" in the United States? Journal of Money, Credit, and Banking, 26 (3), 585 – 628.

［15］ Berger, A. N. , Zhang, D. , & Zhao, Y. E. (2019) . Bank specialness, credit lines, and loan structure (Working Paper) .

［16］ Berrospide, J. M. , & Edge, R. M. (2010) . The effects of bank capital on lending: What do we know, and what does it mean? (Working Paper) .

［17］ Bhattacharya, S. , & Thakor, A. V. (1993) . Contemporary banking theory.

Journal of Financial Intermediation, 3（1）, 2-50.

［18］ Blum, J.（1999）. Do capital adequacy requirements reduce risks in banking? Journal of Banking and Finance, 23（5）, 755-771.

［19］ Bouwman, C. H. S., Kim, H., & Shin, S.-O. S.（2018）. Bank capital and bank stock performance（Working Paper）.

［20］ Calem, P., & Rob, R.（1999）. The impact of capital-based regulation on bank risk-taking. Journal of Financial Intermediation, 8（4）, 317-352.

［21］ Calomiris, C. W., & Wilson, B.（2004）. Bank capital and portfolio manage-ment: The 1930's capital crunch and scramble to shed risk. The Journal of Business, 77, 421-455.

［22］ Carlson, M., Shan, H., & Warusawitharana, M.（2013）. Capital ratios and bank lending: A matched bank approach. Journal of Financial Intermediation, 22（4）, 663-687.

［23］ Chu, Y., Zhang, D., & Zhao, Y. E.（2019）. Bank capital and lending: Evi-dence from syndicated loans. Journal of Financial and Quantitative Analysis, 54（2）, 667-694.

［24］ De Jonghe, O., Dewachter, H., & Ongena, S.（2020）. Bank capital（require-ments）and credit supply: Evidence from pillar 2 decisions. Journal of Corporate Finance, 60, 101518.

［25］ Deli, Y. D., & Hasan, I.（2017）. Real effects of bank capital regulations: Global evidence. Journal of Banking and Finance, 82, 217-228.

［26］ Diamond, D. W., & Rajan, R. G.（2000）. A theory of bank capital. The Journal of Finance, 55（6）, 2431-2465.

［27］ Diamond, D. W., & Rajan, R. G.（2001）. Banks and liquidity. The Ameri-can Economic Review, 91（2）, 422-425.

［28］ Distinguin, I., Roulet, C., & Tarazi, A.（2013）. Bank regulatory capital and liquidity: Evidence from US and European publicly traded banks. Journal of Banking and Fi-nance, 37（9）, 3295-3317.

［29］ Donaldson, J. R., Piacentino, G., & Thakor, A.（2018）. Warehouse banking. Journal of Financial Economics, 129（2）, 250-267.

［30］ Farhi, E., & Tirole, J.（2012）. Collective moral hazard, maturity mismatch, and systemic bailouts. The American Economic Review, 102（1）, 60-93.

［31］ Ferrari, S., Pirovano, M., & Kaltwasser, P. R.（2016）. The impact of sec-toral macroprudential capital requirements on mortgage loan pricing: Evidence from the Belgian risk weight Add-on（Working Paper）.

［32］Francis, W. B. , & Osborne, M. （2012）. Capital requirements and bank behavior in the UK, are there lessons for international capital standards? Journal of Banking and Finance, 36 （3）, 803 – 816.

［33］Franklin, A. , Carletti, E. , & Marquez, R. （2011）. Credit market competition and capital regulation. The Review of Financial Studies, 24 （4）, 983 – 1018.

［34］Freixas, X. , & Rochet, J. – C. （2008）. Microeconomics of banking. MIT press.

［35］Fungáčová, Z. , Weill, L. , & Zhou, M. （2017）. Bank Capital, Liquidity Creation and Deposit Insurance. Journal of Financial Services Research, 51, 97 – 123.

［36］Gorton, G. , & Winton, A. （2017）. Liquidity provision, bank capital, and the macroeconomy. Journal of Money, Credit, and Banking, 49 （1）, 5 – 37.

［37］Hakenes, H. , & Schnabel, I. （2011）. Bank size and risk – taking under Basel II. Journal of Banking and Finance, 35 （6）, 1436 – 1449.

［38］Hancock, D. , Laing, A. J. , & Wilcox, J. A. （1995）. Bank capital shocks: Dynamic effects on securities, loans, and capital. Journal of Banking and Finance, 19 （3 – 4）, 661 – 677.

［39］Haubrich, J. G. , &Wachtel, P. （1993）. Capital requirements and shifts in commercial bank portfolios. New York University Salomon Center, Leonard N. Stern School of Business.

［40］Horváth, R. , Seidler, J. , & Weill, L. （2014）. Bank capital and liquidity creation: Granger – causality evidence. Journal of Financial Services Research, 45 （3）, 341 – 361.

［41］Kim, D. , & Santomero, A. M. （1988）. Risk in banking and capital regulation. The Journal of Finance, 43 （5）, 1219 – 1233.

［42］Klein, P. – O. , & Turk – Ariss, R. （2018）. Is the cost of a safer banking system lower economic activity? （Working Paper）.

［43］Koehn, M. , & Santomero, A. M. （1980）. Regulation of bank capital and portfolio risk. The Journal of Finance, 35 （5）, 1235 – 1244.

［44］Mehran, H. , & Thakor, A. （2011）. Bank capital and value in the cross – section. The Review of Financial Studies, 24 （4）, 1019 – 1067.

［45］Merton, M. H. （1995）. Do the M & M propositions apply to banks? Journal of Banking and Finance, 19, 483 – 489.

［46］Mishkin, F. S. （2000）. Inflation targeting in emerging – market countries. The American Economic Review, 90 （2）, 105 – 109.

［47］Modigliani, F. , & Miller, M. （1958）. The cost of capital, corporation finance and the theory of finance. The American Economic Review, 48 (3), 291 – 297.

[48] Nguyen, T. T. (2015) . Bank capital requirements: A quantitative analysis (Working Paper) .

[49] Osborne, M. , Fuertes, A. , & Milne, A. (2012) . Capital and profitability in banking: Evidence from US banks (Working Paper) .

[50] Peek, J. , & Rosengren, E. S. (1994) . Bank real estate lending and the New England capital crunch. Real Estate Economics, 22 (1), 33 – 58.

[51] Peek, J. , & Rosengren, E. (1995) . Bank regulation and the credit crunch. Journal of Banking and Finance, 19 (3 – 4), 679 – 692.

[52] Thakor, A. V. (1996) . The design of financial systems, an overview. Journal of Banking and Finance, 20 (5), 917 – 948.

[53] Thakor, A. V. (2014) . Bank capital and financial stability: An economic trade – off or a faustian bargain? Annual Review of Financial Economics, 6 (1), 185 – 223.

[54] Thakor, A. V. (2018) . Post – crisis regulatory reform in banking: Address in-solvency risk, not illiquidity! Journal of Financial Stability, 37, 107 – 111.

[55] Thakor, A. V. (2019) . The purpose of banking: Transforming banking for sta-bility and economic growth (1st ed.) . Oxford University Press.

[56] Van den Heuvel, S. J. (2008) . The welfare cost of bank capital requirements. Journal of Monetary Economics, 55 (2), 298 – 320.

[57] Von Thadden, E. – L. (2004) . Asymmetric information, bank lending and im-plicit contracts: The winner's curse. Finance Research Letters, 1 (1), 11 – 23.

第二十一章 流动性要求

流动性要求是另一套可避免银行陷入困境,并降低触发外部救助或内部纾困可能性的监管工具。第21.1节回顾了流动性要求的概念和目标。第21.2节讨论了流动性要求如何通过三种机制发挥作用,以避免银行陷入财务危机。第21.3节描述了巴塞尔协议Ⅲ中的流动性要求,以及美国、欧盟和其他国家已经实施的其他流动性要求。第21.4节给出了流动性要求机制有效性的实证证据。

21.1 什么是流动性要求

流动性要求是监管机构为降低流动性风险和降低流动性冲击导致银行陷入财务危机的可能性而制定的。流动性风险是指客户对流动资金需求突然激增的风险,这可能会导致银行"减价出售",在极短时间内以低于公平市场价格的价格清算资产,或放弃有利可图的投资,如商业贷款或贷款承诺。对流动资金的需求可能来自银行资产负债表的负债方,比如储户挤兑或资本市场参与者拒绝展期其他债务。另一方面,对流动资金的需求还可能来自资产负债表外的客户,他们可能会从流动资金中提取贷款承诺或类似权益。

最显著的银行流动性风险源自,当银行客户怀疑或知道银行由于流动性、信贷或其他问题而陷入财务危机时,他们会"挤兑"银行,试图在流动性枯竭之前获取流动资金,这会造成严重的银行流动性风险(Diamond 和 Dybvig,1983)。在"大萧条"时期,许多储户在怀疑美国银行出现财务危机时向其挤兑,使得流动性不足的问题演变为资不抵债、银行倒闭。当时没有存款保险,因此"顺序服务约束"(先来的存款人能拿到钱而后来的拿不到)意味着对储户来说,仅仅因为知道其他人在银行挤兑,就也来银行挤兑是合理的。在全球金融危机期间,大多数美国存款人都得到了全额保险,没有发生挤兑。FDIC 将每个账户的存款保险金额从 10 万美元提高到 25 万美元,以避免部分没有保险的存款人挤兑。尽管如此,许多没有政府担保的贷款承诺客户通过挤兑提取了他们的贷款承诺,耗尽了银行的流动性(如 Ivashina 和 Scharfstein,2010;Campello、Giambona、Graham 和 Harvey,2011)。

银行极其容易发生流动性风险,因为其核心功能之一是在资产负债表的资产和负债方面以及资产负债表之外创造流动性。为非银行公众创造更多的流动性通常会使银行更缺乏流动性(Berger 和 Bouwman,2009)。举例来说,银行可以通过持有更多的非流动性贷款在资产方面创造更多的流动性，通过发行更多的交易存款在负债方面创造更多的流动性，通过提供更多的贷款承诺在资产负债表外创造更多的流动性。更多的交易存款和更多的贷款承诺增加了对流动资金的潜在需求，而更多的非流动贷款意味着满足这些需求所需的流动资产更少。没有一家运转良好、为非银行公众创造流动性的银行能够承受全面挤兑，因为银行的流动资产几乎总是少于负债和表外债权。①

　　流动性要求通常是由中央银行以最低比率的形式施加的。最低比率的分子是现金和政府证券等流动资产，分母是存款量或对流动资金的潜在需求的其他指标。从历史上看，最常见的要求是对现金的准备金要求，或对央行持有的某一部分存款的准备金要求。在全球金融危机爆发前的几年里，对准备金要求的依赖有所下降，因为它作为审慎监管工具，成本高昂，作为货币政策工具又相当迟钝（Bouwman，2019）。

　　不过，全球金融危机期间金融体系流动性的迅速枯竭，为美国和其他国家的银行监管机构对银行实施更全面的银行流动性要求提供了动力。如下文第21.3节所述，巴塞尔协议Ⅲ首次引入国际流动性要求。

　　在详细探讨流动性要求之前，我们提出两个重要问题。第一，第二十章中讨论的资本要求与本章中回顾的流动性要求之间的相互作用。Adrian和Boyarchenko（2018）分析了一个动态随机一般均衡模型，其中资本和流动性监管与无风险资产的供应相互作用。在他们的模型中，资本和流动性约束的内生时变紧缩，产生了中介机构的杠杆周期，影响了定价和经济中的风险水平。他们的模型表明流动性要求优于资本要求，因为紧缩的流动性要求在不损害消费增长的情况下降低了发生系统性风险的可能。

　　第二，考虑到中央银行的最后贷款人（Lender of Last Resort，LOLR）功能，我们要解决的问题是：制定足够严格的流动性要求以防范金融危机等大规模总体流动性冲击是否合适。也就是说，虽然流动性要求可能有助于防止特殊流动性冲击演变为财务危机或个别银行的倒闭，但对于重大流动性冲击，通过LOLR缓解流动性问题可能更有效。考虑到放弃投资于有利可图的贷款、承诺和其他投资的收入，让每家银行储存足够的流动性以减轻重大冲击可能代价高昂，而中央银行实际上可以无成本地创造任何数量的流动性，并且可能在金融危机期间通过LOLR功能以较低的成本将其分配给银行。如上文第十六章所述，在全球金融危机期间，美联储通过扩大的贴现窗口（DW）和定期拍卖工具（TAF）分配了数万亿美元的流动性，这些计划在增加银行贷款方面非常成功。此外，Thakor（2018）研究表明，全球金融危机本质上是破产风险危机，而不是流动性危机。如果这一结论是正确的，那么严格的流动性要求甚至不能显著地遏制一场非常严重的金融危机，从而进一步挑战了以流动性要求防范大规模的总体流动性冲击的观点。

---

　　①　弗里德曼（1948）提议对活期存款实行100%的准备金要求，其主要目的是让中央银行更好地控制货币政策，这几乎可以消除银行的流动性风险。然而，这也将在很大程度上摧毁银行为非银行公众创造流动性的能力。

21.2　流动性要求和避免银行财务危机的三种机制

本节讨论流动性要求如何影响银行发生财务危机的可能性。从理论层面来说，流动性要求可以通过审慎机制（通过限制流动性风险）发挥作用，也可以通过认证机制（通过向公众保证银行的安全）发挥作用。然而，就资本要求而言，这两种机制可能走向相反的方向，使银行的风险更大。流动性要求无法通过补贴机制发挥作用。这些影响反映在表 19.1A 部分的流动资金需求栏中。"？"表示审慎和认证机制，"N/A"表示补贴机制。

21.2.1　流动性要求的审慎机制

流动性要求可以通过确保银行拥有足够的流动资产来抵御预期之外的流动性冲击，从而降低发生流动性风险和金融危机的可能性。流动性要求会鼓励银行持有更多的流动资产，较少的流动负债和表外流动性要求。流动性要求还可以潜在地降低流动性风险以外的风险，并鼓励更安全的银行风险管理。持有更多的流动资产可以降低信用风险，并减缓银行的风险转移活动，因为通常现金和其他流动资产几乎没有信贷风险（Calomiris，Heider 和 Hoerova，2013）。

然而，银行要么通过承担更多的投资组合风险来满足流动性标准，要么通过提升其他类别的风险来强制降低流动性风险。这些要求还可能会损害银行的盈利能力和特许权价值，从而增加银行的风险。这些论点与第二十章中回顾的有关资本要求的文献中提出的观点类似。我们在有关流动性要求的文献中没有注意到这些论点。

21.2.2　流动性要求的认证机制

流动性要求也可通过认证机制发挥作用，向公众确保单个银行和银行业的安全。这些要求可以降低流动性风险、可能的信用风险或上述其他风险管理问题，并降低由于储户、其他债务持有人、表外贷款承诺客户和其他交易方的挤兑而导致这些风险演变成财务困境的可能性。相反，流动性要求可能通过审慎机制使银行更具风险，而认证机制也可能使银行更具风险，鼓励挤兑并破坏银行对风险敏感工具的获取。

21.3　不同流动性要求的描述

在本节中，我们将解释由美国、欧洲的中央银行或其他监管机构实施的流动性要求，并简单解释其他国家的流动性要求。首先，我们从巴塞尔协议Ⅲ中引入的流动性要求开始说起。大多数发达国家的央行都同意并执行了该协议，许多其他发达国家和发展中国家也效仿了该协议。

21.3.1 巴塞尔协议Ⅲ的流动性要求

巴塞尔银行监管委员会在巴塞尔协议Ⅲ中提出了两个明确的流动性要求，作为流动性风险框架改革的一部分（巴塞尔银行监管委员会，2013，2014）。新要求考虑到在给定期间内银行可能出现的预期中和预期外现金流出的总体情况。流动性覆盖率（LCR）和净稳定资金比例（NSFR）旨在提高银行应对流动性风险的能力。

LCR 是一种短期比率，要求银行持有足够的优质流动性资产，以满足 30 天压力期内的流动性要求。LCR 的定义为：$LCR_{it} = \dfrac{High\ Quality\ Liquid\ Assets_{it}}{Out\ flows_{it} - \min(In\ flows_{it}, 0.75\ Out\ flows_{it})}$（21.1），其中 i 代表银行，t 代表时间。分子中的优质流动性资产（HQLA）包括一级资产和二级资产。一级资产是现金、央行储备以及由高评级主权国家和相应央行支持的某些债务性证券。二级资产是流动性稍低的资产，包括某些政府证券、某些合格公司债券、担保债券和一些证券化的住宅抵押贷款。LCR 的分母是现金净流出，用 30 天内预期现金流出和预期现金流入之间的差值来计算。为了保守起见，现金流入限制在现金流出的 75% 以内，并鼓励银行持有更多的优质流动性资产（HQLA）。巴塞尔委员会要求的 LCR 大于 1，因此在大多数情况下，银行持有的优质流动性资产大于实际的现金净流出。LCR 于 2015 年 1 月 1 日至 2019 年 1 月 1 日分阶段实施。

相对于 LCR 的短期导向，NSFR 旨在通过建立额外的激励机制，鼓励银行以持续为目标以更稳定的资金来源为其业务提供资金，从而促进长期的流动性稳定（巴塞尔银行监管委员会，2010）。它表示为如下比率：$NSFR_{it} = \dfrac{Available\ Stable\ Funding_{it}}{Required\ Stable\ Funding_{it}}$（21.2）。银行需保持 NSFR 比率至少为 1。分子中的可用稳定资金（ASF）是通过对银行持有的稳定资金的每个部分的价值分配权重来确定的。稳定资金包括银行的资本、期限超过一年的负债，以及预计将在危机期间留在银行内的期限不足一年的负债。ASF系数为 100% 意味着来自该来源的资金在未来一年以上的时间内完全可用，而 ASF 系数为零则表示对资金来源不可靠的预期。

分母中的所需稳定资金（RSF）的计算方法是，根据银行资产的流动性特征，对银行资产的每个组成部分和表外活动所需持有的稳定资金的加总。为了确定每个项目所需的稳定资金数额，将 RSF 系数分配给银行流动性风险敞口的账面价值。RSF 系数的范围从 100%（指资产或敞口是缺乏流动性的，需要有一个稳定的资金来源进行充分融资）到零（适用于完全具有流动性的资产）。

21.3.2 美国的流动性要求

2014 年 9 月，美联储、联邦存款保险公司（FDIC）和货币监理署（OCC）最终确定了在美国实施 LCR 规则。以下美国银行机构受 LCR 约束：（a）合并后集团总资产达到 2500 亿美元的银行机构；（b）资产负债表上的外国风险敞口超过 100 亿美元；（c）

(b) 中银行机构的附属存款机构。对于未达到上述门槛但总资产超过 500 亿美元的银行控股公司和储蓄贷款控股公司，将采用一种不那么严格的修改后的 LCR。关于 NS-FR，美联储在 2016 年 5 月提出了一项规则，本应于 2018 年 1 月 1 日生效，但尚未最终确定。① 2018 年 10 月 31 日，美国监管机构发布提案，修改对大银行加强版的审慎流动性要求。这些提案免除了总资产在 1000 亿 ~2500 亿美元的美国国内银行的 LCR 和 NS-FR，并将资产在 2500 亿 ~7500 亿美元的银行的 LCR 和 NSFR 要求降至 70% ~75%。截至撰写本文时，NSFR 尚未执行。

美联储还在大型机构监管协调委员会（LISCC）框架下，对规模最大、最具系统重要性的机构使用了综合流动性分析和审查（CLAR），它由多个维度而非单一的定量比率构成。CLAR 包括详细的银行流动性压力测试，美联储对银行分析的独立审查，以及对银行流动性规划和治理的评估。CLAR 旨在更准确地反映流动性危机期间银行的具体情况。如果美联储独立审核发现银行计算结果中的任何偏差，它可以更改任何结果。该条款于 2012 年底首次推出，适用于几家具有系统重要性的银行。② CLAR 的结果是保密的。

在巴塞尔协议 Ⅲ 和 CLAR 之前，美国的流动性要求通常采取的形式是现金储备与存款的最低比率，也就是要求银行将部分存款负债作为准备金。对法定准备金的要求已经降低了数次，但仍然有效。

随着国家银行法的通过，金库准备金要求于 1863 年在国家层面启动。拥有国家特许的银行必须持有国民银行券和存款的 25% 作为准备金。对于位于大城市以外的银行，这一要求降低到 15%。1874 年的一项法案用赎回基金取代了对银行券的准备金要求，赎回基金被算作满足存款准备金要求的一部分。

19 世纪末和 20 世纪初的各种银行挤兑和恐慌导致美联储在 1913 年成立 LOLR。如上所述，LOLR 至少在某种程度上替代了流动性要求，但是对交易和定期存款的准备金要求仍在实施。

在 20 世纪 70 年代，利率的上升增加了银行满足准备金要求的成本，因为美联储对准备金不支付任何利息。这导致了银行退出美联储体系。在某种程度上，为了阻止这一趋势，1980 年的《存款机构放松管制和货币控制法》（DIDMCA）规定，所有存款机构都必须服从准备金要求。首个 2500 万美元交易存款的存款准备金率为 3%，其余为 12%，非交易存款为 3%。随着时间的推移，这些百分比有所下降，这可能是为了避免由于未支付准备金利息而导致的非中介化。

截至撰写本文时，根据美国银行的准备金要求（最后更新于 2019 年 1 月 17 日），净交易账户（NTAs）的前 1630 万美元没有最低准备金要求；对于联邦储备银行持有的

---

① https：//www.federalreserve.gov/newsevents/pressreleases/bcreg20160503a.htm.
② 目前，LISCC 的机构包括：美国银行、纽约梅隆银行、巴克莱银行、花旗银行、瑞士信贷、德意志银行、高盛、摩根大通、摩根士丹利、道富银行、瑞士联合银行和富国银行。

准备金加上用于净交易账户的介于 1630 万~1.242 亿美元的备用库现金，最低准备金要求比率为 3%；对于超过 1.42 亿美元的净交易账户，最低准备金要求比率为 10%。这些界限通常在每年 1 月向上调整。美联储使用滞后准备金会计系统，要求在 14 天的计算周期内计算准备金，然后必须在 14 天的维持周期内持有。[①]

然而，这些最低比率对大多数银行基本上没有成本。自 2008 年 12 月以来，美联储对存款准备金和超额准备金都支付了利息。许多银行持有大量的超额准备金，部分原因是美联储为其支付利息。美国银行监管机构还在银行检查中根据流动性风险对银行进行评级。这是他们对银行总体评估的一部分（在"骆驼"测试评级中，流动性是"L"）。这些评级是保密的，人们对其有效性知之甚少。

21.3.3 欧洲的流动性要求

大多数欧洲国家都遵守巴塞尔协议Ⅲ的流动性要求。在引入 LCR 之前，几个欧洲国家的监管机构实施了定量流动性要求。德国机构必须保持其流动性资产等于或大于一个月内到期的总负债。流动性资产是指优质流动性资产（如一个月内到期的资产和有价证券）的预期现金流入之和。德国流动性要求的计算和基本假设与巴塞尔协议Ⅲ中的 LCR 非常相似。

在法国，银行也类似地需要保持市场流动性资产加上预期现金流入与一个月内的假定现金流出的最小比率至少为 1。

爱尔兰要求金融机构将流动性资产与总借款的比率保持在 25% 或更高。流动性资产的定义包括现金、政府债券和与央行的余额。

卢森堡的流动性要求是基于流动性资产相对于短期流动负债而言的。银行将保持至少 30% 的比率。

荷兰的流动性要求是指银行在 7 天和 30 天的压力期内的实际流动性（AL）和所需流动性（RL）之差。AL 是指流动性资产和假定现金流入之和。RL 包括适度零售和大量批发资金流出，以及对或有流动性额度的大量要求。

在英国，流动性要求主要针对的是期限错配。英国审慎监管局（PRA）设定了最大净累积错配上限，反映为机构在 8 天和 30 天存款总额中所占的比例。银行还需持有最低数量的优质流动性资产，如现金、央行准备金或英国政府债券。

21.3.4 其他国家的流动性要求

韩国银行必须拥有足够的流动性资产，以在 3 个月内偿还债务。流动性资产包括有价证券以及未来投资到期时的现金流入。韩国的流动性比率有时会进行修改，在许多银行低于监管或预防水平时发出警告信号（Lee, 2013）。

---

① https：//www.federalreserve.gov/monetarypolicy/reserve–maintenance–manual–calculation–of–reserve–balance–requirements.htm.

21.4 流动性要求机制的实证研究

接下来，我们梳理关于流动性要求通过上述机制实施效果如何的实证研究。

21.4.1 流动性要求审慎机制的实证研究

巴塞尔协议Ⅲ中 LCR 和 NSFR 的主要目标是确保银行有足够的流动性，因此关键问题是 LCR 和 NSFR 在多大程度上实际衡量了银行的流动性。Berger 和 Bouwman（2016）测量了 LCR 和 NSFR 与流动性创造测度的相关性，其中 LCR 和 NSFR 由 Hong，Huang 和 Wu（2014）提供，流动性创造测度由 Berger 和 Bouwman（2009）提出，采用银行流动性反向指标以及 GTA 标准化。他们发现，这种相关性往往很弱，有时还会朝着意想不到的方向发展，尤其是对 LCR 而言，特别是在全球金融危机期间。虽然没有完美的银行流动性指标，但这些结果表明，巴塞尔协议的指标，特别是 LCR，可能还有改进的空间。与此相一致的是，Hong，Huang 和 Wu（2014）估计了一个银行破产模型，发现低于 LCR 和 NSFR 阈值的银行，其破产概率只是略微升高。

其他研究表明，巴塞尔协议Ⅲ在鼓励银行提高流动性方面可能是有效的。Roberts，Sarkar 和 Shachar（2018）的研究结果表明，通过使用 Bai，Krishnamurthy 和 Weymuller（2018）的流动性错配指数（LMI）与 Berger 和 Bouwman（2009）的资产标准化流动性创造测度，对大型银行实施 LCR 提高了它们的流动性。具体而言，他们发现自 2013 年以来，相对于非 LCR 银行，LCR 银行的 LMI 和流动性创造有所下降。流动性创造的减少主要是由持有非流动性资产的减少和持有流动性资产的增加所驱动的。Duijm 和 Wierts 2016 研究了 LCR 对银行流动资产和负债的影响。他们发现，银行调整流动资产和负债以满足短期流动性的最低要求，大部分变化发生在资产负债表的负债方面。他们的研究结果是基于荷兰银行的数据集得出的，这些银行在巴塞尔协议Ⅲ引入 LCR 之前，也曾面临类似的流动性要求。Banerjee 和 Hio（2014）发现，英国银行一旦面临流动性要求，就会大幅增加流动资产的存量，减少金融资产的持有量和对短期批发融资的依赖。

21.4.2 流动性要求认证机制的实证研究

我们并没有任何关于流动性要求认证机制的直接实证证据。然而，我们注意到，在一定程度上，公众能意识到上述要求可以鼓励银行增加流动性，这可能会阻止公众对银行的挤兑。

参考文献

[1] Adrian, T., & Boyarchenko, N. (2018). Liquidity policies and systemic risk.

Journal of Financial Intermediation, 35, 45 – 60.

［2］Bai, J., Krishnamurthy, A., & Weymuller, C. – H. (2018). Measuaring liquidity mismatch in the banking sector. *The Journal of Finance*, 73 (1), 51 – 93.

［3］Banerjee, R., & Hio, M. (2014). *The impact of liquidity regulation on bank behaviour：Evidence from the UK* (Working Paper).

［4］Basel Committee on Bank Supervision. (2010). *Basel III：International framework for liquidity risk measurement, standards and monitoring.* Available at https：//www. bis. org/publ/bcbs188. pdf.

［5］Basel Committee on Bank Supervision. (2013). *Basel III：The liquidity coverage ratio and liquidity risk monitoring tools.* Basel Committee on Banking Supervision. Available at https：//www. bis. org/publ/bcbs238. pdf.

［6］Basel Committee on Bank Supervision. (2014). *Liquidity coverage ratio disclosure standards.* Basel Committee on Banking Supervision. Available at https：//www. bis. org/publ/bcbs272. pdf.

［7］Berger, A. N., & Bouwman, C. H. S. (2009). Bank liquidity creation. *The Review of Financial Studies*, 22 (9), 3779 – 3837.

［8］Berger, A. N., & Bouwman, C. H. S. (2016). *Bank Liquidity Creation and Financial Crises.* Elsevier e North Holland.

［9］Bouwman, C. H. S. (2019). In A. N. Berger, P. Molyneux, & J. O. S. Wilson (Eds.), *Oxford Handbook of Banking* (Third Ed., pp. 181 – 228). Oxford：Oxford University Press.

［10］Calomiris, C. W., Heider, F., & Hoerova, M. (2013). *A theory of liquidity requirements.* Mimeo.

［11］Campello, M., Giambona, E., Graham, J. R., & Harvey, C. R. (2011). Liquidity management and corporate investment during a financial crisis. *The Review of Financial Studies*, 24 (6), 1944 – 1979.

［12］Diamond, D. W., & Dybvig, P. H. (1983). Bank runs, deposit insurance, and liquidity. *Journal of Political Economy*, 91 (3), 401 – 419.

［13］Duijm, P., & Wierts, P. (2016). The Effects of Liquidity Regulation on Bank Assets and Liabilities. (Working Paper).

［14］Friedman, M. (1948). Monetary and Fiscal Framework for Economic Stability. *The American Economic Review*, 38, 245 – 264.

［15］Hong, H., Huang, J. – Z., & Wu, D. (2014). The information content of Basel III liquidity risk measures. *Journal of Financial Stability*, 15, 91 – 111.

［16］Ivashina, V., & Scharfstein, D. (2010). Bank lending during the financial crisis of 2008. *Journal of Financial Economics*, 97 (3), 319 –338.

[17] Lee, S. H. (2013). Systemic liquidity shortages and interbank network struc-tures. *Journal of Financial Stability*, 9 (1), 1 –12.

[18] Malherbe, F. (2014). Self – fulfilling liquidity dry – ups. *The Journal of Fi-nance*, 69 (2), 947 –970.

[19] Roberts, D., Sarkar, A., & Shachar, O. (2018). *Bank liquidity provision and Basel liquidity regulations*. FRB of New York Staff Report, no. 852.

[20] Thakor, A. V. (2018). Post – crisis regulatory reform in banking: Address in-solvency risk, not illiquidity! *Journal of Financial Stability*, 37, 107 –111.

第二十二章　压力测试

在本章中，我们将讨论银行压力测试。第 22.1 节回顾了压力测试的概念和目标。第 22.2 节讨论了压力测试如何通过这三种机制避免银行陷入财务困境。第 22.3 节描述了在美国和欧盟实际进行的银行压力测试，第 22.4 节给出了测试有效性的实证证据。

22.1　什么是压力测试

压力测试通常是指一种模拟测试，旨在衡量给定的个人、机构或系统在异常紧张的情况下的表现。压力测试估计了银行组织在模拟未来可能发生的金融危机或困难时期的不利场景中，能够放贷和执行其他正常银行职能的程度。这些测试由政府机构进行，银行会被分为及格或不及格。压力测试失败，可能会伴随着对通过股息和股票回购进行资本支出的限制，以及改善风险管理流程和提高资本比率的要求。

这些测试本质上是前瞻性的资本要求，要求有足够的资本来吸收未来的风险。这与第二十章中回顾的常规资本要求形成对比，后者根据以往经验得出的投资组合风险，设定最低资本比率。

22.2　压力测试和避免银行财务危机的三种机制

与资本要求类似，压力测试可以通过审慎机制和认证机制防止或阻止银行陷入财务困境，但不能通过补贴机制进行。同样与资本要求相似的是，审慎和认证机制可能反过来使银行的风险更大。表 19.1 中的压力测试列与资本要求列相似，审慎和认证机制都用"?"表示，补贴机制用"N/A"表示。

22.2.1　压力测试的审慎机制

通过要求银行拥有足够的资本，至少能够承受未来某种形式的不利情况，压力测试在降低未来接受外部救助或内部纾困的可能性方面，可能具有审慎性的好处。与第二十章中讨论的资本要求类似，这些额外的资本可以为吸收损失提供缓冲，并减少促使投资者承担过多投资组合风险的道德风险，从而减轻未来的困境。

从理论上讲，由于压力测试具有前瞻性，在降低未来的外部救助或内部纾困需求方面，压力测试可能比传统的资本标准更有效。压力测试还可能比标准资本要求更有优势，因为资本的目标是在最需要避免银行财务危机时提供资本缓冲。压力测试还可以迫使银行变得更有远见，并开发出帮助它们预测未来金融危机影响的亏损模型，从而对审慎性也有好处。

如前文所述，这些理论也考虑到更高的资本可能会导致更高的投资组合风险。因此，压力测试也可能增加银行风险，与审慎机制相悖。

22.2.2　压力测试的认证机制

压力测试也可以通过认证机制发挥作用，向公众保证通过压力测试的银行的安全性。通过让公众知道一些帮助稳定金融系统的银行是相对安全的，也可能有助于更普遍地证明银行业的安全性，并降低传染风险（Choi，2014）。相比之下，就审慎机制使银行风险加大的程度而言，认证机制也可能增加银行业的挤兑和传染风险。

在单个银行层面上，认证机制的作用也不明确。通过压力测试的银行可能会对声誉带来积极影响。对于那些未能通过压力测试的银行，认证机制就不那么明确了。失败的污名可能会降低公众对未能通过测试的银行的信心。或者，如果压力测试要求这些银行遵守资本计划，使其达到标准，那么认证机制可能会对这些银行起到积极作用。

压力测试认证机制的一个潜在缺点是，它们可能会赋予参与测试的银行"大到不倒"的地位。也就是说，压力测试一般只适用于规模最大的银行，这可能会让这些银行的管理者和其他利益相关者相信，他们更有可能在未来获得外部救助和其他安全收益，从而产生道德风险激励，促使他们承担更多的投资组合风险。

22.3　不同压力测试的描述

本节讨论美国和欧盟的压力测试及其有效性的实证研究。这些测试通常针对最具系统重要性的机构，这些机构也涵盖了银行业的大部分资产。

22.3.1　美国的压力测试

自 21 世纪初的全球金融危机以来，美国先后实施了三种不同的压力测试项目：监管资本评估计划（SCAP）、综合资本分析和审查（CCAR）和《多德—弗兰克法案》压力测试（DFAST）。如下文所述，SCAP 是 2009 年全球金融危机期间的一次性测试，CCAR 和 DFAST 是分别于 2011 年和 2014 年开始的年度项目。

监管资本评估计划（SCAP）
美国的第一个压力测试项目是 2009 年的监管资本评估计划（SCAP），该项目同时对合并资产超过 1000 亿美元的美国 19 家最大的银行控股公司（BHCs）进行压力测试。① SCAP 的主要目的是衡量这些银行的实力和它们承受更多不利情况的能力，并要求它们拥有或筹集足够的资金，从而在这种情况下继续放贷（审慎机制）。SCAP 还有助于在全球金融危机期间减少投资者的担忧，并将更多资本投资于这些银行控股公司（认证机制）。

SCAP 涉及两种宏观经济情景。"基线"情景意在代表全球金融危机带来的糟糕经济环境。更"不利"的情况包括失业率超过 10%，房价再跌 25%。银行控股公司必须计算出，如果一级资本 ≥6%，一级公共资本 ≥4%，它们还需要多少资本，这些估计数字需要经过银行监管机构的审核。在更不利的情况下，这些机构必须拥有或筹集足够的资金来满足资本要求，否则美国财政部将提供资金。结果显示，在更不利的情况下，19 家银行中有 10 家没有立即达到资本比率目标，但由于结果的披露给投资者带来了信心，它们在随后的 7 个月内私下筹集了资金（Schuermann，2014）。因此，认证机制似乎对 SCAP 很有效。

综合资本分析和审查（CCAR）

综合资本分析和审查（CCAR）自 2011 年开始，并将压力测试作为资本充足率审查程序的一个永久部分，以量化银行可能存在的缺口。CCAR 在 2011 年从 1000 亿美元的银行控股公司开始，在 2014 年变成涵盖合并资产超过 500 亿美元的任何银行，当时共有 30 家机构。CCAR 有助于美联储评估资本充足率，内部资本充足率评估程序，以及股息和股票回购计划。这些银行必须向美联储提交年度资本计划，由美联储决定这些计划是否足以提供足够的资本，以应对经济和金融压力。如果这些资本不够，银行的资本支出将会被限制，并且必须提交一份修改后的计划。银行可能因为资本不足（定量评估）、风险管理不足（定性评估）或两者兼有而未能通过压力测试。② 截至 2019 年，美联储发布了最终规则，对连续四年参加 CCAR 并在无异议的情况下通过最后一年定性部分的大公司免除了定性部分。③ 银行资本计划的定性部分仍将留给"大型且复杂"的机构。此外，美联储近期提议用针对个别银行的压力资本缓冲要求取代 CCAR 的定量部分，并提高压力测试计划的透明度。根据这项提议，银行需要将全年资本比率保持在高于压力缓冲要求的水平，以避免对资本分配和奖金的限制。④

---

① 接受测试的 19 家银行控股公司包括：美国银行、摩根大通、花旗集团、富国银行、高盛、摩根士丹利、大都会人寿保险、PNC 金融服务集团、美国合众银行、纽约梅隆银行、通用汽车金融服务公司、太阳信托银行、第一资本金融公司、BB&T 公司、地区金融公司、道富银行、美国运通公司、五三银行和科凯集团。

② 2018 年，政府监管机构决定对高盛集团、摩根士丹利和道富银行三家银行控股公司给予有条件的通过。这些银行控股公司可能会无法通过部分测试，因此监管机构提出，如果它们限制股东的资本分配，那么它们将有机会再次参加测试，以获得及格分数。这一决定是基于更严峻情况的设想，这种设想将导致更高的预计亏损，而新的税收改革也对预期产生了影响。在 2018 年的测试周期之前，这种程度的谈判从未听说过。2018 年的测试周期被认为是迄今最严峻的一轮，在这一周期中，可能出现的情况包括失业率飙升、市场崩溃和巨额贷款损失。

③ https://www.federalreserve.gov/newsevents/pressreleases/bcreg20190306b.htm.

④ https://www.federalreserve.gov/newsevents/pressreleases/files/bcreg20180410a1.pdf.

《多德—弗兰克法案》压力测试（DFAST）

2010 年《多德—弗兰克法案》的一个条款是《多德—弗兰克法案》压力测试（DFAST），它是 CCAR 的补充。DFAST 要求合并资产超过 100 亿美元的国有非会员银行和储蓄协会进行内部压力测试。尽管 DFAST 是在 2010 年《多德—弗兰克华尔街改革和消费者保护法》（*Dodd–Frank Wall Street Reform Act*）签署成为法律时发布的，但直到 2014 年银行才被授权参与当年的测试周期。在此检查中使用了三种情况："基线""不利"和"严重不利"。虽然"不利"和"严重不利"的情况并不是对未来经济的代表性预测，但它们被用作假设情况，以评估这些金融机构的实力和弹性。这些机构必须上交这些结果，以便可以分析其风险状况。这些机构需在当年 10 月 15 日之前发布其结果摘要。

虽然 DFAST 和 CCAR 是互补的，但它们的目标和结构不同。CCAR 是一项资本计划，而 DFAST 的不同之处在于，它是根据《多德—弗兰克法案》制定的一项强制压力测试规则。它只包括微观（公司特有）和宏观（行业范围）资本比率的定量信息。CCAR 和 DFAST 之间最大的区别之一是，产生压力后资本比率所假定的资本行为。CCAR 根据公司的资本计划来规划资本行动，而 DFAST 则将资本行动程式化，使用基于各银行控股公司最近行为的股息假设。当银行未能通过压力测试时，两者之间也存在差异。如果一家银行未能通过 DFAST，就会对股息进行限制，而未能通过 CCAR，就会对计划股息和资本回购进行限制，并加强对银行控股公司风险管理流程的监督审查。

美国压力测试的近期变化

2018 年 5 月 14 日，国会通过了《经济增长、监管救助和消费者保护法案》（又称 Crapo 法案），特朗普总统将其签署为法律，对 DFAST 进行了修改。这是自 2010 年《多德—弗兰克法案》以来，首部改变金融监管格局的重大立法。[1] 该法案通过撤销 DFAST（非 CCAR）中的部分条款，对合并资产总额低于 2500 亿美元和非银行资产低于 750 亿美元的银行控股公司减轻了 DFAST 的监管限制。[2] 因此，资金不足 1000 亿美元的银行将不再受 DFAST 的监管，[3] 而资金在 1000 亿~2500 亿美元之间的银行将在该法案通过 18 个月后不再受这些更严格的监管。[4] 最后，资产超过 2500 亿美元的银行控股公司[5]仍需遵守 CCAR/DFAST 的要求，以及所有增强的审慎标准，如 G-SIB 资本附加费、增强的监管杠杆率（eSLR）和总损失吸收能力（TLAC）。对于 DFAST 和 CCAR 压力测试，该法案还将压力测试场景的数量从三个减少到两个（"基线"和"严重不

① https：//www.congress.gov/bill/115th-congress/senate-bill/2155.

② https：//www.federalreserve.gov/newsevents/pressreleases/bcreg20190205b.htm.

③ 有 8 家机构不再接受公开的 CCAR/DFAST 压力测试：BB&T 公司、BBVA Compass、蒙特利尔银行、法国巴黎银行、三菱日联美国银行、加拿大皇家银行、桑坦德银行和太阳信托银行。

④ 在 1000 亿~2500 亿美元这一类别中有 9 家机构：美国运通、联合汽车金融公司、公民金融集团、五三银行、科凯集团、地区金融公司、美国制商银行、亨廷顿银行股份公司和发现金融服务公司。

⑤ 有 18 家机构拥有 2500 亿美元以上的资产：美国银行、瑞士信贷、纽约梅隆银行、巴克莱银行、第一资本金融公司、花旗集团、德意志银行、高盛、北美汇丰银行、摩根大通、摩根士丹利、北方信托公司、PNC 金融服务集团、道富银行、TD 集团美国控股有限公司、美国合众银行、瑞银集团和富国银行。

利"），消除了"不利"场景。

2018 年，美联储提议建立一个综合框架，使用新的"压力资本缓冲"将大型银行的 CCAR 定量压力测试结果与当前的资本缓冲要求联系起来。因此，新的大型银行资本要求，反映的是公司资本在严重不利情况下受到的侵蚀（压力资本缓冲要求），以及由于其对更广泛金融体系的潜在危机而产生的风险（GSIB 附加费用和逆周期资本缓冲金额）。2018 年底，美联储监管副主席 Randal Quarles 提到，由于收到了来自业界的众多评论，这一压力资本缓冲规则不太可能在 2020 年之前生效。[①] 2019 年 6 月底，所有 18 家接受压力测试的银行都通过了美联储的审查，并获准将多余资金分配给股东。与 2018 年相比，2019 年的压力测试对信用卡风险敞口的权重超过了对商业贷款的权重，并对外资银行的业务进行了检查，特别是德意志银行的美国子公司。德意志银行的美国子公司在 2019 年通过压力测试之前三次未能通过测试。

22.3.2 欧盟的压力测试

欧盟压力测试的经验与美国有很大不同。欧盟压力测试也包括"基线"情景和"不利"情景，类似于美国的压力测试。第一次全欧盟范围内的压力测试是在 2009 年进行的，其目的是对整个欧盟银行业进行评估。结果披露后，投资者发现结果不够透明。2010 年欧洲主权债务危机期间，欧洲银行监管委员会（CEBS）对 20 个欧盟成员国的 91 家银行进行了第二次压力测试，这些银行当时占欧盟银行业总资产的 65%。在参与的 91 家银行中，只有 7 家没有达到一级资本充足率要求，并被要求筹集额外资本。然而，在不得不救助，此前通过压力测试的爱尔兰银行后，压力测试开始受到严格审查。

2011 年欧盟对 90 家欧盟银行进行了压力测试。这些测试包含两个情景，一个"基线"情景和一个"不利"情景。在参加测试的 90 家银行中，有 8 家没有通过测试，其中 5 家是西班牙银行，这表明西班牙银行体系的水平与欧盟其他国家明显脱节。这次压力测试的结果更加透明，但法国和比利时合资的 Dexia N. V. /S. A 银行在通过压力测试后，仍接受了 60 亿欧元的纳税人救助，使得压力测试结果名声受损。同年，国际货币基金组织负责人也提到欧盟银行急需更多的资本，估计需要 2000 亿欧元，这导致了对压力测试的更多审查。

22.4 压力测试机制的实证研究

接下来，我们梳理关于压力测试通过审慎和认证机制实施效果如何的实证研究。

22.4.1 压力测试审慎机制的实证研究

我们评估了关于压力测试的审慎效应的研究。我们首先注意到分析这些测试的一

① https://www.federalreserve.gov/newsevents/speech/quarles20181109a.htm.

些困难。第一，特别是对美国而言，自压力测试开始以来，实际金融状况只是有所改善，因此无法直接观察压力测试是否达到了让银行能够承受从未出现的不利情况的目标。第二，许多其他影响银行风险的因素也是在同一时期发生的。第三，压力测试旨在通过改变银行的行为来发挥作用，比如它们提供信贷的意愿，必须把银行的行为与客户的选择和信贷需求分开。

有几种方法可以用来评估压力测试是否让接受测试的机构变得更安全。一是检查在压力测试生效后，接受压力测试的银行的贷款组合是否比同行更安全。Acharya, Berger 和 Roman（2018）发现，接受 2009—2013 年 SCAP 和 CCAR 压力测试的资产超过1000 亿美元的银行控股公司，降低了其信贷风险。这是通过提高商业贷款的利差来实现的——尤其针对风险相对较高的借款人。这些测试使用了 DealScan 中的贷款特征，Compustat 中的借款人特征以及美国商业银行季度监管报表中的银行特征。另外三组广泛使用信贷供应的测试，使用广泛的信用类别、小企业贷款和美国商业银行季度监管报表数据的银行风险度量，提供了一致的结果。Covas（2017）和 Cortes, Demyanyk, Li, Loutskina 和 Strahan（即将发表）也发现，接受压力测试的机构降低了向小企业提供贷款的意愿，而这些贷款通常是风险相对较高的信贷。Berrospide 和 Edge（2019）发现，CCAR 压力测试显著减少了被测试银行对大型企业的商业和工业（C&I）贷款。然而，经济影响无关紧要，因为企业通常能够从其他地方借贷，但不会减少投资或招聘。Connolly（2018）同样发现，2009 年 SCAP 中接受压力测试的银行在银团贷款市场的信贷减少，很大程度上被来自其他机构的信贷抵消。因此，接受压力测试的银行降低了它们的风险，但这些风险可能转移到了不接受压力测试的其他银行。考虑到其他银行的系统重要性通常较低，这可能降低了系统性风险。

二是检查接受压力测试的银行的资本比率。Cornett, Minnick, Schorno 和 Tehranian（2018）研究了 2009—2016 年银行的行为，发现了一些不一致的地方，研究表明银行可能是粉饰账面或编造财务业绩，以看起来对监管机构和投资者更有吸引力。他们发现，在 CCAR 的第一季度，接受压力测试的银行的资本比率高于同行，但在随后的季度会出现逆转。

三是评估压力测试模型本身。Acharya, Engle 和 Pierret（2014）比较了压力测试的预计损失和对系统性风险的贡献，比如机构的 SRISK，它代表了金融机构在危机期间需要筹集的资本短缺。他们对美国和欧盟的压力测试进行了评估，得出的结论是，压力测试和系统风险的预期损失匹配良好，这表明压力测试有助于银行为实际损失做好准备。

22.4.2　压力测试认证机制的实证研究

有大量研究议程表明，压力测试的认证机制在单个银行组织层面有效。有充分的证据表明，除了 2009 年欧盟的第一次压力测试之外，压力测试提高了透明度，使投资者能够更好地区分不同风险状况的银行机构。

Morgan，Peristiani 和 Savino（2010）比较了股票价格对以下事件是如何反应的，包括 2009 年 SCAP 压力测试的公告、对背后动机的澄清、详细说明测试方法的白皮书的发布，以及实际结果的发布。他们发现，就股票价格而言，澄清和结果披露是向公众提供信息的。由于压力测试使投资者能够更好地量化银行的资本缺口，并通过股价对银行进行重新估值，因此投资者对哪些银行存在资本不足的情况相当了解。

Petrella 和 Resti（2013）回顾了 2011 年欧盟压力测试，发现结果披露导致了异常的价格和成交量波动，标志着新信息的产生。Flannery，Hirtle 和 Kovner（2017）对美国的压力测试进行了研究，发现了一致的结果。他们发现，美国压力测试的披露与绝对异常回报和异常交易量显著提高相关，这表明信息有所改善，但没有发现分析师收集私人信息的减少。

最后，Georgescu，Gross，Kapp 和 Kok（2017）表明，在美国和欧盟，在压力测试结果发布后，在"不利"情景下，资本状况较差的银行比资本比率较高的银行报告的损失更多的股票收益。

参考文献

［1］Adrian, T. , & Boyarchenko, N. （2018）. Liquidity policies and systemic risk. Journal of Financial Intermediation, 35, 45－60.

［2］Bai, J. , Krishnamurthy, A. , & Weymuller, C. － H. （2018）. Measuaring liquidity mismatch in the banking sector. The Journal of Finance, 73 （1）, 51－93.

［3］Banerjee, R. , & Hio, M. （2014）. The impact of liquidity regulation on bank behaviour: Evidence from the UK （Working Paper）.

［4］Basel Committee on Bank Supervision. （2010）. Basel Ⅲ: International framework for liquidity risk measurement, standards and monitoring. Available at https: //www. bis. org/ publ/bcbs188. pdf.

［5］Basel Committee on Bank Supervision. （2013）. Basel Ⅲ: The liquidity coverage ratio and liquidity risk monitoring tools. Basel Committee on Banking Supervision. Available at https: //www. bis. org/publ/bcbs238. pdf.

［6］Basel Committee on Bank Supervision. （2014）. Liquidity coverage ratio disclosure standards. Basel Committee on Banking Supervision. Available at https: //www. bis. org/ publ/ bcbs272. pdf.

［7］Berger, A. N. , & Bouwman, C. H. S. （2009）. Bank liquidity creation. The Review of Financial Studies, 22 （9）, 3779－3837.

［8］Berger, A. N. , & Bouwman, C. H. S. （2016）. Bank Liquidity Creation and Financial Crises.

［9］ Elsevier e North Holland. Bouwman, C. H. S. （2019）. In A. N.

［10］ Berger, P. Molyneux, & J. O. S. Wilson（Eds.）, Oxford Handbook of Banking （Third Ed., pp. 181 – 228）. Oxford: Oxford University Press.

［11］ Calomiris, C. W., Heider, F., & Hoerova, M. （2013）. A theory of liquidity requirements. Mimeo.

［12］ Campello, M., Giambona, E., Graham, J. R., & Harvey, C. R. （2011）. Liquidity management and corporate investment during a financial crisis. The Review of Financial Studies, 24 （6）, 1944 – 1979.

［13］ Diamond, D. W., & Dybvig, P. H. （1983）. Bank runs, deposit insurance, and liquidity. Journal of Political Economy, 91 （3）, 401 – 419.

［14］ Duijm, P., & Wierts, P. （2016）. The Effects of Liquidity Regulation on Bank Assets and Liabilities（Working Paper）.

［15］ Friedman, M. （1948）. Monetary and Fiscal Framework for Economic Stability. The American Economic Review, 38, 245 – 264.

［16］ Hong, H., Huang, J. – Z., & Wu, D. （2014）. The information content of Basel III liquidity risk measures. Journal of Financial Stability, 15, 91 – 111.

［17］ Ivashina, V., & Scharfstein, D. （2010）. Bank lending during the financial crisis of 2008. Journal of Financial Economics, 97 （3）, 319 – 338.

［18］ Lee, S. H. （2013）. Systemic liquidity shortages and interbank network structures. Journal of Financial Stability, 9 （1）, 1 – 12.

［19］ Malherbe, F. （2014）. Self – fulfilling liquidity dry – ups. The Journal of Finance, 69 （2）, 947 – 970.

［20］ Roberts, D., Sarkar, A., & Shachar, O. （2018）. Bank liquidity provision and Basel liquidity regulations. FRB of New York Staff Report, No. 852.

［21］ Thakor, A. V. （2018）. Post – crisis regulatory reform in banking: Address insolvency risk, not illiquidity! Journal of Financial Stability, 37, 107 – 111.

第二十三章　审慎监管活动限制

在本章中，我们将讨论审慎监管活动限制，这些限制旨在保证银行的安全与稳定，并使其避免陷入有可能会引发外部救助、内部纾困和其他银行处置手段的财务危机之中。第23.1节定义了审慎监管活动限制的概念和目标。第23.2节描述了这些限制得以通过哪三种渠道来使银行避免陷入财务危机，而第23.3节则回顾了在美国和欧洲实施的一些重要的审慎监管活动限制。最后，在关于审慎监管活动限制如何通过各种机制来减少银行陷入危机的可能性与对其他银行处置手段的需要上，第23.4节总结了相关的实证依据。

23.1　什么是审慎监管活动限制

审慎监管活动限制法规是针对银行的旨在降低其风险的限制和禁令，包括限制银行从事某些活动的程度，比如对向其他银行提供的借款额进行限制以降低信用风险，以及明令禁止银行从事其他被认为风险过高的活动，如投资垃圾债券。

一般来说，审慎的监管限制或是适用于整个行业，或是适用于按照规模大小或其他标准划分的银行团体。因此，我们将这些限制与审慎监督所要求的限制区分开来，因为后者通常来说是针对那些被认为具有特别风险或是表现出某些问题行为的特定银行。例如，1933年的《格拉斯—斯蒂格尔法案》对合并商业银行和投资银行的禁止，以及2010年的《多德—弗兰克华尔街改革和消费者保护法》下沃尔克规则对自营交易的禁止，都是审慎的监管限制的例子，而相比之下，审慎监督下的限制包括强制行动（Enforcement Actions，EAs），例如向那些过度从事高风险活动的银行发布"禁止令"（Cease – and – Desist Orders）。在第二十四章，我们将进一步讨论审慎监督下的限制。

23.2　审慎监管活动限制及其使银行避免陷入财务困境的三种机制

正如下面所讨论的，审慎监管活动限制可能会，也可能不会通过审慎和认证机制减少财务危机发生的可能性。另外，由于这些限制不涉及政府补贴，因此补贴机制并不奏效。在表19.1中的A部分中，这些效应分别以"？"和"N/A"来表示。

23.2.1 审慎监管活动限制下的审慎机制

从直觉上来说，禁止或限制银行从事风险相对较高的活动可以降低银行风险，其背后的逻辑是很容易被理解的。看上去，少从事一些风险活动能够降低银行风险，因此审慎的监管机制下对高风险行为的禁止或限制似乎的确可以通过审慎机制取得成效。

然而，这个简单的论点忽略了至少三个与之相反的，且理由充足的观点——多元化观点、特许价值观点和影子银行观点。下面，我们简要讨论一下这些论点。

首先，基础的金融理论认为，如果可投资资产之间的收益相关性相对较低或为负，即使部分资产风险较大，分散化投资这些资产也能降低投资组合风险。类似的结论也适用于金融活动的多样化。Berger，El Ghoul，Guedhami 和 Roman（2017）从国际多样化的角度研究了这一问题。他们提出了一个简单的模型，来说明分散化如何增加或减少银行风险。利用数值模拟的方法，他们发现，多样化并不总是会降低总风险，它也有可能在一些情况下导致总风险的提高。此外，他们的模型与人们直觉上的结论相一致，那就是当资产收益彼此负相关以及新加入的资产相对安全时，多样化一般而言会使得总风险降低；而当资产收益彼此正相关以及新加入的资产具有相对较高的风险时，多样化一般而言会导致总风险的提高。

其次，监管限制可能会通过剥夺银行本可以由从事被禁止的活动而获得的利润，降低银行的特许权价值。如果没有限制，银行可能会从风险活动中获利——要么在相对风险较高的活动中获得较高的预期回报，要么通过从事受限制的活动来利用规模经济获利（如 Claessens 和 Klingebiel，2001）。审慎监管活动限制带来的利润损失可能会鼓励银行在其他活动中承担更多风险，因为审慎监管活动限制减少了银行需要去保护的特许权价值（如 Keeley，1990）[①]。

最后，当对金融服务的市场需求增大，而银行又由于受到限制不能一展拳脚时，这些服务有可能由"影子银行"替代提供。"影子银行"是，与银行竞争或与它们提供类似金融服务的金融机构，但是没有被担保的存款，且受到的监管和监督较少。与受限服务相关的风险并没有因为转移到"影子银行"而消失；事实上，由于监管和监督的放松，这些风险可能会加剧。因此，对银行的审慎业务监管限制可能会增加系统性风险，因为风险活动会转移到金融系统中受到监控较少的那部分机构。

23.2.2 审慎监管活动限制下的认证机制

如果审慎监管活动限制通过审慎机制（如上所述，这一点是不确定的）使银行业

---

① 银行对于来自管制者（Regulators）或是监督者（Supervisors）的审慎限制的回应，有可能取决于银行股东和经理的不同风险偏好导致的银行在公司管制方面的不同。股东可能更经常地希望承受更多风险，以便从 TBTF、TITF、TMTF 银行的保护和有限债务及存款保险等方面获益，而银行的经理则更多会担心伴随着银行危机与倒闭的潜在的人力资本的损失。因此，审慎限制对于银行风险的影响，重要地取决于公司管制是给予了股东一方更多的控制权，还是给予了银行经理一方更多的控制权（如 Laeven 和 Levine，2009）。

变得更安全，那么它们也可能通过认证机制使银行业更安全。也就是说，通过向公众保证银行业的安全，它们可以降低公众恐慌发生的可能性，减少可能造成流动性的问题或降低银行挤兑发生的可能性。当然，这一论述的成立，建立在审慎监管活动限制确实会减少银行风险的基础上。

23.3　审慎的监管限制在实际中的应用

在实际操作中，审慎的监管限制种类繁多，无法在此尽述，因此我们简要地以美国和欧盟的一些重要限制为例。

23.3.1　美国

美国的监管机构直接对拥有银行和其他金融机构的银行控股公司（Bank Holding Companies，BHCs）、银行和其他金融机构采取审慎监管活动限制。一般来说，每当金融危机产生重大的实体经济损失后，美国的审慎监管活动限制就会迎来一次收紧。例如，1933 年的《格拉斯—斯蒂格尔法案》和 2010 年的《多德—弗兰克法案》就分别诞生于造成"大萧条"的 1929 年金融崩溃和银行倒闭潮，以及导致大衰退的全球金融危机。当这些事件发生一段时间后，这些限制通常会被取消或放松。此类放宽管制的例子包括 1980 年的《存款机构放松管制和货币控制法案》（*Depository Institutions Deregulation and Monetary Control Act*，DIDMCA）、1994 年的《瑞格尔—尼尔法案》、1999 年的《格雷姆—里奇—比利雷法案》（又名《金融服务现代化法案》，以及 2018 年的《经济增长、监管放松和消费者保护法案》）。下面将介绍一些审慎监管活动限制发生的变化。

23.3.1.1　商业银行和投资银行的分离和重新整合——包括 1933 年的《格拉斯—斯蒂格尔法案》和 1999 年的《金融服务现代化法案》

1933 年的《格拉斯—斯蒂格尔法案》有三个主要功能。第一，它创建了联邦存款保险公司（FDIC），该机构旨在提供存款保险，以在未来减少"大萧条"时期频发的银行挤兑想象，还旨在保护经常在银行挤兑中损失殆尽的小储户，以及实现其他目标。第二，该法案规定了存款利率的上限，包括不得向储户支付活期存款利息（Q 条例），以防止在"大萧条"时期导致银行业崩溃的破坏性竞争的出现。第三，该法案将商业银行业务和投资银行业务以及保险承销业务分开，我们在下面对这一点进行单独讨论。

将商业银行业务和投资银行业务分离的一个关键目的是防止将被保险的存款用于高风险的投资银行活动。这些"不当的银行活动"被认为是造成引发"大萧条"的金融系统崩溃的重要原因之一。正如上面所讨论的，即使投资银行的风险更大，限制商业银行从事这些活动也并不一定能够减少风险，因为这些限制可能会影响银行在分散风险以及利用规模经济提高投资收益的能力，而这种能力有可能会帮助银行降低其风险。此外，通过迫使风险活动被转移到受到更少监管的"影子银行"，这种限制也可能会导致系统性风险的上升。

在经历了各种挑战之后，美联储在 1987 年允许银行控股公司设立"20 节附属机构"（译者注：1933 年的《格拉斯—斯蒂格尔法案》的第 20 节对美联储在相关领域设立分支或附属机构做出了禁止，这些后来被允许设立的分支机构也因此被称为"20 节附属机构"），作为投资银行来承销商业债务和股权。按照最初的规定，来自受限制证券承销活动的收入必须低于"20 节附属机构"总收入的 5%，不过这一比例后来在 1989 年被提高到 10%，再然后于 1997 年被提高到 25%。同样是在 1997 年，美联储和 OCC 大幅度放宽了银行控股公司的活动权限，允许它们收购现有的投资银行，而不只是允许它们设立"20 节附属机构"——这导致了从 1997 年到 2000 年商业银行和投资银行之间的大量并购。

一次重要的并购发生在 1998 年，当时花旗公司和旅行家集团（Travelers）合并为花旗集团（Citi group）。花旗集团是一家非常大的、多元化的银行控股公司，拥有美国最大的银行之一花旗银行；旅行家集团则是一家多元化的金融集团，拥有旅行者保险公司和 Solomon Brothers 等公司。

尽管旅行家集团最终在 2002 年又被拆分出去，这次发生于 1998 年的并购还是促成了 1999 年的《格雷姆—里奇—比利雷法案》。尽管在《格拉斯—斯蒂格尔法案》下，将保险承销纳入银行控股公司的业务范围是被禁止的，但花旗集团的首席执行官 Sanford Weill 和 John Reed 得到了美联储五年的豁免保证，后者也将在这段时间尝试着谋求美国国会和总统合法化这种机构合并。

1999 年，《格雷姆—里奇—比利雷法案》正式生效仅仅花费了一年，该法案允许金融控股公司（Financial Holding Companies，FHCs，是银行控股公司的一种）同时在旗下拥有商业银行、投资银行和保险承销商。值得注意的是，从事不同业务类型的机构允许由同一个金融控股公司所有，但必须单独被特许和资本化的公司治理模式，降低了金融控股公司从规模经济和范围效益中获利的可能性。与美国相比，德国和其他国家的全能性则允许一家金融机构可以同时开展商业银行业务、投资银行业务和承保业务。

23.3.1.2　2010 年《多德—弗兰克法案》的沃克尔规则和 2018 年的《经济增长、监管救济和消费者保护法案》

2010 年《多德—弗兰克法案》的第 619 条——沃克尔规则，禁止银行和银行控股公司从事自营交易，并将其对对冲基金/私募股权基金资助的投资总额限制在总资本的 3% 以下。不过，对自营交易的限制有两个例外，即降低风险的对冲活动与承销和做市活动，这使得该规则难以被执行。

就像 20 世纪 30 年代的投资银行一样，有人提出，自营交易、对冲基金和私人股本活动在本质上比传统的商业银行活动风险更大，不应由被保险的存款提供资金。前美联储主席 Paul Volcker 进一步声称，此类投机活动在全球金融危机中发挥了关键作用。沃克尔规则就是以他的名字命名的。

沃克尔规则的实施很可能会让银行变得更安全，但这些观点存在几个问题。首先，这些限制也可能使银行机构的风险更大，因为它们切断了利润来源，而这些利润原本会增加特许资格的价值和银行的资本，并可能分散银行风险。其次，银行和银行控股公司并不是金融危机期间接受救助的唯一机构，因此将高风险活动推给其他可能也受到政府保护的金融机构可能是没有意义的。例如，对冲基金长期资本管理公司（LTCM）在 1998 年的俄罗斯债务危机中得到了救助，投资银行贝尔斯登和保险公司美国国际集团（AIG）在 2008 年的全球金融危机中得到了救助。最后，并无确切证据表明银行机构的自营交易在全球金融危机中发挥了关键作用。相反，不受沃克尔规则限制的抵押贷款支持证券的不良投资似乎是引发危机的原因。

2018 年《经济增长、监管放松和消费者保护法案》（又名经济增长法案）相应缩减了 2010 年《多德—弗兰克法案》的某些要求，并提供了其他监管放松。此外，我们还注意到在 2018 年法案下资产少于 100 亿美元的银行机构不受沃克尔规则的自营交易禁令的约束。

23.3.1.3　关于杠杆贷款的机构间指导

杠杆贷款通常是指向杠杆比率较高的公司发放的贷款，通常用于并购或杠杆收购。它们有很高的信用风险，并且通常会有较高的利率来补偿这种风险。这类贷款通常还采用银团形式，将大部分风险从发放贷款的银行转嫁给了投资者。2001 年，美联储、OCC 和 FDIC 共同发布了杠杆贷款指引，强调了全面筛选和监控风险控制的必要性。

2013 年 3 月，这些机构发布了明确的指导意见，更新并取代了 2001 年银行不应发放杠杆贷款的指导意见。指导意见提出，银行不应该为债务至少 6 倍于其收益的公司发放贷款。尽管杠杆贷款指导方针并不是一项正式规定，但不遵守指导方针的传统贷款机构可能会受到一系列潜在的非正式和正式的强制措施。然而，2013 年指导意见发布后，一些银行基本上忽略了这些规定。后来，审查人员在审查中采取了严厉措施，包括时任美联储主席 Janet Yellen 在内的监管官员也发出了警告。2016 年，美联储审查员通过质疑盈利比率的计算来对一些公司进行了严格的审查。显然，一些公司谎报了他们的收益以规避限制。

监管压力的后果包括，银行本可以发放的一些贷款业务流入了影子银行。不过很多其他贷款业务则就此罢休，这引发了潜在的重大宏观经济影响。与前面的例子一样，这些限制的影响尚不可知，部分原因是不知道这些贷款的高利率所带来的利润是否完全补偿了风险，此外我们也不知道这些贷款的多样化收益。

23.3.2　欧盟

欧盟的审慎监管活动限制在很大程度上模仿了美国的做法，下文中我们将简要介绍其中两个案例。

23.3.2.1 欧洲央行对杠杆交易的指导

2017 年 5 月 18 日，欧洲中央银行公布了关于杠杆交易的最终指导。欧洲央行的指导意见与美国银行监管机构发布的 2013 年杠杆贷款指导意见一致。该指导意见指出，总杠杆率超过 6 倍的交易仍应属于非常规情况。同样，欧洲央行的指导意见建议，借款人应该表现出具有偿还债务能力的现金流，在五年到七年内偿还全部优先债务或至少偿还总债务的一半（或"具有可持续偿付水平"）。

23.3.2.2 Liikanen 报告

为应对全球金融危机和欧洲主权债务危机中出现的欧洲银行业问题，欧盟成立了银行业结构改革高级别专家组。该会议由芬兰央行行长 Erkki Liikanen 主持。2012 年 10 月，委员会发布了 Liikanen 报告，报告中提出了涉及内部纾困、资本标准和银行机构的公司治理等方面的一系列意见。不过，其中一些属于审慎监管活动限制的范畴。这包括强制分离自营交易和其他高风险交易活动，与美国的沃克尔规则相类似。

23.4 关于审慎监管活动限制传导机制的实证证据

接下来，我们来讨论关于审慎监管活动法规如何通过这三种机制发挥作用的实证研究。

23.4.1 审慎监管活动限制法规机制的实证研究

为简洁起见，我们在此只关注两组关于审慎监管活动法规对银行风险影响的研究证据。第一组证据评估了法定贷款限制的影响，上述内容只简要提到了这些规定。这些规定通常限制银行的交易对手以资本为函数的信贷敞口。美国银行对单个借款人的贷款和其他风险敞口总和通常不超过机构资本的 15%，如果信贷有优质的担保，还可以再增加 10 个百分点。一些研究表明，这些规定可能在银团贷款市场有效，迫使银行通过出售部分大额贷款来分散信贷风险。Simons（1993）发现贷款资本比率是推动银团贷款的主要因素之一。同样，Godlewski 和 Weill（2008）把眼光投向了新兴市场，如亚洲、中东、中欧和东欧以及拉丁美洲，发现限制激发了最大贷款的银团化。

第二组研究集中在我们之前讨论过的杠杆贷款指导。Schenck 和 Shi（2017）发现杠杆贷款指导对于减少大银行银团贷款的风险是有效的。然而，Kim, Plosser 和 Santos（2018）发现，该指导不降低整体系统范围的杠杆贷款，而是转移到监管相对宽松的银行。

23.4.2 关于审慎监管活动限制下的认证机制的实证证据

关于审慎监管活动限制的认证机制研究甚少，对不同法规的分析结果也不尽相同。

如上所述，这些法规通常应用于整个行业，或是按照规模大小，或以其他标准给银行分组，而不是单个机构，这使得进行此类研究很困难。

Cyree（2000）研究了股票价格对 1996 年 12 月 20 日公告的反应，该公告称，在上述限制性证券承销活动中，附属公司 1997 年的总收入从 10% 增加到 25%。作者发现，附属公司条款的颁布对银行控股公司的股价产生了明显的正面影响。货币中心银行、拥有子银行的银行和大型区域性商业银行的异常收益明显高于小型区域性银行。这些解除监管活动限制的正面效应表明，市场对活动法规的感知是负面的，与认证效应不一致。

Turk 和 Swicegood（2012）研究了市场对《多德—弗兰克法案》的反应，重点围绕该法案的各种事件，包括 2010 年 1 月沃克尔规则的宣布和生效。作者发现，沃克尔规则公布后，股市出现了显著的积极反应，这证实了监管活动限制对于银行业起到了积极作用。

参考文献

[1] Berger, A. N., El Ghoul, S., Guedhami, O., & Roman, R. A. (2017). Internationalization andbank risk. Management Science, 63 (7), 2283 – 2301.

[2] Claessens, S., & Klingebiel, D. (2001). Competition and scope of activities in financial services. The World Bank Research Observer, 16 (1), 19 – 40.

[3] Cyree, K. B. (2000). The erosion of the Glasse Steagall Act: Winners and losers in the banking industry. Journal of Economics and Business, 52 (4), 343 – 363.

[4] Godlewski, C. J., &Weill, L. (2008). Syndicated loans in emerging markets. Emerging Markets Review, 9 (3), 206 – 219.

[5] Keeley, M. C. (1990). Deposit insurance, risk, and market power in banking. The American Economic Review, 80 (5), 1183 – 1200.

[6] Kim, S., Plosser, M. C., & Santos, J. A. C. (2018). Macroprudential policy and the revolving door of risk: Lessons from leveraged lending guidance. Journal of Financial Intermediation, 34, 17 – 31.

[7] Laeven, L., & Levine, R. (2009). Bank governance, regulation and risk taking. Journal of Financial Economics, 93 (2), 259 – 275.

[8] Schenck, N., & Shi, L. (2017). Leveraged lending regulation and loan syndicate structure: A shift to shadow banking? (Working Paper).

[9] Simons, K. (1993). Why do banks syndicate loans? New England Economic Review, (January), 45 – 52.

[10] Turk, G., & Swicegood, P. (2012). Assessing the markets reaction to the Dodd – Frank Act. Journalof Business and Economics Research, 10 (10), 569 – 578.

第二十四章　审慎监管

在本章中，我们将讨论审慎监管，这是一种旨在维护银行安全和稳定的关键工具，它可以降低银行陷入财务危机的可能性，而这些危机一旦发生，往往需要通过外部救助、内部纾困或其他手段来解决。就本章来说，第24.1节界定了审慎监管的概念和目标。第24.2节描述了审慎监管通过哪三种机制来避免银行陷入财务困境。第24.3节讨论了在美国和欧洲采用的审慎监管结构。第24.4节列举了关于审慎监管是否成功降低了银行陷入财务困境的可能性的实证依据。为了避免不必要的重复，我们剔除了前面章节中对银行资本、压力测试和其他与监督相关的内容的特定讨论。

24.1　什么是审慎监管

审慎监管的核心目标是风险识别和管理，使金融机构在潜在的金融危机或各种其他危险情况下保持运营和财务上的稳定性（联邦储备银行委员会，2012）。这种监管也被看作是一种委托监督。政府监管机构收集储户、债券持有人、股东和其他市场参与者无法从公共渠道获取的银行风险私有信息，并帮助银行控制风险。

在此，我们区分微观审慎和宏观审慎监管。前者关注的是个体银行的安全性和稳定性，而后者关注的是整体的金融稳定性和金融危机的防范与化解。这两种类型的监督都旨在帮助抵消存款保险、TBTF（大而不倒）、TITF（太关联而不倒）、TMTF（多而不倒）以及其他显性和隐性安全网和对银行外部救助预期所产生的道德风险激励的影响（如 Mishkin, 2001）。自全球金融危机对金融和经济秩序造成破坏以来，这两种监管都得到了更多的重视，而宏观审慎监管更是从少有人问津一跃而入成为视野中心。请注意，微观审慎与宏观审慎的区别不仅出现于法规层面，也出现于法规层面，但为了简洁起见，我们仅在本章讨论微观与宏观的区别，而不再涉及法规制度章节的讨论。

在实践中，微观审慎包括三项基本活动。一是评估银行是否遵守了与银行安全性和稳定性相关的法律法规与监管制度。二是监督银行是否过度冒险，不论它们是否合规。这两项活动在很大程度上是通过对单家银行的非现场和现场检查来完成的，如下所述，场外和现场的检查也要求受监管的银行全力配合。他们必须定期上报有关其活动的信息（如美国季度财政预算报告），以便于非现场监测，并为现场检查准备详细记录。三是对那些被评估为不遵守法规、制度或承担过度风险的银行采取行动。这些行动包括下面讨论的正式监督与强制执行措施。

宏观审慎监管还使用金融稳定报告等工具进行更广泛的监控。此类监管还可能涉及国家和国际协调组织，如美国《多德—弗兰克法案》创建的金融稳定监督委员会（FSOC），以及第二十章讨论的巴塞尔银行监管委员会。有人认为，过去的监督不当可能导致了各国的货币危机或金融危机（如Corsetti，Pesenti和Roubini，1998），这使得高质量的审慎监管变得更重要。

24.2 审慎监管使银行避免财务困境的三种机制

审慎监管可能会，也可能不会通过审慎和认证机制降低金融危机发生的可能性。不过，这些活动不涉及政府补贴，因此补贴机制并不适用于审慎监管，甚至还会适得其反。监管部门将费用强加于银行，从银行提取资金。因此，表19.1中的审慎监管一栏用"?"同时表示审慎和认证机制。而用"-"表示补贴机制。

24.2.1 审慎监管的审慎机制

审慎监管可以通过审慎机制来激励或迫使银行调整其在监管过程中发现的财务和经营缺陷。Barth，Caprio和Levine（2006）等人讨论了官方监管在促进银行效率和缓解监管不足导致的市场失灵方面的重要性。由于银行监管既困难又代价高昂，如果任由市场单独操作，银行将面临非最优的稳定性。在产生有价值的信息和应用审慎规则方面，审慎监管可作为一种提高社会效率的工具。审慎规则可部分替代银行绩效和稳定性方面的市场规则（如De Young，Flannery，Lang和Sorescu，2001）。

相反，一些文献提出，如果监督人员利用权力迎合有政治关系的选民、索取贿赂和/或为他们的竞选活动吸引捐款，监督可能会在无意中产生阻碍银行效率和稳定的效果（如Shleifer和Vishny，2002；Quintyn和Taylor，2003；Barth，Caprio和Levine，2006）。在这种情况下，监管可能无法很好地改善银行绩效，而可能更侧重于将银行资源导向这些私营方。

24.2.2 审慎监管的认证机制

如果说审慎监管通过审慎机制使银行和银行体系更加安全，那么审慎监管也可以通过认证机制使银行更加安全。也就是说，如果审慎监管能确保公众对银行体系的安全性有信心，这可能会降低引发外部救助或内部纾困的恐慌情绪的可能性。然而，与我们在第二十二章中讨论的压力测试类似，认证机制也可能对个别银行产生不利影响，这些银行在审查评级或执行行动中被降级。当不利的私有信息被披露时，市场可能会对这些机构产生负面影响。

24.2.3 审慎监管的补贴机制

审慎监管一般不涉及任何政府补贴，因此不存在补贴机制。实际上，通常是监管机构直接向银行收取监管费用（如 OCC 向国家银行收取费用），或对违反章程制度或有各种违法行为的银行处以民事罚款。

24.3 实践中的审慎监管

审慎监管机构和程序种类太多难以尽述，在此我们简要地列举美国和欧盟的一些重要案例。

24.3.1 美国

在美国，国家特许的银行由 OCC 监管。国家特许银行相对较少，大多数最大的银行包括在其中。州特许银行一般规模较小，在州一级和联邦一级都受到监管。如果银行选择成为美联储的成员，它们的联邦监管者就是美联储，否则就是联邦存款保险公司。所有的银行控股公司也受到美联储的监管。我们在此简要讨论美国的现场检查、非现场检查和执行行动。

24.3.1.1 现场检查

根据 1991 年《联邦存款保险公司改进法案》的规定，美国所有银行都必须接受联邦或州政府定期的全面现场检查。对大多数美国银行来说，每 12 个月进行一次现场全范围检查，而对大多数银行控股公司来说，每年进行一次全范围检查和一次有限范围检查（基本上相当于银行控股公司的检查）。然而也有例外，基于场外监测和过去的评级，陷入困境的银行通常受到更为频繁的检查，如每年两次。当有欺诈、挪用公款或其他犯罪活动的迹象时，监督人员也会进行早期检查（如 Berger, Kyle 和 Scalise，2001）。总资产不足 30 亿美元、拥有最高审查评级的小型银行机构可以每 18 个月进行一次审查。规模最大、结构最复杂的银行本质上是由常驻现场工作人员持续进行审查的，尽管一些监管代理机构正在将一些大型机构的审查人员转移到其他地点，以避免被监管人员所发现。对商业银行来说，现场检查的重点是银行安全和稳健的六个组成部分，根据"骆驼"评级标准进行评估。这包括资本充足率（C）、资产质量（A）、管理水平（M）、收益（E）、流动性（L）和对市场风险的敏感性（S）。监管检查员对银行进行评估，并对每个组成部分分别给予 1（最好）到 5（最差）的整数评级。5 个成分评分由主考官主观加权，他们还必须报告一个复合"骆驼"评分，也从 1 到 5。大多数银行的"骆驼"综合评分为 1（良好）或 2（满意）。评级为 3、4 或 5（一般、边缘和不满意）的银行通常被鼓励或要求采取行动改善其状况。RFI/C（D）评级系统则被用于对银行控股公司（包括金融控股公司）进行评估。该系统包括如下几个方面：风险管理（R），包括管理和内部风险控制；财务状况（F），包括资本、资产质量、收益和流动性子成分；影响（I），分析母公司和非银行子公司内部的问题可能对银行子公司产生的潜在负面影响。它还包括综合（C），根据先前的 RFI 组成部分提供 1 到 5 的总体评价（从强到不满意），以及存款机构（D），反映由其主要监管机构确定的子公司银行和储蓄机构的总体状况。

24.3.1.2 非现场检查

由于现场检查对监管者和银行费时费力，非现场监管就成为现场检查的一个补充手段。非现场监管主要涉及银行季度的资产负债表和损益表数据，包括季度财政预算报告和其他信息。监管机构使用包括筛查法和计量经济学模型在内的监控工具，根据这些报告评估银行的财务健康状况。监管需要使用商业银行季度财政预算报告得出的财务比率，以及银行控股公司的 Y－9C 报告得出的财务比率，监管机构通常会关注过去不令人满意的信息，以衡量银行资产或银行行为的任何变化。监管机构还利用季度财政预算报告数据来建立计量经济模型，以此总结银行的财务状况。

通过对这些数据的分析，可以对"骆驼"和 RFI/C（D）评级系统的各个组成部分进行初步评估（管理水平除外），如果情况与报告或预期不符，现场检查可能会改变"骆驼"与 RFI 评级（商业银行检查手册附录 45，2016，第 1020.1 节）。非现场检查有助于监督人员安排检查，并在评估结果触发了某些特殊机制，发出警告信号时，确定重点关注哪些风险暴露领域。

24.3.1.3 执法行动

美国有三个主要联邦银行监督机构：美联储、联邦存款保险公司和美国货币监理署（OCC）。在现场检查与场外检查中，这些监督机构可能会发现各种各样的问题，并能够发动监管执法行动（EAs），与银行控股公司，银行和他们的附属机构人员（Iap，例如官方管理人员）解决发现的问题。发动监督执法行动最常见的原因是银行违背了相关法律或行业规章，没有尽到受托责任，或是采用了某些不安全或不健全的银行惯例。这些行动的主要目的是牢固金融机构和金融系统和/或防止进一步的金融恶化和/或尽量减少主体机构和联邦存款保险公司（FDIC）存款保险基金的损失。

许多 EAs 都属于审慎监管的范畴，这也是本章的主题。根据违规的严重程度，监管者可以发布非正式或正式（公开宣布）的 EAs。非正式行动（如承诺函、董事会决议、道德劝说和谅解备忘录）通常以书面文件形式发送，监管者通过非正式行动向银行提出建议以纠正问题，改善行为。但这些文件不具有法律约束力，也不向公众披露。例如，道德劝说可能试图说服世界银行为了该机构的最大利益而不采取某种行动。谅解备忘录类似于银行与监管机构之间的私下正式协议，概述需要解决的所有问题，但与正式行动不同，它没有法律约束力。如果银行不遵循上述建议，也不能被起诉。

如果非正式的行动没有产生预期的结果，监督者可以发布正式的强制行动（如书面协议、停止命令、终止存款保险、终止美联储成员资格、禁止进入银行业、即时矫正制度、民事罚款等），这是具有法律约束力的。正式行动会为银行带来高额的成本，因为银行需要花费资源来纠正行动中发现的问题，支付罚款和/或为受害方提供金钱补偿，并在公之于众时面临潜在的严重声誉损失。例如，"停止命令"（最严重的措施之一）是指对严重违反法律、规则制度或从事不安全、不健全行为的银行组织发出的命令。这在联邦法院系统中是可强制执行的。这样的命令可能需要银行机构停止从事特定的行为，并采取纠正措施，包括限制扩张、债务和股息、摆脱问题资产、增加资本、对不公平的收益或鲁莽的行为作出补偿，以及其他监管者认为适当的行动。

另一个例子是即时矫正制度。这是针对资本严重不足或未能保持最低资本要求的银行的命令。这可能要求金融机构注入额外资本，将其资本提高到可接受的水平，这可能促使管理层解雇员工、限制高管薪酬、增加资产、禁止收购或开设新的分支机构、出售公司股份和处置资产等。除了上述例子，三大主要联邦银行监管机构还有许多其他的执法行动类型，我们可以在官方的监察网站上一览全貌。

24.3.2　欧盟

全球金融危机和欧洲主权债务危机暴露出欧盟金融体系和监管机制存在严重问题。欧盟的一体化性质，使得许多金融机构是跨国家运作的，因此，现有的在国家层面运作的监管机制被证明是不够的。作为补救措施，欧盟委员会提出了一系列改革措施，创建了一个新的监管体系——欧洲金融监管体系（ESFS），该体系于 2011 年 1 月生效。ESFS 包括负责宏观审慎监管的欧洲系统风险委员会（ESRB）、欧洲监管当局（ESAs）和负责监管的欧洲监管机构联合委员会（JCESA），以及所有欧盟国家内部的监管机构。ESFS 结合了各国的监督机构，在整个欧盟及每个欧盟国家内部运作。欧洲央行具有宏观审慎的倾向，主要监管系统性风险较高的大型银行，而对小型银行的微观审慎监管则更多地集中在各加盟国内部。

24.4　关于审慎监管机制的经验证据

接下来，我们将回顾关于审慎监管如何通过三种防御机制发挥作用的实证研究。

24.4.1　关于审慎监管的审慎机制的实证研究

现有的研究很多都是通过考察监管机构的能力和监管模式之间的关系来监测银行及其财务状况。其结果通常表明，仅以资产负债表为基础的风险度量表现欠佳（Cole 和 Gunther，1998；Berger，Kyle 和 Scalise，2001；Collier，Forbush，Nuxoll 和 O'Keefe，2003；Wahlen，2010；Kiser，Prager 和 Scott，2012）；而另一些研究则发现，定期检查和"骆驼"评分可能是银行财务健康的良好预测指标。例如，研究者使用带有时变协变量的比例风险模型（Wheelock 和 Wilson，2005）表明复合"骆驼"评级（没有市场风险敏感性的"骆驼"的前身）及其组成部分包含关于银行倒闭风险的信息。同样，Gunther 和 Moore（2003）发现，虽然经营不良的银行的损失更有可能被低估，但监管检查可以有效地发现这些财务问题，并以审计的角色重现真实的银行会计报表以反映潜在的绩效问题。De Young，Hughes 和 Moon（2001）发现，"骆驼"评级反映了风险水平，监管者能够区分高效银行与低效银行的风险差距。

一些研究将监管评级中的信息与市场参与者的评估进行了比较。Berger，Davie 和 Flannery（2000）使用了对大型银行控股公司进行检查的季度数据（这一检查相当于对控股公司层面的考察），发现银行控股公司监管机构和债券评级机构都有一些对对方有用且及时的事先信息。Cole 和 Gunther（1998）、Berger，Davies 和 Flannery（2000）都发现，监督评级在几个季度后可能会变得"过时"，预测能力会逐渐下降。

对银行"预警"系统的研究测试了从公开信息（如财政预算报告数据）中预测监管评级的效果（如 Sinkey，1978；Whalen 和 Thompson，1988；O'Keefe 和 Dahl，1997）。他们普遍发现公开信息不能很好地预测监管评级，这与监管者在评级时添加非公开信息的情况一致。

最后一项证据表明，针对银行的执法行动可能会使金融系统更加安全。Berger，Cai，Roman 和 Sedunov（2019）分析了监管执法行动对银行系统性风险的影响，发现随着时间的推移，接受这些行动的银行对系统性风险的贡献显著下降，这与执法行动的风险约束效果一致。他们进一步发现，对银行机构而非其管理人员采取更严厉的行动能对银行的风险的降低产生更大作用。

24.4.2　关于审慎监管的认证机制的实证研究

由于我们无法观察到存款人、债权人、股东和其他银行利益相关者对监管撤销的反应，因此无法通过反事实方法在审慎监管的制度层面上检证这一机制的作用。然而，通过研究监督者对不良私有信息的披露，检测这些披露可能产生的负面认证机制效应，我们仍能获得证据支持这些负面效应存在。

Berger 和 Davies（1998）发现，监管评级下调会揭露有关银行状况的不利非公开信息，而这些信息的揭露会反映在股票市场中。执法行动的负面影响同样有据可查。Jordan，Peek 和 Rosengren（1999）发现，当执法行动的细节出现在媒体上时，接受执法行动的银行机构的股票价格将出现负的异常收益。这一负收益不仅在统计上显著，而且数额也很巨大。Roman（2020）还发现，与受执法行为影响的银行存在关系借款的一方，其估值在短期内同样遭受负面影响。

参考文献

［1］Barth，J. R. ，Caprio，G. ，& Levine，R. （2006）. Rethinking bank regulation. Till angels govern. Cambridge University Press.

［2］Berger，A. N. ，Cai，J. ，Roman，R. A. ，& Sedunov，J. （2020）. Enforcement actions and systemicrisk（Working Paper）.

［3］Berger, A. N. , & Davies, S. M. （1998）. The information content of bank exam-inations. Journal of Financial Services Research, 14 （2）, 117 – 144.

［4］Berger, A. N. , Davies, S. M. , & Flannery, M. J. （2000）. Comparing market and supervisory assessments of bank performance: Who knows what when? Journal of Money, Credit, andBanking, 641 – 667.

［5］Berger, A. N. , Kyle, M. K. , & Scalise, J. M. （2001）. Did US bank supervi-sors get tougher during the credit crunch? Did they get easier during the banking boom? Did it matter to bank lending?. In Prudential supervision, what works and what doesn't, 301 – 356. University of Chicago Press.

［6］Board of Governors of the Federal Reserve System. （December 17, 2012）. Con-solidated supervision framework for large financial institutions. SR 12 – 17. http://www. federalreserve. gov/bankinforeg/srletters/sr1217. htm.

［7］Cole, R. A. , & Gunther, J. W. （1998）. Predicting bank failures: A comparison of on – and off – site monitoring systems. Journal of Financial Services Research, 13 （2）, 103 – 117.

［8］Collier, C. , Forbush, S. , Nuxoll, D. A. , & O' Keefe, J. （2003）. The SCOR system of off – site monitoring, its objectives, functioning, and performance （Working Paper）.

［9］Commercial Bank Examination Manual, Supplement 45, （2016）. Available at ht-tps://www. federalreserve. gov/publications/files/cbem. pdf.

［10］Corsetti, G. , Pesenti, P. , & Roubini, N. （1998）. What caused the Asian cur-rency and financial crisis? Part II, the policy debate. National Bureau of Economic Research.

［11］DeYoung, R. , Flannery, M. J. , Lang, W. W. , & Sorescu, S. M. （2001）. The information content of bank exam ratings and subordinated debt prices. Journal of Money, Credit, and Banking, 900 – 925.

［12］DeYoung, R. E. , Hughes, J. P. , & Moon, C. – G. （2001b）. Efficient risk – taking and regulatory covenant enforcement in a deregulated banking industry. Journal of Eco-nomics and Business, 53 （2 – 3）, 255 – 282.

［13］Gunther, J. W. , & Moore, R. R. （2003）. Loss under reporting and the audi-ting role of bank exams. Journal of Financial Intermediation, 12 （2）, 153 – 177.

［14］Jordan, J. S. , Peek, J. , & Rosengren, E. S. （1999）. The impact of greater bank disclosure amidst a banking Crisis （Vol. 2）. Federal Reserve Bank of Boston.

［15］Kiser, E. K. , Prager, R. A. , & Scott, J. （2012）. Supervisor ratings and the contraction of bank lendingto small businesses （Working Paper）.

［16］Mishkin, F. S. （2001）. Financial policies and the prevention of financial crises in emerging market economies. The World Bank.

[17] O' Keefe, J. , & Dahl, D. (1997) . Scheduling bank examinations (Working Paper) .

[18] Quintyn, M. , & Taylor, M. W. (2003) . Regulatory and supervisory independence and financial stability. CESifo Economic Studies, 49 (2) , 259 - 294.

[19] Roman, R. A. (2020) . Winners and losers from supervisory enforcement actions against banks. Journal of Corporate Finance, 62.

[20] Shleifer, A. , & Vishny, R. W. (2002) . The grabbing hand: Government pathologies and their cures. Harvard University Press.

[21] Sinkey, J. F. (1978) . Identifying "problem" banks: How do the banking authorities measure abank's risk exposure? Journal of Money, Credit, and Banking, 10 (2) , 184 - 193.

[22] Whalen, G. (2010) . Are early warning models still useful tools for bank supervisors? (Working Paper) .

[23] Whalen, G. , & Thomson, J. B. (1988) . Using financial data to identify changes in bank condition, (pp. 17 - 26) . Federal Reserve Bank of Cleveland Economic Review (Second Quarter) .

[24] Wheelock, D. C. , & Wilson, P. W. (2005) . The contribution of on - site examination ratings to an empirical model of bank failures. Review of Accounting and Finance, 4 (4) , 110 - 133.

第二十五章 存款保险

本章，我们将存款保险评估为预防和/或防止发生财务困境的工具，否则可能需要付出高昂成本的外部救助、内部纾困或其他解决方法。第 25.1 节讨论了存款保险的概念、目标以及其经济效益和成本。第 25.2 节探讨了存款保险在多大程度上可以基于防止财务困境的三种机制发挥作用。第 25.3 节提供了有关机制能在多大程度上，有效预防银行财务困境的经验证据。

25.1 什么是存款保险

存款保险是指政府的担保，保证存款人在银行倒闭和/或无法偿还债权人的情况下，能被全额或部分退还其资金。存款保险公司通常不直接付钱给被保险的存款人，而是付钱给其他银行来接管倒闭的机构，以保留该机构更多的特许权价值，但是对于被保险的存款人来说，关键是自己要受到保护。Diamond 和 Dybvig（1983）的经典著作表明，存款保险通过提供这种保护，可以增强市场信心，并可以作为防止银行传染性蔓延并帮助恢复银行业稳定的金融安全网。之后出现了大量关于存款保险的收益和成本的理论研究，并探索了平衡这些收益和成本的最佳存款保险设计（Ronn 和 Verma，1986；Chari 和 Jagannathan，1988；Kane，1995，2000；Calomiris，1996；Allen 和 Gale，1998；Bhattacharya，Boot 和 Thakor，1998）。对于明确的或法律规定的存款保险计划可能会因不同国家的承保机构的类别、受保存款的类型、有资格偿还的存款的上限或最高金额以及是否需要免赔额或共付额而异（Demirguc – Kunt，Kane 和 Laeven，2014）。即使没有明确的保险，在金融危机或 TBTF，TITF 或 TMTF 银行出现财务困境的情况下，可能的政府干预也可视为一种隐蔽的或实际上的存款保险。例如，TBTF 银行受益于隐性存款保险，因为这些银行的风险没有完全纳入无抵押资金的定价中（Acharya，Anginer 和 Warburton，2016）。在某些情况下，实施明确的保险计划可能意味着总的保险较少，因为增加的部分可以明确显示先前存在的隐性存款保险的范围和边界。

通常情况下，法律保险和实际保险都同时存在。基本上，投保人可以通过法律保险得到充分的保护而免受损失，而未投保人和其他债权人至少可以通过实际保护得到部分保护。如下面更详细地讨论，联邦存款保险公司（FDIC）的实际保险，为最高为250000 美元的美国存款人账户承担了保险，但是对于账户较大的未保险存款人以及 TBTF 银行中的其他一些未保险债务持有人，可能会因外部救助的预期和其他政府保护措施，而为其提供实际保险的保护。

对具有偿债能力的银行，存款保险可以减少传染或其他信息问题，而在避免其发生破坏性挤兑方面，产生显著的经济效益。在没有这种保险的情况下，当银行持有的资产价值发生了实际的、谣传的或可能的大幅下降，或者其他银行债权人存在实际的、谣传的或可能的大幅贬值时，存款人就有动机撤回他们的资金。交易存款的先到先得的性质——也称为"顺序服务约束"——使存款人在不论何种原因开始发生挤兑时都可以有序地撤回资金。没有一家银行可以轻易地将其所有资产流动化，并可能最终面临代价高昂的长期资产清算和违约（如 Jacklin 和 Bhattacharya，1988；Allen 和 Gale，2000）。由于信息不完整和银行间的债权债务关系，对一家银行的流动性冲击可能会蔓延至其他本来可以偿付但缺乏流动性的银行（如 Allen 和 Gale，2000）。存款保险为存款人提供了保证，确保他们在发生违约的情况下也能得到保障，从而防止银行挤兑造成不必要的经济损失。但是，同样的保证也可能产生意想不到的经济成本。特别是道德风险问题可能会扭曲银行和存款人的激励机制，下文将进一步讨论。

25.2　存款保险和预防银行财务困境的三种机制

该理论并不建议存款保险通过审慎机制来预防或阻止单个银行层面的财务困境，因为这可能会由于道德风险激励而使银行投资组合更具风险。但是，存款保险可以降低经济衰退期间的系统性风险，这通常与金融危机时的情况相一致，因为存款保险可以在这段时间内继续为实体经济提供贷款和支持，这可以改善金融系统的稳定性。存款保险很可能始终通过认证和补贴机制发挥作用。为了说明这些情况，表 19.1 中的 A 栏显示了审慎机制在存款保险下的" +／－ "，认证机制下的" + "和补贴机制下的" + "。

25.2.1　存款保险的审慎机制

降低财务困境可能性的审慎机制对于单个银行级别的存款保险无效。实际上，存款保险可能加剧道德风险问题，并鼓励银行承担过多的风险，从而增加了未来进行外部救助、内部纾困或其他解决方法的可能性。例如，许多理论工作扩展了 Diamond - Dybvig 模型，纳入了对风险资产的投资，并分析了存款保险对银行风险承担行为，以及市场监控银行的动机的影响（如 Kane，1995；Calomiris，1996；Cooper 和 Ross，2002）。存款保险激励银行承担额外的风险，因为承担更多风险的潜在损失由存款保险基金分担，而利润则由银行享有。只要承担风险的预期利润大于保险费的显性成本和隐性保险监管成本之和，银行就有动机进行过度风险承担。Merton（1977）是第一个将存款保险评估为看跌期权的人。如果资产的价值下降到违约点，银行可以将其资产"投入"到存款保险公司。只要保费与银行破产的预期成本无关或不完全相关，并且存款保险人在银行破产的情况下承担损失，担保就可能会激励银行承担过多的风险。这些论点适用于法律存款保险和实际存款保险，这意味着设计合理的存款保险政策必须结合有效的资本、流动性以及前面章节所述的用其他法规和监管政策来控制这些道德风险激励（Berlin，Saunders 和 Udell，1991）。

值得注意的是，一些因存款保险而承担过多风险的道德风险激励，也可以通过支付给保险公司的保费进行基于风险的定价来抵消。如果银行为承担更高的风险而不得不支付更高的保费，则道德风险激励措施可能会受到削弱。在某些情况下，存款保险公司会收取基于风险的保费。例如，联邦存款保险公司（FDIC）于 1993 年开始采用基于风险类别的 3×3 矩阵（使用资本比率和监管评级）建立基于风险定价的粗略系统（Cornett，Mehran 和 Tehranian，1998）[1]。从那时起，FDIC 就大大改善了基于风险的保费其背后的风险模型。但是，由于多种原因，仅凭风险定价是不可能完全抵消道德风险激励的，原因包括难以足够准确和快速地对风险承担作出反应（John，John 和 Senbet，1991）。

但是，在经济出现问题的时期，存款保险可能会通过审慎机制在系统层面上起作用。存款保险可以使银行在经济衰退期间继续提供信贷，从而支撑实体经济。如之前的表 4.4 所示，在衰退期间提振实体经济可能会降低系统性风险，因为它可以帮助借款人在总体上偿还贷款，从而对整个银行体系有所帮助。

在接下来介绍存款保险的认证机制之前，我们注意到认证机制还可能使问题银行的审慎行为恶化，从而使系统性风险更大。认证机制的主要目标是减少有偿付能力但流动性不足的银行遭受破坏性银行挤兑的可能性。在某种程度上，由于存款保险，存款人和其他银行交易对手也降低了问题银行的健康市场约束，这些银行可能有更多的动机承担过多的风险。这种健康的市场约束包括要求风险银行支付较高的利率或接受较少的存款和其他风险敏感工具（Flannery 和 Sorescu，1996；Flannery 和 Bliss，2019）。

25.2.2 存款保险认证机制

与审慎机制形成鲜明对比的是，存款保险通过确保市场上银行存款的安全性而通过认证机制起作用。包括 Diamond 和 Dybvig（1983）在内的基础研究提供了一个框架，在该框架中，存款保险的存在可以作为一种均衡选择工具，从而消除了存款人的挤兑需求。在他们的模型中，存款保险从根本上消除了存款人挤兑和提取资金的动机，因为该保险保证存款人可以收回他们的资金，而不管他们是否是最后一批提取资金的人以及银行是否破产。因此，"顺序服务约束"不再具有约束力，减少了银行挤兑的激励。通过保证存款人能从保险基金中取回钱款，存款保险计划还有助于保证整个银行

---

① Cornett，Mehran 和 Tehranian（1998）发现，矩阵的公布分别导致了上市银行对低保险费和高保险费类别股票市场的积极和消极反应。

业的安全，并防止可能导致外部救助、内部纾困或其他解决方式的传染性银行挤兑。

25.2.3　存款保险补贴机制

存款保险也可以通过补贴机制起作用，因为政府的保护，允许银行以接近无风险利率的利率借款。政府担保使债权人意识到政府将在破产情况下进行干预，从而降低了他们承担银行风险所需的利率。这种隐性补贴通过提高收益来提高银行资本，并授予受保银行和其他存托机构较无保险的非存托机构更多的竞争优势。因此，即使上面讨论的基于风险的存款保险费能够以精算的价格定价，获得存款保险也仍将是一种补贴，因为相对于没有这种机会的其他公司，这赋予了银行和其他存款人竞争优势。政府担保对小型银行特别有利，因为它使小型银行能够吸引存款而不会产生过多的风险溢价。从本质上讲，它抵消了大型银行由于 TBTF 保护而具有的一些竞争优势。

25.2.4　实践中的存款保险说明

本节讨论存款保险计划在美国、欧洲和其他国家或地区的实际运作方式。

25.2.5　美国存款保险

美国是世界上第一个采用显式存款保险的国家。大萧条期间成千上万家银行的倒闭导致了 1933 年的《格拉斯—斯蒂格尔法案》（Glass – Steagall Act），依据该法案，建立了联邦存款保险公司（FDIC），以保证商业银行和储蓄机构的存款达到一定限额。在 FDIC 成立之前，由国家赞助的存款保险计划提供了类似的保险，但是这种计划无法处理大萧条期间的重大财务困境。FDIC 旨在通过保证存款，对金融机构以及其他美国监管机构的监管来维护金融稳定并恢复公众的信心。如果银行破产，FDIC 会为商业银行和储蓄机构所覆盖的存款提供保险，以防止银行挤兑。FDIC 最初承保的保险金额为 2500 美元，并随着时间的推移逐渐提高至 1980 年的 100000 美元，然后在五年内暂时增加至 2008 年全球金融危机期间的 250000 美元。通过《多德—弗兰克法案》，这笔款项后来永久性地扩大到 250000 美元。覆盖范围是每个存款人、每个被保险银行以及每个账户所有权类别，每个家庭可以使用家庭成员姓名的不同组合获得多个账户。FDIC 的保险范围涵盖所有存款账户，包括活期存款账户、储蓄账户、货币市场存款账户和存款证明。

25.2.6　欧洲存款保险

在 20 世纪 90 年代中期之前，欧洲的存款保险主要限于高收入国家，但是自 1995 年以来，加入欧盟的中低收入国家开始引入明确的存款保险制度（Demirguc – Kunt，Kane，Karacaovali 和 Laeven，2008）。1994 年欧盟关于存款担保计划的指令（第 94/19/EC 号指令）要求所有成员国为每人提供至少 20000 欧元的存款担保（欧盟，

1994）。但是该指令仅设置了最低级别要求，而未能在成员国之间协调国内存款保险。这给竞争留下了很大的余地，且不利于金融稳定，尤其是在全球金融危机期间。危机过后，对原始计划进行了修改，将保护额度提高到至少 50000 欧元，然后到 2010 年统一覆盖 100000 欧元。2014 年，欧盟采用了由 2014/49/ EU 指令监管的国家存款担保计划（DGS）体系，该体系要求成员国至少引入一个全部银行都必须加入的 DGS。DGS 必须保证，在其他欧盟国家的成员银行，其所有分支机构的所有存款不超过 100000 欧元。在 2014/49/EU 指令的基础上，2015 年提出了欧洲存款保险计划（EDIS）作为银行业联盟的第三大支柱，目的是在欧盟范围内提供更强大和更统一的保险。

25.2.7 其他国家

到 1980 年，只有大约 20 个国家有明确的存款保险计划（Demirguc – Kunt，Kane，Karacaovali 和 Laeven，2008）。20 世纪 80 年代和 90 年代的银行业危机促使许多国家采取明确的存款保险制度以稳定市场。到 2011 年，Barth，Caprio 和 Levine（2013）对银行监管进行的跨国调查显示，在 143 个作出回应的国家中，有 98 个国家制订了明确的存款保险计划。今天，国际存款保险机构协会（IADI）报告称，多达 146 个国家拥有明确的存款保险[①]。可以合理地假设其他国家在由于政治压力导致的系统性银行危机期间拥有隐性存款保险（Demirguc – Kunt，Kane，Karacaovali 和 Laeven，2008）。

25.3 存款保险机制的经验证据

接下来，我们回顾保险存款计划如何通过"第一道防线"的三种机制进行运作的实证研究。关于存款保险的审慎机制，以往文献中的结果参差不齐，但存款保险可以通过认证和补贴机制使银行更安全。因此，表 19.1 的 B 栏中"？"为审慎机制的结果，而"＋"为认证和补贴机制的结果。

25.3.1 存款保险审慎机制的经验证据

我们首先讨论存款保险和风险承担的实证研究。如上所述，与审慎机制相反，存款保险可能会鼓励风险承担。与该理论一致的是，许多经验研究发现，存款保险带来了意外的鼓励道德风险行为的后果，从而导致过度风险承担。在对 61 个国家进行的全面研究中，Demirguc – Kunt 和 Detragiache（2002）发现实施明确的存款保险会对金融稳定产生不利影响。当保险范围更广而能为计划提供资金以及保险由政府运营时，效果会更加明显。他们的结果表明，政府明确的法律保险承诺可能是道德风险的重要来源。

Berger，Herring 和 Szego（1995，见图 1）表明，1933 年的《格拉斯—斯蒂格尔法

---

① https：//www.iadi.org/en/1/4 deposit – insurance – systems/1/4dis – worldwide/.

案》在美国建立了联邦存款保险公司（FDIC）之后，银行资本比率急剧下降，尽管当时还有许多其他监管和市场变化。其他研究也类似地显示，对于 32 个国家和地区的样本而言，存款保险会降低银行资本缓冲（如 Nier 和 Baumann，2006），并在 69 个国家和地区的样本中增加贷款对资产和债务对权益的比率（Calomiris 和 Chen，2016）。Ioannidou 和 Penas（2010）还发现，玻利维亚的存款后保险期与高风险贷款的产生有关。

但是，其他研究报告的结果参差不齐。Wheelock 和 Wilson（1994）在美国没有发现存款保险与银行倒闭之间的关系。作者利用 1909—1929 年的历史数据比较了有保险和无保险银行倒闭的可能性，在此期间，堪萨斯州存款保险制度是自动加入的。Karels 和 McClatchey（1999）未能在采用存款保险与美国信用社的风险承担之间建立联系。Wagster（2007）表明，存款保险导致加拿大银行和信托公司的整体风险下降，尽管特殊风险有所增加。

25.3.2　存款保险认证机制的经验证据

大量的实证研究证明了存款保险在确保存款人信心、支持存款保险认证机制方面的好处。DeLong 和 Saunders（2011）发现，在美国推出固定利率联邦存款保险后，由于存款人没有区分较强银行和较弱银行的动机，总体稳定性会有所提高。Martin，Puri 和 Ufier（2017）使用账户级别的数据，发现有确凿的证据表明，保险担保通过减少存款流出并增加流入来有效提高存款稳定性。

Gropp 和 Vesala（2004）发现，在欧盟建立存款保险计划会造成银行承担风险行为降低。这种影响很大程度上来自未投保的次级债权人的监控，他们认为存款保险可靠地将自己排除在外。Chernykh 和 Cole（2011）也表明，在俄罗斯采用存款保险会造成存款增加以及零售储户对国有银行的依赖降低。Angkinand（2009）在对 35 个国家的 47 个危机的研究中还发现，实施更全面保险的国家的产出损失较小。

如上所述，存款保险的认证机制也可能存在不利之处，这可能会减少有力的市场约束，而这些约束有助于控制银行的风险承担。也就是说，对本可以偿付但缺乏流动性的银行认证机制可以通过消除其破坏性挤兑来提高系统的安全性，但它也可以保护有问题的银行并鼓励他们承担更大的风险。许多实证文献也研究了市场约束减少的问题。

Lambert，Noth 和 Schuwer（2017）发现，由于美国存款保险额度从 100000 美元暂时增加到 2008 年的 250000 美元，从而导致存款增加的银行增加了对风险商业房地产贷款的投资，这相对于其他银行而言风险更高，同时也增加了道德风险。Ioannidou 和 Penas（2010）还发现，玻利维亚的存款后保险期与高风险贷款的产生有关，而取消存款保险则使银行受到更多市场约束。利用美国和欧盟的数据，Berger 和 Turk - Ariss（2015）在最近的金融危机之前发现了重要的存款人约束。但是，他们还发现，除了美国规模较小的银行之外，危机期间政府行动的实施，例如扩大保险覆盖范围，降低共同保险以及救助陷入困境的机构，可能导致存款人约束受到侵蚀。

一些经验研究还表明，存款保险对银行风险承担行为的影响与多种因素相互作用。Iyer 和 Puri（2012）对一家印度银行进行了研究，发现存在细微差别的结果表明，存款保险不能完全减轻存款人的挤兑意愿。作者将银行与存款人的关系的长度和深度以及社会网络定义为遏制挤兑动机的重要因素。Bonfim 和 Santos（2017）提供的证据表明，存款保险的信誉会影响葡萄牙存款人的反应，包括保险负债的变动和定价。作者在一份政策公告中指出，塞浦路斯的被保险存款人可能不得不为银行分担损失，这对整个欧盟的存款保险信誉造成了外生冲击。

其他文献试图通过比较稳定收益与道德风险效应来检验存款保险的净效应。Ngalawa，Tchana 和 Viegi（2016）区分了因恐慌性撤回存款而导致的银行业不稳定，和由于破产问题而引起的不稳定。他们发现，道德风险成本决定了存款保险在防止银行挤兑中的收益。Anginer，Demirguc－Kunt 和 Zhu（2014）发现，存款保险的效果取决于经济状况和风险类型。在非危机时期，虽然更为慷慨的存款保险增加了个体银行风险并降低了系统性风险，但在金融危机期间其效果却相反。作者发现，1997—2009 年，存款保险制度增加了系统性风险。

25.3.3 存款保险补贴机制的经验证据

实证研究证实，存款保险还可以通过允许银行以较低利率借贷的补贴机制来发挥作用。Laeven（2002）估计了银行从股票价格信息中获得的年度隐性补贴的价值，并发现显性存款保险增加了对银行的补贴。但是，他还发现，在强大的监管环境中，这种关系得到了遏制，这表明存款保险在拥有有效监管框架的国家中可能有更特别的价值。

参考文献

［1］Acharya，V. V.，Anginer，D.，& Warburton，A. J.（2016）. The end of market discipline? Investor expectations of implicit government guarantees（Working Paper）.

［2］Allen，F.，& Gale，D.（1998）. Optimal financial crises. The Journal of Finance，53（4），1245－1284.

［3］Allen，F.，& Gale，D.（2000）. Financial contagion. Journal of Political Economy，108（1），1－33.

［4］Anginer，D.，Demirguc－Kunt，A.，& Zhu，M.（2014）. How does competition affect bank systemic risk? Journal of Financial Intermediation，23（1），1－26.

［5］Angkinand，A. P.（2009）. Banking regulation and the output cost of banking crises. Journal of International Financial Markets，Institutions and Money，19（2），

240 – 257.

[6] Barth, J. R., Caprio, G., Jr., & Levine, R. (2013). Bank regulation and supervision in 180 countries from 1999 to 2011. Journal of Financial Economic Policy, 5 (2), 111 – 219.

[7] Berger, A. N., Herring, R. J., & Szego, G. P. (1995). The role of capital in financial institutions. Journal of Banking and Finance, 19 (3 – 4), 393 – 430.

[8] Berger, A. N., & Turk – Ariss, R. (2015). Do depositors discipline banks and did government actions during the recent crisis reduce this discipline? An international perspective. Journal of Financial Services Research, 48 (2), 103 – 126.

[9] Berlin, M., Saunders, A., & Udell, G. F. (1991). Deposit insurance reform: What are the issues and what needs to be fixed? Journal of Banking and Finance, 15 (4 – 5), 735 – 752.

[10] Bhattacharya, S., Boot, A. W. A., & Thakor, A. V. (1998). The economics of bank regulation. Journal of Money, Credit, and Banking, 745 – 770.

[11] Bonfim, D., & Santos, J. A. C. (2017). The importance of deposit insurance credibility (Working Paper).

[12] Calomiris, C. W. (1996). Building an incentive – compatible safety net: Special problems for developing countries. Columbia University.

[13] Calomiris, C. W., & Chen, S. (2016). The spread of deposit insurance and the global rise in bank leverage since the 1970s (Working Paper).

[14] Chari, V. V., & Jagannathan, R. (1988). Banking panics, information, and rational expectations equilibrium. The Journal of Finance, 43 (3), 749 – 761.

[15] Chernykh, L., & Cole, R. A. (2011). Does deposit insurance improve financial intermediation? Evidence from the Russian experiment. Journal of Banking and Finance, 35 (2), 388 – 402.

[16] Cooper, R., & Ross, T. W. (2002). Bank runs, deposit insurance and capital requirements. International Economic Review, 43 (1), 55 – 72.

[17] Cornett, M. M., Mehran, H., & Tehranian, H. (1998). Are financial markets overly optimistic about the prospects of firms that issue equity? Evidence from voluntary versus involuntary equity issuances by banks. The Journal of Finance, 53 (6), 2139 – 2159.

[18] DeLong, G., & Saunders, A. (2011). Did the introduction of fixed – rate federal deposit insurance increase long – term bank risk – taking? Journal of Financial Stability, 7 (1), 19 – 25.

[19] Demirguc – Kunt, A., & Detragiache, E. (2002). Does deposit insurance in-

crease banking system stability? An empirical investigation. Journal of Monetary Economics, 49 (7), 1373 – 1406.

[20] Demirguc – Kunt, A., Kane, E., Karacaovali, B., & Laeven, L. (2008). Deposit insurance around the world: A comprehensive database. In Deposit insurance around the world, issues of design and implementation. MIT Press.

[21] Demirguc – Kunt, A., Kane, E., & Laeven, L. (2014). Deposit insurance database. The World Bank.

[22] Diamond, D. W., & Dybvig, P. H. (1983). Bank runs, deposit insurance, and liquidity. Journal of Political Economy, 91 (3), 401 – 419.

[23] European Union. (1994). Directive 94/19/EC of the European Parliament and the Council of the European Union. Retrieved from EurLex: http: //eur – lex. europa. eu/.

[24] Flannery, M. J., & Bliss, R. R. (2019). Market discipline in regulation: Pre – and post – crisis. In The Oxford Handbook of banking. Oxford: OUP.

[25] Flannery, M. J., & Sorescu, S. M. (1996). Evidence of bank market discipline in subordinated debenture yields: 1983 – 1991. The Journal of Finance, 51, 1347 – 1377.

[26] Gropp, R., & Vesala, J. (2004). Deposit insurance, moral hazard and market monitoring. Review of Finance, 8 (4), 571 – 602.

[27] Ioannidou, V. P., & Penas, M. F. (2010). Deposit insurance and bank risk – taking: Evidence from internal loan ratings. Journal of Financial Intermediation, 19 (1), 95 – 115.

[28] Iyer, R., & Puri, M. (2012). Understanding bank runs: The importance of depositor – bank relationships and networks. The American Economic Review, 102 (4), 1414 – 1445.

[29] Jacklin, C. J., & Bhattacharya, S. (1988). Distinguishing panics and information – based bank runs: Welfare and policy implications. Journal of Political Economy, 96 (3), 568 – 592.

[30] John, K., John, T. A., & Senbet, L. W. (1991). Risk – shifting incentives of depository institutions: A new perspective on federal deposit insurance reform. Journal of Banking and Finance, 15 (4 – 5), 895 – 915.

[31] Kane, E. J. (1995). Three paradigms for the role of capitalization requirements in insured financial institutions. Journal of Banking and Finance, 19, 431 – 459.

[32] Kane, E. J. (2000). Designing financial safety nets to fit country circumstances. The World Bank.

[33] Karels, G. V., & McClatchey, C. A. (1999). Deposit insurance and risk –

taking behavior in the credit union industry. Journal of Banking and Finance, 23 (1), 105 – 134.

[34] Laeven, L. (2002). Pricing of deposit insurance. The World Bank.

[35] Lambert, C., Noth, F., & Schuwer, U. (2017). How do insured deposits affect bank risk? Evidence from the 2008 Emergency Economic Stabilization Act. Journal of Financial Intermediation, 29, 81 – 102.

[36] Martin, C., Puri, M., & Ufier, A. (2017). On deposit stability in failing banks (Working Paper).

[37] Merton, R. C. (1977). An analytic derivation of the cost of deposit insurance and loan guarantees: An application of modern option pricing theory. Journal of Banking and Finance, 1 (1), 3 – 11.

[38] Ngalawa, H., Tchana, F. T., & Viegi, N. (2016). Banking instability and deposit insurance: The role of moral hazard. Journal of Applied Economics, 19 (2), 323 – 350.

[39] Nier, E., & Baumann, U. (2006). Market discipline, disclosure and moral hazard in banking. Journal of Financial Intermediation, 15 (3), 332 – 361.

[40] Ronn, E. I., & Verma, A. K. (1986). Pricing risk – adjusted deposit insurance: An option – based model. The Journal of Finance, 41 (4), 871 – 895.

[41] Wagster, J. D. (2007). Wealth and risk effects of adopting deposit insurance in Canada: Evidence of risk shifting by banks and trust companies. Journal of Money, Credit, and Banking, 39 (7), 1651 – 1681.

[42] Wheelock, D. C., & Wilson, P. W. (1994). Can deposit insurance increase the risk of bank failure? Some historical evidence. Federal Reserve Bank of St. Louis Review, 76 (3), 57.

第二十六章 政府对银行的直接所有权

本章讨论政府对银行的直接所有权，这是许多国家试图实现金融体系稳定的工具。第26.1节简要描述了这种所有权并回顾了所有权背后的经济概念。第26.2节讨论了直接政府所有权如何通过三种直接政府所有权机制发挥作用。显而易见的是，直接所有权通过这些机制的运作方式与第二十五章所述的存款保险类似。第26.3节描述了各国政府直接所有权的做法。第26.4节提供了经验证据，表明直接政府所有权通过三种机制在防止银行财务困境方面的工作效果。

26.1 什么是直接政府所有权

政府对银行的直接所有权意味着，政府直接或通过一些政府控制的机构间接持有银行的多数股权或控股权。政府持有的股份可以是普通股，优先股或其他可以让政府选择购买的普通股的证券形式。政府直接所有权通常意味着在银行发生危机时，可以使用公共资源对该机构进行外部救助。当政府直接控制银行的资产时，政府对银行财务的影响范围要比前面"第一道防线"章节中描述的监管职能要广泛得多。

在继续介绍这三种机制之前，我们在这里简要讨论政府拥有银行所有权背后的基本经济概念。文献中有两种褒义的观点。发展观点强调，国有银行在将资源配置给战略经济领域时发挥了关键作用，而私有银行可能无法发挥这些作用（如 Gerschenkron，1962；Cull，Martinez Peria 和 Verrier，2019）。社会观点强调，国有银行可以通过增加投资，并克服金融中断的外部性来促进社会福利。金融机构的破产往往会带来公共后果，超出其所有者的私人利益，而政府所有权可以帮助避免银行破产，并通过在金融危机期间继续提供贷款来稳定经济（如 Stiglitz，1993）。

经济学家可能更广泛地持有两种贬低政府银行所有权的观点。根据代理观点，国有银行与较高的代理成本相关联，这导致运营效率低下和资源分配不当。根据这种观点，国有银行既可能会成本效率低下，又会将资金分配给效率低下或负的净现值（NPV）项目（如 Banerjee，1997；Hart，Shleifer 和 Vishny，1997）。根据政治观点，国有银行是政客实现其自身目标的工具，并受到政治官僚的影响，以资助无利可图的项目，通常会向国有企业（SOE）强制贷款（如 Shleifer，1998）。

在讨论以下三种机制时，我们尽可能地结合了这些观点。也就是说，当它们与银行级别或金融系统级别的财务困境相关时，我们将它们考虑在内。

26.2 直接政府所有权和避免银行财务困境的三种机制

如前文所述，政府直接所有权通过三种机制来避免银行陷入困境，类似于第二十五章所述的存款保险。鉴于相似的逻辑，我们在这里只进行相对简短的讨论。与表19.1A栏中的存款保险列一致，直接政府所有权列，对认证和补贴机制表示为"＋"。但是，与存款保险不同，直接政府所有权对审慎机制表示为"－/＋"，因为这种所有权可以使银行以一种更具风险的方式行事，但也如下文所说的一样有助于减少系统性风险。

26.2.1 直接政府所有权的审慎机制

与存款保险类似，直接政府所有权并不能通过审慎机制让银行在银行层面变得更安全，反而更有可能比存款保险更大程度地增加银行的风险承担。就直接政府所有权为银行提供了获得政府资金的渠道，并为几乎无限的投资组合损失提供了担保而言，它在极端情况下同时为存款人和其他债权人提供了保障。这种保护措施可能会造成非常严重的道德风险激励，从而导致投资者承担更多风险，或无法对风险进行监控。由于控制成本或利润最大化的动机薄弱，以及在上述"代理观点"和"政治观点"下追求非经济目标的压力，导致经营效率低下，也可能使得单个银行风险增加。

然而，与第二十五章中关于存款保险的论点类似，在经济衰退期间，审慎机制也有可能在系统层面运行，而经济衰退通常与金融危机同时发生。在某种程度上，政府银行若在艰难时期继续提供信贷，就会如上文中的社会观点一样，可能会提供一个逆周期刺激经济（Cull 和 Martinez Peria，2012），这反过来有助于保持其他银行和非银行机构在金融体系中发挥作用。

26.2.2 直接政府所有权的认证机制

与存款保险类似，政府所有权通过认证机制降低了风险，阻止了存款人和其他债权人的挤兑，这两种人的债权几乎与政府国债一样安全。即政府股份的存在有助于减轻存款人和其他债权人对于银行可能倒闭的担心（Brown 和 Dinc，2011），因此这些债权人没有理由为银行配给信贷（Faccio，Masulis 和 McConnell，2006）。在这方面，政府所有制可能比存款保险更有效，后者通常对支付额有上限限制或其他限制，而政府所有制可能对所有存款和其他银行债务提供几乎无限的担保。

26.2.3 直接政府所有权的补贴机制

同样与存款保险类似，政府所有权使银行更安全，因为在银行陷入困境时，存款人和其他债权人对政府资金的获取有信心，政府所有权使银行能够以接近无风险的利率获得更稳定的资金流（Borisova 和 Megginson，2011）。与存款保险一样，获得信贷的优势是保持银行正常经营的一种补贴。政府所有的银行可以从政府获得其他优惠待遇，特别是在发展中国家。

26.3　直接政府所有权的说明

政府持有银行的股份在全世界都很普遍。政府拥有的股份从微不足道的少数到多数甚至是全部。政府所有权的大小通常与国家金融市场的发展水平成反比。例如，金融市场较不发达的转型国家的政府往往持有其银行的更多股份。正如下面所讨论的，在金融市场最发达的美国，除了不良资产救助计划（TARP）之外，政府的直接所有权基本上不存在。然而，在其他发达国家（如德国），它确实存在。

在全球金融危机之前，全球国有银行持有的总资产呈下降趋势。在过去的几十年里，许多发达国家的政府迅速将其在银行系统中的所有权转让给私人投资者。其基本原理是一种普遍接受的观点，即国有与低效率、糟糕的财务业绩和较慢的经济增长有关（Cull，Martinez Peria 和 Verrier，2019）。许多新兴国家正在积极制订私有化计划，以降低其国有银行的高所有权水平（Megginson，2005）。

危机打乱了这些趋势。在危机期间，一些国家在主要私人银行中持有大量股份，甚至将濒临破产的银行收归国有。因此，在高收入国家中，政府持有的银行资产平均份额从 2007 年的 7.3% 上升到 2009 年的 10.8%（Cull，Martinez Peria 和 Verrier，2019）。

接下来我们将讨论世界各地的直接所有权有何不同。

26.3.1　美国政府直接所有权

如上文所述，美国政府并不直接拥有商业银行，除非是在 TARP 计划之下。尽管如此，TARP 的多数所有权是通过优先股，而不是普通股，政府除了在第三章中讨论的限制之外，对银行的运营没有直接控制。

26.3.2　欧洲的政府直接所有权

在德国和其他一些欧洲国家，政府直接拥有银行是一项长期的公共政策。德国银行体系由三大支柱组成：以私法为基础的私人银行、以公法为基础的国有银行和以合作法为基础的合作银行（Robaschik 和 Yoshino，2000）。虽然这三大支柱的规模大致相同（Beck，Hesse，Kick 和 von Westernhagen，2009），但联邦或州政府是基于私法对某些银行拥有所有权（Robaschik 和 Yoshino，2000）。

在法国，20 世纪 80 年代和 90 年代出现了重大的私有化举措，使法国经济从高度国家控制转向更加市场化（Schmidt，1996）。在这一过程中，国家与银行之间的正式制度联系被削弱。法国央行在 1993 年变为独立的，而 Credit Lyonnais，最大的上市银行，在 1999 年也成为私有化的银行（Jabko 和 Massoc，2012）。

在西班牙银行体系中有三大类银行：私人银行、储蓄银行和官方信贷机构。1985 年，31/1985 年国家法（或 LORCA 法）统一了储蓄银行的治理体系，地方和地区政府被赋予 40% 的治理代表性①。LORCA 法还授权地方议会修改存款人、雇员、创始人和政府的代表比例（Fernandez，Fonseca 和 Gonzalez，2006）。

在希腊，阿尔法银行、欧洲银行、希腊国家银行（NBG）和比雷埃夫斯银行是资产规模最大的四家银行，拥有约 90% 的市场份额②。希腊政府通过 2010 年创建的希腊金融稳定基金（HFSF）持有这四家最大银行的大量股份。根据每家银行最新披露的数据，HFSF 分别持有阿尔法银行、欧洲银行、希腊国家银行和比雷埃夫斯银行 10.9%、1.4%、40.4% 和 26% 的股份③。

在意大利，从 20 世纪 30 年代末开始的近 60 年时间里，国有银行按资产计算占据了约 70% 的市场份额。20 世纪 90 年代，民营化发展迅速，公共银行转型为有限公司。向私人所有制的过渡结束了意大利银行的公共所有制（De Bonis，Pozzolo 和 Stacchini，2012）。

与一些大陆国家相比，英国在全球金融危机和欧洲主权债务危机之前一直认为政府入股银行是一个不熟悉的领域（Andrianova，Demetriade 和 Shortland，2012）。2008 年 10 月至 2009 年 12 月，英国政府总共向苏格兰皇家银行（RBS）注入了 455 亿英镑，以在动荡时期维持金融稳定。在进一步购买股票后，英国政府的持股比例达到了 84.4%。然而，政府于 2015 年 8 月启动了向私营部门出售股份的程序，并在 2018 年 6 月将其普通股持股比例降至 62.4%④。英国政府还入股劳埃德 TSB 银行（Lloyds TSB）和哈利法克斯苏格兰银行（Halifax Bank of Scotland），以在危机期间稳定银行体系。在英国政府于 2017 年出售其 43% 的股权后，劳埃德 TSB 银行再次完全私有化⑤。

26.3.3 其他国家的政府直接所有制

1978 年以前，中国实行的是单一银行模式，即中国人民银行（PBOC）将中央银行和商业银行的职能结合起来。被接管或重组进入 PBOC 体系，或被 PBOC 或财政部管理的银行，只是这个体系的一部分，以确保国家生产计划得以实现，彼此之间没有竞争

---

① LORCA 代表"关于储蓄银行管理机构的巴希卡条例法"。

② https：//capx. co/six - things - you - need - to - know - about - greek - banks/.

③ https：//www. alpha. gr/en/group/investor - relations/share - information/shareholder - structure，https：//www. eurobank. gr/en/group/investor - relations/shareholders/shareholding - structure，https：//www. marketscreener. com/NATIONAL - BANK - OF - GREECE - 1408785/company），https：//www. piraeusbankgroup. com/en/investors/share/shareholder - structure.

④ https：//uk. reuters. com/article/uk - britain - economy - rbs/uk - government - plans - to - sell - remaining - rbs - stake - by - 2024 - idUKKCN1N32E7.

⑤ https：//www. nytimes. com/2017/05/17/business/dealbook/lloyds - britain - bank. html.

的动机。在 1978 年开始的改革中，中国银行业体系得到了扩张，成立了几家大型国有商业银行，将四大国有银行拆分出来，并将其贷款职能从 PBOC 剥离。中国银行（BOC，成立于 1912 年）、中国建设银行（CCB，成立于 1954 年）、中国农业银行（ABC，成立于 1979 年）和中国工商银行（ICBC，成立于 1984 年）最初仅限于服务其指定的经济部门（分别是对外贸易和外汇、建设、农业、工商贷款）。1985 年，四大银行获准在所有行业展开竞争。然而，在 20 世纪 90 年代中期之前，它们之间的竞争非常有限，因为它们主要是政府的政策性贷款渠道，缺乏竞争动机（Berger，Hasan 和 Zhou，2009）。

中国在 2001 年加入世贸组织（WTO）后，四大国有银行达成协议吸纳少数外资股权，持股比例达 25%。除了四大银行之外，其他规模较小的国内商业银行都有国家作为最大股东。如今，四大银行是世界上最大的银行。与中国几乎所有的其他大型商业银行一样，它们都在中国内地或香港的证券交易所上市。尽管外资银行参与其中，公众也持有这些银行的股份，但中国政府仍是四大银行的最大股东，对这些银行的管理层任命拥有真正的控制权。

在印度，有两种类型的国有银行：国有的印度国家银行（SBI）及其附属机构和国有化银行，这些银行以前是私有的大型银行，在 1969 年和 1980 年的两次浪潮中变成了国有银行。1945 年独立后，建立了印度储备银行（RBI）作为中央银行，并优先增加对农村地区和小企业的信贷。1955 年，政府接管了最大的银行——印度帝国银行（Imperial Bank of India），组建了 SBI。1959 年通过的《印度国家银行法》（*State Bank of India Act*）规定，SBI 接管与地方政府有关联的地方银行，使它们成为 SBI 的子公司，这些银行后来被称为联营公司。SBI 现在是该国最大的商业银行机构。SBI 及其七个地区联营机构在这些银行中有大约 14000 家分行，其中 74% 在农村和半城市地区（Berger，Klapper，Martinez Peria 和 Zaidi，2008）。

1969 年，印度政府将 14 家大型银行收归国有，1980 年又将 6 家银行收归国有，目的是将信贷重新导向"受到服务不足"的行业和人口。与 SBI 不同，国有化的银行仍然是公司实体，并保留了大部分管理层和员工。尽管他们的董事会被国家取代，被任命的成员包括来自政府和私营企业的代表（Berger，Klapper，Martinez Peria 和 Zaidi，2008）。

在所有地区的所有年份中，南亚拥有最高比例的国有银行，而国有银行持有的资产比例在全球金融危机之前已经从 1995 年的 23% 下降到 2008 年的 13%（Cull，Martinez Peria 和 Verrier，2019）。

26.4　直接政府所有权机制的经验证据

在本节中，我们总结了直接政府所有权如何通过"第一道防线"的三种机制降低银行风险和系统性风险的实证研究。实证文献发现，政府所有制可以通过认证和补贴机制使银行更安全。然而，审慎机制的结果存在分歧，因为可能鼓励个别银行以更冒险的方式经营，但也可能使银行体系更安全。因此，表19.1B栏对于认证和补贴机制以"＋"标识，对审慎机制以"－／＋"标识。

26.4.1 直接政府所有权审慎机制的经验证据

我们对政府所有权审慎机制的经验证据的讨论分两部分进行，承接对上述概念的讨论。在第一部分中，我们回顾了关于国有银行风险和效率的经验证据，这些证据来自关于政府所有权对单个银行绩效的负面影响的争论。在第二部分中，我们讨论了对金融系统稳定的有利影响的研究，这些影响来自它们对总体金融危机的逆周期信贷供给的反应，以及在金融危机时期与政府的关联对自身稳定的影响。

26.4.1.1 政府直接持股和单家银行业绩的证据

实证研究发现，政府持有银行股份与效率低下和绩效不佳有关。跨国研究经常发现，在发展中国家，国有银行的盈利能力较低且成本高于私人银行，尽管有关发达国家银行的一些证据更为复杂。例如，Cornett，Guo，Khaksari和Tehranian（2010）考察了16个远东国家私营银行和国有银行的绩效差异，发现银行绩效与国有程度呈负相关关系。Yeyati和Micco（2007）对拉丁美洲银行业进行了研究，发现哥伦比亚和洪都拉斯国有银行的相对效率特别低。Boubakri，Cosset，Fischer和Guedhami（2005）考察了22个发展中国家的81家银行私有化后的绩效，认为私有化改善了银行绩效。Shen和Lin（2012）使用了来自65个国家在2003—2007年的银行数据，并证明了国有银行由于政治干预而表现不如私有银行。Iannotta，Nocera和Sironi（2013）对欧洲大型银行进行了研究，发现国有银行的经营风险更高。Micco，Panizza和Yanez（2007）表明，发展中国家的国有银行比国内私人银行的盈利能力更弱，成本更高，但工业国家的银行所有权与绩效之间的关系并不显著。Bonin，Hasan和Wachtel（2005）使用了11个转型国家的225家银行的数据集，也发现国有银行的效率并不显著低于国内私有银行。

一些研究提供了特定国家的证据，这些证据一致地发现，国有银行的表现相对较差。Berger，Hasan和Zhou（2009）研究了中国的银行体系，发现最大的国有银行效率最低，也遭受了重大的信贷损失，需要进行外部救助。Nakane和Weintraub（2005）对1990—2001年的巴西银行进行了研究，发现国有银行的效率低于私有银行。Lassoued，Sassi和Attia（2016）调查了所有权对中东和北非（MENA）银行业的影响，发现政府所有权鼓励银行承担更多风险。Bircan和Saka（2018）利用土耳其银行的数据发现，国有银行的放贷行为受到地方选举的影响，而不是经济激励。Sapienza（2002）同样发现了意大利银行信贷分配不当的证据。

因此，各国的证据基本上一致认为，国有制与单家银行的不良业绩有关。多数国际证据还表明，国有银行的业绩不佳，但仍有不一致的结果。有的认为在同一国内比较银行业绩可能更有说服力,因为国际比较可能被语言、文化、法律、货币的差异和其他重要的差异混淆,而国内的研究能够在相似的环境中比较并行运营的机构(Berger,DeYoung,Genay 和 Udell,2000;Berger,Molyneux 和 Wilson,2020)。

26.4.1.2　直接政府所有权和有益的系统效应的证据

多项研究发现,审慎机制通过逆周期信贷供应效应和政府安全效应在系统层面上起作用。Bertay,Demirguç - Kunt 和 Huizinga(2015)调查国有银行在商业周期中的借贷行为,找到了国有银行在金融动荡时期的稳定效应。对于那些位于治理良好的国家和高收入国家的银行来说,逆周期放贷行为尤其强烈。Demirguç - Kunt 和 Detragiache(1999)还使用了 1980—1995 年 53 个国家的数据,发现金融自由化后银行危机的数量增加,从而降低了政府所有权的作用。

对个别国家的研究也显示出有益的系统性影响。Davydov(2016)研究了全球金融危机期间的俄罗斯银行,发现国家支持的银行在危机期间表现出了逆周期的信贷供应效应。在此期间,受控制的俄罗斯银行增加了贷款,并降低了利率。一项对巴西银行的研究也发现了一致的证据,政府持有银行股权可以通过逆周期放贷行为减轻衰退(Coleman 和 Feler,2012)。一项对波兰的研究发现,PKO Bank Polski(PKO BP),一家国有银行,也是波兰最大的银行,因其提供了关键性的贷款,助力波兰成为 2009 年唯一一个避免了衰退的欧盟经济体(Piatkowski,2011)[①]。

26.4.2　直接政府所有权认证机制的实证研究

一些研究发现,国有银行的违约风险比其他银行要低,这与政府所有制认证机制下的市场约束减弱相一致,可以降低挤兑风险,确保融资渠道。Pennathur,Subrahmanyam 和 Vishwasrao(2012)研究了所有权对印度银行业的影响。他们发现,国有银行的违约风险低于私有银行。Iannotta,Nocera 和 Sironi(2013)对欧洲大型银行也有类似的发现。他们发现,国有银行的经营风险较高,但违约风险低于私有银行。此外,政府所有权对银行风险承担的影响越来越大,这可能会抵消或甚至超过认证的好处。例如,Caprio 和 Martinez Peria(2002)发现政府所有权与银行危机的可能性之间存在正相关关系。La Porta,Lopez - de - Silanes,Shleifer 和 Vishny(2002)也研究了政府所有权和银行危机之间的相关性,但没有发现显著的结果。

26.4.3　直接政府所有权补贴机制的经验证据

一些实证研究发现,国有银行更容易获得信贷,资金成本往往更低,这与支持国

---

① 尽管有点偏离了金融稳定的话题,但我们也注意到,国有银行是损害还是帮助了经济增长。La Porta,Lopez - de - Silanes,Shleifer 和 Vishny(2002)的著名发现是,政府所有制与经济增长之间存在负相关,几乎总是显著的关系。我们注意到,Adrianova,Demetriades 和 Shortland(2012)使用 1995—2007 年的跨国数据集发现了相反的证据,其中包括先前研究中忽略的一些变量。

有银行的补贴机制是一致的。Borisova 和 Megginson（2011）发现，信贷息差与政府所有权负相关，与隐性政府担保下的更高的还款信心观点一致。Hossain，Jain 和 Mitra（2013）考察了 1999—2009 年 107 个国家的银行股票绩效，发现在全球金融危机期间，更大程度的国有化有助于提高股票绩效。他们的研究结果表明，在金融危机期间，至少部分国有控股银行在提高股权资本筹集能力方面比私有银行具有优势。

参考文献

［1］Andrianova, S., Demetriades, P., & Shortland, A.（2012）. Government ownership of banks, institutions and economic growth. Economica, 79（315）, 449 – 469.

［2］Banerjee, A. V.（1997）. A theory of misgovernance. The Quarterly Journal of Economics, 112（4）, 1289 – 1332.

［3］Beck, T., Hesse, H., Kick, T., & von Westernhagen, N.（2009）. Bank ownership and stability：Evidence from Germany（Working Paper）.

［4］Berger, A. N., DeYoung, R., Genay, H., & Udell, G. F.（2000）. Globalization of financial institutions：Evidence from cross – border banking performance. Brookings – Wharton Papers on Financial Services, 2000（1）, 23 – 120.

［5］Berger, A. N., Hasan, I., & Zhou, M.（2009）. Bank ownership and efficiency in China：What will happen in the world's largest nation? Journal of Banking and Finance, 33（1）, 113 – 130.

［6］Berger, A. N., Klapper, L. F., Martinez Peria, M. S., & Zaidi, R.（2008）. Bank ownership type and banking relationships. Journal of Financial Intermediation, 17（1）, 37 – 62.

［7］Berger, A. N., Molyneux, P., & Wilson, J. O. S.（2020）. Banks and the real economy：An assessment of the research. Journal of Corporate Finance, 62.

［8］Bertay, A. C., Demirguc – Kunt, A., & Huizinga, H.（2015）. Bank ownership and credit over the business cycle：Is lending by state banks less procyclical? Journal of Banking and Finance, 50, 326 – 339.

［9］Bircan, C., & Saka, O.（2018）. Political lending cycles and real outcomes：Evidence from Turkey（Working Paper）.

［10］Bonin, J. P., Hasan, I., & Wachtel, P.（2005）. Bank performance, efficiency and ownership in transition countries. Journal of Banking and Finance, 29（1）, 31 – 53.

［11］Borisova, G., & Megginson, W. L.（2011）. Does government ownership affect the cost of debt? Evidence from privatization. The Review of Financial Studies, 24（8）,

2693 – 2737.

[12] Boubakri, N. , Cosset, J. – C. , Fischer, K. , & Guedhami, O. (2005) . Privatization and bank performance in developing countries. Journal of Banking and Finance, 29 (8 – 9) , 2015 – 2041.

[13] Brown, C. O. , & Dinc, I. S. (2011) . Too many to fail? Evidence of regulatory forbearance when the banking sector is weak. The Review of Financial Studies, 2 (4) , 1378 – 1405.

[14] Caprio, G. , & Martinez Peria, M. S. (2002) . Avoiding disaster, policies to reduce the risk of banking crises (pp. 193 – 230) . Monetary Policy and Exchange Rate Regimes, Options for the Middle East.

[15] Coleman, N. S. , & Feler, L. (2012) . Bank ownership, lending, and local economic performance during the 2008 – 2010 financial crisis. Mimeo: Johns Hopkins University, 1099.

[16] Cornett, M. M. , Guo, L. , Khaksari, S. , & Tehranian, H. (2010) . The impact of state ownership on performance differences in privately – owned versus state – owned banks: An international comparison. Journal of Financial Intermediation, 19 (1) , 74 – 94.

[17] Cull, R. , & Martinez Peria, M. S. (2012) . Bank ownership and lending patterns during the 2008 – 2009 financial crisis. Evidence from Eastern Europe and Latin America. World Bank, Mimeo.

[18] Cull, R. , Martinez Peria, M. S. , & Verrier, J. (2019) . Bank ownership, trends and implications. The World Bank.

[19] Davydov, D. (2016) . Does state ownership of banks matter? Russian evidence from the financial crisis. Journal of Emerging Market Finance, 17 (2) , 1 – 38.

[20] De Bonis, R. , Pozzolo, A. F. , & Stacchini, M. (2012) . The Italian banking system: Facts and interpretations (Working Paper) .

[21] Demirguc – Kunt, A. , & Detragiache, E. (1999) . Financial liberalization and financial fragility. The World Bank.

[22] Faccio, M. , Masulis, R. W. , & McConnell, J. J. (2006) . Political connections and corporate bailouts. The Journal of Finance, 61 (6) , 2597 – 2635.

[23] Fernandez, A. I. , Fonseca, A. R. , & Gonzalez, F. (2006) . The effect of government ownership on bank profitability and risk: The Spanish experiment. Working Paper, 33 (3) , 224 – 229.

[24] Gerschenkron, A. (1962) . Economic backwardness in historical perspective: A book of essays. MA: Belknap Press of Harvard University Press Cambridge.

[25] Hart, O. , Shleifer, A. , & Vishny, R. W. (1997) . The proper scope of

government: Theory and an application to prisons. The Quarterly Journal of Economics, 112 (4), 1127 – 1161.

[26] Hossain, M., Jain, P. K., & Mitra, S. (2013). State ownership and bank equity in the Asia – Pacific region. Pacific Basin Finance Journal, 21 (1), 914 – 931.

[27] Iannotta, G., Nocera, G., & Sironi, A. (2013). The impact of government ownership on bank risk. Journal of Financial Intermediation, 22 (2), 152 – 176.

[28] Jabko, N., & Massoc, E. (2012). French capitalism under stress: How Nicolas Sarkozy rescued the banks. Review of International Political Economy, 19 (4), 562 – 585.

[29] La Porta, R., Lopez – de – Silanes, F., Shleifer, A., & Vishny, R. (2002). Investor protection and corporate valuation. The Journal of Finance, 57 (3), 1147 – 1170.

[30] Lassoued, N., Sassi, H., & Attia, M. B. R. (2016). The impact of state and foreign ownership on banking risk: Evidence from the MENA countries. Research in International Business and Finance, 36, 167 – 178.

[31] Megginson, W. L. (2005). The economics of bank privatization. Journal of Banking and Finance, 29 (8 – 9), 1931 – 1980.

[32] Micco, A., Panizza, U., & Yanez, M. (2007). Bank ownership and performance. Does politics matter? Journal of Banking and Finance, 31 (1), 219 – 241.

[33] Nakane, M. I., & Weintraub, D. B. (2005). Bank privatization and productivity: Evidence for Brazil. The World Bank.

[34] Pennathur, A. K., Subrahmanyam, V., & Vishwasrao, S. (2012). Income diversification and risk: Does ownership matter? An empirical examination of Indian banks. Journal of Banking and Finance, 36 (8), 2203 – 2215.

[35] Piatkowski, B. M. (2011). Positive GDP growth, relatively low increase in unemployment, and growing real wages helped sustain demand for loans, particularly among households. On the supply side, growth in lending (Working Paper).

[36] Robaschik, F., & Yoshino, N. (2000). Public banking in Germany and Japan's fiscal investment and loan program: A comparison. Fachbereich Wirtschaftswiss.

[37] Sapienza, P. (2002). The effects of banking mergers on loan contracts. The Journal of Finance, 57 (1), 329 – 367.

[38] Schmidt, V. (1996). The Transformation of French Business and Government. In From the State to Market?. Cambridge: Cambridge University Press.

[39] Shen, C. H., & Lin, C. Y. (2012). Why government banks under perform: A political interference view. Journal of Financial Intermediation, 21 (2), 181 – 202.

［40］Shleifer, A. (1998). State versus private ownership. The Journal of Economic Perspectives, 12 (4), 133 – 150.

［41］Stiglitz, J. E. (1993). The role of the state in financial markets. The World Bank Economic Review, 7 (Suppl. L), 19 – 52.

［42］Yeyati, E. L., & Micco, A. (2007). Concentration and foreign penetration in Latin American banking sectors: Impact on competition and risk. Journal of Banking and Finance, 31 (6), 1633 – 1647.

第五部分　展望未来

第五部分　导论

第一、第二、第三和第四部分总结了大量关于相关主题的研究，并引导我们进入第五部分。在这里，我们对研究进行了消化和整合，从中得出了意义重大的结论，并展望了其对未来的启示。由于第五部分的三章将研究作为一个整体加以消化，因此，第五部分知识树中唯一的参考文献是第二十七章中关于本书前几部分未涉及的一些主题的少量论文。最后这三章的每一章都试图描绘出一幅与研究主体不同的画面。

正如本书第一部分导论中所指出的，我们采取了一种全面的方法，考虑了许多政策选择，包括外部救助、内部纾困和其他解决系统重要性银行财务困境的方法。额外的选择包括，可能有助于个别银行在第一时间摆脱财务困境的"第一道防线"，以及有助于防止放贷热潮和过度的银行总流动性创造而制定的逆周期政策。后两套政策都可能有助于降低金融危机的可能性和严重性，这些危机可能使得陷入困境的银行破产清算。

有些读者可能会跳过书中的大部分内容，迅速进入这些总结章节来了解我们的观点。但是我们反对这种行为，因为这些最后的章节并不仅仅是我们的观点。相反，它们是从前面几章回顾的研究中得出的合理结论。第二十七章在研究的基础上，对银行业应对和防范金融危机的程序和方法的社会成本和效益进行了评估。本章还回顾了一些与得出结论相关但与前几章主题不匹配的额外研究证据。第二十八章从现有研究中得出政策制定者和银行管理者的合理启示，第二十九章讨论了现有研究中有待解决的开放性问题和缺口。尽管这些主题是作为单独的章节编写的，但它们是高度相关的。例如，我们只能在成本和效益相对明确的情况下对决策者和银行管理者得出有力的启示，只有在相关研究问题已经得到充分解决、未来研究的需要较少的情况下，才能认真分析这些成本和效益。

在此之前，我们注意到，在处理银行财务困境时，不同的方法并没有得到同等对待，因为有些方法比其他方法有更多的研究。因此，在分别从第二十七章和第二十八章的研究中讨论社会成本和效益以及对政策制定者和银行管理者的启示时，我们更关注第二部分关于不良资产救助计划（TARP）的材料和第四部分关于"第一道防线"的材料，因为对这些主题的研究要多得多。与此相反，在第二十九章中，我们建议在未来研究中，更多地关注现有研究较少的主题——除了TARP、内部纾困、其他决议方法和逆周期政策外的外部救助——这些都更缺乏基于研究的知识。

27. 社会成本和收益
Akin, Coleman, Fons-Rosen, and Peydro, Forthcoming; Ashcraft, 2006; Barofsky, 2013; Benes and Kumhof, 2015; Berger, 2018; Berger and Bouwman, 2017; Berger, Curti, Mihov, and Sedunov, 2020; Bernanke, 2015; Bernanke and Blinder, 1992; Bunkanwanicha, Di Giuli, and Salvadè, 2019; Bush, 2008; Caballero and Simsek, 2013; Calomiris and Khan, 2015; Diamond and Rajan, 2011; Drehmann and Gambacorta, 2012; Driscoll, 2004; Edge and Liang, 2019; Ehrmann, Gambacorta, Martinez-Pages, Silvestre, and Worms, 2003; Faria-e-Castro, 2020; Fischer, Hainz, and Steffen, 2014; Friedman, 1968; Harris, Huerta, and Ngo, 2013; Issac, 2010; Jagolinzer, Larcker, Ormazabal, and Taylor, 2017; Jiménez, Ongena, Peydró, and Saurina, 2017; Kashyap and Stein, 1997, 2000; Liang, 2013; Lown and Morgan, 2006; Lucas, 2019; Massad, 2011; Mester, 2018; N'Diaye, 2009; Paulson, 2013; Repullo and Salas, 2011; Roman, 2019; Thakor, 2005; Yellen, 2011; Zingales, 2011.

28. 对银行决策者和银行管理者的启示
No references applicable.

PART V：展望未来

29. 开放性研究问题
No references applicable.

第二十七章 社会成本和效益

本章讨论的社会成本和效益评估尽可能符合本书前面总结的研究逻辑。我们并没有试图对本书所研究的，处理银行机构财务困境的各种方法的成本和效益，给出精确的美元数字。这将需要一个远远超出现有研究水平的准确度。相反，我们在研究的基础上，对那些社会成本和效益相对较大和较小的情况作出了合理的判断。

从这些判断中，我们粗略评估了许多不同的方法是否具有净社会收益——收益明显大于成本——以及净社会成本——成本明显大于收益。在某些情况下，社会效益和成本都不占主导地位，或者研究证据不足以得出任何结论。我们还根据金融稳定状况和短期与长期取向来区分我们的一些结论。因此，社会福利与社会成本谁占主导地位，往往取决于所考虑的财务状况，以及短期或长期后果中，谁在社会福利函数中的权重更大。例如，在相对平静的金融时期，内部纾困可能提供极好的长期激励措施，减少银行承担的风险。然而，在严重金融危机和许多机构同时面临倒闭危险的 TMTF 情况下，内部纾困可能会给市场参与者造成重大损失，拖累其他金融机构，从而产生不利的短期后果。

还鼓励读者阅读第六章提到的 Calomiris 和 Khan（2015）、Berger（2018）以及 Roman（2019）对 TARP 研究进行的其他调查，这些调查计算了 TARP 的成本和效益。此外，我们在第一章表 1.6 中提供了外部救助和内部纾困的利弊。读者还可能会发现许多书籍、国会报告和总统声明都很有用，其中包括 Bush（2008）、Issac（2010）、Massad（2011）、Zingales（2011）、Barofsky（2013），Paulson（2013）和 Bernanke（2015）等著名经济和政治人物对 TARP 的看法，如第三章表 3.3 的 A 组所示。表 3.3 的 B 组也显示了皮尤研究中心、彭博社、今日美国/盖洛普和 ABC 的民意调查结果。所有这些先前的分析和结论的可用性，使我们能够更多地关注本书所涵盖的整个研究的"大局"结论。

第 27.1 节简要总结了一些 TARP 研究文章，这些文章没有包括在前面的第二部分，因为它们不完全符合第二部分的主题。第 27.2 节总结了关于逆周期审慎和常规货币政策的少量研究，这些研究可能会降低金融危机的可能性和严重性，而本书前面没有对这些研究进行充分的回顾。如下文进一步讨论的，第 27.2 节不包括第十六章外部救助范围内的非常规货币政策，也不包括不直接影响银行的财政政策。第 27.1 节和第 27.2 节中的证据对于在我们的最后三章中得出全面的结论是必要的。第 27.3 节阐述了本章的主要任务。该节在研究银行财务困境的不同处理方式在短期和长期的不同金融稳定条件下是否具有净社会效益、净社会成本或两者都没有的基础上，给出了我们的粗略评估。我们涵盖外部救助（包括 TARP、非常规货币政策和其他外部救助）、内部纾困、其他五种决议方法、七种不同的"第一道防线"以及逆周期审慎和常规货币政策。

27.1　第二部分未涵盖的其他 TARP 研究文章

我们简要地讨论了一些关于 TARP 的其他研究论文，这些论文不完全符合第二部分的 TARP 文献综述。Harrisa，Huertab 和 Ngo（2013）使用非参数数据包络分析（DEA）方法研究了 TARP 外部救助对银行效率的影响。他们发现，危机导致银行运营效率下降，而 TARP 银行的这种下降明显比非 TARP 银行更为严重。作者将此归因于外部救助相关的道德风险激励——TARP 银行的运营效率恶化，因为 TARP 降低了银行经理采用最佳实践的激励。

Bunkanwanicha，Di Giuli 和 Salvadè（2019）阐述了 TARP 如何影响 CEO 的职业生涯。他们发现，在金融危机期间，TARP 银行的 CEO 受到保护，与非 TARP 银行的 CEO 相比，他们保住工作的概率高出 18%。然而，危机过后，情况又出现了逆转，因为 TARP 的 CEO 们不太可能被雇佣，这与长期来看劳动力市场可能已经惩罚了接受外部救助银行的 CEO 的想法是一致的。他们还发现，保留 CEO 的 TARP 银行往往会增加他们的风险承担行为，并且一旦失去政治关系，就会更换他们的 CEO。

两篇论文探讨了政治关系与 TARP 银行内部企业知情交易之间的关系。Akin，Coleman，Fons - Rosen 和 Peydro（即将发表）发现，政治关联和非关联 TARP 银行的内幕交易行为有所不同。对于政治关联的银行，他们发现，在 TARP 前买入会在 TARP 时期得到增加的异常回报，而对于非关联的 TARP 银行，内幕交易和回报是不相关的。他们还发现，TARP 参与者请求获得资金的比率与异常回报密切相关，也是关联银行购买行为的预测指标。

Jagolinzer，Larcker，Ormazabal 和 Taylor（2017）也记录了 TARP 期间政治联系与企业内部交易信息的密切关系。这与赋予企业内部人士，政府外部救助相关的信息优势的政治关系是一致的。他们发现，在发放 TARP 资金期间，以及在接受 TARP 注资的银行中，存在政治关联的内部人士之间的关系最为密切。他们还发现在公告前 30 天内有重大内幕交易，这些交易预测了股市对公告的反应，而且只出现在与政治关联的内幕人士的交易中。这些发现表明，与政治关联的 TARP 银行内部人士具有信息优势，并通过交易来利用这一优势。

Lucas（2019）提出了一个理论框架，该框架明确了对外部救助成本进行经济意义估计的原则，并得出了全球金融危机期间，美国所有外部救助的实际成本估计，包括 TARP。考虑其他外部救助措施，包括美联储其他应急设施、FDIC 计划和扩大覆盖范围、SBLF 计划，以及房利美（Fannie Mae）和房地美（Freddie Mac）在被接管后的救助措施和担保、联邦学生贷款计划和联邦住房管理局（FHA）。作者估计，2009 年美国与危机相关的外部救助直接成本总额约为 5000 亿美元，占 GDP 的 3.5%。作者告诫，这种估计是建立在许多不确定的假设基础上的，估计应被视为具有很宽的误差带。尽管如此，Lucas（2019）认为，衍生成本大到足以得出结论，外部救助不是政策制定者的免费午餐，并可能引发严重问题，即纳税人是否可以得到更好的保护。作者还发现，在外部救助时，无担保债权人而非大型金融机构的股东是最大的直接受益人。

27.2　逆周期审慎和常规货币政策

接下来，我们将简要讨论有关逆周期审慎和常规货币政策的研究，这些政策至少在一定程度上，缓和银行信贷供应过剩和流动性创造热潮。如第二章所述，这些银行信贷繁荣和流动性增加可能导致金融泡沫或过度风险承担，从而可能造成未来的金融危机。反过来，这些危机可能导致大型金融机构陷入困境，需要通过外部救助、内部纾困或任何其他决议方法加以解决。这些政策还旨在经济衰退期间，增加银行信贷供应和流动性创造，帮助实体经济从衰退中复苏。接下来我们将介绍这些概念，回顾一些已有的实践，然后讨论一些研究证据。

值得注意的是，我们排除了通常在压力时期实施的逆周期非常规货币政策，例如，大幅扩大的最后贷款人（LOLR）措施，如美联储的扩大贴现窗口（DW）和定期拍卖工具（TAF）流动性计划，以及美联储的量化宽松（QE）计划。出于这本书的目标，这些非常规的政策被认为是外部救助，它们的研究被包括在第十六章中。

我们还排除了逆周期的财政政策，如旨在对抗经济周期的税收和公共支出。原因是，我们的书主要关注解决或防止系统重要性银行的财务困境和破产的方法，否则将严重损害金融系统和实体经济。逆周期的审慎和货币政策通过调整银行的信贷和流动性供应直接发挥作用（尽管货币政策也影响信贷和流动性需求）。相比之下，财政政策只会间接影响银行，因为企业和消费者可能需要更多的银行信贷和流动性创造。

27.2.1　逆周期审慎和常规货币政策

逆周期审慎政策工具涵盖多种措施，通常旨在通过在景气时期放缓信贷增长以及在不景气时期提振信贷增长，来减少系统性风险的累积（Yellen，2011）。如第四部分所述，银行资本要求历来是重要的审慎工具。最近，根据巴塞尔协议Ⅲ，监管者同意在整个商业周期内通过逆周期的银行资本缓冲来改变最低资本要求。当周期性风险开始积聚时，巴塞尔协议Ⅲ逆周期资本缓冲（CCyB）提高了最低资本要求，以确保银行有足够的资本来吸收随后任何经济衰退中可能出现的损失。在压力期间，缓冲可以被释放，有助于维持银行信贷和对经济的流动性供应。① 作为提醒，第二十章简要介绍了 CCyB 及其相关研究。我们在下面提供更多细节。

主要的逆周期常规货币政策工具是公开市场操作（OMO）和政府证券回购协议，以及设定准备金利率以达到银行间融资利率的目标。

27.2.2　实践中的逆周期宏观审慎政策

美国联邦储备委员会发布了一份政策声明，详细说明了委员会将如何为位于美国的私营部门信贷敞口设置 CCyB。美联储委员会将 CCyB 视为一种宏观审慎工具，可以提高金融系统的弹性，并将在系统性脆弱性明显高于正常水平的时候启动。委员会打算逐步增加 CCyB，并期望在导致其启动的条件失效或减弱时，以及当 CCyB 资本的释放能促进金融稳定时，撤销或减少 CCyB。CCyB 适用于受先进方法资本规则约束的银行机构，通常是资产超过 2500 亿美元或资产负债表内有 100 亿美元的外国风险敞口的银行机构，以及此类银行机构的任何存款机构子公司。美国 CCyB 利率目前设定为零。②

CCyB 已经被许多国家或地区采用。在对宏观审慎当局的研究中，Edge 和 Liang（2019）发现，在 58 个国家或地区的样本中，有 53 个国家或地区建立了用来设立 CCyB 的当局。这种类型的当局主要存在于中央银行和独立的审慎监管机构；只有在两个国家，英国和法国，金融稳定委员会才有独立机构来自己实施 CCyB。在英国，英格兰银行的金融政策委员会（FPC）负责 CCyB 的实施，而英国 CCyB 利率目前设定为 1%。当 FPC 判断风险正在积聚时，它会增加 CCyB。这意味着，银行需要有额外的资本缓冲，以吸收周期性系统性风险造成的潜在损失，增强其弹性，并为稳定的金融体系作出贡献。Edge 和 Liang（2019）还发现，8 个国家或地区③至少一次将 CCyB 提高到零以上，主要是为了应对本国或地区迅速上涨的房价和高抵押贷款债务。

27.2.3　逆周期审慎政策的研究证据

几篇论文分析了 CCyB 的影响。所有这些论文的结果都表明，CCyB 的要求往往会按预期发挥作用，从而平稳信贷供应周期，并使金融体系更有弹性。Drehmann 和 Gambacorta（2012）发现，巴塞尔协议Ⅲ CCyB 可能有助于在繁荣时期减少信贷增长，并在信贷紧缩释放后减弱信贷收缩。Jiménez，Ongena，Peydró 和 Saurina（2017）利用动态拨备实验和全面的银行、企业、贷款和贷款应用水平数据集，分析了银行持有的 CCyB 对企业信贷供应的影响及其在西班牙的后续表现。他们发现，CCyB 有助于平稳信贷供

---

① 美国以外的国家也将贷款估值比和债务收入比限制用作逆周期的审慎工具，它们在一个周期内有所不同，并针对住房或家庭信贷等特定部门来控制杠杆率（例如，Liang，2013；Fischer，2014；Mester，2018）。

② https：//www. federalreserve. gov/newsevents/pressreases/bcreg20190306c. htm.

③ 这些国家或地区有英国、中国香港、冰岛、挪威、瑞典、瑞士、捷克共和国和斯洛伐克。有关使用 CCyB 的巴塞尔委员会成员管辖区的更多信息，请参见 https：//www. bis. org/bcbs/ccyb/。

应周期，而在经济不景气的时候，则有助于维持企业信贷可得性和业绩。N'Diaye（2009）发现，具有约束力的逆周期审慎监管有助于减少产出波动，降低金融不稳定的风险。逆周期资本充足规则允许货币当局实现相同的产出和通胀目标，但利率调整幅度较小。逆周期规则有助于遏制资产价格波动，避免金融加速器进程，从而有助于降低宏观经济和金融不稳定的风险。Benes 和 Kumhof（2015）发现，当借款人的信用（或风险）下降时，CCyB 可以为银行创造一种预防性动机，从而导致社会福利显著增加，并减少政策利率逆周期调整的必要性。Faria‑e‑Castro（2020）研究了 CCyB 的定量宏观经济效应，发现在杠杆扩张期间提高资本缓冲可以将危机频率降低一半以上。作者对 2007—2008 年金融危机的定量分析表明，2.5% 范围的 CCyB 可以大大缓解 2008 年的金融恐慌，消费总量累计增长 29%。与所有这些研究相比，Repullo 和 Saurina Salas（2011）评估了巴塞尔协议Ⅲ中的逆周期资本缓冲，发现当 GDP 增长高时，缓冲会倾向于降低资本要求，当 GDP 增长低时，缓冲会增加资本要求。

27.2.4 逆周期常规货币政策的研究证据

接下来，我们将讨论逆周期常规货币政策的研究。在 20 世纪 80 年代之前，货币经济学家一般关注货币供应量对非银行公众信贷总需求的影响及其对商业周期的影响，而不是单个银行和金融体系的信贷供应。例如，Friedman（1968）认为货币政策对经济周期的过度反应加剧了经济周期，并主张用简单的货币供应增长规则代替自由裁量权。

后来的研究表明，常规货币政策只能通过银行贷款渠道发挥作用，影响银行贷款供应（例如，Bernanke 和 Blinder，1992；Kashyap 和 Stein，1997）。Kashyap 和 Stein（2000）为货币传导的银行借贷渠道的存在提供了经验支持。他们使用涵盖所有美国银行的一组非常庞大的季度观察数据，发现货币政策冲击对证券占总资产比率较低的银行的放贷影响更大。他们还发现，这一结果在很大程度上归因于规模分布底部 95% 的小银行，这些小银行在筹集资金以抵消货币政策紧缩导致的存款外流方面拥有最少的选择。Ehrmann，Gambacorta，Martinez‑Pages，Silvestre 和 Worms（2003）总结了欧盟各国的研究结果。他们发现，对于大多数欧元区国家来说，货币政策对银行贷款的影响与 Kashyap 和 Stein（2000）的研究结果一致，但与银行规模没有明显的关系。

但是，在金融危机和正常时期，货币政策在改变银行贷款行为方面的有效性是否有所不同，目前还没有太多的证据。在金融危机期间，由于难以获得市场流动性，银行可能会囤积可贷资金，对放贷动机的反应较弱（Diamond 和 Rajan，2011；Caballero 和 Simsek，2013）。贷款承诺和其他表外担保的需求和供应也可能受到金融危机的影响（Thakor，2005）。Berger 和 Bouwman（2017）使用美国数据调查货币政策对银行流动性创造的影响，并区分正常时期和金融危机时期，以及表内和表外流动性创造。这些作者发现，常规的货币政策在统计上具有显著性，但在经济上对小银行在正常时期创造流动性的影响较小，这与 Kashyap 和 Stein（2000）的观点一致，而且在金融危机期间这些影响更弱。此外，无论是在正常时期还是在危机时期，货币政策对大中型银行流动性创造的影响都很小。

其他一些研究则集中在货币政策下的银行放贷是否对实体经济产生显著影响，并发现了混合效应。Ashcraft（2006）发现，货币政策冲击导致的银行贷款变化对国家收入没有重要影响。运用结构 VAR，作者估计银行贷款对货币政策的反应约有25% 可归因于与银行贷款渠道有关的摩擦，但实际 GDP 对货币政策的反应中只有不到5% 可归因于这一货币政策传导渠道。与这些结果一致，Driscoll（2004）还发现，一个州的银行贷款对该州产出的影响很小，通常在统计上是不显著的。相反，Lown 和 Morgan（2006）使用美联储高级贷款官员意见调查中有关贷款标准的信息来代替银行信贷供应的变化。作者发现，在控制了多种因素后，货币对银行信贷标准的冲击对 C&I 贷款增长和 GDP 都有实质性的影响。他们还发现，在结构模型中，银行信贷标准和一些存货投资措施之间存在密切联系，表明银行贷款供应对实际活动的影响相对较强。

27.3　净社会效益和成本的粗略评估

表 27.1 总结了我们基于对 16 种不同的银行财务困境处理方法的研究以表格形式进行的粗略评估，以方便读者阅读。表中的"＋"表示净社会效益，即社会效益超过社会成本。"－"表示净社会成本，即社会成本高于社会效益。当两个结论都不能得出时，表格显示"？"，这意味着效益和成本都不占主导地位，或者没有足够的研究证据得出结论。

表 27.1 显示了两组金融稳定状况下的评估——严重金融危机和 TMTF 相比于其他金融状况，即金融系统是否存在短期损害严重的重大风险。该表还显示了两种社会福利函数取向的评估结果，即短期对长期有相对较高的权重。因此，表格行中有四个不同的框，其中每个方法的符号对应于该方法。

我们认识到，这种简单的分析方法忽略了金融状况和方向上的一些显著差异，但它允许我们在一个表中给出一个相对完整的图景，可以相对简洁地描述。如下文更详细的讨论，仅对一些方法如外部救助和内部纾困来说，结论在金融状况和方向上各不相同。对于其他方法，如监管容忍、审慎监管和存款保险，我们的结论在所有情况下都适用，如一行里所有四个框中的一致符号所示。我们还提前注意到，最后两列——其他金融状况下的短期和长期评估——在每一行都有相同的符号。也就是说，当短期金融体系不存在崩溃的重大风险时，短期和长期的净社会收益是一致的。

鉴于表 27.1 的篇幅很大，我们将更多的注意力放在本书的主要主题外部救助和内部纾困上，为了简洁起见，我们将其他方法的讨论缩短。

表 27.1　　在短期和长期不同金融状况下处理银行组织财务困境方法的社会净效益和成本的粗略评估

严重金融危机和/或 TMTF		方法	短期	长期	其他金融状况		方法	短期	长期
		外部救助	+	?			外部救助	−	−
		内部纾困	?	?			内部纾困	+	+
	其他决议方法	破产/倒闭	−	−		其他决议方法	破产/倒闭	−	−
		生前遗嘱	−	?			生前遗嘱	?	?
		监管容忍	−	−			监管容忍	−	−
		分解 TBTF	−	−			分解 TBTF	?	?
		分解各类活动	−	−			分解各类活动	−	−
	"第一道防线"	资本要求	−	−		"第一道防线"	资本要求	+	+
		流动性要求	−	−			流动性要求	?	?
		压力测试	−	−			压力测试	+	+
		审慎监管活动限制	?	?			审慎监管活动限制	?	?
		审慎监管	+	+			审慎监管	+	+
		存款保险	+	+			存款保险	+	+
		直接政府所有权	?	?			直接政府所有权	−	−
	逆周期政策	逆周期审慎政策	+	+		逆周期政策	逆周期审慎政策	+	+
		逆周期常规货币政策	?	?			逆周期常规货币政策	?	?

为了方便读者阅读，本表总结了我们基于 16 种不同方法（七种决议方法、七种防线和两种逆周期政策）的粗略评估。"＋"表示净社会效益，"－"表示净社会成本，以及"？"意味着社会效益和成本都不占主导地位，或者我们没有足够的证据。

27.3.1　外部救助评估

从表 27.1 第一列的第一个结论开始，我们指定了一个"＋"，表示当金融系统存在严重损害的重大风险时，短期社会效益很可能超过外部救助的社会成本。这一结论主要基于第二部分的研究，该研究表明，TARP 在很大程度上实现了该计划的两个最终目标：在全球金融危机的关键时期，在短期内推进实体经济以及降低金融体系的风险。在全球金融危机等严重危机中，或者在许多金融机构可能同时陷入困境和/或倒闭的TMTF 情况下，外部救助可以帮助实体经济和金融体系避免近期灾难。在此期间，不论是一家非常大的还是高度相互关联的金融机构，他们的倒闭都会恶化金融体系的状况，例如雷曼兄弟倒闭时发生的情况。

虽然第十四章和第十五章中直接涉及实体经济和系统性风险问题的研究论文相对较少，但第二部分其他章节中的大量额外证据分别支持了这些结论。TARP 导致信贷供给增加的研究结果与实体经济短期改善相一致，而对于 TARP 普遍提高银行股票市场价值、降低银行杠杆风险的研究结果，增加了短期内系统性风险降低的理由。第十六章对非 TARP 外部救助的研究也普遍显示，短期内可能提振实体经济的一些项目增加了信贷供应。

如第二部分所述，对实体经济短期改善的估计也可能被大大低估。出现这种情况的部分原因是，双重差分（DID）方法只是衡量实体经济结果的差异，而不是总体改善。这种保守的陈述也可能出现，因为通过降低系统性风险来拯救金融体系，几乎必然通过增加未接受外部救助的银行和被外部救助银行相对较少的州的信贷供应来进一步帮助实体经济。

我们认识到 TARP 的短期社会成本，是由项目的扭曲和错位造成的。其中包括向与政治和监管有联系的银行分配资金、TARP 银行市场份额和扭曲银行业竞争的市场力量的增加，以及这些银行由于道德风险激励而转向风险更高的贷款组合。TARP 和其他外部救助措施的另一个社会成本是将政府资金捆绑在银行优先股中的机会成本。美国财政部投资 TARP 的财务回报率为正，但远低于金融危机期间银行优先股等高风险投资的市场要求回报率。有理由假设，类似的扭曲、错位和纳税人成本也可能经常发生在其他外部救助计划中。

我们还识别了以承担 TARP 和其他外部救助措施造成的，过度风险的道德风险激励措施的短期社会成本。第二部分总结的研究清楚地表明，由于信贷供应增加和转向风险更高的借款人，TARP 的投资组合风险增加。尽管如此，我们认为，由于投资组合风险增加而产生的短期社会成本可能相对较小，有两个原因。第一，第二部分中的其他一些研究表明，TARP 增加的投资组合风险被 TARP 增加的普通股所抵消，使得 TARP 银行在短期内对系统性风险的贡献小于非 TARP 银行，其他情况相同。道德风险引起的系统性风险的潜在增加似乎更像是一个长期问题，如下所述。第二，在全球金融危机等严峻形势下，即使是高风险贷款，也可能从帮助抵消危机造成的衰退带来的实际经济损失中获得短期利益。

更普遍地说，在严重的金融危机期间外部救助带来的短期社会效益，以及防止经济陷入更深的衰退和维护金融体系安全的 TMTF 情况，量级可能比所有短期社会成本都要大得多。这些社会效益总额可能达到数万亿美元。如第一章所述，全球金融危机给美国造成的产出和金融财富损失价值估计为 12 万亿 ~ 22 万亿美元。如果没有 TARP 和其他外部救助方案，这些损失可能会高出数倍，尽管不可能对这样的反事实作出准确估计。如上所述，Lucas（2019）估计，金融危机期间美国所有外部救助计划的直接总成本约为 5000 亿美元。这些外部救助成本在危机造成的数万亿美元产出和金融财富损失中所占比例相对较小，如果没有外部救助，这一比例可能要高得多。

我们也承认，我们结论背后的大部分研究都是在一次金融危机期间从一个国家的一个优先股权注入计划中得出的。有许多其他类型的银行外部救助，它们发生在几乎所有其他国家，它们发生在几乎每一次金融危机期间。这些其他外部救助措施可能比 TARP 更有效，也可能不如它有效。尽管如此，涵盖十多年的大量关于 TARP 的高质量研究，以及本书所涵盖的关于其他外部救助措施的更为有限的优秀研究论文，共同提供了相当有力的证据，使我们能够得出相对严格的结论。

在讨论表 27.1 第一行剩余部分中，外部救助的其他社会后果之前，我们注意到，在严重金融危机和/或 TMTF 情况下，外部救助可能是防止短期内对金融体系和实体经济造成重大损害的唯一可行选择。当金融状况严峻，待决的 TBTF、TITF 和/或 TMTF 机构的倒闭威胁到金融体系的安全和潜在的代价高昂的严重经济衰退时，表中所示的任何其他方法都不足以防止此类问题。在表的第一列的其余部分中，只有两个其他的"＋"。而审慎监管和存款保险，是在所有金融状况下以及在短期和长期都有社会效益（各列均为"＋"）。然而，仅这两种方法不太可能抵消 TBTF、TITF 和/或 TMTF 机构破产所造成的短期金融和经济损失。

作为提醒，讨论到这一点需要一个短期的方向。因此，表 27.1 第一行第一列中的"＋"只表明，如果社会福利职能短期相对长期后果而言占有比较高的权重，那么在相对严峻的金融情况下，外部救助是可取的。从长期来看，我们将关注外部救助的相对成本和效益。

在表 27.1 第一行的第二列中，我们指定"？"表示在严重的金融危机和/或 TBTF 情况中发生的外部救助的长期社会后果，表明长期社会效益和成本谁占主导地位的不确定性。一方面，第二部分总结的使用双重差分（DID）方法的一些研究表明，TARP 带来了长期的社会成本。这项研究与道德风险激励的作用是一致的，道德风险激励导致由于对未来外部救助的预期增加而提升的投资组合风险，TARP 带来的实际经济效益大多局限于短期，而长期内系统性风险可能增加。另一方面，使用 DID 方法的研究可能无法完全捕捉到在没有 TARP 和其他外部救助措施时发生的反事实情况。DID 方法主要将 TARP 银行与非 TARP 银行，或 TARP 银行较多的本地市场与 TARP 银行较少或没有 TARP 银行的市场进行比较，可能会缺失一些长期利益。如果外部救助不是在危机期间发生的，那么实体经济和金融体系可能不会在很长一段时间内复苏。这样的后果发生在 20 世纪 30 年代的美国大萧条时期，以及 20 世纪 90 年代"失去的十年里"的日本，当时银行外部救助并没有迅速实施。现有的研究根本无法准确衡量长期成本和效益。

在其他金融情况下，当金融体系不存在严重损害的重大风险时，我们将给外部救助指定"－"，无论是短期还是长期。我们认为，由于道德风险激励加剧而鼓励过度风险承担的社会成本，以及上述 TARP 的扭曲、错位和纳税人成本，可能在金融体系健康且不存在重大损害风险的情况下，主导经济和金融社会效益。如上所述，在相对平静的金融状况下，短期和长期之间在成本和效益方面的区别并不是必然的。如下文所述，在这些情况下，内部纾困可能是比外部救助更合适的决议方法。

27.3.2　内部纾困评估

接下来我们将讨论内部纾困的社会成本和效益，如表 27.1 第二行所示。我们先在表的第一列中给内部纾困指定一个"？"，反映出人们对这种方法在不利金融环境下的短期后果的怀疑。正如第四章和第十七章所讨论的，理论和实证研究文献分别表明，在金融体系不存在重大风险的情况下，内部纾困可以提供良好的长期激励，减少银行风险承担。内部纾困保护纳税人的资金，减少金融机构从事过度风险承担的道德风险激励。这是因为在内部纾困事件中，股东被清除，管理者失去工作，也因为那些坚持为内部纾困买单的人可能会施加市场约束。研究表明，内部纾困鼓励银行持有更高的资本比率，并在危机变得严重之前先发制人地进行再资本化。内部纾困还可能改善市场约束，降低给予 TBTF、TITF 和 TMTF 金融机构相对于外部救助期望提供的其他机构的竞争优势。

尽管内部纾困有这些长期的有利后果，但在严重金融危机或 TMTF 情况下的短期内，内部纾困也可能拖累其他一些提供内部纾困债务的重要金融机构，迫使它们为内部纾困买单，或将风险转移到金融系统其他的脆弱部分。在这种时候，这些其他机构的财务困境或破产可能会严重损害金融体系和实体经济，因为它们在重建市场对内部纾困机构的信心方面行动迟缓，并可能加剧危机蔓延，造成债权人挤兑，恶化信贷供应以及关联借款人的经济后果。也可能导致对这些其他机构的外部救助。这些潜在的不利后果，与上述有益后果相平衡，导致以上指定了"？"。虽然不是一个完美的匹配，但在现实世界中，与这些相对短期的社会福利以及在恶劣情况下的外部救助和内部纾困成本最接近的类比，可能是对美国国际集团（AIG）保险公司的外部救助。2008 年 9 月 16 日，雷曼兄弟倒闭的第二天，这家公司被美国财政部和纽约联邦储备银行外部救助。正如本书早些时候所讨论的，AIG 向一些大型银行提供了抵押贷款支持证券 CDS 合约，这些合约要求支付大笔款项，如果没有外部救助，AIG 可能已经破产。事实上，AIG 正在采取类似于通过偿还 CDS 合约来内部纾困大型银行的措施，并获得了外部救助以确保银行得到全额偿付，同时 AIG 不会倒闭。

在更为稳定的金融状况下，内部纾困可能是比外部救助更为合适的决议方法，如表 27.1 最后两列中内部纾困的"＋"所示。在既没有严重金融危机，也没有 TMTF 的情况下，内部纾困不太可能拖累其他许多金融机构。因此，上述讨论的社会效益可能在其他金融状况下占主导地位。

27.3.3　对其他决议方法的评估

接下来，我们将重点放在针对陷入困境的大型银行机构的其他五种决议方法上，我们在表 27.1 的第一列中为它们全部都指定了"－"。因此，破产/倒闭、生前遗嘱、监管容忍，以及在严峻的金融状况下按规模（分拆成较小的机构）或按活动类型（分拆商业银行和投资银行）拆分大型系统重要性机构，短期内可能弊大于利。在问题时期强制执行破产/倒闭决议或生前遗嘱可能会显著减少银行信贷供应，严重损害实体经济，也可能扰乱金融市场。监管容忍可能导致投资不足的机构的重大道德风险行为，如上文第三部分讨论的 S&L 危机，并可能使任何金融危机恶化。从长期来看，将银行按规模拆分成规模较小的机构，可能会减少对其他相互关联机构的风险，从而降低系统性风险，但也可能造成信贷市场短期混乱，减少信贷供应，损害实体经济。在危机期间将商业银行和投资银行分开，将有可能重演雷曼兄弟破产导致的全球金融危机恶化。如第三部分所述，大型独立投资银行可能无法抵御流动性危机。除雷曼兄弟外，美国所有大型投资银行要么被合并为 BHC（贝尔斯登被合并为摩根大通、美林被合并为美国银行），要么在金融危机期间经美联储（高盛和摩根士丹利）批准成为 BHC，以改善它们与流动性的接触。[①]

在表的最后三列中，我们继续给破产/倒闭、监管宽容以及由活动导致的分拆指定"－"。我们不知道有任何有力的证据表明，这些方法产生了巨大的社会效益，抵消了前一段详述的社会成本。对于生前遗嘱和按规模分解 TBTF，我们在最后三列中指定了"？"，来考虑到有可能产生显著的社会效益来抵消社会成本，但研究还不够丰富，无法得出有力的结论。生前遗嘱可能有利于让银行经理做好最坏的准备，提高透明度，可能改善市场约束，减少 TBTF 补贴。大型银行的分拆可能会降低系统性风险，而 TBTF 补贴将与这些分拆带来的效率损失和其他成本进行权衡。

27.3.4　"第一道防线"评估

我们将注意力转向"第一道防线"，首先关注表 27.1 右侧的危机较轻金融时期的社会成本和收益。这种关注的原因是，在这些时期"第一道防线"主要是为了起到应有效果。正如第四部分所解释的，"第一道防线"的主要目的是首先通过审慎、认证和补贴机制防止银行陷入财务困境，第四部分的研究表明这些机制通常是有效的。研究较少的"第一道防线"的第二个好处是，它们还可以通过加强银行业的健康，帮助防止严重的金融危机和 TMTF 情况的发生或减轻其严重性。因此，它们可能有助于防止或减少银行危机（源自银行业的危机）的影响，并可能减少市场危机（源自金融市场的危机）或风险事件对个别银行的影响，例如可能产生系统性风险影响的大的运营损失。[②]

如表 27.1 所示，在相对稳定的时期，我们对资本要求、压力测试、审慎监管和存款保险给予"＋"。如第四部分所述，关于资本要求、压力测试和审慎监管的理论研究的预测是模棱两可的，但实证研究是明确的。资本要求已在实证研究文献中得到充分记载，使银行更安全，在不显著损害银行业绩的情况下降低倒闭的可能性，有力地支

---

①　高盛（Goldman Sachs）和摩根士丹利（Morgan Stanley）自 2010 年 1 月 1 日起转为 BHC，并参与了 TARP 计划。它们受到《多德—弗兰克法案》中"加州旅馆"条款的约束。这一条款规定，即使这些机构放弃其银行，不再是 BHC，它们仍将作为非银行系统重要性金融机构（SIFIs）接受美联储的监管。见 https：//www. wallstreet-prep. com/knowledge/investment－banking－after－the－2008－financial－crisis/。

②　Berger，Curti，Mihov 和 Sedunov（2020）发现，操作风险事件造成的损失会通过溢出渠道损害经历事件的银行和相关机构，从而增加系统性风险。

持了积极的社会净效益。对压力测试的实证研究也表明，压力测试使银行更安全，尽管这项研究远不如对资本要求的研究。原则上，由于其前瞻性，压力测试可能提供比传统资本要求更多的效益，但需要更多的实证研究来调查这一点。如第四部分所述，审慎监管通过监控银行来控制过度的风险承担，对保持金融稳健至关重要。存款保险理论对于审慎机制有一定的混合，但存款保险的证明机制对于维护公众对金融体系的信心和防止破坏性的挤兑（可能导致流动性不足而破产）也至关重要。因此，在动荡的金融环境之外，这些"第一道防线"也有积极的社会净收益。

对于另外两条"第一道防线"，流动性要求和监管活动限制，我们在相对稳定的金融时期分配了"？"，这表明即使在金融市场相对平静的情况下，我们也无法确定社会净效益。有证据表明，流动性要求可能使银行更安全，但我们不知道它们是否比央行在需要提供流动性时更有效率。如第四部分所述，中央银行可以创造流动性，并通过最后贷款人（LOLR）职能或通过公开市场操作（OMO）以相对较低的成本将其分配给银行。此外，流动性要求可能会以降低银行流动性创造的重大成本为代价，尽管我们不知道有任何关于这一主题的研究。监管活动限制也在这些其他金融状况下收到一个"？"，因为不清楚它们是否降低了风险或有助于保证银行的安全。

对于最后的"第一道防线"，我们为相对平静的金融状况下的直接政府所有权指定了"－"。正如第四部分所讨论的，这种所有权一般会使金融体系更加安全，在损失效率、对国有企业的破坏性贷款、更多的风险承担以及补贴导致的纳税人损失等方面，这些好处可能会被其他社会成本所抵消。

我们将关注表的左侧严重金融危机和TMTF情况下"第一道防线"的社会成本和效益。我们在表的左侧给予"－"代替表的右侧的"＋"来进行资本要求和压力测试，因为在压力时期强制执行这些要求可能会导致银行信贷供应大幅减少，损害实体经济，并可能扰乱金融市场。正如第四部分所讨论的，对财务困境的一个特殊事件（20世纪90年代初的美国信贷紧缩）的研究发现，资本需求的增加对信贷供应的下降起到了显著的作用。此外，正如我们在下面讨论的，关于逆周期资本要求的研究证据表明，在严峻的金融环境下，耗尽资本缓冲对促进银行信贷供应是有效的。因此，我们预计，在压力测试下，允许银行耗尽正常的资本缓冲和不太严格地执行前瞻性资本缓冲可能会产生类似的有益效果。出于基本相同的原因，我们切换到左侧的"－"代替右侧流动性要求的"？"。我们在审慎监管和存款保险方面始终保持一致的"＋"，这是任何时候都需要的。最后，对于直接政府所有权，我们切换到左侧的"？"代替右侧的"－"，因为由第四部分中给出的论证，这种所有权可能导致在压力时期总信贷供应收缩减少，从而有助于实体经济。

27.3.5　逆周期审慎和常规货币政策评估

与我们在第27.2节中的讨论一致，我们在此将重点放在逆周期审慎和常规货币政策上，因为我们认为非常规货币政策是外部救助措施，而财政政策不会直接影响银行。

我们在所有金融状况和时间方向下为逆周期审慎政策指定了"＋"。这些评估是基于上文第27.2节回顾的研究，该研究表明，这些政策始终按预期发挥作用，平滑了商业周期的影响，提高了金融体系的弹性。相反，我们为全面推行逆周期的常规货币政策指定了"？"。研究文献大多认为，这一政策只会显著影响小银行的信贷和流动性供给。虽然这种影响可能通过改变对依赖银行的小企业的信贷供应，在一定程度上助力实体经济，但对主要依赖大银行财务状况的整体金融稳定几乎没有帮助。

参考文献

［1］Akin, Ozlem, Nicholas S. Coleman, Christian Fons – Rosen, and Jose – Luis Peydro. forthcoming. Political Connections and Informed Trading：Evidence from TARP. Financial Management forthcoming.

［2］Ashcraft, A. B. (2006). New evidence on the lending channel. Journal of Money, Credit, and Banking, 38, 751 – 775.

［3］Barofsky, N. (2013). Bailout：How Washington abandoned Main Street while rescuing Wall Street. Simon and Schuster.

［4］Benes, J., & Kumhof, M. (2015). Risky bank lending and countercyclical capital buffers. Journal of Economic Dynamics and Control, 58, 58 – 80.

［5］Berger, A. N. (2018). The benefits and costs of the TARP bailouts：A critical assessment. Quarterly Journal of Finance, 8 (2), 1 – 29.

［6］Berger, A. N., & Bouwman, C. H. S. (2017). Bank liquidity creation, monetary policy, and financial crises. Journal of Financial Stability, 30, 139 – 155.

［7］Berger, A. N., Curti, F., Mihov, A., & Sedunov, J. (2020). Operational risk is more systemic than you think：Evidence from US bank holding companies (Working Paper).

［8］Bernanke, B. S. (2015). The courage to act：A memoir of a crisis and its aftermath. WW Norton &Company.

［9］Bernanke, B. S., & Blinder, A. S. (1992). The federal funds rate and the channels of monetary policy transmission. The American Economic Review, 82, 901 – 921.

［10］Bunkanwanicha, P., Di Giuli, A., & Salvade`, F. (2019). The effect of bank bailouts on CEO careers (Working Paper).

［11］Bush, G. W. (2008). President Bush discusses Emergency Economic Stabilization Act of 2008. White House Press Release. Available at https：//georgewbush – whitehouse. archives. gov/news/releases/2008/10/20081003 – 11. html.

［12］Caballero, R., & Simsek, A. (2013). Fire sales in a model of complexity. The

Journal of Finance, 68, 2549 – 2587.

[13] Calomiris, C. W. , & Khan, U. (2015) . An assessment of TARP assistance to financial institutions. The Journal of Economic Perspectives, 29 (2), 53 – 80.

[14] Diamond, D. W. , & Rajan, R. G. (2011) . Fear of fire sales, illiquidity seeking, and credit freezes. Quarterly Journal of Economics, 126, 557 – 591.

[15] Drehmann, M. , & Gambacorta, L. (2012) . The effects of countercyclical capital buffers onbank lending. Applied Economics Letters, 19 (7), 603 – 608.

[16] Driscoll, J. C. (2004) . Does bank lending affect output? Evidence from the U. S. States. Journal of Monetary Economics, 51, 451 – 471.

[17] Edge, R. , & Liang, N. (2019) . New financial stability governance structures and central banks (Working Paper) .

[18] Ehrmann, M. , Gambacorta, L. , Martínez – Pagés, J. , Sevestre, P. , & Worms, A. (2003) . Financial systems and the role of banks in monetary policy transmission in the euro area. In I. Angeloni, A. K. Kashyap, & B. Mojon (Eds.), Monetary policy transmission in the euroarea: A study by the Eurosystem monetary transmission network. Cambridge; New York and Melbourne: Cambridge University Press.

[19] Faria – e – Castro, M. (2020) . A quantitative analysis of countercyclical capital buffers. Federal Reserve Bank of St. Louis (Working Paper) .

[20] Fischer, M. , Hainz, C. , Rocholl, J. , & Steffen, S. (2014) . Government guarantees and bank risk taking incentives (Working Paper) .

[21] Friedman, M. (1968) . The role of monetary policy. The American Economic Review, 58 (1), 1 – 17.

[22] Harris, O. , Huerta, D. , & Ngo, T. (2013) . The impact of TARP on bank efficiency. Journal of International Financial Markets, Institutions and Money, 24, 85 – 104.

[23] Isaac, W. M. (2010) . Senseless panic: How Washington failed America. John Wiley and Sons.

[24] Jagolinzer, A. D. , Larcker, D. F. , Ormazabal, G. , & Taylor, D. J. (2017) . Political connections andthe informativeness of insider trades. Rock Center for Corporate Governance at Stanford University. Working Paper 222.

[25] Jiménez, G. , Ongena, S. , Peydró , J. – L. , & Saurina, J. (2017) . Macroprudential policy, countercyclical bank capital buffers, and credit supply: Evidence from the Spanish dynamic provisioning experiments. Journal of Political Economy, 125 (6), 2126 – 2177.

[26] Kashyap, A. K. , & Stein, J. C. (1997) . The role of banks in monetary policy: A survey with implicationsfor the European Monetary Union. In Economic perspectives. Feder-

al Reserve Bank of Chicago. September/October, 3 – 18.

［27］Kashyap, A. K., & Stein, J. C. (2000). What do a million observations on banks say about the transmission of monetary policy? The American Economic Review, 90, 407 – 428.

［28］Liang, N. (2013). Systemic risk monitoring and financial stability. Journal of Money, Credit and Banking, 45 (s1), 129 – 135.

［29］Lown, C., & Morgan, D. P. (2006). The credit cycle and the business cycle: New findings using the Loan Officer Opinion Survey. Journal of Money, Credit, and Banking, 38, 1575 – 1597.

［30］Lucas, D. (2019). Measuring the cost of bailouts. Annual Review of Financial Economics, 11, 85 – 108.

［31］Massad, T. G. (2011). Written testimony before the Senate Committee on Banking, Housing and Urban Affairs. Available at https: //www. treasury. gov/press – center/ press – releases/Pages/tg1108. aspx.

［32］Mester, L. J. (2018). A practical viewpoint on financial system resiliency and monetary policy (Working Paper).

［33］N' Diaye, P. M. ' B. P. (2009). Countercyclical macro prudential policies in a supporting role to monetarypolicy. International Monetary Fund. Working Paper No. 9 – 257.

［34］Paulson, H. M. (2013). On the brink: Inside the race to stop the collapse of the global financial system with original new material on the five year anniversary of the financial crisis. Business Plus.

［35］Repullo, R., & Saurina Salas, J. (2011). The countercyclical capital buffer of Basel Ⅲ: A critical assessment (Working Paper).

［36］Roman, R. A. (2019). Bank Bailouts and Bail – Ins. Oxford Handbook of Banking, 3rd Edition, Oxford University Press, Oxford, 630 – 684.

［37］Thakor, A. V. (2005). Do loan commitments cause overlending? Journal of Money, Credit, and Banking, 37, 1067 – 1099.

［38］Yellen, J. L. (2011). Macroprudential supervision and monetary policy in the post – crisis world. Business Economics, 46, 3 – 12.

［39］Zingales, L. (2011). Oral testimony of Luigi Zingales on overall impact of TARP on financial stability. Congressional Oversight Panel.

第二十八章 对银行政策制定者和银行管理者的启示

在本章中，我们将讨论对银行政策制定者和银行管理者的启示。从社会成本和效益角度，我们强调，这些都是现有研究的逻辑启示，而不仅仅是我们的观点。我们的目标不是向政策制定者和管理者宣讲如何行事。在任何情况下，这些人都会根据他们自身信息集、技能和训练作出最佳判断。相反，我们的目标是总结书中引用的许多研究论文得出的启示，以帮助政策制定者与管理者增加其信息集，从而使他们能够作出更明智的判断。

与我们在第二十七章中对社会成本和效益的评估类似，我们在本章中为银行政策制定者和银行管理者提出了建议。对银行管理者的建议会因银行的个别财务状况不同而有所不同。我们也认识到，政策制定者的短期和长期选择取决于这些条件。因此，在金融体系面临崩溃、实体经济面临深度衰退的严重金融危机期间，我们预计银行政策制定者将更加重视短期结果，以防止最坏的结果出现。相比之下，政策制定者在其他金融时期可能更注重长期最优化。同样，当一家银行面临严重的财务困境和倒闭的危险时，我们希望其管理者在短期内尽最大努力拯救该银行，然而，当银行不处于短期危险情况下，他们更有可能通过采取最佳的长期决策来实现股东价值的最大化[①]。第28.1节侧重于不同条件下对银行政策制定者的启示，第28.2节对银行管理者给出类似的启示。

28.1 对银行政策制定者的启示

如上所述，对银行政策制定者研究的启示因金融系统稳定状况而异。类似于第二十七章——我们对严重金融危机和TMTF，以及其他金融条件进行简单区分。我们认识到，银行政策制定者不是一个统一的群体。其中包括立法者，他们通常为持续数年的法规制定广泛的指导方针；监管者，他们填充这些法规的细节，并设计自己的规则；监事，他们进行现场和非现场检查，以确定法规的遵守情况，评估银行的安全和稳健性，对违反规定和/或行为不安全或不健全的银行组织和管理人员采取行动；还有执行货币政策的央行行长，并经常充当监管者和/或监事的角色。尽管存在显著的异质性，

---

① 我们认识到，除了股东价值最大化之外，银行管理者通常还有长期目标，但为了简洁起见，我们在讨论对银行管理者研究的启示时保留了价值最大化假设。

但为了简洁起见，我们在本节中将这些不同政策制定者的启示放在一起，假设读者和政策制定者可以相对容易地区分哪些是政策制定者实施的每项政策。

28.1.1　金融体系稳定条件下银行政策制定者的启示

我们对银行政策制定者的启示直接源于第二十七章中对社会净效益和成本的评估。我们从其他金融状况下的启示开始——也就是说，既没有严重的金融危机，也没有TMTF的情况。如上所述，我们期望政策制定者在这些稳定的条件下专注于长期最优化。

乍一看，很明显，政策制定者最好选择表 27.1 最后一栏中"＋"表示的方法，而避免使用"－"表示的方法。也就是说，在无压力或较为稳定的金融状况下，选择长期社会效益超过社会成本的政策，而避免追求社会成本超过社会效益的政策。然而，更复杂的是，因为不是所有的"＋"和"－"都意味着相同大小的相对效益和成本，而且这些影响也不存在必然的一致性。

我们认为，在金融体系近期没有重大危险的情况下，有三个主要优先事项和相应的政策选择有助于实现这些优先目标。第一，防止当前的金融体系恶化为可能对金融体系和实体经济造成严重损害的严重金融危机。在稳定的系统条件下实现这一目标的最重要的政策工具是，通过内部纾困来解决任何陷入个体财务困境，和/或可能拖累其他危及金融体系或实体经济的相关机构的，TBTF 或 TITF 银行。第二十七章中的讨论清楚地表明，在保护纳税人资金和提供更好的资本和风险管理激励方面，内部纾困在其他决议办法中占主导地位，对于这些金融状况，内部纾困是其中唯一一个带"＋"的办法。

第二，降低个别银行，特别是 TBTF、TITF 和 TMTF 银行陷入财务困境的长期可能性。这是"第一道防线"的主要作用。研究支持了资本要求、压力测试、审慎监管和存款保险的有效性，如表 27.1 右侧的"＋"所示。此外，研究表明，内部纾困政策也有助于鼓励银行自愿选择更高的资本比率，并在财务困境前进行资本调整，从而避免银行未来陷入困境。我们建议政策制定者使用所有这些工具，而不是选择其中的一个，尽管我们注意到研究显示，对于资本要求而言，审慎机制效益最强。

第三，降低未来金融危机的长期可能性和严重性，这些危机可能使得陷入困境的银行破产清算。这是逆周期政策的首要作用，也是"第一道防线"的次要作用。我们承认，逆周期审慎政策（如逆周期资本要求）仅有限研究的支持，一些"第一道防线"（如资本要求）得到了更广泛研究的支持。然而，从研究中不清楚应该做到何种程度来降低未来金融危机的长期可能性和严重性。

为了简洁起见，我们不讨论"－"在实现这些优先事项的能力程度是不同的。

28.1.2　严重金融危机和/或 TMTF 情况下对银行政策制定者的启示

接下来，我们将讨论在出现严重金融危机和/或 TMTF 情况，这种压力状态下对政策制定者的启示。在这种情况下，政策制定者被期望在短期内进行最优决定，以避免金融体系崩溃，经济严重衰退或萧条。

类似于上述稳定的情况，政策制定者会在表 27.1 第一列中最佳地选择带"＋"的方法，而避免带"－"的方法。同样，这也更加复杂，因为并非所有具有相同标志的方法都具有一致的相对效益和成本。

在这种特定情况下，我们认为，有一个最优先的目标，那就是最小化对金融体系和实体经济的损害。表 27.1 第一列中唯一带"＋"的解决方法是外部救助。第二十七章讨论的研究，特别是第二部分中的 TARP 研究，清楚地表明，外部救助高度陷入困境的 TBTF、TITF 和 TMTF 银行有助于降低系统性风险和改善实体经济。相比之下，没有一种其他的方法能够在紧张的时期内正常工作。虽然在较为稳定的时期，内部纾困可能更具优势，但在压力时期，内部纾困可能会给其他重要金融机构带来困境和倒闭的风险，这些机构也可能拖累金融体系和实体经济。在"第一道防线"中，只有审慎监管和存款保险在这段时间内似乎具有良好的效果。逆周期审慎政策也有助于保持银行向经济提供信贷和流动性。

28.2　对银行管理者的启示

书中早些时候提及的研究，以及第二十七章中的社会成本和效益分析也给银行管理者带来了一些启示。我们在这里的目标是告知这些管理者，以便他们可以为自己的银行作出更好的决策。

我们首先认识到，银行管理者无法控制表 27.1 所示的任何方法。他们不能在外部救助、内部纾困和其他决议方法中选择自己的决议方法，以应对严重的财务困境和即将发生的倒闭。他们也没有能力设定自己的资本要求、流动性要求或监管者和监事采用的"第一道防线"。同样，逆周期的政府政策也超出了银行管理者的控制。

然而，他们仍然可以从我们的分析中学习如何更好地运用自己的"第一道防线"。虽然这并不适用于每一种情况，但银行管理者也可以将一些维护银行安全和健全的监管工具应用于自己的银行，以降低风险。例如，研究发现，银行资本金越高，银行倒闭的可能性就越小，这有力地表明，银行管理者可以通过持有更多的资本金来提高自身的安全性。

28.2.1　在稳定的金融体系条件下对健康银行管理者的启示

如上所述，对银行管理者的启示取决于各银行和金融系统的金融状况。我们先假设银行和金融体系都没有陷入困境。我们预计这种情况下，银行管理者将采取长期定位，并在政策制定者施加的限制条件（决议方法、"第一道防线"、逆周期政策等）的基础上最大限度地增加股东财富。而本书中的调查结果并不能为日常进行的资产、负债和表外活动提供建议，我们注意到，降低财务困境的预期成本和决议对股东财富最大化非常重要。

如上所述，我们建议银行管理者在对一些监管"第一道防线"研究的基础上，运用自己的"第一道防线"来降低财务困境和决议的预期成本。也就是说，银行管理者可以增加资本和流动性缓冲，进行自己的压力测试，避免核心专业知识以外的风险活动，并做出审慎的风险管理决策，例如避免风险极高的贷款和表外活动。这些都是基于资本和流动性要求、压力测试、监管活动限制和审慎监管的"第一道防线"的研究结果，尽管研究结论并不一致地支持所有这些方法。

乍一看，在银行和金融体系都没有陷入困境的时候，这些保护银行免受金融危机和决议的步骤似乎并不重要。然而，研究表明恰恰相反。正如第一部分所讨论的，最坏的风险决策通常是在最好的时候做出的，而这些风险只是在最坏的时候才会显露出来。在第一部分讨论的许多原因中，银行家往往在贷款和流动性繁荣期间做出坏的决定，而这些决定后来又伤害了他们。此外，对逆周期资本标准的研究清楚地表明，在景气时期建立资本缓冲，对缓冲可能耗尽的困难时期有所帮助。

此外，大型银行可以合理地预期，在总体稳定时期，将采取更严厉的处置措施。如表27.1所示，在这种情况下，似乎更有可能发生损害股东价值的内部纾困，而在严重的金融危机和/或许多银行濒临破产（TMTF）的情况下，外部救助的可能性更大。

28.2.2 在稳定的金融系统条件下对陷入困境的银行管理者的启示

接下来，我们将考虑金融体系保持稳定，但个别银行严重陷入困境的情况。在这种情况下，预计陷入困境的银行管理者会在短期内进行最优化，以防止银行倒闭或其他一些处置决议。

最重要的区别是，减少风险的步骤必须更大，必须更快地执行，而且必须几乎不顾其成本的执行。也就是说，银行管理者可能需要迅速增加资本和流动性缓冲，避免核心专业知识以外的风险活动，并作出风险管理决策，以迅速降低风险（如削减风险贷款和表外活动）。当他们已经有压力的时候，进行压力测试可能没有太大帮助。在稳定时期，更严厉的预期决议政策将提高管理者采取行动的速度。

28.2.3 在严重金融危机和/或TMTF情况下对健康和陷入困境的银行管理者的启示

总之无论是健康的银行还是陷入困境的银行，在整体金融压力情景下都存在两个重要的差异。第一，如上所述，在严重金融危机和/或TMTF情况下，政策制定者在银行的决议决定方面可能会更加容易。例如，在这些情况下，银行也许更可能得到外部救助，从而降低了银行管理者加强自身防线的一些动机。因此，如果外部救助计划有望为银行管理者提供资金，那么他们的再资本化计划可能会更为温和。第二，银行管理者需要充分了解金融体系在压力时期的总体金融状况以及交易对手的个体状况。管理者需要提防对已经陷入困境或可能陷入困境的机构的重大风险暴露。

第二十九章　未来有待解决的开放性研究问题

　　本书的前面章节包含了超过 500 个参考文献，为书中的一些关键主题提供了有力和令人信服的证据，但许多重要的开放性研究问题仍然存在。本书最后一章的目标是找出最需要关注的重要的、尚未解决和研究不足的问题，并就未来研究人员如何着手解决这些问题提供一些指导。第 29.1 节首先为未来研究 TBTF、TITF 或 TMTF 金融机构的财务困境和潜在破产等危及金融体系和实体经济的重大问题提供了一般性建议。然后，第 29.2 节系统地回顾了先前为处理这些问题而确定的方法——外部救助、内部纾困和其他决议方法；"第一道防线"；逆周期政策——并讨论了研究人员未来将要解决的开放性研究问题。

29.1　关于未来研究的一般性建议

　　要使金融体系和实体经济免受重要金融机构的困境和潜在破产的影响，还有许多工作要做。为政策制定者、银行管理者和其他研究人员提供信息的研究需要成为解决方案的重要组成部分。在这一小节中，我们为本研究的方向提供了五条一般性的建议。

　　第一，我们建议更多的研究应着眼于降低金融危机发生的可能性和严重性。如前所述，金融危机给重要金融机构造成了大部分外部救助、内部纾困和其他决议，也对金融体系和实体经济造成了巨大损害。这项建议的研究工作涉及对这些危机的原因和预测因素以及应对它们的宏观审慎工具的更多研究。我们还强烈建议对一些研究较少的"第一道防线"进行更多的研究，例如流动性要求和压力测试，这也可能降低金融危机的可能性和严重性。更好的"第一道防线"还具有社会效益，可以使银行更好地为避免财务困境和破产做好准备，降低它们对系统性风险的贡献，允许银行在金融危机发生时继续提供推动实体经济发展的信贷。

　　第二，我们建议对更宏伟的目标进行更多的研究，即直接比较两种或两种以上处理同一问题的方法或途径，而不是一次只研究一种特定的方法或途径。例如，大多数外部救助研究论文只研究一个外部救助计划，或者把几个外部救助计划放在一起，而不区分它们。这些做法使得很难对哪些方案可能是最好的得出结论。在前几章总结的研究中，我们只发现一篇比较外部救助类型的欧洲论文和一篇比较外部救助和内部纾困的美国论文。我们认为，考虑到政策制定者资源有限，通常只能负担得起追求最佳政策的费用，这种比较实际上可能在政策建议方面提供最大的价值。

我们强烈建议未来的研究人员直接比较不同的外部救助计划；不同的内部纾困类型；外部救助与内部纾困；外部救助与内部纾困同破产/倒闭、生前遗嘱和/或大型复杂金融机构的解体（按规模或活动类型划分）的其他决议方法；不同的"第一道防线"之间；以及不同的逆周期政策之间等。未来的研究人员也被鼓励利用他们的想象力和研究技能，探求这本书没有涉及的创新的新政策和政策比较。

第三，我们建议研究人员尽可能多地测量他们正在研究的方法的总体效果。对于某些银行、贷款、州等被处理的方法（外部救助、内部纾困、压力测试等）和其他没被处理的方法，这包括调查对被处理组的直接影响和对未处理组的间接影响。正如在第二部分中广泛讨论的，大多数 TARP 研究使用双重差分（DID）方法，该方法侧重于处理组和未处理组之间的差异，基本上假定未处理组没有间接影响。例如，大多数关于 TARP 对信贷供应的影响的研究衡量 TARP 银行和非 TARP 银行贷款之间的差异，有效地假设非 TARP 银行的贷款不受该计划的影响。虽然这可能是一个合理的假设或在某些情况下进行的唯一方法，但我们建议尽可能测量间接影响。

第四，我们建议研究人员更多地审查他们所研究的，保护金融体系和实体经济安全的方法的长期影响。在大多数情况下，这本书中超过 500 篇参考文献中涉及的关于外部救助、内部纾困和其他主题的研究，都集中在他们所研究的计划或政策的短期影响上。在少数情况下，研究人员将他们的研究成果扩展到了接下来的几年。正如在第二十七章和第二十八章中详细讨论的那样，政策制定者对短期结果和长期结果所赋予的权重，其结论以及对银行政策制定者和银行管理者的启示往往有很大的不同。很明显，包括本书作者在内的研究人员目前还没有提供足够的研究结果来帮助政策制定者进行长期定位。因此，我们敦促未来的研究人员提供更多的长期成果。

第五，我们建议更多的研究集中在发展中国家。如前所述，大多数主题的研究都高度以美国和欧洲为中心，这可能是因为美国和欧洲国家以及许多研究人员所在地的数据更容易获得。尽管如此，金融危机对陷入困境的金融机构代价高昂的决议，以及对金融体系和实体经济的损害不仅仅是第一世界的问题。在发展中国家，这些问题很可能更严重，但我们需要更多的研究来了解这些国家的问题。另一个需要解决的重要问题是，在发达国家和发展中国家之间，处理重要金融机构的财务困境和潜在破产的最佳办法是否有所不同。很有可能，在一个国家集团中运作良好的一些方法在另一个国家集团中可能没有那么有益。

29.2 未来研究人员待解决的开放性研究问题

如上所述，我们系统地研究了书中讨论的所有方法，并确定了有待于未来研究人员解决的，每个方法的开放性问题。第 29.2.1 小节讨论外部救助，第 29.2.2 小节审查内部纾困，第29.2.3小节涵盖其他决议方法，第29.2.4小节审查"第一道防线"，第29.2.5小节考虑逆周期政策。

29.2.1　外部救助

我们关于外部救助的第一个也是最重要的研究建议是，利用现有的TARP研究来激励对其他外部救助的类似研究，相对于TARP而言，这方面的研究非常不足。第二部分提供了一个相对完整的关于TARP实证研究的入门或简要介绍，其中一章是方法论，十章是针对不同的重要问题。同样的方法论和问题也适用于其他外部救助的研究。因此，我们建议未来的研究人员使用第五章中的双重差分（DID）、工具变量（IV）、倾向性得分匹配（PSM）、赫克曼样本选择修正和安慰剂测试等方法来解决第六章所述的接受和退出其他外部救助计划的决定因素；第七章所述的其他外部救助对受外部救助银行估值的影响；第八章所述的其他外部救助对市场约束的影响；第九章所述的其他外部救助对银行杠杆风险的影响；第十章所述的其他外部救助对银行竞争的影响；第十一章和第十二章分别所述的其他外部救助对银行信贷供应和投资组合风险的影响；第十三章所述的其他外部救助对接受银行的信贷客户的影响；第十四章和第十五章分别所述的其他外部救助对实体经济和系统性风险的影响。我们特别鼓励更多研究其他外部救助措施对外部救助的最重要目标（改善实体经济和降低金融体系风险）的影响。这样一个研究计划将大大加深对银行外部救助的可用知识，并允许更好地比较不同类型的外部救助。

在全球金融危机期间，美国的其他外部救助计划包括：美联储扩大贴现窗口（DW）和定期拍卖工具（TAF）流动性计划；联邦存款保险公司临时债务担保计划（TDGP）；小企业贷款基金（SBLF）；联邦住房贷款银行（FHLB）预付款；以及美联储量化宽松（QE）计划——第三部分总结的研究表明，与TARP研究相比，涉及更为有限的研究问题的文章要少得多。对于美国以外的银行外部救助，研究已经解决了较多的这些问题，但研究论文通常少于TARP文献。

第二部分总结的TARP研究，也可以通过增加对相对研究不足问题的研究，使其更加完整。如第二部分所述，需要对TARP的市场约束影响、计划的市场和会计杠杆影响以及TARP是否给大型TBTF银行带来了超过小型银行的竞争优势等问题进行更多的调查。关于TARP的运作渠道、TARP对未接受外部救助的其他银行的影响，以及TARP对实体经济的有利影响主要是通过大企业活动还是小企业活动，这些信息也非常少。关于TARP的其他重要问题，还有待研究的包括该计划的污名效应和它可能在多大程度上导致给非生产性公司的"僵尸"贷款。

29.2.2　内部纾困

第三部分总结的内部纾困文献包括美国有序流动性管理局（OLA）内部纾困计划、

欧盟的银行复苏与处置指令（BRRD）、或有可转换债券（CoCos）、双重负债以及长期资本管理（LTCM）的联合外部救助—内部纾困决议。与 TARP 的实证文献相比，这些主题中的大多数被较少的研究论文所涵盖，这些论文涉及的问题非常有限。我们的主要建议是再次借鉴 TARP 文献中的方法论和十组问题，特别是关于实体经济和金融体系的问题，并将它们应用于不同类型的内部纾困。如果无法获得内部纾困数据，理论研究也有助于向银行政策制定者和银行管理者通报预期效果。

29.2.3　其他解决方法

关于第三部分中其他解决方法的研究文献包括破产/倒闭、生前遗嘱和按规模或业务类型划分的大型复杂金融机构的解体。与 TARP 的实证文献相比，这些主题中的大多数仅被较少的研究论文所涵盖，这些论文涉及的问题也非常有限。在数据允许的范围内，我们的主要建议是再次借鉴 TARP 文献中的方法论和十组问题，并将它们应用于这些不同的解决方法。关于这些问题的理论研究也是有用的。

29.2.4　"第一道防线"

第四部分总结的"第一道防线"研究包括资本要求、流动性要求、压力测试、监管活动限制、审慎监管、存款保险和直接政府所有权。对于其中的一些防线（压力测试、审慎监管和直接政府所有权）有实验组银行和对照组银行，TARP 文献中提出的许多技术和问题都得到了适当的应用。对于其他防线（资本要求、流动性要求和直接政府所有权），最引人注目的新问题是，社会净效益和成本在压力和不同金融状况下的差异如何，如表 27.1 所示。也就是说，让政策制定者超越我们的简单" + "" – "和"？"标记，并用这些方法来量化经济状况。对于剩余的防线，存款保险来说，其强大的效益是相对清晰的，因此未来最有价值的研究可能，涉及存款保险保费和上限的优化设置。

29.2.5　逆周期政策

该书中一些地方总结的现有逆周期政策研究表明，逆周期资本要求，在平滑周期方面发挥了良好的作用，但常规货币政策的效益可能有限。如第二十八章所述，政策制定者的一个关键优先事项是，降低未来金融危机长期存在的可能性和严重性。鉴于这一优先事项以及现有的研究，我们建议未来的研究人员集中精力寻找额外的逆周期政策，以进一步平滑周期，降低金融危机所造成的严重的社会成本。我们还建议，进一步研究在不同国家的正式和非正式制度、经济和银行部门的不同发展阶段以及不同的监管和市场结构中逆周期政策的有效性是如何变化的。

译后记

综观 2007—2009 年全球金融危机发生以来涌现的各种论著书籍，2020 年由美国知名学者艾伦·N. 伯杰教授和阮卢卡·A. 罗曼教授合著的《全球不良资产处置与银行救助纾困：连接华尔街、实体经济与金融系统》第一次系统全面地介绍了危机发生后全球各国的银行内部纾困和外部救助具体举措。该书不仅将实际案例和理论研究巧妙结合，对既有的复杂多样的救助措施和效果进行了归纳总结，为政府官员和中央银行当局、学者提供了一部介绍银行救助纾困方法的百科全书，更通过深入浅出的阐述为大众读者打开了一扇了解在金融危机中实施银行救助纾困方法的大门。

鉴于该书的重要实践指导价值和理论实证的丰富严谨性，我们将该书引进国内。经过近一年的编译和修订，终于将这本书翻译成中文，以飨读者。该书所涵盖的银行救助、纾困和面对其他金融困境银行机构的解决方案对我国处理银行问题、防范金融风险具有丰富的借鉴意义，包括帮助单个银行摆脱财务困境的"第一道防线"，以及从总体上减少金融危机发生率的政策，包括反周期的审慎管理、监管以及货币政策。这些政策不仅具有亡羊补牢的作用，更能起到未雨绸缪的作用，有效抑制信贷繁荣，缓解银行流动性创造总量过大的问题，有效降低发生系统性金融风险的可能。

本书的编译工作建立在与艾伦·N. 伯杰教授不断沟通和讨论的基础之上，最大程度上还原和保留了原著的文意。由于涉及的专业用语较多，因此，我们在编译过程中力求达到专业用语译文的精准和通俗易懂性，使读者能够一望而知。这本书的面世，首先感谢原著作者的大力支持以及全体编译校订团队的辛苦努力，更要感谢中国金融出版社肖丽敏、赵晨子两位编辑为该书的翻译出版所作的卓越工作。

以下是编译团队各位成员具体负责的工作内容，在此对各位高质量的工作深表谢意：

范小云，南开大学金融学院常务副院长，教授；刘澜飚，南开大学金融学院副院长，教授；李欣明，南开大学金融学院副教授；张靖佳，南开大学 APEC 研究中心副研究员，负责了全书审译工作；南开大学金融学院研究生孙冲负责第一章及第二十七至二十九章的翻译工作，孟津负责第二至四章的翻译工作，孙卓滢负责第五章和第九章的翻译工作，周涛负责第六至八章的翻译工作，石梦会负责第十至十三章的翻译工作，邸超伦负责第十四至十五章的翻译工作，李皓若负责第十六至十八章的翻译工作，徐子桐负责第十九至二十章的翻译工作，程之南负责第二十一至二十二章的翻译工作，任可歆负责第二十三至二十四章的翻译工作，王春茹负责第二十五至二十六章的翻译工作。

　　希望这本书能够为广大读者提供一个全新的、系统的银行救助纾困措施体系，为我国金融管理部门、学者和感兴趣的广大读者提供一个全面了解银行救助纾困方式的途径，为当下我国正在进行的金融供给侧结构性改革作出贡献。

范小云

2021 年 10 月 6 日